末日

致命瘟疫、核災、戰爭與經濟崩盤，災難對人類社會的啟示

The Politics of Catastrophe

by Niall Ferguson

獻給母親茉莉，妻子阿亞安，以及孩子菲利克斯、芙蕾雅、拉克倫、湯瑪斯與坎伯。

目次 Content

8 專家領讀

15 台灣版序

31 **導論**

本書不單是眼前這場匪夷所思的COVID-19瘟疫史，也不是要記載古往今來的每一場流行病。這是一部災難通鑑：從地質災難到地緣政治災難，從生物災難到科技災難，一切恐怖災難的歷史。要深刻理解眼前的災難，這是最好的辦法。

51 **第一章　死亡的真諦**

世上每一種宗教，以及許多行之有年的意識形態，都努力將末世呈現得比實際上更加迫在眉睫。但我們真正該恐懼的，不是天上降下永世劫火，而是遭逢一場恐怖災禍。而人類史上的災禍中，最恐怖的就是瘟疫與戰爭。

81 **第二章　循環與悲劇**

多數災難並非遵循統計學的常態分布，發生模式因此難以預測。與其說歷史會循環，不如說災難更像是一齣齣悲劇：每當有烏鴉嘴預言災難，往往不得眾人傾聽。多數人看見災難的徵兆時只會別過頭，不去想自己有可能淪為災禍的犧牲者。

273 第七章 從阿薩布魯小感冒到伊波拉大軍屠城

一九五七年的亞洲流感大流行本有可能非常嚴重。但當年的美國不旦沒有實施外出限制，還展現出聯邦政府的強大應變能力。這份成就為何在今日蕩然無存？從愛滋病到伊波拉，美國與國際的衛生組織數十年來為何出現退步？

315 第八章 災難盛放形如雪花

小災難是大災難的縮影，無論是沉船空難還是核子反應爐爆炸，所有災難都有一個共通點：一連串的操作和管理失誤。物理學家費曼曾經指出，災難的故障點往往不在第一線操作，也不在大後方決策，而是在中間的管理階層。

351 第九章 大瘟疫

COVID-19 源於中國，卻對世界各國造成嚴重衝擊，被撞得最慘的還是據稱已有萬全準備的美國和英國，只有台灣與南韓等國家在第一時間成功守住。許多人都把災情怪給民粹領導，但問題或許也出在公衛官僚與導致資訊疫病的網絡。

393 第十章 瘟疫肆虐下的經濟衝擊

二〇二〇年三月，世界對待 COVID-19 疫情的態度從自滿轉為恐慌，許多國家實施外出限制，重創經濟活動。這些措施或許不是應對疫情的最好良方，但若想在建立適當篩檢與追蹤機制之前就恢復正常生活，恐怕也不是什麼聰明辦法。

第十一章　三體問題 423

許多人認為 COVID-19 危機重挫美國，中國或成最大贏家。這種想法有待商榷，因為習近平式的自我審查大帝國並非成功抗疫的唯一道路。事實上，這場災難反而顯示美國在財政條件、疫苗競賽和科技競爭等領域的實力仍然屹立不搖。

結　語　下一場災難 461

我們無從得知下一場災難為何，只能謙卑打造比現在更堅韌的社會和政治體系。我們還要理解現在的網絡結構和官僚失能，不能為了守護公共安全而靠向無所不在的監控，忘記本書許多最嚴重的災難，其實正是極權政權所造成。

謝辭 483

圖表目錄 485

注釋 487

專家領讀

陳建仁／中研院院士、中華民國第14任副總統：

經常面臨地震、颱風、洪水的挑戰，培養出臺灣人堅韌不撓、友愛互助的國民性。在面臨新興瘟疫及國際銳實力的挑戰時，臺灣也能堅持自由、民主、人權的普世價值，與盟邦共同維護區域和平、穩定與繁榮！在《末日》一書的「臺灣版序」當中，作者讚許臺灣在因應COVID-19與外力脅迫的傑出表現。臺灣成功模式包含審慎以對、超前部署、緊急應變、公開透明、全民團結的要素，這是因應災難危機的最佳良策。創新而堅韌的臺灣將朝更善治、更永續邁進！

葉浩／政治大學政治系副教授：

《末日》是正好可以借題發揮的一本書（當然作者弗格森本人也是），幫助台灣社會正視某些向來不大談論的問題，例如該如何區分災難是人為的不正義或非人為的不幸，以及兩者所反映的重要政治意涵，特別是政府職責與政治人物責任的界定，或是人民對此能有的期待。本書也點出了人們對天災人禍的想像，往往與現代性之間有著距離，尤其是在解釋因果關係和詮釋意義，乃至尋求批判與解決之道上，仍有好一段路要走。《末日》本身並不是多麼嚴謹的學術專著，其價值在於拋磚引玉，提供多面向的討論，有助於台灣走出前現代的思維。

沈榮欽／加拿大約克大學副教授：

弗格森再一次以其豐富的學識與廣闊的視野，完成精彩的鉅著。本書不僅診斷本次疫情的病灶，也回顧了歷史上的傳染病，如何與戰爭、技術、宗教、政治相互影響，塑造了歷史的進程。他清楚指出，所有的天災都是人禍，一場疫情造成的災害，不僅取決於病毒本身，更與政治和社會體制息息相關。由於人類偏好的改變（例如現代人比過去更擔心承擔風險）、政黨政治的兩極化、官僚體制的失靈、社會連結的轉變，以及政府應對疫情的政策調整等因素，使得我們適應演化的大腦，更加難以預測非常態分布的極端事件。本書從死亡率、經濟衝擊到國際關係，完整描繪出Covid-19疫情對社會的影響。弗格森堅持只有透過這種跨領域的多重視角，才能真正理解這場疫情的意義，因此這是一本只有弗格森才能寫出的弗格森式作品。

美中不足的是，本書視角鮮少論及自發秩序的市場在災難中扮演的角色。例如在一九八六年挑戰者號太空梭爆炸的悲劇中，弗格森認為真正的關鍵不在O形環的技術、雷根總統的決策或是太空總署的群體迷思，而是費曼揭露的中階管理階層的失敗。雖然弗格森的敘述正確無誤，但後來的研究已經指出，股市在太空梭爆炸後的幾十分鐘內，就已「鎖定」元兇並將之精準地反映在股價之上。市場不僅是傳遞與匯集資訊的「集體智慧」，也是除了官僚組織與社會網絡之外另一種分配資源與協調行動的制度。如果本書能夠將市場作為一種制度納入，也許討論就能更加充實。儘管如此，這仍是一本富含弗格森的博學與才識的精彩鉅著。雖然仍身處疫情之中，但要在茫茫濃霧中略微看清前路，《末日》就是我們所需要的那盞燈吧。

張國城／臺北醫學大學通識中心教授：

撇開對台灣防疫和政治的評斷，弗格森這本大作其實深具可讀性。他認為多數災難之所以發生，關鍵失誤往往不是出在最上層決策，而是出在指揮系統更下層的中階管理層，這點是個人認為最具參考價值的反思。本書證明了他是一位卓越的歷史學家，也證明了跨領域的思維實屬重要，但要面面俱到仍不是件容易的事。

胡采蘋／財經作家：

拿到這本書建議先看第十一章，尼爾．弗格森回答了大家最想知道的問題：Covid-19大瘟疫過後，人類世界的政治經濟圖譜將有何種改變，以及美中之戰將如何演化，光是這一章就值得你把書買回家。弗格森過去經常訪問中國，我甚至幫助過同事練習英文問答，以便接受他的採訪，因此我知道他極其用功，判斷準確。

你接下來可以從第四章看起，歷來瘟疫的記述扣人心弦，現在的我們特別能對查士丁尼大瘟疫、黑死病時代的人感同身受。而那之後的人們經歷了什麼，或許也會是我們之後的經歷。

偉大之書未必得按照順序閱讀，任一段落皆有所得。

藍斯柏吉斯（Gabrielius Landsbergis）／立陶宛外交部長：

對那些像我國一樣碰上非法移民、俄國與白俄羅斯強鄰在邊境軍事演習，以及新一波COVID-19

疫情等多重災難的國家來說，這是一本必讀之作。

艾瑞克・施密特（Eric Schmidt）／美國人工智慧國安會主席、前Google執行長：

本書關乎我們的未來，關乎如何確保未來不再失敗。尼爾・弗格森是一位大師級的歷史學家，更是一位對當今疫情考驗與苦難深具洞見的敏銳觀察家。讀完本書，你就會明白我們何以落入今日困局，以及該如何解套。

法蘭西斯・福山（Francis Fukuyama）／史丹佛大學國際研究所教授、《歷史之終結與最後一人》作者：

弗格森用更宏觀的歷史視角看待COVID-19疫情，提醒我們這並非人類首次應對這樣的災難。本書藉由對全球史的深刻理解，串聯起人類歷史上曾經面對過的威脅，以及人類社會應對這些災難的機智之法。

彼德・梵科潘（Peter Frankopan）／牛津大學歷史學家，《絲綢之路》作者：

我們常會預期災難降臨，偶爾也需要直面災難本身，但我們總能堅持下去。無論等在眼前的是晴天雨天，是大流行病或其他機運、偶然與不幸，人類大都能將就著挺過。這是《末日》這本書的一大啟示，讀完幾乎都要樂觀起來。

拉娜．福洛荷（Rana Foroohar）／CNN全球經濟分析家、《大掠奪》作者：

COVID-19疫情爆發後，許多「專家」都想要對症下藥，嘗試解釋是哪裡出了問題。但尼爾．弗格森致力於挖掘更重要的真相：雖然我們無法預測災難，但我們有方法可以打造更堅韌抗災的世界。要辦到這點，謙遜與歷史皆不可或缺，而本書把這兩帖良藥都幫你開好了。

吉蓮．邰蒂（Gillian Tett）／《金融時報》專欄作家、《穀倉效應》作者：

這場席捲全球的疫情讓當今世界變得短視近利，因為我們的移動空間和知識範圍都受到限制，無法看清眼前事件背後的脈絡。本書能緩解我們的近視症頭，每位政策制定者、投資人和好奇的市民都該一讀。這不僅是為了理解正在發生的事情，也是為了面對未來的挑戰。COVID-19疫情暴露了二十一世紀政治體制的弱點。若我們放任這一弱點不管，下一場大災難可能會更加致命。

卡米拉．卡文迪許（Camilla Cavendish）／英國上議院議員、《百歲時代》作者：

本書描述了一連串悲劇，我卻發現讀來令人不可思議的振奮。

穆罕默德．伊爾艾朗（Mohamed A. El-Erian）／安聯集團首席經濟顧問、劍橋大學王后學院院長：

關鍵時刻的重要貢獻。不只是一本可讀性極高的災難通鑑，其跨學科書寫更帶來重要洞見：如何歸因災難，以及有哪些可行的應對方法。若想打造更能夠應對災難的政治與社會結構，這就是必讀之作。

古樂朋（Nicholas A. Christakis）／耶魯大學教授、社會學家暨內科醫生：

從地震、戰爭到瘟疫，人類蒙受可怕災難的方式之多，足以讓人誤以為社會、經濟與政治層面應該都已經發展出更好的應對之道。然而，我們面對災難的主要方法似乎仍然停留在心理層面：隔岸觀火，作壁上觀。這本深具魅力的廣博之書解釋了此現象背後的原因，並指點我們如何更好、更安全、更理智地應對下一場災難。

台灣版序

Preface

等等，請讓我暫時脫稿一下，
好好面對這種末日又要來臨的感覺……現在，我很害怕。

——美國疾病管制中心主任羅雀爾·瓦倫斯基（Rochelle Walensky），
CBS新聞，2021年3月30日

〈幸福的日子又來了〉

——米爾頓·艾格（Milton Ager）與傑克·葉倫（Jack Yellen）作曲，
1932年小羅斯福總統競選主題曲

一九七一年，亨利．季辛吉曾問中國總理周恩來對法國大革命有何看法，周恩來回答：「現在要下結論仍言之過早。」這話乍聽真是深思熟慮，說明中國人想得就是特別長遠，眼光總要放到幾百年以後，不像西方政治家往往只看幾個星期。但實際上，這應該是冷戰期間最令人難忘的一次雞同鴨講。美國外交官傅立民（Chas Freeman）在二〇一一年就透露，周恩來當時以為季辛吉問的是一九六八年的法國學運，而不是一七八九年的法國大革命。

對《末日》最常見的批評，就是本書寫得太早、出得太快了，因為COVID-19大流行的嚴重程度與後果，「現在要下結論仍言之過早。」但在我書中的十一個章節中，只有三章是在談二〇二〇年的疫情。罵我書出得太晚可能還比較有道理，因為要是我在二〇一九年就把書寫出來，搞不好還可以多幫上一點忙。但寫得太早？期待書籍能跟報紙一樣每日更新自然不切實際，但要求歷史學家非得等事件結束才能動筆，其實也沒有比較合理。誰能說得準疫情何時才會結束呢？本書的主張之一，就是並非所有災難都是各自獨立的事件。比如倫敦就在一三四八至一六六五年間頻繁遭受黑死病侵襲，二十世紀的流行性感冒更是殺人如麻，從未徹底被人類制服。政治災難也是如此。法國史學之父朱爾．米榭勒（Jules Michelet）的《法國大革命史》（*Histoire de la Révolution française*）的確等到法國大革命後才動筆，該書問世於一八四七年二月革命前夕至一八五三年拿破崙三世稱帝之間。不過相比他的著作，應該有更多人讀過愛德蒙．柏克的《法國大革命反思》（*Reflections on the Revolution in France*）。這本小冊子驚人地預言了當傳統體制被顛覆以後，只會變成「醜惡卑劣的寡頭統治」，最終走向軍事獨裁。柏克也說中了法國知識分子的烏托邦思想會導致什麼後果：「四下環顧盡是荒蕪，除了絞刑架外別無他物。」這些話付梓於一七九〇年十一月，比路易十六出逃瓦雷訥還早了六個月，更比他被送上斷頭臺早了兩年。有人說過柏克的書寫得太早嗎？

我之所以要把一場尚未結束的災難寫進歷史，是因為從錯誤中學習永遠不嫌太早。我們或許都厭倦了COVID-19的疫情，渴望回歸「正常生活」，像是長途旅行才剛開始的孩子一樣問著「到了沒？」不過SARS二型病毒非常有可能演變成區域流行病，在未來幾年不斷用各種變種病毒和我們的公衛系統玩打地鼠的遊戲。如果是這樣，我們最好從現在就開始解決去年所犯的錯。

本書對災難的觀點可以概括為以下幾點。首先，災難屬於不確定性的領域，本質上就無法預測；雖然烏鴉嘴偶爾會恰好說中，但想要預言災難多半都會失敗。其次，天災和人禍之間沒有明確的區別，因為災難殺死的人會比往常多出多少，幾乎都跟人類所做的事有關。所以同一種病毒對世界各地的影響為什麼會有這麼大差別，最好的解釋就是「災禍背後的政治運作」。第三，多數災難之所以發生，關鍵失誤往往不是出在最上層的決策，而是出在指揮系統更下層的中階管理層（比如費曼說的那位總是見不著人的「金斯伯里先生」，不過無能的政治領袖總是有辦法讓糟糕的情況更加惡化。第四，當病原體四處傳播戕害人體，人心的病徵也常隨之擴散，兩者交加就足以摧枯拉朽——正如戰爭的勝利需要同時消滅敵方的物資與士氣。最後一點，既然災難無法預測，與其花費行政資源去防備單一但可能錯誤的災難，不如對一切災難的跡象都維持警覺。要打造堅韌乃至反脆弱的體制，關鍵就在於快速應對早期警訊。然而，若對既有成就故步自封，就很容易反受其害，台灣會在二〇二一年五月爆發疫情就是犯了這項錯誤。

為什麼二〇二〇年會有這麼多西方國家無法遏止新型冠狀病毒的擴散，創下一九五〇年代以來最高的超額死亡數？反觀台灣和南韓等東方國家，卻能結合快速的大規模篩檢、接觸者追蹤和隔離潛在患者，成功在初期就控制住病毒擴散，一年多來都不必實施有礙經濟活動的外出限制。這個現象使我們更有理由質疑：西方國家為何會面臨這種慘況？儘管有些人的確是因為民粹領袖反覆無常的領導模式而喪命，但我還是認為不該把西方民主的失靈都歸咎到少數幾個人身上。就算在沒有民粹領袖的國家，公衛官僚體系一樣發生了系統性的失誤，而這才是問題的癥結所在。各國都準備了應對全球傳染病的計畫，只是這些計畫都行不通：各國公衛機構無法快速建立篩檢量能、幾乎不曾嘗試追蹤病患的接觸史、沒有強制執行隔離、放任高危險族群（特別是養老院住戶）暴露在感染風險之下。這些錯誤造成了絕大多數的人命傷亡，而且也都不大可能僅歸咎於川普總統或強森首相個人。麥可・路易士在《不祥的預感》（*The Premonition*）一書中雖然跟我採取了不同的推論，看法卻和我相近。他這本新書中也有個烏鴉嘴，指出「川普只不過是百病叢生的共病症狀」——如果我們相信英國首相強森的前任首席顧問多米尼克・康明茲（Dominic Cummings）對倫敦疫情的觀察，那麼強森顯然也是英國痼疾中的併發症。康明茲在二〇二一年五月聽證會上的證詞，重點並不在於首相「不適任」，而是整個政府全都失靈：不只是民選政客，也包括公務員和公衛專家，所有人都「嚴重未達民眾有權期待的標準」。

如果我們以為換個總統或首相就可以讓很多人倖免於難，恐怕就只會持續犯下大錯。拜登的幕僚長羅恩・克萊恩（Ron Klain）二〇一九年就承認過，倘若在二〇〇九年席捲美國的豬流感有著和COVID-19相近的致死率，那麼當年的歐巴馬政府在面對疫情上恐怕也沒有拿出更好的表現：「只要是可能出錯的事情，我們全都做錯了……當時大約會有六千萬名美國人染上H1N1。豬流感之所以沒有成為美國史上傷亡最慘重的事件，純粹只是因為碰巧這病的致死率不高。我們什麼都沒有做好，一切都是走運。」

相較於美國，台灣的經驗則是驚人的反例。二〇二〇年一月，我正好首次造訪台北，那時武漢出現神秘新疾病的消息才剛開始流傳。有三件事讓我印象非常深刻。首先是一月十一日的總統大選和我這輩子看過的每一場選舉一樣，運作得非常流暢。其次是無論政府部門還是民間單位的資安與資訊戰專家，都很清楚中國試圖干預台灣的民主程序，並且多少對此感到不齒。最後是台灣運用電腦科學和軟體工具實踐公共政策的方式，顯然比任何西方國家都有創意，這有很大一部分是唐鳳在二〇一六年八月加入政府所帶來的影響。雖然北京再三保證武漢的病毒不會人傳人，但台灣政府理所當然並不相信，而是遵從美國流行病學家賴瑞·布里恩（Larry Brilliant）的忠告「及早發現，及早反應」，實現絕佳的防疫成果。整個二〇二〇年下來，台灣的COVID-19確診病例不到八百人，死者更只有七人。有部分當然是因為台灣的官員已經從SARS和MERS這兩場冠狀病毒疫情中記取了教訓。但二〇二〇年的台灣能有此成就，還有很多原因。舉例來說，當初缺乏口罩時，政府就架了一個網站來配給口罩。如果台北爆發疫情，官員也計畫把城市分成好幾個不同的區域來管理。而且儘管有這麼嚴格仔細的預防措施，學校依然沒有停課。

《末日》在二〇二〇年十月底交稿後，我就只能針對一些細節處進行校對修改。不過接下來這七個月裡，又有了很多重要的新發展，有些在我的預料之中，有些則出乎我所料。我對西方疫苗的樂觀態度是對的，不過就算當初再怎麼有信心，我也沒料到莫德納和ＢＮＴ疫苗的保護力會超過九十％。當初各國政府在圍堵病毒時弄得手忙腳亂，也讓我估計之後採購與分配疫苗時會一塌糊塗，沒想到最後會這麼有效率。

我原本也預期COVID-19最後的致死率，會和一九五七、一九五八年的亞洲流感相近，殺死大約〇．〇四％的全球人口。這點的確是我太過樂觀。考慮到開發中國家傾向低報和疫情有關的死亡人數，目前的死亡人數約在〇．〇九五％至〇．一七％之譜，比我原先預計的還高出不少。當然，二〇二〇至二〇二一年間死於COVID-19的人數還是比不上一九一八至一九一九年間的西班牙流感，當時大約有一．七％的人死於疫情。就算採用《經濟學人》評估的最大值，後者的超額死亡數依然高了一個數量級[①]。若考慮到患者的年齡分佈，以及損失的生命年數，COVID-19還是比較接近一九五七年的亞洲流感。儘管如此，我還是低估了新變種病毒的問題。這些變種能讓感染過早期病毒株的人再次感染，同時也會降低疫苗效力，我也因此低估了巴西、印度、南非及周邊地區後來幾波疫情的規模。我也沒想到二〇二〇年成功遏止病毒擴散的亞洲各國政府，會正好因為這份成就而在疫苗接種上落後。當傳播力道更強的新變種病毒傳入，並在二〇二一年的五至七月引爆新一波嚴重疫情時，台灣幾乎沒有準備：他們當時只有〇．〇一％的人接種過第一劑疫苗，篩檢量能也在安逸中衰減到危險的程度。結果就是確診病例陡然增加到七千例，死亡人數也攀升到超過七百人。

接著又會怎麼樣呢？我朋友古樂朋（Nicholas Christakis）就在他新出版的《阿波羅之箭》（*Apollo's Arrow*）[②]裡面問，等到大流行過後，我們是否會像祖父母、曾祖父母那輩人一樣，在西班牙流感過後進入「咆哮的二〇年代」：

> 在目前和不久後的疫情期間，人們也許會變得更篤信宗教，更深刻反省，但等到疫情過後，可能又會逐漸肆無忌憚地縱情聲色與快意人生。城市將會重新點起華燈。人們會熱切投入運動賽事、演唱會和政治集會，哪裡有機會和更多人聚在一起，就往哪裡去。每次撐過嚴重的疫癘，人類不只會感受到全新的意義，也會感受到全新的可能性。一九二〇年代不正為我們帶來了廣播、爵士樂、哈林文藝復興和婦女選舉權嗎？

這是他書裡最常被引用，但也是最被誇大的段落。這段話實在是太過美化一九二〇年代——說起那十年的美國，只會讓人想起暴力犯罪和頂著鮑伯頭的摩登女郎（flapper），而其他國家則充斥著惡性通膨、饑荒、布爾什維克主義與法西斯主義。不管怎麼想，二〇二〇年代能不能咆哮出聲都令人懷疑，更別提聲音好不好聽。說不定二〇二〇年代會變成「無聊的二〇年代」。

只要世界上還有一大部分的人口尚未接種疫苗，就會持續冒出新的變種病毒，疫情也會反覆爆發，讓我們必須固定施打疫苗——說不定一年還不只打一劑。我們也得在口袋和公事包裡放著煩人的

---

① 譯注：二〇二一年五月十五日，經濟學人經建模評估全球的超額死亡數約在七百萬至一千三百萬之間。

② 譯注：除了太陽神，阿波羅也是醫藥之神和瘟疫之神，曾在《伊里亞德》中以箭矢向特洛伊散播瘟疫。

口罩，進辦公室或上飛機時也必須填寫一堆線上表格。一旦COVID-19獲得控制，各國又會重返同樣無聊的陳年戰場。以色列和巴勒斯坦之間難解的問題就是個好例子：以色列才剛有五十八%的人完整接種疫苗，達到集體免疫的門檻，馬上就有一堆飛彈從迦薩射向耶路撒冷。蘇格蘭獨立運動雖然比較不血腥，但也沒有比較有趣——這個議題注定會在英國每日死於COVID-19的人數降到個位數的時候捲土重來。歐洲人很快也會再度吵起移民問題，法國人最近已經起了頭。這些事情大概都會沒完沒了。

然而，就算傳染病可能會讓我們的日子變得更無聊，但災難並不會因此停下腳步。正如我在《末日》中所說，就算一場災難原本是容易預見的「灰犀牛」，實際發生時也可以輕易變身成「黑天鵝」。但是黑天鵝要變成「龍王」那種影響力遠不止於生靈塗炭的歷史性大災難，就需要很多條件：在超額死亡人數爆增後，還需要對經濟、社會、文化、政治和地緣政治都造成重大影響，匯聚成多重災難的大合奏。而在我寫這篇序言的二〇二一年七月底，這個大合奏什麼時候會奏響應該已經相當明顯：那就是疫情讓我們都無聊透頂的時候。

本書在去年底交稿之際，疫情對經濟的影響還不是很明顯。當時我問：「我們最該擔心的，究竟是經濟持續停滯，還是經濟活動恢復正常之後陷入惡性通膨？」二〇一四年曾經重提「長期停滯」（secular stagnation）的經濟學家勞倫斯·薩默斯（Lawrence Summers），在今年二月回答了我的問題：他警告目前的產出缺口[3]相對較小，如果實施不相襯的大規模財政刺激，美國就很有可能發生惡性通貨膨脹（不過在其他國家，應對政策和景氣低迷的程度之間沒有那麼大的落差）。之前在供給面緊張的疫情期間推出擴張政策，就讓惡性通膨的發生機率攀升。如果這個狀況繼續下去，就不會只是聯準會堅稱的「過渡現象」了，屆時通膨期望值就會逐漸失控，走向一九六〇年代後半葉的局面。「坦白說……我們很希望通膨率可以稍微高一點。按照國內和全球近期以來的發展，實在不大可能發生我小時候那種讓人傷腦筋的通膨。」但聯準會主席曾說過的這番話，現在可能已是他最大的壓力來源。雖然在一九六〇年代末與一九七〇年代初，通膨發生的主要原因是越戰失利和以阿戰爭爆發，而現在並沒有什麼可以相比的地緣政治衝擊，但這也不能保證「稍高的通膨率」可以一直維持在平均二%上下。或許，寬鬆貨幣政策的後果不是消費者物價上漲，而是像金融海嘯後一樣造成資產泡沫化。另一方面，我們也不確定全球糧食和其他消費品的供應問題會持續多久，或是發展到什麼程度，只知道開發中國家的公衛危機愈嚴重，這個問題就會愈大。通貨膨脹在國外造成的挑戰，可能會比在美國國內還要嚴峻。

至於疫情的政治影響，就比較容易在七個月之前預見。如果沒有這場疫情，川普幾乎篤定會贏得連任。英國大選是在全世界都還安好的二〇一九年十二月舉行，只能說是強森的好運氣。儘管二〇二〇年的各種做為與不做為造下那麼多罪孽，川普的選情還是沒有兵敗如山倒。儘管有群支持川普的暴徒和「匿名者Q」的信眾在二〇二一年一月六日闖入美國國會大廈，讓許多人重新擔憂美國將淪為威瑪共和，或是爆發第二次南北戰爭，但這些災難預言都沒有發生。川普陣營當初在橢圓辦公室號召「起義」時，是否曾認真想過要發動政變？或者他只是想對國會施壓，卻因為國會山莊的警力太少而導致

③ 譯注：產出缺口（Output Gap）是實際經濟產出和充分就業下潛在經濟產出之間的差距，常用來衡量通貨膨脹的情勢。

局面失控？針對這群闖入者的研究發現，裡頭只有一小部分的人跟極右翼或民兵組織有所往來。這些面臨指控的幾乎都是中產階級白人（雖然其中很一大部分的財務都有問題），而且絕大多數都是被匿名者Q等流傳於社群網絡平台的陰謀論所策動。一月份的民調顯示，雖然高達七十％的共和黨選民都不接受川普敗選，但是只有很少數人贊同這些人洗劫國家的立法機關。

一月六日這起事件真正的重要性有二。首先是科技巨頭終於逮到機會可以把川普逐出社群媒體，乃至於整個現代公共論壇——這比那個匿名者Q信徒所率領的政變有效多了。再來是川普為了反抗選舉結果所做的各種蠢事，終於在國會大廈暴亂後畫下句點，振奮了民主黨政府的士氣。素來固守中道的拜登用正常的方式競選，贏下了這場選戰。在他就職的一百天內，民主黨內的政策機器就正常發揮，推出了《美國救助計畫》（American Rescue Plan）、《美國就業計畫》（American Jobs Plan）、《美國家庭計畫》（American Families Plan）等一系列紓困措施，總預算將近六兆美金。親民主黨的媒體興致勃勃地宣揚，拜登會在任內「帶來改變」，忽略了目前民主黨在參、眾兩院的優勢都很小，跟有大票黨內同志來支持各種國內計畫的小羅斯福和詹森時代，完全是天壤之別。這些不切實際的經濟措施會導致哪些計畫之外的後果，其實也不難想像：除了通膨率增加，放棄邊境圍牆也會導致更多非法移民穿越美墨邊境，而在二〇二〇年夏天因為佛洛伊德被害所引發的動盪後，暴力犯罪也將會繼續增加。

彷彿要映襯拜登這位新總統的年邁，美國政府如今正逐漸走回曾在一九六〇年代末至一九七〇年代誤入歧途的「大政府主義」。相比之下，台灣政府的活力實在令人驚豔。雖然他們的防線終於在五月被新一波病毒給攻破，但接下來情勢的發展又繼續展現了新型智慧政府的效能。在唐鳳等人的努力下，台灣已經備妥了一系列接觸者追蹤程式，包含官方的「臺灣社交距離」。名為g0v零時政府的開源網絡也快速架起一個網站，匯聚來自醫院等單位的資源，以追蹤疫情蹤跡。人民也自發性地利用Google地圖製作了「風險地圖」，協助大家保持社交距離。

唐鳳前述作法中最吸引人之處，是她著重於利用軟體和智慧型手機，強化一般民眾而非政府的防疫能力，這種精神源自於二〇一四年三一八學運，別名「太陽花運動」。唐鳳在二〇二〇年接受訪問時，曾提到過台灣是怎麼利用軟體工具，藉著「參與式機制設計」來發揮公民社會的「集體智慧」。舉例來說，公共政策網路參與平臺和vTaiwan都是以Pol.is這套軟體為基礎。根據其中一名創辦人的介紹，Pol.is的目標就是「化群聚為凝聚」——說得更白話則是「形成粗略的共識」。唐鳳認為，這和中國大陸利用人工智慧打造的監控帝國正好相反：「從民主和人權的角度來看，他們發展得愈遠，就退步得愈多。我們的感想是：『呃，千萬不要追隨他們。』」

唐鳳的防疫方針不只讓人民獲得更完善的資訊，也讓政府更能掌握實際狀況。而在面對假訊息和錯誤訊息上，她則是以諷刺取代審查。她曾在去年表示：「我們不是用外出限制來擊退傳染病，也不是用言論限制來擊退資訊疫病。」她的辦法是採用「妙語對抗謠言」，也就是用好玩的迷因對抗假新聞。如果西方政治家想瞭解民主的未來，他們真的該常去台北走走。

在我看來，受此次疫情影響最深遠的，應該不是美國國內政治，而是地緣政治。所有跡象都顯示，儘管華盛頓的政府已經輪替，這場在疫情之前就已展開的二次冷戰還是會持續下去。正如我在本書第十一章的預言，拜登政府的確像選前承諾的一樣，在各方面的作風都比前任更加強硬，不遺餘力地批評中國共產黨，當然也沒有放過民主和人權這些川普從來不大有興趣的議題。此外，拜登政府也放棄了川普不分敵我的保護主義，積極團結盟邦以求平衡中國勢力，其中又以澳洲、印度、日本最是關鍵。今年三月，國務卿布林肯（Antony Blinken）和中共外委會主任楊潔篪在阿拉斯加的安克拉治會面，雙方的激烈交鋒與冷戰時期別無二致，這是川普時代任何一場會議都比不上的。這就不禁讓人想起，第一次冷戰剛開始時曾在朝鮮半島爆發了一場異常激烈的戰爭。後疫情時代最明顯的危機，顯然就是逐步升級的台海局勢。畢竟，台灣可是同時扮演了前一次冷戰中的柏林、古巴和波斯灣的角色：身處強權競逐的中心，地理上離其中一個超級強權非常近，又距離另一個非常遙遠，其尖端半導體產業的重要性也堪比沙烏地阿拉伯的原油。有些書評不理解我為什麼要在《末日》的最後一章討論新冷戰的不確定性。顯然他們完全忘了在歷史上，戰爭與瘟疫不但是死喪禍亂的兩大成因，而且兩者如果不是攜手並行，就是時常接踵而至。

幾年以前，有一位習近平的經濟顧問告訴我，習主席最大的心願就是將台灣納入中國版圖。正是因為如此，他才會設法終結過去中國主席只能當兩任的潛規則。習近平之所以大力擴張中國的陸、海、空軍力量，並列裝東風二十一D型這種足以擊沉美國航空母艦的陸基飛彈，最大的理由也是想拿下台灣。借用報導台灣國安議題的知名記者葛天樂（Tanner Greer）的話來說：「台灣所擁有（或是未來能從美方購得）的任何作戰系統，人民解放軍全部都有，有些還遠比台灣的還要先進。」更重要的是，中國還建立了「反介入與區域拒止」的能力，以拒美國於台灣海域之外。喬治華盛頓大學的前中情局官員韓力（Lonnie Henley）在二月的國會聽證會上指出：「如果我們能夠解除（中國的整合防空系統），就能贏得戰爭；如果做不到，可能就會戰敗。」印太司令菲利普・戴維森（Philip Davidson）上將則在三月警告國會，中國最晚將在二〇二七年入侵台灣。退役將領詹姆斯・史塔伏瑞迪斯（James Stavridis）最近也出版了《二〇三四：下一場世界大戰》（*2034: A Novel of the Next World War*），小說中第三次世界大戰的開端之一，就是中國海軍突然出兵包圍台灣（遭此重創的美國海軍被迫決定「核平」湛江，結果導致聖地牙哥和德州蓋維斯頓被毀）。這則故事最難以置信的設定，大概就是戰爭還要十三年才會發生。史丹佛大學胡佛研究所的麥可・歐斯林（Michael Auslin）則認為，中美海戰在二〇二五年就會開打。

長年研究美國外交政策的菲利普・澤里可（Philip Zelikow）和資深外交官羅伯特・布萊克威爾（Robert Blackwill）曾在年初投書美國外交關係協會（Council on Foreign Relations），兩人在文章裡為美國列出四個可能選項，而他們認為最好的是最後一種：

> 美國應當……演練一套備用方案，且至少要與台日協同演練，以抗衡任何中國對台灣的航運封鎖。另外，美國也要預先布署戰爭儲備，隨時準備好運送緊急物資，以協助台灣自衛……美國和盟國也要預想並實際制定計畫，才能在軍隊遭受攻擊時切斷所有和中國的金融關係，並凍結或扣押中國資產。

不過所有提倡嚇阻政策的說法都得面對三個問題。首先，不管用什麼方法強化台灣的防禦，都必定會讓中國震怒，使冷戰更有可能變成熱鬥——尤其是日本也公然參與的話。第二，這些舉動等於在昭告中國要把握時機，在美國的嚇阻政策升級完畢之前做出行動。第三，則是台灣人其實很抗拒像以色列一樣嚴肅面對國家的存亡。

還有一個問題是，台海局勢得要多惡化，才能讓拜登政府意識到「台灣危機」正在發生？是中國軍隊採用小幅度的「隔離」戰術，或是全面封鎖台海航線，抑或是對台灣發動兩棲突擊？如果英國軍事史學家麥斯·黑斯廷斯（Max Hastings）說得不錯，這就會成為二次冷戰的古巴飛彈危機，只不過台灣和美國之間的距離，遠超過古巴和蘇聯的距離。要是史塔伏瑞迪斯預測正確，台灣就會更像是一九一四年的比利時，或是一九三九年的波蘭。或許還有一種更為合適的類比——也許台灣之於美利堅帝國，更像是蘇伊士運河之於一九五六年的大英帝國。當時的埃及總統納瑟將蘇伊士運河收歸國有，引發英國首相艾登聯手法國和以色列，想用武力奪回運河。結果美國的反對讓英鎊價格一落千丈，重重羞辱了大英帝國——那一刻讓全世界發現，帝國雄獅不過是頭紙老虎。我很難想像當中國進攻台灣，拜登政府會像布萊克威爾和澤里可等人設想的一樣，同時動用軍事力量和金融制裁來回擊。當台海戰爭像兩人設想的一樣引發金融危機，受創最深的會是中國，還是美國？兩者雖然都是超級強權，但美國的GDP正面臨三·五%的赤字（二〇二〇年第二季），國際投資部位的淨額將近負十四兆美金。然而，如果美國對一九五四年以來最嚴重的第四次台海危機不理不睬，各大報的頭條絕對不會放過這個拿國務卿名字大作文章的機會。

但如果國務卿布林肯「不理」（Blinken blink）台海局勢成真，那會對美國帶來什麼樣的後果？美國在五十年前打輸了越戰，除了對南越居民造成災難，其實對戰略大局影響不大，亞洲並沒有接二連三赤化（除了演變成人道災難與大屠殺的紅色高棉）。然而若美國失去台灣，就算只是消極避戰，整個亞洲都會看到美國已經無法主宰所謂的「印太地區」。這代表在兩百年的衰落和國恥之後，中國終於能實現長久以來重登亞洲霸主之位的野望。也代表中國戰略家眼中的「第一島鏈包圍網」就會出現破口，晶片聖地台積電也會落入北京掌控（別忘了，真正的新石油不是大數據，而是半導體）。美元和美國國債絕對會因此受到重挫，這將會是美國版的蘇伊士危機。

亨利．季辛吉曾說過：「每一次成功，都只是讓你獲得通往下一場更困難挑戰的入場券。」五十年前，季辛吉能和中國展開外交對話，的確是項了不起的成就。但這次成就最後卻成了美國走向第二次冷戰的入場券。當然，失敗也是一種入場券。西方各國政府沒能像台灣和南韓一樣順利圍堵冠狀病毒，讓它們不得不盡力完成疫苗接種；而沒能提早讓人民接種疫苗的台灣政府，也不得不在自滿過後繼續發揮聰明的創意。有時候，歷史看起來就像是一連串要命的災難，但有時候災難也可以激發出創意的應對之道，就像成功總是令人不思進取。我手上這本瘟疫之年的著作就先寫到這裡，接下來我得要全心面對另一類傳記的挑戰[4]。季辛吉的觀察總是讓我震驚，因為無論是放在我們每個人的生涯，還是放在人類史上對於災難的應對成敗，都一樣適用。

④ 編注：尼爾．弗格森已開始其《季辛吉傳》第二卷的寫作計畫，該卷預計涵蓋美中建交與台美斷交等一九七〇、八〇年代的重要外交事件。

導論

Introduction

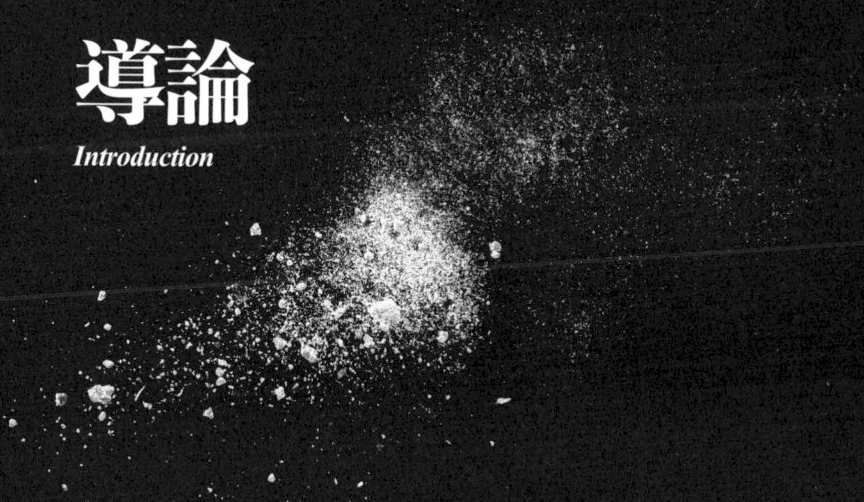

和我相比，你還算幸運！
這世道雖傷害了你，可是啊，我往後看去，
卻是一片陰鬱！往前又是一片黑漆，
只要猜想就教我顫慄！

——蘇格蘭詩人羅伯·彭斯（Robert Burns），〈致老鼠〉（To a Mouse）

超級傳播者的懺悔

我們這一生中，似乎沒有哪個時候比現在更對未來茫然，也更對過去無知了。二〇二〇年初，武漢出現新型冠狀病毒，當時只有少數人瞭解到這條新聞的重要性。我在二〇二〇年一月二十六日，就公開談過和寫過全球大流行病有可能會發生，[1]結果有人罵我莫名其妙。罵我的當然是在達沃斯世界經濟論壇（World Economic Forum）的眾多代表團，他們顯然沒意識到這病毒有多危險。當時從《福斯新聞》到《華盛頓郵報》，各家媒體都認為這種冠狀病毒對美國的威脅，還不如每年的冬季流感。二月二日，我又寫道：「我們要面對的流行病，來自世界上人口最多的國家，因此很有可能發展成全球大流行……，最大的挑戰……是要對抗詭異的宿命論，這種心態讓一堆美國人即便看著危險的病毒呈指數傳播，也不願取消旅行和戴上口罩。」[2]事後來看，我這些話根本是遮遮掩掩的悔過書。一、二月的我，就像過去二十年一樣頻頻旅行。一月，我從倫敦飛到德州達拉斯，從達拉斯飛到舊金山，再從舊金山飛到香港（一月八日）、台北（一月十日）、新加坡（一月十三日）、蘇黎世（一月十九日）。一月二十四日飛回舊金山後，我又在一月二十七日飛往佛州的羅德岱堡。我是有戴一兩次口罩，但戴了一小時就覺得太難過，所以又脫掉了。後來在整個二月裡，我也還是到處飛來飛去，只是沒飛那麼遠。我去過紐約、加州陽光谷、蒙大拿波茲曼（Bozeman）、華盛頓特區，還有巴哈馬的萊福德礁（Lyford Cay）。是不是有點好奇這種生活怎麼樣？我總是在巡迴演講中笑稱，這種生活讓我成了「國際歷史人物」。後來我才知道那些頻繁旅遊，將病毒從亞洲傳播到世界各地的人叫做「超級傳播者」，而我可能也是其中之一。

二〇二〇年的上半年，我在報紙上的每週專欄幾乎成了某種瘟疫札記，只是我從來沒提過，我大半個二月都在生病，該死的咳嗽怎麼樣都治不好（我大部分是靠蘇格蘭威士忌來撐過演講）。「擔心阿公阿嬤吧，」我在二月二十九日寫道，「八十歲以上的死亡率超過十四%，但四十歲以下的死亡率幾乎是零。」我沒提到的是，照資料看來，像我這樣有氣喘的五十歲中段班也不大能放心。我也沒提到，我曾看過兩次醫生，結果卻跟美國各地差不多，醫生都告訴我現在沒辦法篩檢COVID-19①。我只知道這場病很危險，有危險的不只是我和家人：

> 傻傻說著「這沒有流感嚴重」的人……根本搞錯了重點……
>
> 這種病很難在初期檢測出來，許多帶原者雖有傳染性卻又沒有症狀，所以充滿了不確定性。我們無法確定有多少人帶原、無法確定這種病毒的傳染數和致死率，也沒有疫苗和特效藥。[3]

三月八日我又在另一篇《華爾街日報》上刊登的文章寫道：「如果美國的確診比例跟南韓差不多，那不久後就會有四萬六千起病例和超過三百人死亡——要是死亡率跟義大利一樣的話，就會有一千兩百人死亡。」[4]當時美國只有五百四十一起確診病例，死亡人數也才只有二十二人。兩週過後的三月

① 編注：又譯新冠肺炎、武漢肺炎、二〇一九冠狀病毒病、嚴重特殊傳染性肺炎。

二十四日，美國病例已超過四萬六千起，死亡人數也在二十五日超過一千兩百人。[5]我在三月十五日提到：「甘迺迪機場昨天擠滿了人，他們的行為就像自古以來碰到大瘟疫的人會做的一樣：逃離大城市（然後傳播病毒）……，我們正在進入大流行的恐慌階段。」[6]同一天，我自己也帶老婆和兩個最小的孩子從加州飛往蒙大拿。從那之後，我人就一直在這裡。

二〇二〇年的上半年，我除了疫情外幾乎不曾想過和寫過其他事情。為什麼我會這麼癡迷呢？答案是，雖然我主要的專長是金融史，但自從三十多年前在研究所讀過一八九二年漢堡大霍亂的研究以後，我就對疾病在歷史上扮演的角色很感興趣。歷史學家理查·埃文斯（Richard Evans）對那段時期的詳細研究，讓我認識到一個重要觀念：致命病原體會導致多大的傷亡，有部分其實是受到該社會和政治秩序的影響。埃文斯認為，漢堡的階級結構所害死的人，絕不比霍亂弧菌更少，因為城裡地主盤根錯節的權力關係已經成為牢不可破的障礙，導致陳舊的供水和下水道系統難以改善，窮人的死亡率因此比富人高出十三倍。[7]幾年過後，我為《戰爭的悲憐》（*The Pity of War*）這本書做研究時，竟發現統計數據指出，德軍會在一九一八年潰敗，有部分是因為一場可能由西班牙流感所引爆的疫情。[8]後來我又在《世界大戰》（*The War of the World*）一書中，深入剖析這一年發生的西班牙流感和布爾什維克主義，如何成為了終結第一次世界大戰的兩大「瘟疫」。[9]

二〇〇〇年代，我對帝國的研究也涉足了流行病的歷史。任何關於歐洲人殖民新世界的論述，都無法忽略疾病的重要性。正如一六九〇年代加州州長約翰·阿奇代爾（John Archdale）的名言：疾病「疏剪了印第安人的數目，為英格蘭人騰出空間」。我把《帝國》（*Empire*）這本書第二章標題取名為〈白色禍患〉，就是指白人帶來的瘟疫。同樣令我難忘的，還有離鄉背井的英國士兵死於熱帶疾病的數量：派駐獅子山的英軍，每兩人只有一個有幸存活下來。[10]我也在《文明》（*Civilization*）裡花了一整章討論現代醫學對於西方殖民統治的意義，指出殖民政權如何大幅改善我們對傳染病的瞭解和控制能力，以及常伴隨此一進步過程的兇殘手段。[11]我更在《西方文明的四個黑盒子》（*The Great Degeneration*）中直接警告，我們愈來愈無力應對「流感等病毒的隨機突變」。[12]至於《廣場與塔樓》（*The Square and the Tower*），基本上就是以「對於傳染的速度與規模，社會網絡的結構和病毒本身同樣重要」這句話為基礎所寫的世界史。[13]

本書的寫作時間點是二〇二〇年的十月底，COVID-19疫情仍沒有要結束的跡象。此時全球的確診人數已將近兩千六百萬人，但根據世界各地的血清抗體陽性率（Seroprevalence），這只是ＳＡＲＳ二型病毒（SARS-CoV-2）②感染者的一小部分而已。[14]一百二十萬人死亡的數字肯定也是低估，因為有幾個大國（特別是伊朗和俄羅斯）的統計數據根本不能信任。全世界的死亡人數每週以超過三．五％的速度成長——更不要說健康永久受損的人了，雖然後者目前也還缺乏相關統計。英國皇家天文學家里斯（Martin John Rees）勳爵曾和哈佛哲學家史迪芬．平克（Steven Pinker）打賭：「在二〇二〇年十二月三十一日前，會有一起生物恐怖攻擊或生物失誤事件，在六個月內奪走一百萬人的性命。」目前看來里斯勳爵愈來愈有可能賭贏。[15]有些流行病學家也主張，如果不嚴格執行社交距離和限制經濟

②編注：又譯嚴重急性呼吸症候群冠狀病毒第二型、ＳＡＲＳ冠狀病毒二型或新冠病毒。

活動，最後死亡人數將會達到三四千萬之譜。[16]不過政府一定會做出限制，大眾的行為也會改變，所以不可能那麼高③。但說實話，這些「非醫藥介入措施」對世界經濟的衝擊，已經遠超過二〇〇八、二〇〇九年的金融海嘯，甚至可能和一九二九年的大蕭條一樣嚴重。

為什麼我要在這場疫情尚未完結時就開始寫歷史呢？其實我這本書要寫的，並不是眼前這場匪夷所思的後現代瘟疫（雖然最後面的第九、第十章稍微勾勒了一下這段歷史）。本書是一部災難通鑑，書中不只記錄各種全球大流行病，還有各式各樣的災難：從地震等地質災難到戰爭等地緣政治災難，從流行病等生物災難到核子意外等科技災難，乃至於小行星撞擊、火山爆發、極端氣候事件、饑荒、悲慘事故、經濟蕭條、革命、戰爭與種族滅絕。所有關乎生死的災難，盡在其中。除此之外，沒有哪一種體裁能把眼前的災難，或是任何一場災難寫得更為透徹。

魔性誘人的末日

本書的起點是，要研究災難的歷史，無論天災還是人禍，都要和經濟、社會、文化和政治的歷史放在一起談（把災難二分成天災和人禍其實不大正確，這點本書後面會介紹）。除了已經六千六百萬年沒發生過的彗星撞地球，或是從來沒發生過的外星人入侵，幾乎沒有什麼災難是完全由外在因素所致。就連地震會造成多大災害，也是取決於斷層或海岸線（如果引發海嘯的話）上的都市化程度。流行病疫情的嚴重程度除了與新的病原體有關，也和受到攻擊的社會網絡有關。只研究病毒本身，是無法瞭解傳染病規模的，因為病毒能感染多少人是由社會網絡所決定。[17]在遭逢災害之際，社會和國家的體質也會一覽無遺。由於災難對經濟、文化和政治都會造成重大影響，有些甚至會顛覆常理，因此我們能從災難中看出哪些社會脆弱，哪些社會堅韌，哪些又是承受災難之餘還能更生勇健的「反脆弱」社會。[18]

無常是社會的常態。從史上最早的文明開始，智人（*Homo sapiens*）就一直很清楚自身有多麼脆弱。打從人類學會用藝術與文學記錄思想以來，就一直籠罩在滅絕或「終焉之時」的陰影之下。第一章會提到，自從耶穌默示了最後審判的到來，末日浩劫的預言就一直是基督教神學的核心。穆罕默德也把《啟示錄》裡的浩劫寫進了伊斯蘭教的教義裡。同樣的毀滅景象也出現在印度教和佛教等具有輪迴觀的信仰之中，古代北歐神話也不例外。而我們現代人也常常（甚至下意識）使用末世論的字眼，來解釋自己碰到或是經歷的災難。就連某些世俗性的意識形態，也相信某種世俗意義的末日，最明顯的即是馬克思主義者，這些人就像是虔誠盼望「被提」（Rapture）④到來的福音派基督徒一樣，期待著資本主義會因內部矛盾而崩潰。這和某些激進到呼籲世人放棄現有經濟體制，改以嚴格苦行贖罪才能扭轉世界毀滅命運的氣候變遷災難先知，有著異曲同工之妙。

我小時候第一次碰上「末日」（doom）這個字，是東非知名的「末日牌」（Doom）殺蟲劑，現在偶

③ 編注：至本書中文版付梓時，全球死亡數字已突破四百一十萬。

④ 譯注：以福音派為主的部分新教教派主張，在末世審判到來時，有一群人會真正被上帝提起離開地面，在空中與天主相會，另一群人則會被留在地上。主流新教、天主教和東正教多半不主張甚至抵制這個教義。

爾還會被用在宗教儀式上。[19]至於我的兒子們則會想到電玩遊戲《毀滅戰士》（*Doom*）。這個詞來自古英語和古薩克森語的dóm，以及古諾斯語的dómr，意思是正式的審判或判決，通常都具有負面意涵。莎翁筆下的理查三世曾說：「命有定劫，確難逃避。」馬克白也問過：「這一連串戴著王冠的，要等末日災劫才會終了嗎？」我們確實害怕末日浩劫，但我們也迷戀末日浩劫。正因為如此，才會有那麼多文學作品的主題都圍繞著「人類的末日」（The Last Days of Mankind）——卡爾．克勞斯（Karl Kraus）有篇了不起的一次大戰諷刺劇就叫這個名字。無數科幻小說和電影都曾描寫過人類的末日：在流行娛樂裡，致命流行病只是無數種消滅人類的方法之一。最發人省思的就是美國剛開始第一階段的外出限制時，網飛（Netflix）上點播率最高的電影，正是二〇一一年導演史蒂芬．索德柏描述全球流行病疫情的《全境擴散》（*Contagion*）。當然，電影裡的疫情更加嚴重。[20]我自己除了重看了BBC一九七五年的影集《我要活下去》（*Survivors*），也沉迷於瑪格麗特．愛特伍《末世三部曲》（*MaddAddam*）中的蒼涼恐怖。末日就是這麼誘人。

不過世界末日從未如期發生，這點肯定讓那些相信千禧年會發生些什麼的人大失所望。我們真正該恐懼的不是整個世界一起完蛋，而是多數人都能倖存的大災難。這類災難形式各異，規模也可以有很大的落差。而且就算我們可以預測災難，還是免不了要碰上各式各樣的混亂。文學作品絕少提到大難以後的現實有多麼汙穢駭人。路易－斐迪南．塞利納（Louis-Ferdinand Céline）在《長夜行》（*Voyage au bout de la nuit*）中，描述一九一四年德國入侵法國的厭世口吻，算是少數的例外。「只要不去想像，垂死徘徊只是一小杯啤酒，」塞利納如是說，「一旦開始想像，就難以入喉。」[21]很少作者能比他更完整呈現大災難中的混亂，以及一個人從中體驗到的尖銳恐慌與迷茫。法國撐過了一戰打響之初的慘烈傷亡，然而從偏遠的法屬赤道非洲到巴黎的郊外，底層人民的生活在塞利納充滿創傷和譏諷的筆下，彷彿都預示著還有一場更大的不幸在一九四〇年等待所有人。

史學家馬克．布洛克（Marc Bloch）寫了《奇怪的戰敗》（*Strange Defeat*），記錄法國在一九四〇年夏天的敗亡⑤。[22]歷史上發生過許多奇怪的戰敗——很多災難都不難預見，但人們最後還是一敗塗地。從許多方面來說，美國和英國也以各自不同的方式在面對COVID-19後迎來了奇怪的戰敗。我們只能把這理解成是兩國政府明明知道意外很有可能發生，面對災害卻異常缺乏準備。但如果把這些失敗都推給自吹自擂的民粹政客，那可就太輕率了。像是比利時雖然有位自由派的女性首相蘇菲．威爾梅斯（Sophie Wilmès），但他們的超額死亡數（excess mortality）⑥卻有過之而無不及。

災難當前，為什麼有些社會和國家表現得比較好？為什麼有些四分五裂，有些團結一心，還有少數能成長精進？為什麼政治有時也會造成災難？這些不容易找出答案的問題，正是《末日》這本書的核心。

⑤ 編注：一九四〇年夏天，納粹德國閃電攻擊法國，並在短短六個星期內就迫使法國政府投降，震驚全球。

⑥ 譯注：將特定有害因素下的死亡數，減去一般狀況下的死亡數，以瞭解該因素對人體健康的危害。

風雲莫測的災難

要是災難可以預測，人生會變得多麼輕鬆啊！幾百年來，許多理論家都想運用各種循環史觀，試圖從歷史裡挑出能預測未來的線頭，從而產生了種種宗教、人口、世代或貨幣理論。我會在第二章討論這些方法，並檢視我們能否靠這些方法預見下一場災難，或就算沒辦法避免，至少也可以減少遺憾。然而這些方法並不是那麼有用。原因在於相信這些理論或其他類似洞見的人，往往會因為世人的不理解而淪為討人嫌的烏鴉嘴。他們雖能看見未來，或是相信自己能夠看見，卻無法說服周遭的人。碰到這種情況，災難就是活生生的古典悲劇了。預見大難的先知苦口婆心，多疑的眾人卻充耳不聞。主角再怎麼命大，終究也躲不過天罰。

但烏鴉嘴取信不了人，其實自有原因，那就是他們的預言往往有失清晰。他們通常都說不出災難何時要來。有些災難的確是「可預測的意外」，彷彿轟隆轟隆朝我們狂奔而來的「灰犀牛」。[23]但有時灰犀牛撞過來的那一刻，又會突然變成像是「黑天鵝」一樣，看似「無人能夠預見」的離奇事件。這有部分是因為像流行病、地震、戰爭和金融危機等所謂黑天鵝事件的發生機率，大都不是遵循人腦比較容易理解的常態分布（normal probability），而是按照冪次分布（power law）：世界上沒有所謂「一般」的流行病和地震，只有少數的嚴重事件加上大量的輕微事件，而且我們也沒有可靠的方式能預測嚴重事件何時會發生。[24]比方說，我和我家人平常都住在加州的聖安得魯斯斷層（San Andreas fault）附近。我們知道大地震隨時可能發生，但沒人知道究竟何時發生，規模又會有多大。戰爭、革命（多半沒好事）和金融危機等人禍也是一樣——經濟災難雖然死亡人數較低，但結果往往更具破壞性。第三章將會談到，歷史的一大特徵就是常態分布不如預期中管用，到處都有黑天鵝飛來飛去，甚至還有比冪次分布更極端的超巨型事件「龍王」。[25]這些事件四散於無常的領域，絕非可估計的風險。此外，我們打造的世界早在歲月累積下日趨複雜，充斥著各種隨機事件，變數之間的關係趨於非線性，機率也開始呈現「厚尾」（fat-tailed）⑦分布。像疫情大流行這樣的災難並非各自獨立的事件，而是必定會導致經濟、社會和政治等其他類型的複合災難。災難有可能（且經常會）發生連鎖反應，像雪崩般一瀉千里。當這世界的網絡連結愈加緊密，這種狀況就愈容易發生（見第四章）。

遺憾的是，我們的腦子並沒有演化成可以理解或忍受世界上到處是黑天鵝和龍王，個個充滿複雜和混沌的形狀。遠古和中世紀時期的一大特徵，就是像「我們都有罪，這是上帝的旨意」那種不理性的思考方式。要是日後科學的進步，能多少把我們從中解放出來就好了。但即便宗教信仰退潮，人類還是生出了其他非理性思考。面對任何不幸的事件，人們愈來愈習慣講出：「災難背後都有陰謀！」不然就是盲目聽從「科學」。嚴格來說，「科學」兩字已經成了一種新的迷信。在最近幾次大災難之前，我們都聽過好幾次「我們跑過模型，已經很清楚這個風險了」。好像只要用捏造的變量，做些粗製濫造的電腦模擬，就可以算是科學一樣。牛津大學的史學家基斯．托馬斯寫過一本鉅作叫《宗教與魔法

⑦ 編注：厚尾效應，又稱肥尾效應。在統計學一般常態分布的鐘形曲線下，兩側極端值出現的可能性較低。但當厚尾效應出現時，原本極端值的風險就增加，在圖上看起來就像曲線兩側的尾巴增厚。

的衰落》（*Religion and the Decline of Magic*），但看到本書第五章就會知道，我們差不多也該準備寫一本《科學與魔法的復興》（*Science and the Revival of Magic*）了。[26]

前述幾段所呈現的共通問題，是江湖把戲搶了先知灼見的鋒頭，但我們的政治制度卻又日益傾向提拔對這點格外麻木的人擔任領袖，使得災難管理更形困難。曾有人以「治軍無方的心理成因」為題，寫過一本傑出的論著，[27]但卻沒什麼人像第六章一樣，從整體的層次討論「為政無方的心理成因」。我們都知道如果不是別有用心，政客很少會徵詢專業意見。[28]我們也很清楚，專業意見如果「不識大體」，就很容易被置之不理。但我們仍有辦法從災害防治與應變的經驗中歸納出幾類弊端。我想到下列五類：

一、未能從歷史中學習。
二、缺乏想像力。
三、受限於上一次困境的傾向。
四、低估威脅。
五、拖延，或是等待不會出現的確定性。

亨利．季辛吉（Henry Kissinger）曾在核武戰略的脈絡下，提出一項名為「揣測困境」（problem of conjecture）的經驗法則，意思是在無常中做決策，付出和所得一定不會相稱，而在民主國家裡又更加明顯：

每位政治領袖決策時都可以選擇要以最省事的方式處理，還是多花力氣做出決斷。若選擇最省事的答案，假以時日可能會為自己的思慮不周付出沉重的代價。但若花些功夫先推估再行動，即使可以因此省點後悔的力氣，卻也無從證明事前準備的必要性……。超前部署使人無法知道此舉是否必要，但若靜待局勢發展，就會變成只能聽天由命。這實在是可怕的兩難。[29]

領導者很少因為避開災難而獲得人們的稱頌感激，倒是常因為預防措施的勞民傷財招來責難。第七章裡將會以艾森豪總統任內的作為比較當今的領導風格。

不過並非所有失敗都源自領導者的無能。真正的根源通常來自比較下面的組織層級。一九八六年一月挑戰者號太空梭解體爆炸後，物理學家費曼證實了真正的致命失誤，並不在於白宮缺乏耐心地要求配合總統演說發射太空梭，而是因為在太空總署工程師眼中有百分之一發生率的災難性故障，被中階官僚堅持認定只有十萬分之一的發生率。[30]這和高層捅的簍子一樣，已成為許多現代災難的一大特徵。正如共和黨眾議員湯姆．戴維斯（Tom Davis）在卡崔娜颶風後所言：「政策的制定和實施之間，存在著巨大的分歧。」[31]在第八章，我們會發現從船隻沉沒到帝國崩解，任何規模的災難中都看得到這樣的斷裂。換句話說：「災難在不同尺度下都有著相同的模式，彷彿雪花般的碎形幾何（fractal geometry）。」

在災難發生時，無論是去中心化的社會網絡還是群龍無首的大眾，有時一般人的行為都比領導者的決策或政府發布的命令更為重要。為什麼碰到新的威脅時，有些人可以理性面對，有些人會像旁觀者一樣被動，還另一些人則否認到底，或是引起騷亂？自然災害是怎麼演變成政治災難，讓不滿的人們集結起來引發革命？群眾為什麼會失去冷靜陷入瘋狂？我猜答案是因為公領域的結構改變了。因為直接經歷災難的人其實只有一小部分，其他人都是從某種傳播網絡聽說而來。丹尼爾・笛福（Daniel Defoe）在研究一六六五年的倫敦大瘟疫時，就發現早在十七世紀，剛誕生的大眾傳媒就有辦法搞得到處人心惶惶。網際網路的發明大幅提升了假消息和錯誤消息的傳播能力，嚴重到我們幾乎可以說，二〇二〇年同時發生了兩場大瘟疫：一場的罪魁是真正的病毒，另一場的禍首則是錯誤觀念與謊言的病毒。如果我們有好好針對科技巨擘改革法律和監理規範，二〇二〇年的這些問題或許不會這麼嚴重。但我們幾乎什麼也沒做，儘管二〇一六年後，就已經有大量的證據指出現狀不可能一直維持下去。

醫學史尚未終結

對於地方和全球的流行病，我們通常只會想到特定病原體對人口的影響。然而社會網絡和國家能力也都會影響疫情造成的衝擊大小。決定人口死亡率的，並不是冠狀病毒的核糖核酸。在不同的時間和空間下，人口死亡率也會有所不同，因為社會和政治的影響力決不亞於基因。

在歷史上，社會若無法應付新一波疾病，大部分都是因為缺乏醫學知識。當社會規模愈龐大，商業整合愈緊密，就愈容易遭受疫情侵襲——希臘和羅馬都是這樣衰落的。鼠疫桿菌也是因為橫跨歐亞的商路，才會在十四世紀傳入歐洲後殺人無數。同樣在大約一個半世紀後，歐洲人開始往海外擴張，展開了所謂的「哥倫布大交換」（Columbian Exchange）：他們用身上的病原體消滅了美洲當地的原住民，又從新世界把梅毒帶回歐洲大陸；而從非洲前往加勒比海與美洲大陸的奴隸貿易，也把瘧疾和黃熱病傳到當地。十九世紀後半葉時，眼看歐洲殖民帝國就快要擊敗傳染病，然而到了世紀之交，公共衛生終究是爆發了危機：腺鼠疫等疾病捲土重來，激起各地民族主義者的不滿；國內港都和工業城市的霍亂疫情，也滋生了進步主義和社會民主。至一九五〇年代末期為止，全球仍固定每隔一段時間就會爆發疫情大流行。

二十世紀後半是個看似不斷進步的時期。美蘇雙方雖然一直盤算著用生物戰對付彼此，還是合作消滅了天花，並壓制了瘧疾。在一九五〇至一九八〇年代，從疫苗到衛生設施，公共衛生在許多領域都有了長足的進步。甚至有些人還認為到了二十世紀末，疫情大流行的威脅就會遠去。隨機對照臨床試驗逐漸成為醫學研究的標準辦法，人類似乎就要迎來「醫學史的終結」，[32]最後當然事與願違。隨著人類免疫不全病毒引爆愛滋病大流行，世界逐漸緊密的弱點也紛紛被新一代的病毒給揭露出來。

曾有無數的人警告，人類當前最明顯的危機，就是新型病原體和它們可能造成的全球大流行。但出於種種原因，當灰犀牛在二〇二〇年一月搖身一變化為黑天鵝時，多數國家並沒有根據這些警告祭出迅速有效的行動。中國在新型冠狀病毒爆發之際的反應，和同為一黨專政國家的蘇聯在一九八六年遇到車諾比核災時如出一轍：說謊。至於美國，則是有個民粹總統先把這場疫情斥為季節性流感似的小病，然後又三不五時干涉手下政府的應對措施，連有線新聞都隨聲唱和。但真正丟臉的，是負責防疫的政府機關失職得一塌糊塗。英國的狀況也差不多。至於歐盟，成立歐洲聯邦的理念，以及質疑者口中的「超國家統合」（European superstate）很快就露出馬腳，因為每個國家都忙著自救，開始加強邊境管制和囤積稀缺的醫療物資。要談歐洲命運共同體（*Schicksalsgemeinschaft*）的前提，是德國不會被義大利的命運給拖累。各國在這場災難中，不只見識了病原體的傳染力，更看見了各自政體的缺陷。只有台灣與南韓這兩個東亞民主國家為挑戰做好了相應的準備，大大減少病毒帶來的破壞。第九章將討論疫情為何會這樣發展，以及假新聞和陰謀論這兩種「資訊疫病」（infodemic）分別是怎麼造成危害的。第十章則會討論大流行病對經濟的影響，解釋在面對這場一九二九至一九三二年經濟大蕭條以來最嚴重的總體經濟危機時，金融市場為何會出現明顯反常的行為。最後，第十一章會討論大流行病對地緣政治的影響，並試著質疑「中國或成新冠肺炎疫情中的最大贏家，美國將成最大輸家」這種廣為流傳的看法。

超級富豪馬斯克眼中的未來災難

研究大災難的歷史可以讓我們學到什麼萬用智慧呢？

首先，大多數的災難都無法預測。從地震到戰爭再到金融危機，歷史上各種重大動盪的特徵，就是呈現隨機或冪次分布。這不是風險，這是無常。

其次，災難的形式無數，不可能靠尋常手段來控制風險。我們才剛把心力放在薩拉菲[8]聖戰組織（Salafi jihad）的威脅上，次級房貸就引爆了金融危機。我們才剛複習完經濟震盪常會導致民粹政治潮流，新型冠狀病毒就到處肆虐。下一個又是什麼？天曉得。只要不幸有可能降臨，就起碼有一個烏鴉嘴會說中。但不是每個預言都有人相信。這幾年我們都把注意力放在氣候變遷上，因而忽略了其他風險。二〇二〇年一月時，這場大流行病就已經悄悄開始傳播，載滿感染者的飛機從武漢出發，飛往世界各地——但同一時間，世界經濟論壇上的討論幾乎全都聚焦在環境、社會和企業治理（Environmental responsibility, Social justice, and Governance, ESG），特別是環境責任的部分。全球暖化的危險愈來愈清楚，隨時可能釀成災禍，但我們要面對的威脅，絕不只有氣候變遷。我們面對著各式各樣的威脅，每一種的發生都極其難料，承認這點有助於我們更靈活地應對災難。台灣、南韓與疫情初期的以色列會成為二〇二〇年應對疫情最優秀的國家，並不是巧合，因為這些國家長期以來都要面對鄰國壓力等多重威脅。

第三，並非所有災難都會波及全球。但是，當人類社會的網絡連結愈發緊密，災害就就愈容易蔓延，無論是不是生物災害都一樣。當社會有了連結緊密的網絡，就需要設計良好的斷路器，才能在危機發生時迅速減少網絡的連結度，又不至於徹底粉碎或癱瘓整個社會。另外，災難也會因為資訊流（information flow）而放大或受限。二〇二〇年的許多假訊息，比如有關偽科學療法的假新聞瘋狂傳

⑧ 譯注：薩拉菲為遜尼派中的一支極端原教旨復古主義教派。主要的主張包括追隨虔誠的祖先（al-salaf al-salih）、拒絕創新與異端，以及施行伊斯蘭教法。

播，都讓許多地方的COVID-19疫情更形囂張。但相反地，也有少數運作完善的國家，因為有效管理感染者的資訊流和接觸史，得以妥善遏制疫情。

第四，就像第九章會講的，COVID-19疫情揭露了美國等一眾國家的公衛官僚嚴重失能。把瘟疫造成的屍橫遍野都怪到總統身上確實很吸引人，也有許多媒體人屈服於這種誘惑。托爾斯泰曾在《戰爭與和平》（*War and Peace*）裡嘲弄過，這是一種「過度強調單一領袖對歷史影響力的傾向」。實際上，二〇二〇年出的紕漏有很多，從美國衛生及公共服務部（Department of Health and Human Services）的整備與應變辦公室、紐約州州長和紐約市市長，到傳統媒體與社群媒體，每個地方都失靈了。照帳面上來看，美國對於疫情大流行的準備比任何國家都要周全，也擁有最多的資源。英國政府的準備也差不多優秀——當然也是從帳面上來看。但是，當來自中國的報導在一月時清楚指出，有一種具傳染性的新型致命冠狀病毒（即如今所稱的SARS二型病毒或新冠病毒）爆發時，大西洋兩岸的反應都糟得一塌糊塗。美國流行病學家賴瑞．布里恩（Larry Brilliant）是根除天花的關鍵人物，他多年前曾說過，對付傳染性疾病的標準方針，就是「及早發現，及早反應」，[33] 而華府和倫敦的因應方式卻徹底相反。換作是別種威脅，政府的反應還會這麼遲鈍無能嗎？如果這場疫情暴露的問題不僅局限於公衛官僚，而是「行政國」（administrative state）⑨普遍都有的問題，那麼就算換了別種威脅，也許政府反應照樣無能。

最後，歷史經驗顯示，只要社會碰到龐大的壓力，宗教或近乎宗教的意識形態就很容易興起，妨礙理性的應對措施。我們都曾思考過全球大流行病的危險，只可惜是把它當作《全境擴散》這樣的娛樂文本，而不是現實中可能出現的情境。甚至到了現在，我們都看到有其他科幻故事正在成真（隨便舉兩個例子就好：除了氣溫攀升和氣候不穩定，還有中國式的大規模監控崛起並日漸蔓延），卻還是很難有連貫一致的反應。二〇二〇年夏天，美國的近三百座城市裡有數百萬人走上街頭，抗議警察暴行和制度性的種族歧視，並不時演變成暴動。無論引發這些抗爭的事件有多麼駭人聽聞，在傳染性極高的呼吸道疾病大流行之際，這都是非常高風險的行為。同一時間，戴口罩這種最基本的預防措施，卻成了政黨立場的象徵。在美國的某些地方，人們比起口罩，似乎更在乎買不買得到槍，這也預示著公共秩序和公共衛生都將陷入災難。

COVID-19只不過是繼伊斯蘭恐怖主義、全球金融危機、國家失靈、移民失控和所謂民主退潮後，最新的一場災難，絕非我們這輩子會遇到的最後一場。下一場災難也許跟氣候變遷無關，畢竟災難很少會如預期般發生，來的大都是我們當前忽略的威脅。也許是一波耐抗生素的腺鼠疫，也許是中俄對美國和其盟邦發動的大規模網路攻擊。也許奈米科技或基因工程的大突破會導致預料之外的災難性後果。[34]也許人工智慧將實現發明家伊隆．馬斯克（Elon Musk）不詳的預言，追趕上人類的智慧，使人類淪為「數位超級智慧的生物啟動程式」。馬斯克曾在二〇二〇年三月六日蔑視過COVID-19的威脅，在推特發文說「新冠恐慌有夠白癡」。他也曾同樣樂觀地主張「人類會搞定環境永續性」，甚至可以靠基因編輯和神經資料儲存克服每個人終要面臨的死亡。不過對於人類在地球上的文明，馬斯克也有悲

⑨ 編注：公共行政學用語，指政府職能與規模擴張，使行政部門地位日益繁重的現象。近似於「大政府」的概念。

觀的一面：

> 如果不算洞穴壁畫，從人類首次寫下某種符號至今，文明的歷史大約只有……七千年左右。相較一百三十八億年的宇宙，實在非常渺小……，而文明前方的道路……就像是雲霄飛車一樣……，無論我們的心志多麼高遠，無論我們的努力多麼周延，有些事情就是會發生在我們頭上，這種可能性永遠無法消除。也許在某個時間點，會有某種外來的力量，或是我們自己人犯了錯，就摧毀了整個文明，或是把文明摧殘到無法前進到其他星球。[35]

在馬斯克看來，我們的未來「只有這兩種可能」：若非跨過「奇點」並讓人工智慧無窮無盡地發展，就是選擇任文明走向終結。所以他反其道而行地警告：「人口崩潰會是二十年內世界要面臨的最大問題」，並因此提議殖民火星。

雖然在結尾還會有更完整的探討，不過我們現在就可以說：要弄清楚是究竟哪一種災難會在什麼時候襲擊我們，是絕對不可能的。我們只能從歷史中取經，設法知道如何建立堅韌乃至「反脆弱」的社會和政治結構；設法避免社會被災難擊垮，淪落到人人鞭笞罪己（self-flagellating）與到處抓戰犯的亂象；設法抵擋那循循誘惑我們建立極權統治或世界政府，以保全吾等不幸血脈與脆弱人間的魔音。

第一章

Chapter 1

死亡的真諦

無奈死亡這酷吏拘捕得緊。

——莎士比亞，《哈姆雷特》

每個人都在劫難逃

「我們死定了。」我小時候最流行的一個哏，就是模仿英國情境喜劇《老爸上戰場》（*Dad's Army*）裡頭，由了不起的約翰．勞瑞（John Laurie）所飾演的蘇格蘭佬弗雷澤二兵（Private James Frazer）這樣子烏鴉嘴。講這句話得挑個最不怎樣的時機——比如牛奶沒了，或是錯過最後一班回家的公車。在〈不速之客〉這集裡頭有場戲很精彩：弗雷澤和其他英國國民軍（Home Guard）同袍講起了一個令人毛骨悚然的詛咒。他年輕的時候曾派駐在薩摩亞附近的一座小島上，朋友傑斯羅告訴他，當地有間頹圮的神廟，裡頭供著一座神像，上頭裝飾著「鴨蛋大小」的紅寶石。於是他們出發穿過茂密的叢林，準備偷取那顆寶石。但是，就當傑斯羅伸手碰到寶石那瞬間，突然跑出一個巫醫高聲詛咒傑斯羅：「死亡！這顆紅寶石會為你帶來死亡，死——亡——！」

派克二兵：那詛咒有成真嗎，弗萊澤先生？

弗萊澤二兵：噯，當然啦小子。他死了……，去年死的，死時八十六歲。

我們每個人都死定了，在劫難逃，但未必是因為什麼詛咒。比如我目前看來大概會在二〇五六年死掉。因為我現在五十六歲又兩個月，根據美國社會安全局（Social Security Administration）的數據，我的預期壽命還有二十六點二年，可以活到八十二歲，比弗萊澤被詛咒的朋友還少個四歲。英國國家統計局（Office for National Statistics）的數據又比較樂觀一點，像我這樣的男性還能再多活兩年，而且有四分之一的機會活到九十二歲。為了知道我能不能活更久，我上了「活到一百預期壽命計算機」（Living to 100 Life Expectancy Calculator），這個網站上有份詳細的生活方式與家族史問卷。「活到一百」告訴我，我大概不會活到一百歲，但我有超過一半的機率可以再多活三十六年。[1]當然，如果我感染COVID-19，那就是另一回事了，這種疾病對我這年紀的人有一到二%的致死率，再考慮到我有輕微氣喘，也許死亡率還會更高一點。

五十六歲就死掉當然很令人失望，但相較於世界上曾有過的一千零七十億人，還是比其中大多數的人都好。在我出生的英國，新生兒的預期壽命要到一九二〇年（也就是整整一百年前）才剛好達到五十六歲。從一五四三至一八六三年，英國人的平均壽命一直不超過四十歲，而且英國人還以長壽稱著。直到一九〇〇年，全世界的預期壽命才提升到三十二歲，在此之前一直低於三十歲。就算到了一九六〇年，全人類的預期壽命仍不到五十歲。印度在一九一一年的預期壽命只有二十三歲。俄國在一九二〇年的預期壽命也落到僅有二十出頭。這一個世紀以來，人類的預期壽命不斷增加，從一九一三至二〇〇六年幾乎翻了一倍。不過許多地方還是不如預期：索馬利亞目前的預期壽命為五十六歲，也就是我這個年紀。[2]部分原因是當地的新生兒和兒童死亡率極高，約有十二．二%的兒童活不過五歲，二．五%的兒童會在五至十四歲間死去。[3]

當我想從更開闊的角度審視自己的人生境遇，就想到詹姆斯一世時期（Jacobean）的詩人約翰．多恩（John Donne, 1572-1631），他這一生享年五十九歲。在十六年的婚姻當中，妻子安妮一共為他生了十二個子女。其中法蘭西斯、尼可拉斯和瑪莉三個沒能活過十歲，安妮在生下第十二個孩子後過世，胎兒也沒能活下來。最愛的女兒露西死後，痛不欲生的多恩寫下了《危難時的祈禱文》（*Devotions upon Emergent Occasions*, 1624），極盡懇切地提醒人們要悲憐死者：「每個人的死都令我哀泣，因為我也是人類的一分子。所以別問喪鐘為誰而鳴，它是為你而鳴。」

在以「勿忘死亡終至」（memento mori）[1]為題的畫作中，最動人的也許是拿坡里藝術家薩爾瓦多．羅薩（Salvator Rosa）的名作，〈人的脆弱〉（*L'umana fragilità*）。這幅作品的靈感來自一六五五年侵襲他家鄉的腺鼠疫。瘟疫帶走了他襁褓中的兒子羅薩沃，以及他的兄長、妹妹、妹夫還有五個姪兒女。畫中有副翼生雙肩的骷髏咧嘴嗤笑，從羅薩的情人露葵琪亞身後的黑暗中探出身子，在兩人的孩子初次拿筆之際收取他的性命。孩子跟著骷髏指引，用拉丁文寫在畫布上的八個字眼，永遠記載著羅薩的心碎：

Conceptio culpa
Nasci pena
Labor vita
Necesse mori

「成胎罪焉，降生痛焉；在世必苦，棄世必行。」我到現在還記得第一次拜訪劍橋大學費茲威廉博物館（Fitzwilliam Museum）時，讀到這行字的震撼。剝去粉飾妝點以後，人生就是這麼清冷淒苦。根據記載，羅薩的個性樂天，也曾寫作和出演諷刺劇和假面默劇。但在他的兒子過世後不久，他曾寫信給朋友：「上天這次給我的打擊，人世間沒有一種療法可以治癒。一面落筆一面啜泣向你訴說，是我最沒有痛苦的時候。」[4]他在五十八歲死於水腫。

我們很難想像在中世紀和近代早期的人眼中，死亡是多麼無所不在。法國歷史學家菲利浦・阿利耶（Philippe Ariès）在《我輩死亡之時》（*The Hour of Our Death*）裡提到，死亡在當時就像結婚乃至出生一樣，被「馴服」成一種社會性的生命禮儀。這些儀式是家庭和社群生活的一部分，人們會舉行葬禮和追悼，向遺族提供慰藉。但是，到了十七世紀，人們的看法有了改變。隨著死亡的緣由逐漸釐清，人們卻開始對死亡感到疑惑，於是在西方社會，生死之間開始有了距離。維多利亞時代可說是傷懷和美化死亡的極致，當時的文學界發明了「死亡美學」（beautiful death），和真正的死亡日漸疏離——不過二十世紀的人則根本就直接否定了「生命的終結」。死亡這件事變得愈來愈孤獨，脫離社會，幾乎不為人所見。阿利耶認為，這掀起了一股「全新的死亡風尚」，讓人們把將死之人送往醫院和安養院，用簾幕嚴密藏起斷氣的剎那。[5]美國人索性避免「死亡」，改成「離去」就好。英國小說家伊夫林・沃（Evelyn Waugh）也受不愉快的好萊塢之行啟發，在一九四八年寫下《至愛》（*The Loved One*），譏笑美國人對待死亡的態度。

① 譯注：中世紀至文藝復興常見的繪畫題材，以畫面中的骷髏象徵人生無常和死亡如影隨形。

不過英國人面對死亡的作風也是五十步笑百步。在知名喜劇團蒙提・派森（Monty Python）的電影《脫線一籮筐》（*The Meaning of Life*）裡，死亡就是天下之大不諱。約翰・克里斯（John Cleese）在戲中飾演身披黑色斗篷的死神，手持鐮刀來到一棟別致的英格蘭鄉間小屋，此時有三對夫妻正在舉行晚宴：

死神：吾為死亡。

黛比：哇，真剛好。我們五分鐘前才聊到死亡……

死神：肅靜！吾乃為汝等而來。

安潔拉：你是說……來——

死神：吾此行有命，來領汝等離去。吾乃死亡。

傑佛瑞：嗨，你把這場晚餐搞得有點陰森，對吧各位？……

黛比：我可以問一個問題嗎？

死神：何事？

黛比：我們怎麼有辦法一起死掉？

死神：（漫長的停頓，指向大盤子）鮭魚慕斯。

傑佛瑞：親愛的，你用的不是罐裝鮭魚吧？

安潔拉：我可真要尷尬死了。

末世將臨

每一年，全世界大約會有五千九百萬人死亡——差不多等於大衛王統治以色列時[②]的全球總人口。換句話說，每天約有十六萬人死去，相當於一個牛津市或三個加州的帕羅奧圖市。其中約有六成超過六十五歲。二〇二〇年的上半年，全世界因COVID-19而死的人大約有五十一萬。每個人的死亡都是悲劇，這點後面會再詳述。但就算這些人原本都不會死（考慮到死者的年齡分布，其實不大可能），五十一萬人也只會讓二〇二〇年上半年的預期死亡人數稍微增加了一點點（一．八%）。二〇一八年總共有兩百八十四萬名美國人死亡，也就是每個月二十三萬六千人，每天七千八百人。其中四分之三的年紀大於六十五歲。最主要的死因顯然是心臟病和癌症，兩者占了所有死因的四十四%。根據美國疾病管制與預防中心（Centers for Disease Control and Prevention, CDC）的報告，二〇二〇年的上半年總共有十三萬零一百二十二名美國人的死因「與COVID-19有關」。但所有死因導致的超額死亡人數（excess deaths）[③]卻將近十七萬。如果這些人原本都不會死（同樣不大可能），那就代表這段時間的死亡率比近年來的平均基準多了十一%。

所以，就算醫學界可以進一步延長預期壽命，比如像某些人預估的超過一百年，我們還是注定

---

② 編注：西元前約十世紀。
③ 譯注：當時的死亡人數減掉正常環境下預期的死亡人數，也就是有害因子造成的死亡人數。

會死。儘管人們一直試圖解決生命有其終結的問題，[6]永生不死仍舊只是美夢一場——或者像波赫士（Jorge Luis Borges）在短篇小說〈永生〉（The Immortal）中暗示的一樣是場惡夢。[7]但我們人類這個物種也同樣注定一死嗎？沒錯。

我那身為物理學家的母親總是孜孜不倦地提醒我和妹妹，生命只是宇宙的一場意外——其他如默里・蓋爾曼（Murray Gell-Mann）等更有名的物理學家也同樣這麼認為。[8]整個宇宙都始自物理學家口中那場一百三十七億年前的大霹靂。而我們的地球則在三十五到四十億年前左右，藉著閃電和紫外線的幫助，將生命發展的基礎化學成分拼湊成第一個細胞。在接下來的二十億年裡，原始多細胞生物之間發生了有性生殖，引起了一波又一波的演化浪潮。大約六百萬年前，黑猩猩身上的某種基因突變，導致了第一種類人猿的出現。我們智人則是到了非常晚近的十萬至二十萬年前左右才誕生，在三萬年前征服了其他人類物種，於一萬三千年前擴張到地球的多數地區。[9]要走到這一步，需要非常多因素完美配合才行。但是，讓我們繁茂昌盛的巧妙條件，不可能永遠維持下去。時至今日，曾經居住在世界上的物種，有九十九・九%都已經滅絕了。

用哲學家尼克・伯斯特隆（Nick Bostrom）和天文學家米蘭・切科維奇（Milan Ćirković）的話來說：「地球上早就有智慧生物滅絕過，以為滅絕不會降臨就太天真了。」[10]就算我們躲過了恐龍和渡渡鳥的命運，「大概三十五億年後，太陽的光芒就會熾熱到消滅地球生物圈裡的一切生命，不過複雜生命的終結會來得更快，也許九到十五億年後就會發生」。屆時任何像我們這樣的生物都無法忍受地球的環境。「這是我們這顆星球注定的命運。」[11]如果我們能解決跨星系旅行的問題，橫越不可思量的距離，也許還能想像找到另一顆適合居住的行星。即便如此，時間也終究會用完，最後一顆恆星將在約一百兆年後燃燒殆盡，之後一切物質將會崩解成基礎的組成粒子。

也就是說，人類大概還可以在地球上安心活個十億年。儘管很多人似乎都盼望著天劫之日早點到來。包含最古老的祆教在內，世界各大宗教都有相信有「時間的終結」或者「末世」（eschaton，來自希臘文的 eskhatos，意為一段度量的末端）。祆教經典《善思頌》（*Bahman Yasht*）裡頭不但預言了末日將有莊稼歉收、人間的道德將會敗壞，還提到「讓如夜晚般遮蔽天空的黑雲」和如雨般落下的「有害生物」。印度的末世論雖然相信時間的巨大輪迴，不過眼下這個爭鬥時（Kali Yuga）也會在暴力中結束，屆時毗濕奴的最終化身迦爾吉將騎著白馬，率領軍隊「來到地上樹立正義」。佛教裡也有世界末日的景象。釋迦牟尼曾預言，他的教法會在五千年後遭人遺忘，人類的道德將會淪喪。彼時將有彌勒菩薩下生重轉法輪，接著世界會被七個太陽的致命光輝焚毀。北歐神話的末日名為「諸神的黃昏」（Ragnarök），首先會有嚴峻的芬布爾之冬（Fimbulvetr）讓世界墜入黑暗與絕望，接著諸神將與混沌的力量、火巨人和霜巨人等魔法生物血戰至死。最後，海洋會徹底淹沒世界。（華格納的樂迷應該在《諸神的黃昏》〔*Götterdämmerung*〕裡看過其中一個版本。）

在這些宗教裡，毀滅是重生的序曲。然而在線性宇宙觀的亞伯拉罕諸宗教裡，世界末日就是真正的結束了。猶太教的彌賽亞時代（Messianic Age）預言了流散的猶太人將回到以色列，救世主會降臨，死人將會復活。後來有許多人追隨一名自稱彌賽亞的男子，創立了基督教，並給出了一個意象更豐富的末世。耶穌曾告訴信徒他會再次降臨（parousia）④，而在耶穌降臨之前，《瑪竇福音》說「必有大災難」（二十四章十五至二十二節），《馬爾谷福音》說「必有災難」（十三章十九節），四福音中最詳盡的《路加福音》則說那是「報復日子」（二十一章十至三十三節）。《若望默示錄》大概是所有末日幻象中最精彩的——有大天使米迦勒率領眾天使和撒旦展開天堂之戰，最後將撒旦擊落在地，綁縛一千年，而這只不過是插曲。接著基督會與復活的殉道者做王一千年，直到醉飲聖人血的巴比倫大淫婦騎著朱紅色的獸出現，還有哈米吉多頓的末日大戰（Armageddon）展開。戰後，撒旦會得到釋放，被扔在火湖裡。最後死者會在基督面前受審判，不配復活的也會被扔在火湖裡。最驚人的則是對天啟四騎士的描述：

以後我看見：當羔羊開啟七個印中第一個印的時候，我聽見四個活物中第一個，如打雷的響聲說：「來！」我就看見，有一匹白馬出現，騎馬的持著弓，並給了他一頂冠冕。他像勝利者出發，必百戰百勝。

羔羊揭開第二個印的時候，我聽見第二個活物說：「你來！」就出來了另一匹馬，是紅色的，騎馬的得到從地上除去和平的權柄，為使人彼此殘殺；於是給了他一把大刀。

當羔羊開啟第三個印的時候，我聽見第三個活物說：「來！」我就看見，出來了一匹黑馬，騎馬的手中拿著天秤。

我聽見在那四個活物當中彷彿有聲音說：「麥子一升值一『德納』，大麥三升也值一『德納』，只不可糟蹋了油和酒。」

當羔羊開啟第四個印的時候，我聽見第四個活物的聲音說：「來！」

我就看見，出來了一匹青馬，騎馬的名叫「死亡」，陰間也跟著他；並給了他們統治世界四分之一的權柄，好藉刀劍、饑荒、瘟疫，並藉地上的野獸，去執行殺戮。（《若望默示錄》六章一至八節）

神怒之日的宣告有大地震動，太陽變黑，月亮像血。天上的星辰墜落在地上，山嶺和島嶼「都移了本位」。

基督教末世論的巧妙之處，在於信徒心中無法確定末世何時到來：「至於那日子和那時刻，除父一個外，誰也不知道，連天上的天使都不知道。」（《瑪竇福音》二十四章三十六節）。耶路撒冷在西元七十年被羅馬將軍提圖斯摧毀，早期基督徒認為這事應驗了耶穌說的第二聖殿被毀，但耶穌其他的預言並未實現。[12]之後希波的奧古斯丁（Augustine of Hippo）對千禧年輕描淡寫就顯得聰明多了，比如他在西元四二六年寫《上帝之城》（*The City of God*）時，就（神不知鬼不覺地）把這件事扔進了遠方的未知裡頭。

基督教千禧年主義的衰落，或許有助於解釋七世紀穆罕默德在阿拉伯沙漠裡創立的新宗教熱潮何以造成革命性的衝擊。從許多角度來說，伊斯蘭教都是把《若望默示錄》去蕪存菁，留下比較有趣的部分。穆罕默德在麥加教導追隨者，審判日的預兆，就是獨眼的假救世主（al-Masih ad-Dajjāl，中文常譯作麥西哈·旦札里）從伊斯法罕帶著七千名猶太追隨者現世。爾撒（即耶穌）也會回來擊拜假救世主。在遜尼派的教義裡，啟示時刻（*ashrāṭ al-sā'a*）的跡象包括一團龐大的黑煙覆蓋地表（*dukhān*）、許多土地沉沒、

④ 譯注：本書引用的經文較為接近天主教聖經，故譯文也以天主教思高本為主。

圖表1：阿爾布雷希特・杜勒（Albrecht Dürer），《天啟四騎士》（*The Four Horsemen of the Apocalypse*, 1498）。

雅朱者與馬朱者（Ya'jūj and Ma'jūj，即聖經《若望默示錄》中的哥革和馬各）出現，摧殘大地與屠殺穆斯林。等到真主阿拉處置完哥革和馬各，太陽會從西邊升起，大地之獸（Dābbat al-Ard）會從土地中出現。隨著神聖的號角響起，死者會復活（al-Qiyāmah）接受最後的審判（Yawm al-Hisāb）。不過發現這段預言沒有成真後，穆罕默德就失去耐心，從呼籲信徒贖罪，改為呼籲信徒建立帝國。他在麥地那說，阿拉期望穆斯林懲戒不信者，以保守祂的榮耀——不要坐等審判日降臨，要掀起吉哈德（jihad，又譯聖戰）加快它的到來。[13]什葉派的末世論和遜尼派差不多，只不過預言中在經過一段人心不古且道德淪喪的時代後，回歸世間的會是第十二任伊瑪目：穆罕默德・馬赫迪（Muhammad al-Mahdi）。

當時的基督教世界面臨許多可怕的威脅——維京人、馬札兒人、蒙古人，而近東和北非落入伊斯蘭控制只不過是其中最嚴重的一個。有些人把這些威脅和其他災難，解釋為時間即將終結的徵兆，可見基督教世界一直對末世念念不忘。菲奧雷的約阿基姆（Joachim of Fiore, 1135-1202）將歷史分為三個時代，第三個將是一切完結的時代。一三四〇年代的黑死病是基督教世界遇過死亡率最高的災難，許多人也因此認為終焉將至。一三五六年有一名方濟會修士叫做霍克戴雅德的若望（Jean de Roquetaillade），他寫下了《我生磨難》（*Vademecum in tribulationibus*）一書，預言歐洲將會進入一段充滿社會動盪、暴風雨和洪水的時代，更多瘟疫也會接踵而至。[14]在這些變革景象的啟發下，一四二〇年波西米亞的塔伯黨（Taborites）⑤與一四八五年的方濟會修士約翰・希登（Johann Hilten）皆預言教宗制度將亡。[15]接下來，隨著馬丁路德對教會階級發起劃世紀的挑戰，諸如重洗派（Anabaptists）、挖掘派（Diggers）、平等派（Levellers）等各種教派，也都從千禧年主義中找到信心，拒斥既有的權威。

雖然人們對千禧年的熱情到了十八世紀已經淡去，不過到了十九、二十世紀，又有一群人追隨自命先知的米勒耳（William Miller），並在日後建立起基督復臨安息日會。這個新教會有強烈的千禧年主義成分，相信世界將在一八四四年終結（米勒耳派把人類在那一年活下來稱作「大失望」）。耶和華見證人和俗稱摩門教的耶穌基督後期聖徒教會，對於末世將近也有各自的看法。無數現代教派的教主也都曾讓信眾相信，終焉之日就要來臨。其中像人民聖殿的吉姆．瓊斯（Jim Jones）、大衛教的考雷什（David Koresh）和天堂之門的馬歇爾．艾普懷特（Marshall Applewhite），更是因為用集體自殺實現了地區性的末日而出名。

簡單來說，打從歷史的開端，世界末日就是個反覆出現的主題。

末日災劫

或許有人覺得，科學進步到最後，人類將會從宗教和虛構的宗教末世論中解放出來。不過這實在很難說。就像社會學家詹姆斯．休斯（James Hughes）說過的一樣，「不論是好是壞，是救贖還是完蛋」，很少有人能「對千禧年沒有特別的期待」。[16]就在一百多年前，世界上第一場真正工業化的戰爭（使用戰車、飛機、潛艦和毒氣）即將邁入尾聲，當時也曾有聖母馬利亞在葡萄牙的法蒂瑪顯靈⑥、哈米吉多頓發生大戰（戰場是如今巴勒斯坦的米吉多〔Megiddo〕）⑦、在聖地建立猶太家園的宣言⑧、德國發動以大天使米迦勒為名的作戰⑨，以及比戰爭更為致命的全球傳染病。[17]在眾多末日將臨的預兆中，最難忽略的就是弗拉德米爾・伊里奇・列寧（Vladimir Ilyich Lenin）崛起，率領著一波反教會的暴亂，搗毀整個俄羅斯帝國的偶像。[18] 一九一九年六月二十一日的《紐約時報》寫道，俄國農民普遍覺得列寧「不是別人，正是聖經中預言的敵基督」。[19]

在出身科隆，並於一九三八年逃離納粹魔掌的政治理論家埃里克・沃格林（Eric Voegelin）看來，共產主義其實和納粹一樣，都建立在一種錯誤詮釋基督宗教的烏托邦思想上。他認為這種詮釋和早期基督教的「靈知主義」（Gnosticism）⑩類似，都是「一種號稱能在認知上徹底掌握現實的思考方式」。根據他的定義，「靈知」是一種「據說專屬於靈性或智性菁英，無須批判思考便能直接頓悟，立即照見真理的天賦」。當政治性宗教具有靈知主義的精神，就會包藏「末世現世化」這種邪見野心，準備

⑤ 譯注：一四一五年，波西米亞宗教改革家揚・胡斯（Jan Hus）因主張聖經權威，否定教宗和贖罪券而遭教廷斥為異端，判處火刑。經過四年的拉鋸後，胡斯派信徒正式與天主教會和神聖羅馬帝國開戰，展開長達十五年的胡斯戰爭。在胡斯派一方，以市民為核心的溫和派稱作「聖杯黨」，以農民為主的激進派以根據地命名為「塔伯黨」。胡斯戰爭最後以聖杯黨背叛塔伯黨告終。

⑥ 譯注：一九一七年五月十三日起，聖母馬利亞連續六個月的同一天向三名牧童顯靈，並透露三則預言，被稱作「法蒂瑪的三個祕密」。這次顯靈也受教廷認證為神蹟。

⑦ 譯注：米吉多為巴勒斯坦境內一座山丘，該地希臘名哈米吉多頓（Armageddon）亦有世界末日的意思，也是《啟示錄》末世預言中善惡最後對決的戰場。一九一八年，英國陸軍元帥埃德蒙・艾倫比（Edmund Allenby）在此大破鄂圖曼帝國軍隊，旋即進軍攻陷大馬士革。

⑧ 譯注：一九一七年十月三十一日，英國內閣通過支持猶太人在巴勒斯坦「建立民族家園」的決議，並由外務大臣亞瑟・貝爾福（Arthur Balfour）發表，又稱「貝爾福宣言」。

⑨ 譯注：一九一八年三月，德國為了突破協約國軍包圍並達成合理停戰協議，發起名為皇帝會戰（Kaiserschlacht）的反攻，其中米迦勒（Michael）作戰為其最主要的攻勢。

⑩ 譯注：一稱「諾斯底主義」，是基督教形成初期十分流行的神祕主義，主張「巨匠」（demiurge）模仿更高層次的靈界創造了物質世界，並囚禁了人類所具有的神性。靈知派有許多派別，沃格林所借用的靈知派較接近於摩尼教等強烈二元論的派別。

在人間打造天堂。[20]沃格林筆下的現代靈知派追求「放棄基督教式的信仰，以格局更大的方式參與神性……，使社會重歸神聖」[21]（沃格林猜測，人們會投入以「格局更大的方式參與神性」，也許是因為要維持正宗的基督教信仰極其困難）。[22]歷史學家理查・蘭德斯（Richard Landes）在最近的著作中也從類似的角度出發，發現許多歷史上和現代的千禧年運動（millenarian movement）⑪，包括薩拉菲聖戰主義和激進環保主義，都是源自相同的執念。[23]

科學不但沒有解除末世，好像還讓它離我們愈來愈近。原子彈之父歐本海默（J. Robert Oppenheimer）有段知名的軼事。當年在新墨西哥州的白沙試驗場見證第一枚原子彈爆炸，令他想起了別名《神之歌》的《薄伽梵歌》（*Bhagavad Gita*）中一段詩句：「現在我成了死神，世界的毀滅者。」[24]冷戰開始不久後，藝術家瑪蒂爾・朗斯朵夫（Martyl Langsdorf）創作了「末日鐘」的意象（其夫為曼哈頓核武計畫中的一名要員）。[25]這面鐘最早出現在《原子科學家公報》（*Bulletin of the Atomic Scientists*）上，表達出許多科學家，包括曾參與創造原子彈的人，都害怕「科技引發的災劫」近在眼前。末日鐘的午夜代表著末日核戰。至於指針走到哪，多年來一直由該報的編輯尤金・拉賓諾維奇（Eugene Rabinowitch）來決定。拉賓諾維奇死後，這份工作由一個委員會接手，每年開兩次會決定如何調整時鐘。冷戰期間最接近午夜的是一九五三至一九五九年，當時距離午夜僅有兩分鐘。一九八四至一九八七年在委員會看來同樣危如累卵，連續四年都只距離午夜三分鐘。大眾文學也反映了這種焦慮。內維爾・舒特（Nevil Shute）在一九五七年寫下了《世界就是這樣結束的》（*On the Beach*），書中的時間是一九六三年，阿爾巴尼亞用核彈攻擊義大利，引發第三次世界大戰（有點難以置信），當戰爭結束後，住在墨爾本的人只能望著致命的輻射塵緩緩飄洋過海而來。人們除了喝個爛醉，就只能吞下政府發的自殺藥片。在雷蒙・布力格（Raymond Briggs）一九八二年出版的圖像小說《當風吹來的時候》（*When the Wind Blows*）中，布羅格家的吉姆和希達這對老夫妻認真地蓋起輻射避難所，彷彿靠著第二次世界大戰時的避難方法，就可以從第三次世界大戰中倖存下來。

不過末日鐘有多可靠也是個問題。現在的歷史學家都同意，冷戰中最危險的時刻就是古巴飛彈危機。但一九六二年的末日鐘卻離午夜整整有七分鐘，隔年更退回到晚上十一點四十八分，就連後來詹森總統升級美國在越戰中的角色時，指針還是一動也不動。二〇一八年一月，這些原子科學家又陡然決定我們離末日大戰只有兩分鐘之遙。[26]兩年後，我們又向午夜前進了一百秒，理由是：「人類原本已同時面臨核戰與氣候變遷兩種存亡危機，如今網路成為資訊戰的戰場又讓威脅進一步升級，損害了社會的反應能力。國際安全局勢會陷入危機，不只是因為有這些威脅存在，更是因為我們明明有負責應對威脅的國際政治基礎建設，世界領袖們卻放任這些建設衰敗。」[27]不過該怎麼說呢？就算末日今天降臨，還是比去年就來好多了。

冷戰時期揮之不去的末日意象，不只是核戰夢魘而已。一九六〇至一九八〇年代，對於人口過剩的恐懼，也導致人們在所謂的「第三世界」採取了一連串成事不足敗事有餘的手段來「控制」生育。蘭德公司（RAND Corporation）的史蒂芬・安科（Stephen Enke）就曾主張，如果要促進發展，把錢

⑪ 譯注：這種運動傾向於認為當下的體制腐敗，需要天翻地覆的大變革，然後迎接純淨的新時代。

花在說服窮人絕育或使用子宮內避孕器，會比其他援助方式有效兩百五十倍。生物學家保羅・埃利希（Paul Ehrlich）也曾應環保團體山巒協會（Sierra Club）之託寫了《人口爆炸》（*The Population Bomb*）一書，預言一九七〇年代會有數以百萬計的人死於饑荒。這些主張說服了大多數國會議員和詹森總統，也讓美國國際開發署（U.S. Agency for International Development）的家庭計畫預算增加了二十倍。當時擔任世界銀行總裁的前國防部長勞勃・麥納馬拉（Robert McNamara）也在一九六九年宣布，世界銀行不會提供資金給衛生醫療計畫，「除非該計畫和人口控制關係緊密，因為醫療建設通常會降低死亡率，進而加速人口爆炸。」有些美國機構，比如福特基金會（Ford Foundation）和人口理事會（Population Council）也曾討論過對全人類執行大規模的非自願絕育。但這一切作為只證明了一件事：當人們深信某個想像中的末日即將到來，將會造成多少實際上的傷害。無數印度男女在半推半就下接受子宮內避孕器和輸精管切除術，導致了許多憾事。在印度進入緊急狀態的一九七〇年代中期，甘地夫人（Indira Gandhi）政府執行了超過八百萬次絕育手術，約有兩千人因手術粗糙而死。中國共產黨更殘暴的一胎化政策，也曾得到聯合國支持。[28]但以後見之明觀之，真正解決人口增長的並非大規模絕育，而是由諾曼・布勞格（Norman Borlaug）等農業學家所倡導的「綠色革命」。

當今的千禧年主義者，則是到處宣揚氣候變遷的災難。瑞典的環保人士格蕾塔・童貝里（Greta Thunberg）如是說：「到了二〇三〇年前後，我們就會引發一場超出人類控制、不可逆轉的連鎖反應，我們所知的文明將隨之終結。」[29]民主黨眾議員寇蒂茲（Alexandria Ocasio-Cortez）也在二〇一九年預言：「如果不處理氣候變遷，世界就會在十二年內終結。」[30]童貝里的姿態彷彿就是激進環保主義的化身，尤其是她要人付出的重大犧牲，更令人想起過去那種末世論。她在二〇二〇年一月的世界經濟論壇上說：「我們不需要『低碳經濟』，我們不需要『減少排放量』。如果我們想把升溫控制在一點五度以下，就必須停止所有排放……。你們提的任何計畫或政策，只要不打算徹底從源頭終止排放，就完全不夠。」[31]寇蒂茲、童貝里和其他提倡「新綠色革命」或「綠色新政」（Green New Deal）的人，都只想大刀闊斧砍掉所有二氧化碳的排放源，完全沒考慮過經濟和社會要付出什麼代價。這個問題且待後文討論。我在這裡想說的是，世界末日將至的警告如果一再重複，就會像童話故事裡的「狼來了」一樣難教人信服。

不可諱言的是，這些千禧年主義的先知、追尋末世的靈知派、警告災難的科學家，以及幻想末日的作家加起來，已經預言過不下一百次的末日倒數。彼得．庫克曾在一九六一年的喜劇《超越底線》（*Beyond the Fringe*）中飾演一名叫做埃寧弟兄的先知，帶著追隨者爬上山頂等待末日到來：

強納森．米勒：埃寧弟兄，你說的這場末日會怎麼到來？

眾人：對啊，會怎麼到來？

彼得．庫克：這個嘛，天上會裂開一條縫，群山會沉默，山谷會隆起，然後我想還會因此發生一場大混亂。

米勒：聖所的帳幔會分裂為二嗎？⑫

庫克：聖所的帳幔當然會分裂為二，兩分鐘後我們會看到天上飛舞著清楚的獸頭記號。

亞倫・班奈：那會有強風嗎，埃寧弟兄？

庫克：當然會有強風，只要上帝的話靠得住……

達德利・摩爾：那麼這風會吹垮地上的群山嗎？

庫克：不，風是不會強成那樣的——所以我們才要爬到山上來，你們這些蠢材……

米勒：你說的這個末日什麼時候要來？

眾人：是啊，什麼時候啊？

庫克：按照古代金字塔裡的捲軸，還有我的英格索手錶……大概再三十秒。

（先知與追隨者安靜下來，凝神倒數，等待世界末日降臨）

庫克：五、四、三、二、一——零！

眾人：（唱）「末日已至——世界毀滅吧！」

一陣沉默。

庫克：這裡是用格林威治時間沒錯吧？

米勒：對。

庫克：那這應該不是我們一直在等的大災難了。算了，夥計，明天同個時間再來……，總有一天會給我們等到。

⑫譯注：耶穌死時的異象。《瑪竇福音》二十七章五十一節。

圖表2：「末日已至，世界毀滅吧！」《超越底線》準備上演末日戲碼。

災禍統計學

我們真正該害怕的，是那種不會殺光我們，但還是會殺掉很多人的大災難。問題是災難發生的機率和可能的規模大小都不容易概念化。「一個人死亡是悲劇，一百萬人死亡是統計數據。」這句話一般咸以為出自史達林之口，至於出處最早可以追溯到萊納・里昂（Leonard Lyons）在一九四七年寫的《華盛頓郵報》專欄：

> 史達林還是武器人民委員時，最高人民委員們曾召開過一場會議，主要是為了討論當時席捲烏克蘭的饑荒。一名官員起身發表演說，侃侃而談這場餓死數以百萬計人民的悲劇。接著他開始細數死亡數據……，史達林打斷了他，說道：「只有一個人餓死的話，就是悲劇沒錯。要是有幾百萬人餓死，那就只是統計數據。」[32]

里昂沒有提供出處，不過他或史達林八成是從庫特・圖霍斯基（Kurt Tucholsky）那邊借來這句話。這位德國記者則說這句話來自一個法國外交官：「戰爭？我不覺得有那麼可怕。一個人死了，叫做事故。十萬名死者，就只是統計。」[33]這種心態正如人工智慧科學家伊利澤・尤考斯基（Eliezer Yudkowsky）的觀察，也有屬於我們這個時代的版本：「那些連做夢都不曾想過要傷害兒童的人，在聽聞人類的存亡危機時會說：『我想，人類或許不那麼值得繼續生存。』……存亡危機對人類理性的影響在於，這麼浩瀚的災禍，會讓人切換到完全不同的思考模式。有人喪命突然之間就不是壞事了，提出詳盡的預測也突然不需要任何專業知識了。」[34]

但我們最起碼得試著搞清楚統計數據的意義。如果恰當考量史料的嚴重缺失，我們可以說在整個信史時代裡，大約有七場流行病曾奪走了超過全球一%的人命，其中四場殺死過超過三%的人，而查士丁尼大瘟疫⑬和黑死病則分別奪走了超過三十%的人命，只不過前者的死者也許會少上許多。[35]關於戰爭造成的死亡人數，可得的資料也指出真正死傷慘重的衝突其實很少。物理學家路易・理察森（L. F. Richardson）和社會科學家傑克・李維（Jack Levy）的資料分析，以及更近期的研究都指出，歷史上只有七場大規模戰爭中的死亡人數，曾超過戰爭開打時全球估計人口的〇・一%。以絕對人數計算，歷史上最慘烈的衝突就是兩次世界大戰。根據理察森的分析，在一八二〇至一九五〇年的所有「慘烈衝突」中，只有這兩次世界大戰屬於七級大戰——換句話說，只有這兩場戰爭殺死的人多達千萬之譜。理察森的死亡統計數字涵蓋了從謀殺到戰爭之間的各種衝突死因，而兩次大戰的死亡人數就占了其死亡總數的五分之三。[36]死於第一次大戰的人數共占一九一四年全球人口的一%，第二次大戰則殺死了一九三九年全球人口的三%。更早的歷史上也曾有過類似的可怕衝突，最著名的就是西元三世紀從東漢到西晉兩代間三國時期的一連串戰爭。[37]若從相對人數，也就是戰鬥人員喪命的比例來看，一八六四至一八七〇年的三國同盟戰爭（War of the Triple Alliance），則是現代史上最慘烈的戰爭之

⑬ 譯注：西元五四一年發生於拜占庭帝國的大瘟疫，造成三分之一的帝國人民死亡。具估計在五四一至五七〇年間，歐洲約有一半的人口死於瘟疫。

一，只不過除了參戰國以外（阿根廷、巴西、烏拉圭合力進攻巴拉圭），實在沒多少人記得這場戰爭。整體來說，病原體比戰爭要來得致命多了。實際上，三國同盟戰爭中喪生的人，大部分也都是死於疾病，而非敵軍槍火。根據帕斯奎爾・西里羅（Pasquale Cirillo）和納西姆・塔雷伯（Nassim Taleb）的估計，「從未有任何一場武裝衝突曾殺死超過十九％的全球人口。」[38]因為缺乏免疫力而死於歐洲疾病的中南美洲原住民，遠遠多過死於西班牙征服者手中的人。[39]

除了國家間的戰爭，我們也能以類似的統計方法來看待內戰、種族滅絕或百姓屠殺（democide）等大規模屠戮。被史達林主義謀害的蘇聯人民可能超過兩千萬——唉，好一個「統計數據」。波布（Pol Pot）恐怖統治時的柬埔寨、一九一〇至一九二〇年的墨西哥內戰，還有一九七二至一九七九的赤道幾內亞內戰，也都約有超過十％的人口死亡。在理察森的六級死亡衝突清單上，七場致命衝突裡有六場是內戰：太平天國之亂（一八五一至一八六四年）、南北戰爭（一八六一至一八六五年）、俄羅斯內戰（一九一八至一九二〇年）、第一次國共內戰（一九二七至一九三六年）、西班牙內戰（一九三六至一九三九年），以及印度各宗教社群在獨立與分裂時期的相互殘殺（一九四六至一九四八年）。

我們通常都以為，沒有哪個世紀會像二十世紀一樣血腥。但成吉思汗在十三世紀率領蒙古鐵騎踏遍中亞與漢地時，據說曾屠殺了三千七百萬人。假如這個數字正確，就相當於殺了將近當時世上十％的人口。十四世紀末征服中亞與北印度的帖木兒也是出了名的殘忍，他殺的人據估計超過一千萬。滿洲在十七世紀征服漢地時，也屠殺了足足兩千五百萬人。除了太平天國，中國在一九〇〇年以前發生的幾場起義和鎮壓，所傷人命與二十世紀的中國內戰相較，也是有過之而無不及。八世紀的安史之亂據信造成了超過三千萬人喪命。同樣都在清末發生的捻軍、苗民起義，還有雲南和西南地區發生的穆斯林起義，也對受害省分造成了嚴重災情。這些事件的死亡人口是由各省和地方在民變前擁有的人口清冊所推估而來。從人口的下降可以看出，各地死亡率約在四十%至九十%之間。同樣地，疾病與飢餓造成的死亡，並不比有組織的暴行少，甚至可能更多。

我們也可以合理推測，西歐人征服和殖民美洲與歐洲時，造成的死亡率並不下於二十世紀。如前文所述，歐洲人征服美洲時，絕大多數的死亡都是緣於疾病而非暴力。把這稱作「種族滅絕」，就像把十九世紀的印度饑荒稱作「維多利亞大屠殺」，都是在濫用歷史術語。然而，比利時國王在一八八六年得到剛果後強迫當地人為奴，以及一九〇四年德國殖民當局鎮壓赫雷羅人（Herero）起義，就可以和二十世紀的組織化暴行相比較了。高達五分之一左右的剛果人死在比利時國王的統治之下。赫雷羅戰爭的估計死亡率更高——超過三分之一，從比例來看可說是全二十世紀最血腥的衝突；不過真正的死亡人數僅有七萬六千人，而剛果在一八八六至一九〇八年之間則有大約有七百萬人被殺。[40]雖然把資料換算成百分比通常是標準程序，但我們也要隨時謹記：史達林是錯的。無論分母是數千萬還是數十億，無論是因為兩大超級強權交戰還是出了一百萬個殺人犯，一百萬人死亡就是一百萬齣悲劇，是一百萬條痛苦早夭的人命。令理察森訝異的是，雖然兩次世界大戰奪走了大約三千六百萬條人命——占了他手上一百三十年內所有「致命爭鬥」中的六十%，但發生在一至三人之間的零級事件，卻要為另外九百七十萬人的死亡負責，是死亡人數第二多的類別。剩下三百一十五場有史可稽的戰爭，加上中等規模的數千場爭鬥，加起來的傷亡還不到所有致命爭鬥的四分之一。[41]另外還要考慮到，既然預期壽命增加，就意味著二十世紀的死亡人數，特別是歐洲和北美富裕國家的死亡人數，往往是代表大量的健康人年（quality-adjusted life year, QALY）⑭損失，而非像過去的時代一樣代表一條人命。

歷史上許多最嚴重的經濟災難，都是緊接著前述的重大疫情和衝突而來，這點雖不令人意外，但也難免有例外。一九二九年十月，由華爾街股災開始的經濟大蕭條，成因就包括世界經濟的結構性不平衡、僵化的固定匯率系統、以鄰為壑的保護主義，還有錯誤的貨幣與金融政策。經濟學家羅伯特·巴羅（Robert Barro）曾整理過一份市面上最完善的二十世紀經濟災難清單，並以這些災難對實質人均國內生產毛額（real per capita GDP）的衝擊，還有各自對金融領域的影響做出排名。在實質人均GDP下跌超過十五%的六十次衰退中，有三十八次是由戰爭及後續餘波引起，還有十六次是由經濟大蕭條所造成。在他所舉的三十五國中，衰退最多的是一九三九至一九四五年的希臘，

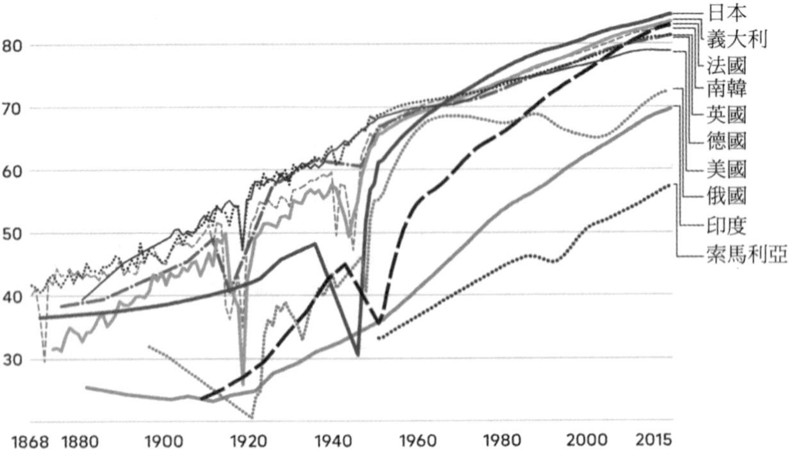

圖表3：1868至2015年間的出生時預期壽命（如果嬰兒出生當年的死亡率，在他終生都固定不變的話，嬰兒會擁有的平均壽命）。

還有一九四四至一九四六年的德國（各自衰退了六十四%）。二次大戰中的菲律賓和南韓也好不到哪去，兩國的人均GDP都減少了五十九%。[42]由於英國資料的時間序列特別長，以現代的經濟指標至少可以估計過去三個世紀內的人均GDP——縮限在英格蘭的話更可以回溯到十三世紀末。於是我們也可以從更早的時代裡，找到格外困苦的年份。根據英格蘭銀行（Bank of England）的紀錄，英國經濟史上最糟的一年，其實是一六二九年（重挫二十五%）⑮，一三四九年排名第二（下滑二十三%）。上一次萎縮超過十%則發生在一七〇九年，當時全歐洲的經濟活動都在五百年一度的「大霜寒」（Great Frost）中劇烈縮減。一般認為這年的嚴冬可以歸咎於太陽黑子在「蒙德極小期」（Maunder Minimum）間活動異常稀疏，加上前兩年富士山、聖托里尼島和維蘇威火山接連噴發。[43]二十世紀英國經濟最差的一年是一九二一年（少了十%），原因是戰後嚴重的通貨緊縮和失業潮。[44]不過如果以五年為一個時期，就沒有哪個時期比得上因為黑死病而銳減四十%人口的一三四〇年代末。如今二〇二〇年已經過了一半，我們很有可能會見證一七〇九年以來英國史上萎縮最慘的一年——國際貨幣基金已在六月底預測GDP將會下跌十．二%⑯。[45]

不過，從經濟資料裡能找到的東西還是有限。我在寫有關一九二三年德國惡性通膨，以及後來研

⑭ 譯注：健康人年，亦稱品質調整人年，是將疾病或傷殘後的壽命，折算為健康壽命。如果某患者在疾病中活十年，相當於在健康條件下活八年，那麼該患者的十年生命即算做八個健康人年。

⑮ 作者注：一六二九年嚴重衰退的理由並不是那麼一目了然：英國對西班牙的戰爭鎩羽而歸，不過那年的主要戰場是在加勒比海。政治史學家對這一年最主要的印象，是查理一世解散國會，展開為期十一年的「個人統治」。

⑯ 編注：英國在二〇二〇年的最終經濟衰退數字為九．九%。

究一次大戰爆發對金融的影響時，都發現危機最劇烈的時候，經濟統計數據往往也會中止，或是非常不穩定。世界銀行從一九六〇年開始，就蒐集了幾乎所有國家的完整資料，當然也包含人均國內生產毛額。但如果仔細檢視這六十年來經濟和政治最動盪的國家，像是阿富汗、柬埔寨、厄利垂亞、伊拉克、黎巴嫩、索馬利亞、敘利亞、委內瑞拉和葉門，就會發現資料斷層都和動盪最嚴重的時期一致。如此一來，誰說得準這些國家碰到的災難有多嚴重呢？[46]我們只知道，這些國家幾乎都在脆弱國家指數（Fragile States Index，前身為失敗國家指數）上名列前茅。[47]另一個解讀上的挑戰在於（雖然乍看之下有點矛盾），一九一四至一九五〇年間雖然發生過世界大戰、經濟大蕭條與全球化崩潰，但這段時期在預期壽命、教育、社會服務計畫占國民所得的百分比，以及民主程度等人類發展指標上，其實都有長足的進步。[48]

簡單來說，即便有了現代統計，災難還是比想像中更難量化。死亡人數常常不準確。想瞭解一場災難有多嚴重，我們不只要知道災難中的絕對死亡人數，還要根據前後幾年的平均值，計算出沒有災難時的死亡人數，也就是超額死亡率。在評估災難規模時，分母的選擇會造成極大差別。比如在第六章我們會看到，一九四三年的孟加拉曾有一些地方發生過嚴重饑荒，但如果用全印度人口當作分母，或是放在世界大戰的慘烈背景下來看，這些死亡人數就顯得少很多。接下來，我希望能讓各位讀者學會比較不同類型的災難，不要把所有災難都當成同一回事。至二〇二〇年九月為止，COVID-19大約殺死了世界人口的〇·〇一一四%，成為歷史上第二十六名的大災難，而一九一八至一九一九年的西班牙流感，致命性大約是眼下疫情的一百五十倍。不過在COVID-19侵襲得最兇那幾個月，受害最嚴重的城市損失並不遜於西班牙流感時期。二〇二〇年四月，紐約市的超額死亡率比一九一八年十月多出將近五十%，是二〇〇一年九月恐怖分子襲擊世界貿易中心時的三點五倍。[49]二〇二〇年的上半年，COVID-19對倫敦人造成的損失就和一九四四年下半年德國火箭轟炸時相當。英國政府在兩次危機中面臨的挑戰都差不多：如何保護人民免於致命威脅，又不會癱瘓城市？[50]我不是要把COVID-19病毒比作蓋達或納粹，只是要表達在超額致死率這方面，災難可以有不同的形式，卻造成類似的挑戰。

就像史達林也許說過的那句話一樣，每一條早夭的生命都是某種悲劇。受害者愈是年輕，死亡就愈令人唏噓，悲劇也愈讓人哀痛。我們會在下一章中看到，有些災難確實是比其他災難更像悲劇。

第二章

Chapter 2

循環與悲劇

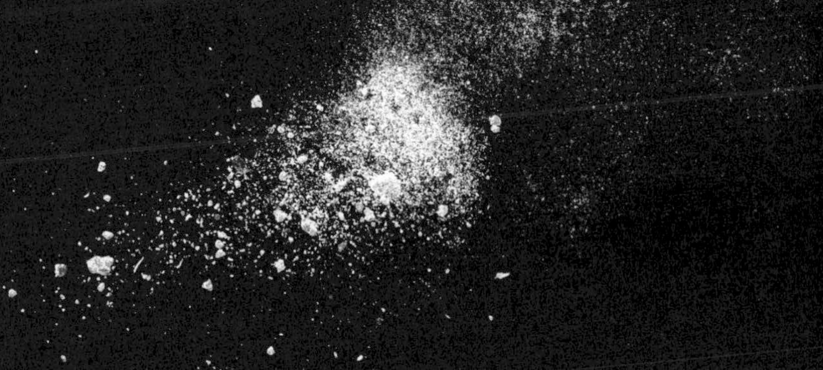

命運的推移從不縱放凡人，也不憐惜他的偉績，
無論帝國還是城邦都藉著祂的手，埋入同一個墓地。

——愛德華·吉朋（Edward Gibbon），
《羅馬帝國衰亡史》（*History of the Decline and Fall of the Roman Empire*）

歷史循環論的吸引力

災難究竟能否預測？在沒有文字的社會裡鐵定不行。當生命受到自然力量的支配，只有季節等少數有規律的現象能夠預測，人們就只能藉由超自然的比喻才能夠理解災難。在多神信仰的宗教裡，「諸神」通常只是用來稱呼各種互相衝突的自然力量。事實上，正是多神論這種難以令人滿意的性質，讓伊比鳩魯學派（Epicureanism）認定凡人無法代言神祇。西元前一世紀，古羅馬哲學家盧克萊修（Titus Lucretius Carus）提出在無盡的宇宙中，萬物都由原子所構成，而原子的動態本質上是隨機的。[1] 只是這個觀念後來漸漸發展成相信在宇宙中存在一位具有終極目的，且能夠創造歷史循環的超自然仲裁者。舊約聖經中的《訓道篇》（Ecclesiastes）就透露了古早的循環史觀：「往昔所有的，將來會再有；昔日所行的，將來會再行。」（《訓道篇》第一章第九節）。在舊約裡，耶和華用一套很複雜的歷史敘事來展現祂的目的：創世、墮落、揀選以色列、派遣先知、流散，然後是羅馬崛起。接著，早期基督徒寫下了我們所熟知的新約，為這個循環加上革命性的終曲——道成肉身、被釘十字架、三天後復活，還有終結歷史循環的末日浩劫。[2]

早期的羅馬史家也會用「命運」來為歷史賦予意義。這位命運女神儘管時而反覆無常，但並非漫無目的。波利比烏斯（Polybius）在《羅馬帝國的崛起》（*Rise of the Roman Empire*）中就認為，命運女神的反覆無常其實另有目的，那就是讓羅馬勝利。塔西佗（Tacitus）的作品中也可以找到類似的概念，只不過他認為女神的目標是讓羅馬破滅。對塔西佗和波利比烏斯而言，「現實中事件的順序」雖然「常是隨性道出的」，但事件「暗地裡也有自己的邏輯和動機」。[3]波利比烏斯還認同一個斯多噶學派（Stoic）循環史觀中的超自然概念，就是每一段循環都會在自然災難中邁向高潮：

當洪水氾濫、瘟疫肆虐、穀糧不登……，荼毒眾多百姓，所有的思想、藝術也會一同毀滅。隨著逃過劫難的一代人成長茁壯，地裡的種子也會生氣盎然，全新的社會將再次生長。[4]

古代中國的歷史編纂也從帝制早期就發展出自己的循環史觀，認為王朝乃受天命所建，失德的同時也會失去天命，如此便是一次天道循環。秦帝國曾想挑戰儒家的這套觀念，但終究無法根除。如同西方，循環史觀和千禧年史觀在中國也互有消長，不過到了唐代，社會已經普遍認同王朝興衰的觀念。[5]儘管馬列主義在一九四九年後，照理說已取儒家思想而代之，但王朝興衰仍是討論中國歷史時相當普遍的思考方式。在這種思維下，共產黨也僅只是當前統治的王朝。

因此無論在東方還是西方，每隔一陣子都能看到循環史觀在知識界重新登場。一七二五年，義大利政治哲學家詹巴蒂斯塔・維柯（Giambattista Vico）在《新科學》（*The New Science*）一書中主張，文明是三個時代的反覆重現，這三個時代分別是神聖時代、英雄時代和凡人時代。他認為自己畢生的研究心血是「一部論述神意的理性公民神學……，也可以說是歷史中存有神意的印證，因為本書追根究底，是關於秩序如何轉變形態的歷史，也是神意為人類這座偉大城邦所安排的歷史，而神意不受人類的判斷或意圖影響，且往往與人類的盤算相左」。[6]維柯的取徑，和二十世紀英國史學大家阿諾德．湯恩比（Arnold Toynbee）相當類似。[7] 亞當．斯密在一七七六年寫下的《國富論》（*Wealth of Nations*），不僅是為嚴格的社會經濟分析打下基礎，也暗暗埋下了一種循環歷史觀。只不過裡頭沒有盲目的命運女神，而是由「看不見的手」在不知不覺中，指引著每個人的行動去促進共同利益。即便人們追求的只是一己私慾，社會也會開始成長，接著走向「豐饒」，最後進入「恆定狀態」。馬爾薩斯在一七九八年出版的悲觀著作《人口論》（*Essay on the Principle of Population*）裡也提出了人口結構的循環，他認為饑荒或「災厄」是不可避免的結果，因為人口本身就有成長到超過食物供應的強烈傾向。馬克思則結合黑格爾的辯證法與李嘉圖（David Ricardo）剛開拓的政治經濟學，提出歷史變革的規律是由階級鬥爭來推動，而結局就是《資本論》（*Capital*）中預言的唯物主義末日浩劫：

> 資本壟斷必定成為生產方式的枷鎖，而生產方式又來自資本壟斷，並在其影響下蓬勃發展。生產手段的集中與勞動轉變為社會行為後（socialization of labor），最終將無法與資本主義的皮相並存。這個皮相必要崩裂。喪鐘要為資本主義私有財產制而響。那剝奪別人的也必要受剝奪。[8]

只不過，就像山上那群彼得．庫克的追隨者一樣，馬克思的追隨者仍在等待。

歷史動力學

最近幾年，「計量史學」(cliometrics)和「歷史動力學」(cliodynamics)①一直力圖復興循環史觀。在前現代時期，最接近這些學問的或許就是馬爾薩斯式的人口模型。[9]不過對於某些現代危機，也有人提出過馬爾薩斯式的模型來解釋。[10]一個好例子是許多人試圖用「青年膨脹」(youth bulge)來解釋二〇一〇至二〇一二年的阿拉伯之春。有份研究指出，如果國內的年輕人口成長率超過五年都在四十五%以上，「就無法避免重大政治動盪。這些國家發生血腥內戰的機率也非常高(大約每兩個國家就有一個)」(這也表示尼日、肯亞、烏干達和馬拉威這四個撒哈拉沙漠以南的非洲國家將會碰到麻煩)。[11]青年膨脹本身並非動盪指標，得要結合經濟成長不足、國家專制苛虐，以及高等教育普及後才是。[12]在這類新馬爾薩斯學派的研究裡，最具野心的莫過於傑克・戈史東(Jack Goldstone)主持的研究計畫，他檢視了一九五五至二〇〇三年間的一百四十一起動盪，包含民主危機、內戰和國家徹底崩潰。他的研究指出，相較於新生兒死亡率低的國家，新生兒死亡率高的國家有將近七倍的機率會陷入內部動盪。另外如果鄰近國家發生武裝衝突，以及國內實行歧視少數族裔的政策，也都會增加發生動盪的機率。[13]

① 編注：計量史學結合歷史與計量經濟學，以經濟學方法研究歷史課題。歷史動力學則將歷史看作科學，藉由計量經濟、文化演進、大數據與數學模型等跨學科理論來研究長期的歷史現象。

有些歷史學家和社會科學家極力想找出世代衝突的歷史週期，這些人也和新馬爾薩斯學派有些鬆散的關聯，不過他們最關心的是政治文化，人口結構只是其次。社會學家卡爾．曼海姆（Karl Mannheim）在一九二〇年代主張，青少年時的「關鍵期」會塑造整個世代的終身性格。歷史學家亞瑟．史列辛格（Arthur Schlesinger）父子也曾在一九八〇年代著書討論「美國歷史的循環」，認為國民的共識會在自由派和保守派之間規律擺盪。[14]更近一點的話，威廉．史特勞斯（William Strauss）和尼爾．豪伊（Neil Howe）兩位作家也曾提出，世代循環每八九十年就會重來一次。[15]每次循環都由四個階段的「轉折」組成，分別是：「新生」、「覺醒」、「瓦解」與「危機」。他們和前輩奧斯華．史賓格勒（Oswald Spengler）一樣，把四個轉折比作四個季節，以春為起，以冬為合。他們認為，美國最近一次遭遇的危機，就是跨越經濟大蕭條和二次大戰的那段時期。如果這個模式可靠的話，那我們就已經走入新一次的第四個轉折了。這次轉折以二〇〇八至二〇〇九年的金融海嘯為起點，並將以嬰兒潮世代在二〇二〇年代交棒給千禧世代②作結。[16]

所有循環史觀的缺點，都是缺少對地理、環境、經濟、文化、科技和政治變數的探討。歷史動力學界最宏大的計畫則試圖用各種巧妙的新方法來修正這個問題。[17]歷史學家伊安．摩里士（Ian Morris）就認為：「西亞在西元前三一〇〇年（烏魯克擴張〔Uruk Expansion〕終結）、西元前二二〇〇年（埃及古王國和阿卡德帝國殞落）、西元前一二〇〇年（青銅時代落幕）等時期的前後，都經歷過國家興衰的循環，南亞的印度河文明也是在西元前一九〇〇年左右滅亡」，這代表了「每個文明的演進都和週邊環境互有影響」。在摩里士看來，戰爭是最關鍵的因素，尤其培養更大型的馬匹，更是讓歐亞大陸中部的乾草原從荒野變成了貿易與戰爭的高速公路，當然疾病也因此得以四通八達地傳播。[18]意料之中的是，近年來氣候因素也成了關注的焦點。舉例來說，山東大學的陳強就很熱衷把中原各朝的危機，和乾旱週期連結在一起。[19]其他學者也強調過洪患對中原的意義。[20]

彼得・圖爾欽（Peter Turchin）在二〇〇三年所寫的《歷史的動力》（*Historical Dynamics*）中，提出過一個有關國家興衰的新穎模型。他認為新國家容易在族群形成的族群基礎邊界（meta-ethnic frontier），也就是既有國家的爭議邊界發跡。這些爭端頻仍的地方有足夠的壓力，能刺激人們發展出十四世紀伊斯蘭學者伊本・赫勒敦（Ibn Khaldun）在《歷史緒論》（*Muqaddimah*）一書中提到的「宗族意識」（asabiyyah），也就是有能力從事集體行動的社會凝聚力。只是一旦國家的文明到達奢靡與不平等氾濫的階段，刺激人們合作的力量就會逝去，宗族意識也會減弱。[21]圖爾欽在二〇〇六年出版的《戰爭與和平與戰爭》（*War and Peace and War*）裡又補上了一個新元素：建造帝國的人要像羅馬一樣，吸收他們征服的民族，而不是將其消滅。不過在成功的同時，衰落的種子也會播下：宗族意識枯竭的同時，馬爾薩斯循環也同時在發生。和平穩定會通往繁榮，繁榮會通往人口成長，接著人口就會過剩，過剩的人口則導致失業、低薪、房地租高漲，有時更會引發糧食短缺。一旦生活條件惡化，人民自然就會造反。最後，崩潰的社會秩序將引起內戰，帝國的衰亡也不可避免。[22]圖爾欽和史學家謝蓋爾・涅弗多夫（Sergey Nefedov）在《世俗輪迴》（*Secular Cycles*）中確定了這個框架的構造，主張有四種

②　譯注：亦稱Y世代，指一九八〇至一九九〇年代出生的人，常以蘇聯解體和九一一事件的記憶為前後分界。

變數的互動會造成社會或政治的變革：

一、「負荷量」和人口數量的關係。

二、國家力量（例如財政平衡）。

三、社會結構（特別是社會菁英的規模和消費水準）。

四、社會與政治的穩定程度。

這個「結構性人口理論」的循環共有四個階段：

一、擴張：人口快速成長，物價穩定，薪資符合物價。

二、停滯性通膨：人口密度接近負荷量的極限，此時工資降低或物價上漲，或兩者皆發生。菁英族群可以從租戶身上收取高額租金，享受一段繁榮的時光。

三、總體性危機：人口減少，租金和物價下跌，工資上漲。底層人民的生活品質也許會提高，但菁英階層擴大的結果，會開始以內部衝突的方式呈現出來。

四、蕭條：這個階段的內亂頻仍，要結束只能等到菁英階層的數量減少，開啟新的世俗輪迴。[23]

圖爾欽和涅弗多夫認為：「內亂中最主要的元素，似乎是菁英階層過度增長。這導致了菁英內部的競爭、斷裂和衝突，以及反菁英人士崛起，動員平民百姓對抗既有秩序。」[24]循環中的危機時刻來臨時，還會發生失控的通貨膨脹，以及國家力量破產。[25]圖爾欽最近還發表了爭議言論，說這項理論可以用於當代的美國。他和豪伊都曾預言二〇二〇年前後會發生危機。[26]

歷史動力學無疑是個令人興奮的新領域。圖爾欽等人合作建立了一套以埃及書寫女神塞莎特（Seshat）為名的龐大歷史資料庫，蒐集了上百個政治實體的資料，這些政治實體遍及六大洲，起於新石器時代，止於上個千年紀中期。資料庫為政治實體的系統性歷史研究訂立了新的標準。[27]中載文（Jaeweon Shin，音譯）等人有篇優秀的論文就是以圖爾欽的模型為基礎提出改進，將資訊科技納入歷史研究的變數考量：「主導社會政治發展的因素中，最重要的是政治實體規模的增長，其次是資訊處理和經濟制度的演進，接著是進一步的規模增長。」他們指出：「社會可能存在著『規模門檻』（scale Threshold），一旦超過門檻，資訊處理的能力就變得至關重要。而跨過門檻以後，就會推動規模進一步成長。」[28]他們舉了沒能發展出書寫系統的美洲大陸（或許只有庫斯科的印加文明例外）為例：「這些社會頻頻崩潰，會不會有部分是因為它們的政治實體從未發展出足夠的資訊處理能力，以至於缺乏對外連結、內部凝聚，或是與無法資訊處理能力更優秀、更能擴大規模的政治實體競爭，變得茫然失措甚至頹然傾倒？」[29]

不過，圖爾欽和涅弗多夫也承認，循環的過程本身也一定會受到無關循環的力量影響，好比說極端氣候波動、疫情大流行、科技發展過程斷裂，以及前面提過那種無論在時間還是規模上都幾乎是隨機發生的劇烈衝突。[30]圖爾欽認為二〇二〇年會成為繼一八七〇、一九二〇、一九七〇年之後，美國社會與政治不穩定的下一個「高點」。[31]實質薪資停滯顯然與一九七〇年以來移民數量的增加有關，雖然科技變化和中國競爭等因素也不容小覷。相較於製造業的平均年薪，耶魯大學的學費不斷上漲，工商管理碩士和律師占人口的比例，也都反映出菁英階層過度膨脹。從華府的政黨惡鬥，還有議員選舉競爭日益激烈與選舉經費節節高升，都可以明顯看出菁英階層的碎片化。美國也顯然非常缺乏打贏戰爭所需要的宗族意識。[32]儘管如此，根據圖爾欽的資料，雖然近年來有關大型槍擊事件和警察使用致命武力的討論愈演愈烈，二〇二〇年的暴力犯罪率卻遠低於一八七〇、一九二〇或是一九七〇年。美國人手上的槍也許比以前更多，卻沒有像過去幾次暴力「高點」一樣老是槍口相向。[33]二〇二〇年充滿了動盪，讓人最有印象的就是在五月底到六月之間，為了支持「黑人的命也是命」(Black Lives Matter）而爆發的許多大型抗爭。但這一年的種種動盪中，又有多少要歸咎給循環史觀無法預測的疫情大流行呢？

要反駁當今風行的循環史觀，我們還可以再舉一個例子。避險基金經營人瑞・達利歐（Ray Dalio）自己想出了一套循環史觀，只不過循環的核心動力是債務而非人口統計。達利歐的發現與圖爾欽有異曲同工之妙：「大循環……是在以下兩者之間擺盪：一、繁榮幸福的時期，此時的經濟能有效追求和創造財富，握有權力的人會和諧地共同推動經濟發展。二、蕭條慘淡的時期，此時的人們會爭奪財富與權力，破壞和諧和生產力，有時還會導致戰爭或是革命。」[34]達利歐的歷史哲學跟喬治・索羅斯（George Soros）的行為心理學一樣，都是自學而來的獨家祕方。達利歐在自己的書裡寫到：

「大多數的事情都會一直反覆發生……，只有少數幾項性格能令人走上少數的幾條路，遇到少見的情境並催生出少有的故事，並在未來反覆發生。」他提出了一條公式，號稱基礎奠定於「幾乎能解釋歷史上所有變化的……十七種力量」，包括解釋「世界上最偉大的帝國及其市場的崛起與衰落」。他也在另一本書中提到「有一種度量財富和權力的指標……由八種份量大致均等的指標組成。這些指標是：教育、競爭力、科技、經濟產出、世界貿易占比、軍事力量、金融中心實力，以及儲備貨幣。他也曾討論過債務、貨幣與信用、財富分配、地緣政治等四個循環間的相互影響。[35]他從這套「四循環理論」得出的結論是，美國的繁榮和領導地位已經來日不多，就像一九三〇年代的英國一樣。至於美元的未來，他認為「現金是垃圾」。[36]

不過這套方法也有問題。如果把這個模型用在過去，會發現它很難解釋為什麼有些預測中的事情沒有發生。比如說，大英帝國為何沒有在一八一五年後衰微殞落？一八二二年英國GDP和債務的比率高達一百七十二%。從一八一八至一八二二年，經過整整五年的通貨緊縮後，經濟不平等已經非常嚴重，並引起了一波政治動盪。一八二二年八月十二日，隨著已成過街老鼠的保守派外交官卡斯爾雷子爵（Viscount Castlereagh）自殺，建立在維也納會議上的國際秩序也開始崩塌。即便有這麼多不利因素，大英帝國仍在十九世紀初日益強大，而英吉利海峽彼岸的歐陸卻在一八三〇和一八四八這兩年頻頻發生革命。一九七〇年代的美國為何沒有衰落，也同樣令人好奇。通貨膨脹讓債券持有人的存款蒙受嚴重損失。尼克森斬斷美元和黃金的最後一絲連動關係後，通膨率就翻了一倍。同一時期的底層社區充斥著暴動，大學校園裡也抗爭不斷。總統本人被迫辭職，越戰的失敗丟盡了國家顏面。

但美國還是撐了下來，並在一九八〇年代迅速恢復。國際關係專家保羅·甘迺迪（Paul Kennedy）在一九八七年出版了《霸權興衰史》（*The Rise and Fall of the Great Powers*），這本循環史觀研究著重於製造業實力和財政平衡的重要性，並據此預言美國將會衰落。不過兩年過後，蘇聯的帝國勢力就在革命浪潮中退出了中歐及東歐，讓美國贏得冷戰；而日本爭取強權地位的努力，也因為國內資產價格的泡沫破裂，一瞬間煙消雲散。

要知道，歷史的過程其實非常複雜，無法整理出固定的模式，甚至連圖爾欽或達利歐那種比較鬆散的模式都沒辦法。而且愈是把歷史現象整理成系統化的模式，就愈容易變成「大方向對了，細節卻一塌糊塗」[37]——流行病尤其如此，但氣候變遷或環境破壞也不遑多讓。

不耐琢磨的賈德·戴蒙

如果我們可以預見經濟、社會或政治的崩壞，照理說我們起碼也可以預防其中一些災難。賈德·戴蒙（Jared Diamond）在二〇一一年出版的《大崩壞》（*Collapse*）中就提供了一些原則。他的理論沒有循環史觀那麼強硬，比較像是幫愈來愈擔心人類造成氣候巨變的人，列出一張可以避免大崩壞的待辦清單。戴蒙所謂的「崩壞」是指「人類的人口規模、政治、經濟、社會複雜性在長時間內大範圍地劇烈下降。這些因素也可能同時發生、相互連結」。崩壞的近因包括族群在無意間破壞了原本依賴的環境、遭遇和人類行為無關的自然氣候變遷，或是受到強鄰侵略，也就是發生戰爭。但究其根本，社會崩壞其實是因為無法處理自身所面臨的威脅。[38]個人的崩壞往往是慢慢邁入年老體衰，但社會的崩壞可能只在一夕之間：

從馬雅文明、阿納薩茲（Anasazi）的印第安部落、復活節島居民，以及過去其他社會（還有最近的蘇聯）的歷史中，我們學到最重要的一課就是，一個社會的人口、財富和力量達到巔峰後，只須十幾二十年就可能開始急遽衰退。就這點來說，我們前面討論的社會變遷軌跡，和緩慢衰老的一般人生非常不同。原因很簡單：當人口、財富、資源消耗和製造的廢物達到巔峰，就意味著環境衝擊也達到巔峰，超過資源供給的限制。所以仔細想想，社會由盛轉衰的速度這麼快，完全不教人意外。[39]

無論是沒有預料到崩壞，或是習慣了「悄悄變化的常態」以至於沒能注意到崩壞降臨；還是出於政治、意識形態或心理障礙而不去設法解決，又或者嘗試卻沒有成功，都會讓社會崩解。

戴蒙這本書分析了七場大崩壞，其中盧安達與海地的悲劇發生在現代，其他則發生在比較遙遠的過去：格陵蘭的維京人，復活節島（又叫拉帕努伊島）的居民，皮特凱恩島（Pitcairn）、韓德森島（Henderson）和芒阿雷瓦島（Mangareva）的波里尼西亞文明，北美洲西南方的阿納薩茲部落，以及中美洲的馬雅文明。他也討論了三個成功的故事：太平洋上的蒂蔻皮亞島（Tikopia）、新幾內亞高地和德川時代的日本。其中最重要的故事，就像把童書作家蘇斯博士（Dr. Seuss）在一九七一年出版的《羅雷司》（*The Lorax*）改編為成人讀物③。復活節島在全盛時期曾經有好幾萬人，但當歐洲人在十八世紀初首次抵達時，島上只剩下一千五百至三千人左右。戴蒙把這場崩壞歸咎於「人類對環境造成的衝擊，其中最嚴重的是濫伐林木和滅絕鳥類；這些衝擊背後有著許多政治、社會及宗教的因素，包括……對樹立地位的執著……，和部族與酋長間的競爭，都驅使著島民為了建立更大的雕像，消耗更多樹木、繩索與食物」。[40]沒有了樹木來穩固土壤，復活節島豐饒的土地開始流失，莊稼連年歉收，而缺少樹木也意味著島民再也無法建造捕魚用的獨木舟。這讓人們開始自相殘殺，最後以人為食。故事中的教訓很清楚：一旦地球破壞殆盡，我們都會淪為復活節島的居民。

不過，復活節島的故事還有另一個版本。這個故事指出在西元一二〇〇年以前，島上沒有任何居民，森林消失的罪魁禍首是跟著移民而來的老鼠，而高聳的石雕並不是平躺著用圓木載往海邊，而是站著「走」過來的。島上的原住民以海產、鼠肉和自己種的蔬菜為食，社會結構崩壞則是因為一七二二年歐洲人的到來，特別是因為他們所帶來的性病。[41]還有一個假說認為，島上人口遽減是因為來自南美洲的奴隸販子。[42]這些版本和《羅雷司》的故事有著天壤之別。

對戴蒙來說，崩壞既是社會或政治現象，也是環境現象。儘管實情未必如此，不過他眼界寬廣的觀點或許仍有可用之處。他在二〇一九年的《動盪》（*Upheaval*）中寫道：「遭逢國難之時……，轉型或許可以幫助國家渡過難關，但也可能失敗。無論對國家還是個人來說，想要成功應付由外部或內部壓力所造成的危機，都需要有所取捨的轉型。」

西方政治思想最古老的概念之一，就是把政治實體比喻為人體——亞伯拉罕．波瑟（Abraham

Bosse）為霍布斯的《利維坦》（*Leviathan*）所繪的卷首插畫就是如此，畫中可見一個戴著皇冠的巨人立於國土上方，超過三百個人組成了他的軀幹與手臂。戴蒙研究了芬蘭、日本、智利、印尼、德國、澳洲和美國這七個國家的危機與復甦，重新將人體的比喻用在它們身上。他從這七個國家的例子，整理出十二個應對國家危機的步驟：

一、危機處理的第一步，是無論個人還是國家，都要先承認自己已經陷入危機。
二、接下來要接受自己有責任為這個處境做些什麼。
三、第三步要「畫出界線（未必是實體的），釐清自己要解決的問題」。
四、向其他人或國家尋求物資或情感協助，或許會非常有幫助。
五、其他人或國家解決問題的模式也許能帶來啟發。
六、人如果有「強悍的自我」（ego strength）就更容易成功；換成國家的話，就是國族認同感。
七、戴蒙也建議無論個人還是國家都要「誠實評價自己」。
八、過去應對危機的經驗也很有用。
九、要有耐心。
十、保持彈性。

③編注：《羅雷司》講述一位投機商人到了一處豐饒之地後，如何受開發的野心驅使，最終將環境破壞殆盡的警世故事。

十一、「核心價值」會帶來莫大助益。

十二、能突破個人或地緣政治的限制會大有好處。[43]

但這些步驟在現實中會碰上問題，因為民族國家和人類個體大不相同。說得具體一點，民族國家就像其他大規模政治實體一樣，都是複雜系統。也就是說，一般的個人大致會遵循常態分布，但國家並非如此。舉例來說，成年人類的身高多半都差不多，畫成直方圖的話就會呈現典型的鐘形曲線，絕大多數人的身高都會介於一百五十公分到一百八十公分之間，沒有人會矮於六十公分或高於二百四十公分，更沒有人會小得像是螞蟻，或是大得像座高樓。但民族國家這種相對晚近才成為主流的政治實體，卻完全不是這麼回事。光是中國和印度兩個人口最多的國家，就占了全世界三十六%的人口。再來，從美國到菲律賓等十一個人口超過一億的大國，又占了全世界超過四分之一的人口。七十五個人口介於一千萬至一億之間的中型國家，則占了全世界三分之一的人口。但除此之外還有七十一個國家的人口介於一百萬至一千萬之間（全人類五%）、四十一個介於十萬至一百萬之間（〇．二%），以及三十三個國家的居民不到十萬人。

正如國家規模不是常態分布，危機的規模也不是。歷史學家最愛研究的戰爭、革命、金融危機、政變等重大動盪，都是發生頻率很低，影響卻非常深遠的事件，而這些事件都位在常態分布圖的尾端機率。歷史上最大的幾次革命——英國、美國、法國、俄國和中國革命，都不是隨處可見。絕大多數國度都只有幾次平凡無奇的起義。但個人的生命史並非如此。雖然不是每個人都有過叛逆期和中年危機，但有此經驗的人多到我們無須特別去定義這些用詞。我們多數人都會有一至四個子女，也幾乎多少都有一兩種健康危機。而且我們也在第一章談過，凡人都有一死，而且死亡年齡的區間也相當狹窄——同樣符合常態分布。因此人的一生很容易符合某種循環。相反地，有些民族國家的生命就非常久。大英聯合王國有超過四百年的歷史，個別構成國的歷史又更久遠，而美國也即將要滿兩百五十歲。另有一些國家的體制則嚴重不連貫。中國領導人特別愛宣稱中國歷史長達五千年，但這說法其實起源於耶穌會的誇大其詞，將中國歷史追溯到西元前二九五二年。後來孫中山把這定為正史，認定神話中的黃帝是從西元前二六九七年開始統治漢地，因此是中國第一個統治者。但其實中華人民共和國不久前才剛慶祝完建國七十年，也就是說它比賈德・戴蒙還小十二歲。世界上大多數民族國家也沒有古老到哪去，像印尼這樣的國家都是成立於二次大戰後的去殖民化（decolonization）浪潮。至於民族國家誕生時的預期壽命會是多長呢？沒有人知道。

簡單來說，期待民族國家會有像人類一樣的行為，就像用內燃機方面的知識去推算高速公路發生連環車禍的機率，完全搞錯了問題的範疇。複雜政治系統所受到的限制，和一般的人類迥然不同，所以戴蒙的比喻簡直是誤人子弟（如果我們把這比喻用在全體人類身上，那問題就更大了。）在他舉的七個案例中，每個國家或民族都成功跨越了危機。但這些例子中卻少了蘇聯或南斯拉夫這種回天乏術的系統崩潰，也沒有算上成為獨立國家的前殖民地保護國，或是無數從未成立自治政府的種族。如果民族國家只是放大的個人，那這些又算是什麼呢？政治體可以被五馬分屍卻不會消亡，人類可沒有這種選項。

烏鴉嘴的宿命

「我們能否將當今美國的緊急事故視為一齣古典悲劇，而不是什麼卑劣的戲碼？」二〇二〇年六月，美國劇作家大衛．馬梅（David Mamet）如此叩問。「這一次，是什麼讓瘟疫降於底比斯？」[44]這個問題問得很有道理。如果歷史不會像人類的生命一樣老調重彈，或許會在更大的尺度上演出，在「世界的舞臺」上複製劇場中經典的人間往來。

著名的災難大都是悲劇，這種描寫也是媒體人的陳腔濫調。但有些災難的確完全符合悲劇的定義。換句話說，這些災難符合古典悲劇的格式。以艾斯奇勒斯（Aeschylus）的《阿迦曼儂王》（*Agamemnon*）為例，劇中有先知，有歌隊，有國王。先知預見將來的災難，歌隊渾然不覺，國王將遭災劫。

歌隊成員：若妳疑惑自己身在何處，且讓我來告訴妳——妳人在阿特柔斯之子的家裡。

卡姍卓：不……不……這是個不敬眾神的家……裡頭處處是死亡和殺戮親族的事……，砍下來的腦袋……，宰人的屠場處處浸浴著血跡……

歌隊成員：這外地人像極了一條鼻子機靈的獵犬，尋找著血液的痕跡。

卡姍卓：我相信我看見的證據——我看見年幼的孩子們在哭喊中慘遭屠殺，燒烤的血肉被他們的父親吃下……

歌隊成員：我們聽說過你的預言，但在阿果斯這裡，沒有人需要先知。[45]

阿迦曼儂王征服特洛伊後，將公主卡姍卓（Cassandra）俘擄為奴。這位擁有預言天賦的公主正是史上最有名的烏鴉嘴④。但王妻克萊婷涅斯卓正謀畫著殺害阿迦曼儂，以報多年前他為求航向特洛伊作戰的順風，獻祭女兒伊菲吉涅亞的血仇。而且她也想讓情夫埃癸斯托斯坐上阿迦曼儂的王位。卡姍卓把未來的一切看得清晰，但身上的詛咒卻教她不得任何人聽信：

卡姍卓：狠心的女人啊，妳要下手了嗎？要把與你同床的丈夫——在那浴盆……為他清洗身子……，這一切的終結我怎麼說得出口？但結局正要開始。她伸出手……，她的另一隻手也伸向了他……

歌隊成員：我還是不懂，她的話教人迷惘，這隱晦的預言令我昏頭轉向……

歌隊：預言可曾給人帶來過什麼好處？[46]

卡姍卓：眾神不會讓我們白白死去。有個男人會來為我們復仇，這個做兒子的會殺死他的母親，為他的父親償命。這是個流放在外、遠離故土的陌客，他回來的時候，會像工匠那樣，為砌好的牆垣蓋上壓頂，為他家族的毀滅打上句點。[47]

④編注：卡姍卓（Cassandra）這個字後來就有了烏鴉嘴的意思。

等到阿迦曼儂真的被殺害，歌隊的成員又陷入了混亂與爭執。艾斯奇勒斯安排他們手足無措地爭執該對國王被殺有何反應。[48] 而預言則在《俄瑞斯忒亞》(*Oresteia*)三部曲的後兩部中漸漸實現。在《奠酒人》(*Choephoroi*)中，阿迦曼儂之子俄瑞斯忒斯返回阿果斯，他的姊姊俄萊克特拉正計畫著殺死母親和她的情夫。犯下弒母之罪後，俄瑞斯忒斯又被復仇女神所追捕。在《仁慈的女神們》(*Eumenides*)裡頭，俄瑞斯忒斯請求雅典娜主持正義，獲得了世間第一場有陪審團的審判。

　這些古代悲劇把不遵從眾神的後果表現得非常鮮明。俄瑞斯忒斯在述說「血債的盛怒」、不能為父親之死復仇的痛苦時，用語極其生動：「自地底

圖表4：描繪卡姍卓預見特洛伊淪亡（左）與自己死亡（右）的版畫，出自薄伽丘（Giovanni Boccaccio）《名婦列傳》（*De mulieribus claris*）。該書由海因里希・斯坦何韋爾（Heinrich Steinhöwel）翻譯，並於西元1474年左右由約翰・蔡納（Johann Zainer）印於烏爾姆。

傳來的瘟疫、痲瘋般侵蝕血肉的惡瘡、嚼食身體的獠牙、癰疽裡發白的膿汁。」[49]相反地，在「仁慈的女神們」接受俄瑞斯忒斯無罪的裁決後，雅典也將受祂們庇佑，免受這些禍害。正如歌隊的吟唱：

不要讓風摧殘樹木，也不要讓沙漠灼燒的熱氣來荼毒萌芽的作物，不要讓果實慘遭萎黃的蹂躪戕害。……我祈求這座城的人民之間永遠不要發生彼此相殺的爭吵，不要讓土地啜飲人民乾涸的血跡，也不要讓復仇的激情引起毀滅城邦的戰事。[50]

在古希臘，災難絕非無從想像的意外事故。災難就存在於人們身邊，只有眾神的善意能把它們收回。在古希臘劇作家索弗克勒斯（Sophocles）筆下的《伊底帕斯王》（*Oedipus Rex*）也描述了類似的悲慘災難，這次是底比斯城正遭受諸神降下的瘟疫天譴：

這像船一樣承載我們的城邦，
在血紅的波浪裡顛簸，飽經苦痛的擊打，
已經抬不起頭來。
田間的麥穗枯萎，
牧場裡的牛羊死絕，
陣痛裡的婦女落了胎。

那瘟神帶著祂熊熊的火炬，
降臨到我們的城裡。[51]

德爾菲神廟以問事靈驗稱著，而神諭對於此難的指引，是伊底帕斯必須找出殺死先王萊瑤斯的兇手。但故事裡的先知忒瑞西阿斯知道兇手就是伊底帕斯本人，他不只弒父，還娶了自己的母親約卡絲塔。當伊底帕斯看清自己的窘境，他就弄瞎自己的雙眼，應驗了忒瑞西阿斯的預言。

美國反恐官員理查・克拉克（Richard Clarke）和國安專家R・P・艾迪（R. P. Eddy）都曾指出，現代有很多災難都和這些古代悲劇有所呼應。[52]卡崔娜颶風、福島核災、伊斯蘭國崛起、金融海嘯等災殃，全都曾有卡姍卓這樣的烏鴉嘴提出警告卻無人聽從。克拉克和艾迪的「烏鴉嘴係數」有四個要素：災難的威脅、災難的預言、決策者，以及對警告輕蔑抗拒的批評者。在這個框架裡，災難可以預測，但必要的超前部屬會遭到各種認知偏誤妨礙。如果某種災難從未或是久未發生、被錯誤的共識所蒙蔽、規模難以置信，或是純粹太過離奇，都會令人難以想像。[53]烏鴉嘴最缺的才能大概就是說服人了。責任分散、「議題慣性」（agenda inertia）、監理俘虜（regulatory capture）⑤、知識不足、意識形態偏見、單純的怯懦，或是「滿足」於說明卻不解決問題、隱瞞關鍵資訊等官僚劣習，都可能會令決策者處處掣肘。[54]至於批評者（歌隊），比起一般大眾，更有可能是專家學者。這些人可能會落入各種不同的偏見，比如對確定性的執著（著迷隨機對照試驗或同儕審查論文）、非得拆解新理論的衝動，或是已經投資在「正統科學」上的沉沒成本，[55]當然還有在讀者投書和談話節目上大放厥詞預言未來的誘惑。

許多專家都執迷於估算風險，傾向於拒斥無常。這兩者的分別非常重要。經濟學家法蘭克．奈特（Frank Knight）曾在一九二一年主張：「『無常』和我們所熟悉的『風險』之間，有著根本的差異……，可測量的不確定性，或是恰當的『風險』……，和無法預測的『無常』大不相同，前者實際上根本不能算是無常。」凱因斯（John Maynard Keynes）也曾在一九三七年絕妙地敘述過何謂無常：這些事件每次發生都是「完全獨一無二，沒有相同事件的紀錄，不然就是發生次數太少，所以無法列出夠多的類似事件，也無法建立某種基礎來推斷任何實際機率的數值」。[56] 他這麼回應別人對《就業、利息和貨幣通論》（*The General Theory of Employment, Interest, and Money*）一書的批評：

> 當我提到「無常」的知識時，並不是單純在區分肯定的知識和僅是可能的知識。也就是說，輪盤遊戲並不屬於無常的範疇……，預期壽命也只有一點點的無常。即便天氣也只是再更不確定一點。當我在談論無常的時候，我說的是比如未來爆發一場歐陸戰爭的可能性，或是……二十年後的利率……，我們沒有任何科學基礎能用來估算這些事情可能會怎麼發展。我們完全沒有任何頭緒。[57]

更糟的是，由於人類有一大堆認知偏誤，所以就連要估算風險都很不容易。丹尼爾．康納曼（Daniel Kahneman）和阿摩司．特沃斯基（Amos Tversky）兩位心理學家曾在一篇知名論文裡用了一

⑤ 譯注：被監理者利用政府對商品或進入市場的限制與規範，使潛在競爭者更難進入市場。

系列的實驗指出，人們在面對單純的財務抉擇時很容易誤判機率。首先，他們給每個樣本一千以色列里拉（以色列貨幣）。然後請他們從（甲）五十%的機會多贏得一千里拉，和（乙）一百%的機率多贏得五百里拉，這兩個選項中做出選擇。只有十六%的人選擇甲，剩下八十四%人都選擇了乙。接著，他們要求同一群人想像自己擁有兩千里拉，並且面臨以下兩個選項：（丙）五十%的機率失去一千里拉，和（丁）一百%的機率失去五百里拉。這次有六十九%的人選擇了丙，只有三十一%的人選擇丁。但仔細檢查最後回報的話，這兩個問題根本一樣。兩個實驗都是要受試者在一千和兩千里拉的機率各半（甲和丙），或是肯定會獲得一千五百里拉（乙和丁）之間二選一。配合另一個實驗，康納曼和特沃斯基發現人們面對風險的態度非常不對稱：未來看好時厭惡風險，未來看壞時卻追求風險。[58]

這種現象稱為「恆等性失靈」（failure of invariance），而這只是眾多捷思偏誤（heuristic bias，指人在思考和學習時的偏頗模式）之一。正是這點讓現實中的人和新古典經濟學中的「經濟人」（*homo oeconomicus*）大不相同，因為經濟人應當要根據所有可得資訊，還有自己預期的效用，做出理性的決策。其他實驗也顯示出我們很容易陷入這些認知陷阱，好比說：

可得性偏誤（availability bias）使我們會根據記憶中既有的資訊，而非真正需要的資料來做決定。

後見之明偏誤（hindsight bias）讓我們認為發生過的事件比未發生的事件更有可能會發生。

將經驗歸納為法則的缺失（problem of induction）導致我們將不充分的資訊整理成通則。

交集或互斥謬誤（fallacy of conjunction or disjunction）意謂如果有七件事的發生率為九十%，

另外七件事的發生率為十%，我們會高估前七件事同時發生的機率，低估後七件事至少發生其一的機率。

確認偏誤（confirmation bias）讓我們傾向尋找有利於初始假設的證據，忽略不利於該假設的反面證據。

汙染效應（contamination effects）會讓我們允許就近的無關因素影響決策。

情意捷思（affect heuristic）會讓先入為主的價值判斷干擾我們對利弊得失的評估。

忽略尺度（scope neglect）會妨礙我們根據要預防的傷害量級，難以按比例調整對犧牲程度的預期。

對校準⑥的過度自信（overconfidence in calibration）會導致我們把信賴區間估得太窄，以為這樣的估計結果很可靠（比如混淆「最好的狀況」和「最有可能的狀況」）。

旁觀者效應（Bystander apathy）則會讓我們在置身人群時拋棄個人責任。[59]

除了這些以外，人類還有很多犯錯的可能。比如美國社會心理學家里昂・費斯廷格（Leon Festinger）發明的「認知失調」（cognitive dissonance）一詞。一九五七年，費斯廷格出版了社會心理學的創見之作。他在書中主張：「一旦出現不一致的情形，心理就會感到不適。」因此，「認知失調的存在……會讓受其所困的人試圖減緩失調感，恢復內心協調。」另外，「當失調感一出現，除了試圖

⑥ 譯注：即評估的準確度。

減緩以外，當事人還會積極迴避有可能增強失調感的情境與資訊。」[60]不過許多證據都指出，很多人可以學會如何與失調感長期共處。認知失調常常會導致人前一套、人後一套的行為。這也曾是生活在全世界所有共產制度下的基本風景。事實證明，生活在資本主義社會裡的人做起來更輕鬆，比如坐噴射機去參加氣候變遷危機的研討會，也沒有感受到社會心裡學家所預測的不適感。

或者再拿牛津哲學家吉爾伯特・萊爾（Gilbert Ryle）提出的「範疇錯誤」(category error）來說。他在一九四九年出版的《心的概念》（*The Concept of Mind*）裡舉了一個非常英國的例子：「有個外國人第一次看完板球比賽後，搞懂了投球手、擊球手、守備員、裁判和計分員的用處，結果他說：『可是場上沒有人負責貢獻板球有名的團隊精神啊。』」[61]萊爾繼續闡述他最有名的論點：笛卡兒錯了，他把人的心靈說成是「機械裡的幽靈」，[62]是某種異於身體的東西。但心靈並非獨立的存在，正如板球隊不需要第十二個球員負責提振士氣。但現代的論述中到處都是類似的範疇錯誤，比如說因為民族國家是由數以百萬計的個人所組成，就以為國家經歷危機的應對方式會和個人一樣。

地獄的鐘聲

如果我們真能像基斯・湯瑪斯在《宗教與魔法的衰落》中暗示的一樣，相信人類在十七世紀末跨越了迷信的門檻邁入科學的世界，那想必會輕鬆不少。[63]但實際上，「科學」是個複雜又充滿爭議的領域，新典範就像湯瑪斯・孔恩（Thomas Kuhn）很久以前講的一樣，需要很久的時間才能取代有缺失的既有典範。[64]更何況要是濫用科學方法，也可以隨意捏造出虛假的相關性——好比說星座和白血病患接受幹細胞移植的存活率。[65]科學進步不只讓魔法的思維衰落，也導致宗教信仰和習俗的消逝。結果就像推理小說家G．K．卻斯特頓（G. K. Chesterton）的預言一樣，人心被科學騰出來的空間，將會由新的魔法思維來填補⑦。現代社會非常容易受宗教和魔法的替代品影響，摧生出新形態的不理性行為。不過細看之下，這些行為和十七世紀以前的人其實頗為類似。

如果這些執迷不悟，都可以靠著「超級預測」（superforecasting）的方式克服，也許還能令人鬆一口氣。這套方法由政治學家菲利浦．泰特洛克（Philip Tetlock）提出，他認為只要利用預測師大賽，佐以各種問責方式，就能超越個人的偏誤。[66]但是，在英國脫歐公投之前，泰特洛克主持的「優良判斷力計畫」裡最優秀的預測員卻認為，只有二十三%的英國選民會投票贊成脫離歐盟。二〇二〇年二月二十日，他的超級預測師們還預測，新型冠狀病毒只有三%的機率會在一個月後造成超過二十萬人確診。結果當然是超過了。作家日娜．土費琪（Zeynep Tufekci）相當早以前就警告過COVID-19的危險。但是在二〇一四年的一篇文章裡，她也提出過幾乎一樣的警告，預言在二〇一四年底會有一百萬人感染伊波拉病毒，結果只有大約三萬人染病。[67]

大災難的發生似乎完全隨機，而我們的心智似乎又完全沒有能力預測，因此一般人常會訴諸黑色

---

⑦作者注：在大眾的印象中，卻斯特頓曾說過：「不再相信上帝的人並不是什麼都不相信，而是什麼都會相信。」不過其實他最接近的一句話是出自於短篇故事《新月館的奇蹟》（*The Miracle of Moon Crescent*）：「你們這些頑固的唯物論者，全都是在信仰的崖邊玩命，一不小心就什麼都信。」

幽默，就一點也不奇怪。一戰期間，有一首曲子在西線戰場壕溝的英國軍人間很流行，這首歌是惡搞慈善團體救世軍（Salvation Army）在戰前常用的聖歌：

地獄的鐘聲敲得叮啊鈴，
欲死的人緊聽。
我聽著天使唱擱叮啊鈴，
感覺我有福氣
死神彼枷鎖搖擱叮啊鈴
閣一個人無去
地獄的鐘聲敲得叮啊鈴，
欲死的人緊聽！[68]

抄下這首歌的是一名在騎士橋執業的出庭律師，他從擔任少尉的姪子那受到一封信，說聽到部下在唱這首歌，而這名少尉非常清楚這首歌有何意義。他認為士兵們唱這首歌並不是針對無人區另一頭的德軍：

我想這段奇異的凱旋咒……並不是在蔑視地上的敵人，只是又一次體現了戰爭引起的愚勇。大頭兵要靠著表面上的開朗才能接受死亡。要做這麼大的事情，如果沒有一點幽默感，根本不可能做得好。既然一條又一條的戰壕裡，都是隨時有可能被炸得粉身碎骨的人們，那他們唱著這些兇狠的歌詞……，雖然不可思議，不也是恰到好處嗎？這不是真正的宗教，但也算是宗教。是仗著輕蔑態度來堅持振奮的虔誠宿命論。[69]

當時是索姆河戰役的前夕。以人員損失來說，這是英國史上最嚴重的軍事災難（見第六章）。在一九一四至一九一八年間，英國陸軍共有十三%喪命（六十七萬三千三百七十五人），三十二%受傷。無論是面對戰爭還是瘟疫，我們人類都有一種相信自己會活下來的奇怪傾向。某方面來說我們也沒錯，畢竟戰爭倖存者總是比陣亡者還多。那個聽到部下唱〈地獄的鐘佇敲〉的年輕軍官名叫托比．史達（Toby Starr），他不只幸運也很勇敢。當時他和旗下的兩排士兵誤觸了德軍地雷。他自己毫髮無傷，而且他「雖然大受驚嚇，卻還是立即召集了一個班的人架起機槍，掃射來犯的敵軍並順利擊退他們……，儘管遭到炮火襲擊，他還是幫忙救出了一些被埋住的部下」。史達因此被授與維多利亞十字勳章。[70]不過一般來說，當地獄的鐘聲敲響，個人的素質其實沒什麼影響。而且我們通常也很不擅長估計，這個鐘聲有多少的機率是為我們而響。

當死亡就在左近，黑色幽默或許就是恰到好處的反應。美軍也有自己的〈地獄的鐘佇敲〉，這個版本惡搞的是字母縮寫。「SOL」原本是官方的「士兵」（soldier）縮寫，不過在一九一七年初，它就變成了「倒楣大兵」（soldier out of luck）的意思，後來又變成了「倒楣鳥事」（shit out of luck），可用來指從死亡到晚餐遲到的任何事。二戰期間，「SNAFU」代表的是「一切如常：全爛透了（或全搞砸了）」（situation normal: all fouled/ fucked up）——這個詞在《牛津英文字典》上的說明就是：「略縮語。用以表達一般士兵對戰場混亂或上級無能的淡然忍受」或是「表達事情並不順利」。一九四四年，美國空軍轟炸機的機組人員又想到了另一個縮寫，來表達比SNAFU更極端的狀況：「FUBAR」，代表的是「爛到面目全非」（fouled/ fucked up beyond all recognition）。同樣按照字典，這個詞可以代表「糟糕、毀了、完蛋」，但也可能是「爛醉」。

近來在舊金山的街上，也出現了一個像「SOL」、「SNAFU」、「FUBAR」一樣可以代表一切不幸的俚語：「鳥事天天有」（Shit happens。比較禮貌的說法則是「該來的躲不掉」（Stuff happens」或是「總有這種時候」（It happens）），這句話最早被記錄在一個柏克萊碩士生的論文《幫派成員與警察》（*Gang Members and the Police*）裡頭。他訪問的其中一個幫派成員是名十六歲的非裔年輕人，對方談到自己有天跟朋友看完電影，在舊金山的市場街上被兩名警察平白無故攔下來，還被威脅要逮捕。「這種鳥事天天都會發生，」年輕人這麼說，「隨時都會有人這樣弄我們。」[71]在這個案例中，警察還用了種族歧視的用詞，只是沒有動用暴力：「好了你們這些非洲黑人給我帶著長矛滾回家去！別讓我看到你們在街上走來走去。」不過「鳥事天天有」這句話也許還有別的意思。就像托比·史達說的，雖然情境大不相同，第一個講出「鳥事天天有」的傢伙也撐過了一場災難，而這還只是無數災難的其中之一。對於每天都會看到身邊發生災難的人來說，這不是什麼可預測的循環，也不是無可名狀的悲劇。這就是人生。

第三章

Chapter 3

灰犀牛、黑天鵝、龍王

我們人類在眾神的眼中，就像淘氣小孩手中的蒼蠅。祂們想殺來玩就殺來玩。

——莎士比亞，《李爾王》

恐怖災難動物園

世界各地的領導人在二〇二〇年陷入疫情困境的時候，都很有共識地把COVID-19說成一場戰爭，說自己是在對抗某個「看不見的敵人」，藉此爭取民眾支持。[1]許多歷史學者也用自己的專業頭銜幫這種說法背書。[2]當然，乍看之下，疫情跟戰爭差很多。我們通常認為疫情是天災，戰爭是人禍，在疫情中殺人的是病原體，在戰爭中殺人的是人（不過這個看法我們之後會回來檢討）。但這兩者除了都會造成大量死傷這一殘酷事實以外，其實還真的有很多地方很像。它們都是某種相當罕見的大規模災難，而這也是本書接下來的主題。

戰爭並不總是出人意料，往往有跡可循。想想一九一四年爆發的第一次世界大戰吧，當時的人們早就知道歐洲可能會爆發大規模衝突，也知道一旦爆發會有多可怕，但在一九一四年七月底之前，即使是消息靈通的讀書人，也幾乎不會去想世界末日即將來臨。二〇二〇年也是這樣，明明一直有人警告世上出現了危險的新型病原體，但在世界衛生組織（World Health Organization）過去預想的「X疾病」[①]真正出現的那一刻，很多人依然撇過頭當成沒看到。所以當疫情開始蔓延時，全世界就陷入一次大戰頭幾個月的境地：金融大恐慌、經濟大混亂、人民驚慌失措、死亡率突然爆高（只不過這回死的不是青壯，而是長輩）——兩者之間的重大差異之一，大概就是愛國主義無法提振人們在COVID-19疫情中低迷的士氣吧。同樣地，當人們發現這兩場災難顯然不會在「聖誕節之前結束」，也都經歷了類似的心理調適。那些正處於災難之中的人們看不清災難的全貌，必須要等它結束之後才知道。在一九一四年八月，不會有人知道這場戰爭將延續四年三個月；就像一三四〇年在斯勒伊斯（Sluys）外海爆發衝突的英法兩國艦隊，也不可能知道自己開啟了「百年戰爭」（而且這個詞在一八二三年之前根本不存在）。[3]

當然了，世界上總有一些歷史盲。一位金融專家在二〇二〇年三月的《金融時報》（*Financial Times*）上說：「這種危機極度罕見，聞所未聞。」[4]這說明了當人們使用「聞所未聞」這類詞彙時，往往只能傳遞自己對歷史的無知。即使是沒那麼無知的人們，也常用許多很爛的類比來描述疫情，例如坎特伯里大主教就在那年三月把疫情比作核爆：「最初的衝擊很巨大，但後續的影響才可怕。傷害會長達數年，而且會以一開始根本無法預期的方式改變我們。」[5]但這種說法有失精確。我們先看看一九四五年八月的長崎與廣島發生什麼事。當年「小男孩」原子彈在廣島爆炸，瞬間奪走三萬五千條人命，相當於六個月前死於德勒斯登大轟炸的人數。到了一九四五年底，兩地死亡人數大幅攀升，廣島高達十四萬，長崎也有七萬。後來還有許多人被這兩顆原子彈的輻射影響，死於白血病與癌症。

在我寫下這段話的二〇二〇年十月二十二日，COVID-19已經在大約十個月的肆虐中殺死了全球一百一十多萬人；而且有鑑於好幾個國家的實際死亡數都高於預期，這個數字很可能是低估。[6]等到幾個月後本書實際出版，死亡人數一定只會更高。這種死亡人數的確相當於世界大戰中最大規模的戰爭，但相較於完全躲不過的核彈爆炸與輻射汙染，COVID-19病毒卻可以透過個人與社會採取正確的

①編注：指稱尚未可具體形容的疾病，由已知或未知的病原體引起，且可能在任何時候爆發，構成重大公共衛生風險。

預防措施來避免。台灣、義大利、紐約州都被這顆「炸彈」炸到，結果卻相差甚遠。台灣目前才死七個人②，紐約州卻死了三萬三千五百二十三個人。要瞭解眼前這場疫情，不是不能用地緣政治的核爆類比，也不是說一定要先充分理解其他瘟疫的歷史，而是我們必須把COVID-19當成一種不定期降臨的罕見災難。歷史上有很多這種災難：瘟疫、大型戰爭、暴力革命、火山、地震、野火或洪水等與極端氣候有關的事件。歷史學者很喜歡研究這些大災難，尤其是人為造成的那些，但卻很少深入反思這些災難有哪些共通之處。

二〇二〇年席捲全球的肺炎疫情，發生的頻率大概跟大型戰爭一樣低。根據某個極具影響力的流行病學模型，如果完全只靠藥物來因應，全球可能會有四千萬人死於這場疫情。[7]把這數字除以全球目前的總人口七十八億，就跟一次大戰的戰場死亡率差不多。儘管實際上可能不會有那麼多人死於COVID-19，原因可能包括倫敦帝國學院的模型高估了感染死亡率（infection fatality rate, IFR），或是因為我們祭出了社交距離、限制外出與物流等避免大規模死亡的措施。但無論為何，疫情才剛爆發沒多久，沒有人能夠保證真的會是如此。畢竟一戰爆發的時候，很多人也以為它會在五個月內落幕，根本死不了多少人。

這兩種截然不同的大災難有個共通點：那個時代的人早在災難發生的好幾年前，就多次警告這種事遲早會發生。美國作家米歇爾．渥克（Michele Wucker）將這種事件稱為「灰犀牛」（gray rhino），也就是「顯而易見，人們卻視而不見的威脅，例如卡崔娜颶風、二〇〇八金融危機、二〇〇七明尼蘇達斷橋事件、網路攻擊、野火、缺水這些事件」。[8]有趣的是，一次大戰和COVID-19疫情爆發時，人們卻以為它是納西姆・塔雷伯（Nassim Taleb）所謂的「黑天鵝」（black swans）事件，也就是「在我們有限的經驗看來，根本不可能發生的事件」。[9] 我們的大腦被演化與教育搞出很多心理偏誤，很容易以為大多數現象就像人類的身高一樣呈常態分布，但這種預測很多時候會失準。我舉一個例子就好：森林大火的發生機率通常不是常態分布，而是冪次分布。世上沒有「典型」的森林大火，森林大火的統計分布圖不是我們熟悉的那種大多數火災集中在平均值附近的鐘形曲線，而是對數曲線。如果你把火災規模取對數，它跟發生頻率就會呈一條直線。[10]

可能有很多人都不知道，冪次分布或者類似的分布其實無所不在，只是斜率有所不同。[11] 靠近地球的隕石與碎片大小、月球上的隕石坑、太陽閃燄的尺寸、火山爆發的規模分布全都是冪次分布，植食性動物的覓食模式當然也是。人類世界也有很多冪次分布：每天的股市報酬率、電影票房收入、大部分語言中的單詞使用頻率、姓氏出現的頻率、停電規模、罪犯被指控的次數、個人的年度醫療支出、盜用身分造成的損失等等。此外還有一些東西既非常態分布，也非冪次分布，而是帕松分布（Poisson distribution）：除了第一章提到的理察森從三百一十五次導致戰爭的「致命衝突」整理出來的模式以外，放射性物質的衰變、癌症的症狀群集、龍捲風觸及地面的機率、網路伺服器的點擊數，以及古代騎兵被馬踢死的數量，也都符合帕松分布。

我們在這裡不必搞清楚冪次分布與帕松分布在數學上有哪些差別，只需要知道符合這兩種分布的

②編注：截至本書出版月為止確診死亡人數約為八百例。

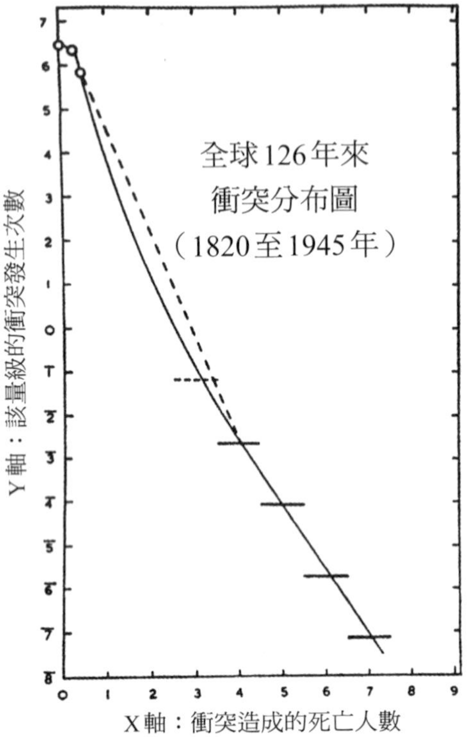

圖表5：理察森在《致命衝突的統計結果》（*Statistics of Deadly Quarrels*）中所整理的死亡人數頻率分布圖。橫軸表示致命衝突中的死亡人數後面有幾個〇，縱軸表示該量級的衝突發生過幾次。謀殺造成一人死亡，所以是零級；兩次世界大戰造成數千萬人死亡，所以是七級。到目前為止的七級衝突也只有這兩次，而零級衝突造成的死亡人數總和，大約為兩次大戰總和的四分之一。

大型事件，都比常態分布頻繁很多就可以了。以戰爭為例，理察森想從戰爭的分布中找出一套模式，看看能不能預測戰爭爆發的時間或規模。他想知道人類是愈來愈常打仗，還是愈來愈少打仗；也想知道國家附近的地理位置，或者國家內部的社會、經濟、文化因素是否與戰爭發生的機率有關。結果發現完全找不到任何規律，戰爭是隨機分布的（用理察森的話來說，「根據整體數據，既沒有任何趨勢表示致命爭執變多，也沒有趨勢顯示它變少」）。[12]在這方面，戰爭的確很像是瘟疫和地震，沒有人能預知它將在哪裡發生，規模會有多大。雖然當今有些研究者整理更多數據之後，發現世界的確變得愈來愈和平，[13]但更有說服力的說法，卻是武裝衝突很容易「雪崩式擴散」或「隨機分叉蔓延」。[14]

最後，還有一種事件不屬於上述各種模式。法國地球物理學者索內（Didier Sornette）把那些分布得比冪次更極端的事件稱為「龍王事件」（dragon king），並在好幾個不同領域找到符合龍王分布的例子：城市的規模、能破壞材料的聲波強度、流體擾動時的流速增加、金融衰退、人類與動物癲癇發作時神經訊號的強度與時間，可能也包括地震規模。他說龍王事件這種極端事件，「在統計與機制上都與其他較小型的事件不同」，而且因為它們「都涉及一些從現象上就不一樣的機制，所以比較能夠預測。龍王事件經常與相轉變（phase transition）③、分歧（bifurcation）、大災難、臨界點的出現有關，當我們看到這些機制，之後可能就會看到龍王」。[15]但目前為止，我們還不確定這些前兆的預測準確度有多高。

一個事件究竟如何從早就有人預警的灰犀牛，變成出乎意料的黑天鵝，再變成規模極為龐大的龍王？歷史學者會說，灰犀牛變成黑天鵝其實就是上一章所說的認知偏誤，是錯把灰犀牛認成了黑天鵝——畢竟如果災難真如我們所說的發生，當然就一點也不出乎意料。但從黑天鵝變成龍王卻有所差別，前者只是死了很多人的災難，後者則除了死亡人數不遑多讓之外，還會帶來更深更廣的衝擊。附帶一提，災難以外的地方可能也有不少龍王現象，只是很難用統計來證明。史上有數不盡的聖人，數不盡的創教教主，卻只有佛陀、耶穌基督、穆罕默德三個人的宗教傳播到全世界，上千年來吸引了無數信徒。自古至今有一大籮筐的世俗政治理論家，卻只有馬克思（Karl Marx）吸引到數以萬計的追隨

③ 編注：又稱相變、物態變化，指物質在外部因素的變化下，從一種相態變成另一種相態，例如從固態變成液態（冰變成水）、從金屬變成超導體等。

者，多次讓人為此組黨、革命、建國；其中的蘇聯和中華人民共和國，甚至還都成為了歷史上規模最大的國家之一。科技革新也是如此，史上發生了非常多次技術變革，卻只有最初源於製造紡織與鋼鐵、使用蒸汽動力的那場變革，構成了工業革命。這些超級罕見的事件似乎都超越了黑天鵝，而更像是龍王。只是目前還不知道實務上能不能用這種方式來預測它們何時出現。

如果冪次分布與帕松分布在自然界與人類世界中都那麼常見，歷史怎麼可能會循環？如果世界上有那麼多事不可預知，所謂的悲劇，應該就只是運氣不好的換句話說吧？例如用來解釋瘟疫為什麼會剛好在伊底帕斯當國王時襲擊底比斯。正如信奉無神論的美國魔術師潘．吉列（Penn Jillette）所言，「運氣其實就是發生在你身上的統計數據」。

羅倫茲的蝴蝶

開創混沌理論的愛德華．羅倫茲（Edward Lorenz）有句名言：巴西的蝴蝶拍拍翅膀，會讓德州颳起龍捲風。他認為在非線性的複雜系統中，一個微小的擾動也能產生巨大的影響。羅倫茲是專業的數學家，在二戰期間開始研究氣象學，一九六一年在麻省理工學院用自己設計的電腦模型模擬氣候的時候，把其中一個變量從〇．五〇六一二七，四捨五入到〇．五〇六，差異明明只有千分之一，而且其他數值都沒變，結果模擬出來的天氣竟然跟上一次完全不一樣。

羅倫茲把這項前所未有的發現以〈決定性的非週期性流〉（Deterministic Nonperiodic Flow）之名

發表在《大氣科學期刊》上，最初幾乎不受人理睬。[16]將近十年之後，他才在一場名為〈可預測性：巴西的一隻蝴蝶拍動翅膀，會引發德州的龍捲風？〉（Predictability: Does the Flap of a Butterfly's Wings in Brazil Set Off a Tornado in Texas?）的演講中，用外行人也懂的語言把之前的內容重講一次：「前後兩個天氣狀況的差異極小，結果卻差異甚大。這告訴我們即使是一隻蝴蝶拍拍翅膀造成的衝擊，只要經過了夠長的時間，就可能會變成一場龍捲風。」不過他在一九七二年的演講中又額外加上一句但書：「既然一隻蝴蝶拍拍翅膀可能會造成龍捲風，牠就同樣也能防止龍捲風。」[17]羅倫茲認為，這就是長期氣象預報非常困難的原因。

預報氣象很難，預測經濟更是如此。諾貝爾經濟學獎得主保羅・薩繆爾森（Paul Samuelson，話說他跟羅倫茲一樣都是麻省理工的教授）一九五六年就開玩笑說，美國股市的下跌「在過去的五次經濟衰退中，已經成功預測了九次」。經濟趨勢分析的準確度遠遠低於氣象預報，在一九八八至二〇一九年中發生了四百六十九次國家級經濟衰退，國際貨幣基金組織卻只有四次成功地在衰退那年的春天之前，準確預測到衰退即將到來。[18]在二〇〇八至二〇〇九年之前，也只有少數經濟學家真的預測到可能會發生金融危機。大多數經濟學家都只能像英國女王伊莉莎白二世所點出的一樣，無法「預見金融危機即將發生」。[④]

這是因為氣候與經濟都是複雜系統，例如經濟系統從工業革命以來就愈來愈複雜。複雜系統裡面

④ 編注：二〇〇八年十一月，英國女王伊莉莎白二世詢問倫敦政經學院的經濟學者們：「為何沒有人事先預見金融危機即將發生？」

有一大堆零件彼此互動，組成的方式並不對稱，因此有些複雜系統的運作會處於有序與無序之間，像計算機科學家克里斯多福．藍頓（Christopher Langton）說的那樣「處於混沌的邊緣」。[19]這樣的系統可以順利運作很長一段時間，表面上看不出任何波瀾，其實裡面暗潮洶湧不斷調適。但它一旦進入臨界狀態，就有可能被一個極小的擾動催化出「相轉變」，從一個穩定狀態進入另一個穩定狀態。一隻蝴蝶的振翅就是這樣吹起一座龍捲風，一粒沙的落下就是這樣使整座沙塔崩毀。

在某些巨大的相轉變發生之後不久，就會有歷史學者跑出來，用一些其實位於機率分布尾端的因素來解釋大災難是怎麼發生的。這些歷史學者通常都沒能幫上忙，因為他們根本不懂複雜系統怎麼運作，很愛把事情歸咎到遙遠的遠因，而且常常一回溯就是幾十年。像是第一次世界大戰，在一九一四年爆發讓很多人大吃一驚之後不久，就有歷史學者開始編故事，把問題說成渴望權力的德國人從一八九八年就開始擴編海軍、鄂圖曼帝國一八七〇年代在巴爾幹半島失去權力、一八三九年那份讓比利時維持中立的條約云云。這些說法在塔雷伯眼中都屬於「敘事謬誤」（narrative fallacy）：把時間先後當成因果關係，挑出過去發生的一些事情，說眼前的事件都是它害的，藉此編出一套聽起來很舒服的說法。[20]這種壞習慣人類行之已久，很難改變，例如最近就有人把九一一恐怖攻擊歸咎於人們在一九六六年處決了那位啟發了穆斯林兄弟會的伊斯蘭作家賽義德．庫特布（Sayyid Qutb），[21]或把二〇〇八年的金融危機歸咎於一九七〇年代末的金融鬆綁。[22]

其實很多時候，光靠在危機發生之前不久的近因，就足以解釋為何會突然發生相轉變。歷史學者喜歡研究的「厚尾」（fat tail）成因，本質上其實是一種干擾複雜系統，有時候甚至會完全破壞複雜系統的現象。當代自然科學家與計算機科學家利用「複雜性」來理解各種不同系統，例如數十萬隻螞蟻或白蟻究竟如何自發形成組織去打造出複雜的蟻丘或蟻穴、中央神經系統的上千億個神經元如何彼此交織成一座「魔法織機」（enchanted loom）讓我們擁有智力、免疫系統中的抗體如何在我們體內對抗外來的細菌與病毒、「碎形」如何讓簡單的水分子變成錯綜複雜的雪花，六重對稱的形狀數以萬計，如何讓讓植物細胞長出蕨類植物那樣子母相似的葉形，以及生物界的秩序又如何讓雨林之中的各種動植物彼此緊緊相依。[23]

人類世界顯然也是這樣，經濟、社會、政治系統都具備許多複雜適應系統的特徵。其實早在二十多年前，布萊恩．亞瑟（W. Brian Arthur）等經濟學家就已經發現，人類的經濟系統既不像亞當．斯密所說的「看不見的手」一般可以完全靠人人追求最大利益來維持，也不像海耶克（Friedrich von Hayek）說的那樣需要那麼多整體規劃與細部管理。[24]在亞瑟眼中，經濟系統是在沒有中央管理的狀況下，由不同主體各自互動所形成的多層組織，經過不斷適應、不斷創造新的利基所產生的結果，而且系統之中根本就沒有所謂的一般均衡（general equilibrium）。根據他的說法，矽谷就是一個複雜適應系統，整個網際網路也是。

聖塔菲研究院（Santa Fe Institute）的學者多年來一直設法用這種觀點來研究人類的其他集體行為。[25]也許有人覺得研究這種東西就跟喬治．艾略特（George Eliot）《米德鎮的春天》（*Middlemarch*）裡面那個卡索邦「想找出所有神話的共通祕密」一樣徒勞，[26]但看看複雜系統的下列這些特徵，你就會覺得他們的努力有其價值：

一、「系統會把效果放大，少量的輸入就能產生重大影響。」[27]

二、因果關係通常（但未必）是非線性的，因此幾乎完全不能用趨勢分析或抽樣這類傳統歸納方法去研究眼前現象，也難以預測系統即將做出什麼行為。某些研究複雜系統理論的學者甚至認為複雜系統完全是「不確定的」（nondeterministic）⑤。

三、複雜系統被擾亂（disruption）的時候，擾亂的規模幾乎完全無法預測。

這些特徵表示，一個小小的衝擊就可能對複雜系統造成不成比例的擾亂，甚至可以摧毀整個系統。塔雷伯說，二〇〇七年之前的全球經濟就像一個適應過頭的電網，[28]美國次級房貸違約所產生的波動跟全球相比明明並不大，卻能讓全世界都陷入金融危機。[29]把這場危機歸咎到雷根的金融鬆綁頭上，就跟把一次大戰的爆發歸咎到德國鐵必制上將（Admiral von Tirpitz）的海軍擴張戰略頭上一樣，幾乎沒有任何幫助。

地動天驚

整體說來，歷史是自然複雜系統與人造複雜系統的交互作用，如果這麼複雜的互動過程中竟然還有一些可預測的模式，就太不可思議了。因為即使只是橋樑這類比較簡單的人造物體，也會因為「橋面老化、結構元件的腐蝕或疲勞、洪水之類的額外負載而斷裂。每一種因素都會影響橋樑因其他原因而斷裂的機率與斷裂的結果」。[30]如果連土木工程師都很難預測橋樑什麼時候會「進入臨界點」，我們要怎麼預測巨大的政治結構何時會崩潰？[31]就是因為這樣，當下的歷史學者最多只能盡量用系統性的方式，研究政治結構的演變和地理斷層、氣候異常、疾病大流行這類自然現象有哪些共通之處。[32]但我們研究得愈久，就愈發現不同災難之間的差異比我們以為的更大，災難的發生比我們以為的更難預測；而天災與人禍這種分類方法，也遠比我們以為的更沒有意義。人類社會與大自然不斷彼此互動，即使是完全源自大自然的衝擊，對人類的影響程度也和人類的行為有關。例如大地震中的死傷規模，就和大都會圈與移動斷層線之間的距離成比例。

災難的歷史就像一座管理得很差的動物園，把很多灰犀牛、黑天鵝、龍王、一大堆微小的不幸事件，以及數不盡的雞毛蒜皮小事全都養在一起。我們管理危機的能力這麼差，稱霸地球之後竟然還沒被任何大型外星物體擊中，還真是有夠好運。過去有很多次外星撞擊都帶來了巨大的毀滅：南非自由邦的弗里德堡隕石坑大約形成於二十億年前，直徑約為三百公里；加拿大安大略省的薩德伯里盆地可追溯至十八億年前，隕石坑直徑約為一百三十公里；澳洲南部的阿克拉曼隕石坑約出現在五億八千萬年前，直徑約為九十公里；墨西哥猶加敦半島的希克蘇魯伯隕石坑則超過六千六百萬年，直徑約為一百五十公里。這些撞擊都讓地球在很長一段時間內難以居住，而希克蘇魯伯隕石撞擊的時間點因為剛好落在白堊紀－古近紀界線上，還被認為是恐龍大滅絕的原因。反倒是智人出現之後地球都還沒

⑤ 譯注：表示即使輸入完全相同，輸出也可能不同。

有被這麼大的小行星撞到，一四九〇年「擊死人以萬計，一城之人皆竄他所」的慶陽事件，相比之下根本只是一場大得很罕見的流星雨。太空除了隕石之外還有一種東西叫做「日冕物質拋射」（coronal mass ejection，又稱地磁太陽風暴，geomagnetic sun storm），但人類依舊好運：當太陽在一八五九年的卡靈頓事件中（Carrington Event）從日冕層噴出上億噸的帶電粒子干擾地球的磁層時，只帶來了大量極光；如果是發生在大量仰賴電力的當代，可就會引發大規模斷電了。[33]美國天文學家約翰．艾迪（John A. Eddy）一九七六年還在一篇重要的論文中指出，一四六〇至一五五〇年的史波勒極小期（Spörer Minimum），以及一六四五至一七一五年的蒙德極小期（Maunder Minimum）地球氣溫之所以會低於平均水準，主要都是太陽活動陷入低潮造成的⑥。[34]照此說來，宇宙和太陽系至今為止都對人類超級溫柔。希克蘇魯伯隕石的直徑介於十一至八十一公里之間，過去三十萬年內地球只要被這麼大的東西撞過一次，大概都會陷入「物種大毀滅」，除了當下的撞擊幅度難以想像之外，撞擊之後海洋還會變酸，陸地與海洋的生態系都會大崩解，天空會變黑，人類即使沒死也只能活在無窮無盡的寒冬之中。[35]

地球本身也會製造大災害。黃石公園的火山在六十三萬年前「超大爆發」，噴出的火山灰灑滿了全美一半的土地。印尼蘇門答臘北部的多峇湖（Lake Toba）在七萬五千年前爆發，將大量火山灰噴進大氣層，造成全球陸地氣溫下降五至十五度，海洋表層水溫下降二至六度；可能還讓當時的人類瀕臨滅絕，全球死到只剩四千人，處於生育年齡的女性只剩五百位。[36]西元前四十五年與前四十三年，阿拉斯加的奧克莫克火山各爆發一次，根據內華達大學沙漠研究中心（Desert Research Institute）與伯恩大學奧斯格氣候研究中心（Oeschger Centre for Climate Change Research）研究六顆北極冰核的結果，這兩次爆發降低了整個北半球的氣溫，使西元前四十三年變成有史以來第二冷，西元前四十二年變成有史以來第八冷的年份，西元前四十三至前三十四年成為有史以來第四冷的十年。該火山爆發的兩年後，許多地中海地區的溫度比正常低了七度。歐洲的天氣也變得異常潮濕。研究人員推測「這可能導致了作物歉收、饑荒、疾病，加劇了社會動盪，使整個地中海地區的政治在西方文明的關鍵時刻加速重組」。[37]當代來自羅馬的資料也證實義大利、希臘、埃及都經歷過異常的寒冬，只是羅馬共和崩潰與作物歉收與糧食短缺之間的因果關係仍有待研究，畢竟在奧克莫克火山第二次爆發之前，凱撒就已經在西元前四十四年二月當上終身獨裁官了。

而且，羅馬人自己家裡就有一座火山要擔心了。拿坡里灣的維蘇威火山在西元前一七八〇年大爆發過一次（阿韋利諾爆發〔the Avellino eruption〕），[38]西元前八百年左右又爆發一次，之後就是西元前七十九年提圖斯皇帝（Titus）在位時那次名聞遐邇的爆發。羅馬人從西元前六十二或前六十三年的坎佩尼亞大地震中，學到了地震有多可怕，卻不知道維蘇威火山附近的地震可能是火山將在幾天之後爆發的前兆。在火山爆發的幾年前，古羅馬的塞內卡（Seneca）才猜測地震和天氣之間可能有某種關係，卻也沒想到地震和火山有關。小普林尼（Pliny the Younger）在信中對歷史學家塔西佗說：

⑥ 作者注：這兩個極小期的名字分別來自研究太陽黑子的先驅，英國天文學家愛德華・蒙德（Edward Walter Maunder）與妻子安妮・蒙德（Annie Russell Maunder），以及首次發現一六一八年後太陽活動低潮的德國天文學家古斯塔夫・史波勒（Gustav Spörer）。

「在大地顫抖之前的好幾天，人們就注意到了，但因為地震在坎佩尼亞太過稀鬆平常，並沒有引起驚慌。」[39]於是到了八月二十四日早上，一朵由石塊、火山灰、火山氣體混合而成的樹狀雲就噴上了三十三公里高的半空，熔融的岩石、粉狀的浮石，以及大量的火山灰像雨點一般灑在龐貝、赫庫蘭尼姆（Herculaneum）、奧普隆蒂斯（Oplontis）、斯塔比亞（Stabiae）城鎮上。等到這朵半空中的大雲崩塌之後，灼熱的火山氣體與碎屑混合而成的湧流，就從山側的斜坡爆沖而下，釋放出的熱能大約比一九四五年投在長崎廣島的原子彈大十萬倍。[40]

目擊這場災難的小普林尼，生動地描述了維蘇威火山的爆發，如何讓受過最好教育的羅馬人也瞠目結舌。小普林尼的舅舅老普林尼，當時在拿坡里灣西北角的米塞努姆（Misenum）指揮海軍艦隊：

八月二十四日大約下午一點，我母親說遠方出現了一朵形狀和大小都很不尋常的雲。當時舅舅才曬了一場太陽回來，剛洗了場冷水澡，吃了一小頓午餐準備回到書堆裡，但還是立刻站起身來走上高臺，把眼前的奇景好好看個清楚。

他看見一朵雲從地面升起……，形狀就像一棵巨大的笠松，整朵雲的基部宛如一根樹幹參至天際，頂部像樹枝一樣開展如傘。

即使是我舅舅這麼博學多聞的研究者，也覺得這種怪事太過反常，值得深入研究。他命人準備一艘輕艇，動身前往……。

就在當地的人極為恐懼地逃離現場時，他卻直直駛進危險的中心，氣定神閒地觀察這場恐怖景象的動態與一切現象。當他靠得夠近，浮石、燃燒的黑色石頭，以及火山渣就開始掉到船上，而且火山渣愈來愈燙、愈來愈大塊。這時他們隨時可能擱淺，巨大的碎石更從山上滾了下來，擋住了所有能繫船的海岸。[41]

不可思議的是，老普林尼後來還是上了岸去拜訪老朋友龐波尼亞努斯（Pomponianus），明明火山還在噴發，腳下的大地還在搖晃，兩人卻還是一起吃完了飯，上床睡覺。睡到一半，老普林尼被朋友叫醒，一邊逃一邊舉起枕頭擋住從天而降的石頭和火山灰，但最後還是來不及逃上船就被可能源於火山碎屑的氣體毒死。小普林尼記載道：「全人類都捲入了這場災難，我將與整個世界一起毀滅。這雖然令人痛苦，卻或許也是強大的慰藉。」[42]最後小普林尼活了下來，但就跟許多災後餘生的人一樣，把眼前的災難當成了世界末日。

龐貝和赫庫蘭尼姆被毀之後沒有重建，居民也沒有回來。兩千年後，許多遊客就像我小時候一樣看著那些遺跡，驚訝於西元一世紀的羅馬竟然如此生氣勃勃，想像那個地獄般的夏日是如何終結城中的一切。其中幾百位市民徒勞無功地躲進赫庫蘭尼姆海灘附近的船屋（fornici），最後依然被攝氏五百度的火山碎屑流吞沒，他們驚恐猙獰的表情從此保留到了後世，這幅景象我永遠不會忘記。[43]然而，維蘇威火山的那場爆發似乎毫無後續衝擊。羅馬帝國依然繼續發展茁壯，幾乎毫無停頓；維蘇威附近的城鎮也重建起來。人類在應對災難時有項有趣之處，那就是無論災難規模有多大，在災難結束後通常仍會一次次回到災難現場。維蘇威火山後來在一六三一年再次大爆發（規模比老普林尼那次小，但還是奪走了三千至六千條性命），[44]拿坡里卻還是沒有被擊垮，如今是義大利第三大城，人口三百七十萬。他們為維蘇威火山爆發設置了疏散計畫，但如果爆發的規模像西元前一七八〇年或西元七十九年那麼大，大概也無力回天。[45]

值得注意的是，維蘇威並不是羅馬時代破壞力最大的火山爆發，紐西蘭北島陶波火山（Mount Taupo）大約在二三二年的爆發，威力比維蘇威更大。像奧克莫克、陶波、白頭山（位於中國與北韓邊境的火山，大約於九四六年爆發）這類大型火山爆發跟地震有個關鍵差別：火山爆發會影響全球的氣候，地震不會。冰島火山在五三六年的一次大爆發降低了氣溫，影響了歐亞大陸的收成。一一五〇至一三〇〇年的五次大爆發，每次都在平流層中注入了至少五千五百萬噸的硫酸鹽氣溶膠，其中規模最大的一二五七年印尼龍目島薩馬拉斯火山（Mount Samalas）甚至噴出了超過二億七千五百萬噸。[46]十四至十六世紀的火山活動較少，只有一四五二年末或一四五三年初萬那杜海底的庫瓦火山（Kuwae）爆發之後一分為二，變成埃皮（Epi）與通戈瓦（Tongoa）兩座島。大型爆發到了十七世紀再次出現，最大的三次分別是一六〇〇年秘魯的于埃納普蒂納火山（Huaynaputina）、一六四〇年日本的駒岳火山、一六四一年菲律賓的帕克火山（Mount Parker）。但它們的規模和一七八三至一七八四年冰島的拉基火山（Laki），以及一八一五年印尼的坦博拉火山（Mount Tambora）相比都相形見絀，這兩次爆發都在平流層中注入了大約一億一千噸硫酸鹽氣溶膠。在那之後，我們就沒有碰過這麼巨大的火山爆發，即使印尼喀拉喀托火山（Krakatoa）在一八八三年八月二十六至二十七日爆發時的聲音大到連澳洲西部都聽得到，[47]規模也不到上述兩次的四分之一。

十九世紀前的火山爆發死亡人數並不精確。根據荷蘭移民政府的記載，至少有七萬一千人以上死於坦博拉火山爆發，三萬六千六百人死於喀拉喀托火山爆發；但當代研究發現，喀拉喀托爆發之後的海嘯摧毀了巽他海峽（Sunda Strait）周圍的許多城鎮，[48]實際造成的死亡人數高達十二萬。[49]拉基火山爆發奪走冰島五分之一至四分之一的人命，以及更高比例的牲畜性命。不過冰島自古以來都沒多少居民，亞洲就不一樣了，造成最多死亡的火山爆發大都出現在亞洲，尤其在印尼。印尼的火山爆發次數在過去一萬年內只占全球的十七％，造成死亡的爆發次數卻占全球的三十三％。[50]只有最願意冒險的人才敢住在那裡。

火山爆發不僅會殺死附近居民，也會大幅影響氣候，衝擊到農業，然後衝擊到人類的營養狀況。一六〇一至一六〇二年的冬天，里加港裡結的冰比平常更晚融化，瑞士、愛沙尼亞、拉脫維亞、瑞典全都冷得異常；而俄羅斯在一六〇一至一六〇三年間更可能有五十萬人以上死於饑荒。[51]駒岳與帕克火山爆發後的幾年內，日本、中國、韓國的夏天都變得寒冷，面臨乾旱、歉收與饑荒；烏克蘭、俄羅斯、爪哇、印度部分地區、越南、希臘島嶼、埃及都出現乾旱；法國和英國的夏季則連續好幾年變得又冷又濕。日本德川時期最嚴重的五次饑荒：一六三八至一六四三、一七三一至一七三三、一七五五至一七五六、一七八三至一七八八、一八三三至一八三八，全都剛好有火山活動。[52]拉基火山爆發後，班傑明．富蘭克林（Benjamin Franklin）記載歐洲與北美部分地區上空都有「詭異的霧久久不散」。英國一七八三年因為大氣中堆積的火山灰而陷入炎夏，然後又因為大量的二氧化硫吸熱而面臨寒冬。根據英法兩國的教區紀錄，火山氣體引發的呼吸道問題還讓當地死亡率異常飆高。北美在一七八三至一七八四年冬天也陷入酷寒，密西西比河流到紐澳良直接結冰。[53]至於坦博拉火山，也在爆發後讓老英格蘭與新英格蘭都出現了類似的異寒與隨之而來的歉收。[54]喀拉喀托火山的影響更大，不僅讓北半球的氣溫降低零點四度，[55]還在之後的好幾個月裡讓世界各地的日落都變得很奇怪。[56]有人認為愛德華．孟克（Edvard Munch）〈吶喊〉（The Scream）中所描繪的日落就是這樣。

歷史學者之前認為，一五〇〇至一八〇〇年間那些氣溫低於平均的紀錄，都表示當時處於「小冰期」（Little Ice Age）。最近有一群研究者還大膽宣稱，「在十六世紀晚期至十七世紀早期，全球大氣中的二氧化碳濃度之所以會降低百萬分之七至十，進而降低全球地表氣溫零點一五度……，都是因為歐洲人來到美洲，讓美洲人口大量減少，並改變土地用法」，將過去的耕地重新變回自然林所造成的。[57]但只要仔細檢查就會發現，「小冰期」幾乎不存在，更不用說它是怎麼發生的了。一六〇〇年後歐洲的氣溫有好幾次高於長期平均，而且某些地方並沒有那麼濕冷，像是希臘就幾乎沒有什麼小冰期現象。氣溫低得最異常，比平均值低零點八度以上的地區，其實是在十七世紀初東亞的西北部，但大多數西方歷史學家根本不討論那塊地區。[58]最近一項研究還發現，沒有證據顯示歐洲西北沿海「低地諸國」（Low Countries）在十四至二十世紀的夏季溫度和其他時間有什麼不一樣。如果當時地球真的進入小冰期，我們應該會看到作物減產、人口增長停滯；實際上不但看不到這些趨勢，反而看到歐洲人口在一八二〇年成長到一五〇〇年的二點五倍。英國歷史學者多年來一直主張，過去繪畫作品中結冰的泰晤士河證明當時處於小冰期，但那只是因為舊倫敦橋（Old London Bridge）的橋墩太寬，像水壩一樣擋住了水流，讓水面變得平靜之後很容易結冰而已。結冰事件在一六六〇至一八一五年之間發生過十幾次，而且冰層厚到一六八三至一六八四、一七一六、一七三九至一七四〇、一七八九、一八一四年都可以在結冰的河面上舉辦展覽。但一八三一年改建新橋之後，就再也沒有發生過了。[59]

那麼歷史事件呢？某些重大的社會與政治變化真的是這些地質動盪造成的嗎？有人認為君士坦丁堡在一四五三年的陷落、俄羅斯在鮑里斯・戈東諾夫（Boris Godunov）沙皇一六〇五年死後的大動亂時期（Time of Troubles）、英國殖民北美、[60]法國大革命爆發，[61]以及新種霍亂弧菌菌株一八一七年出現在孟加拉，都與這類地質事件有關；[62]甚至還有人認為火山爆發後的氣候變遷，導致了社會主義和民族主義的興起。但就像阿拉斯加的火山爆發並非羅馬共和覆滅的關鍵推手，我們也不該在詮釋歷史時過度著重地質因素。因為除了寒冷與歉收之外，這些歷史都還受到很多其他事情影響。在解釋歷史時，我們必須記住兩點：第一，地球板塊運動並不會原封不動地重複發生。第二，即使科學已經像現在這麼先進，我們看到像坦博拉這麼大規模的火山爆發時，還是會像羅馬人看到維蘇威火山爆發一樣吃驚，因為大型火山爆發相當罕見，每一次大爆發對當時的人來說都是好幾輩子才發生一次的事。人類之所以會一次次地在爆發之後搬回火山附近居住，可能也正是因為這種地質災難實在太罕見、時間也太難以預測。

斷層線上的生與死

相比之下，地震就很少能像火山那樣影響整個世界。地震即使引發了海嘯，影響範圍通常也比火山爆發小。地震和火山爆發一樣符合冪次分布，我們很難預測其發生時間與規模，最多只能確定它們通常都出現在地殼板塊的邊緣附近。住在這些地方的人必須時時面對未知的危險，而且如果擔心過頭只會更加難受。規模六．三⑦的地震和規模九．〇的地震之間天差地遠，二〇一一年二月紐西蘭基督城地震是前者，該年三月日本東北地方太平洋近海地震則是後者，後者造成的震動是前者的五百多倍，釋放的能量更超過一萬一千倍。[63]

史上造成最大規模死亡的地震，可能是一五五六年一月中國陝西的華縣大地震，雖然地震規模只有七．九至八．〇，卻衝擊到人口稠密地區，完全摧毀渭南、華縣、華陰等城市。這些地方的人都住在黃土窯洞裡，黃土一旦崩塌就傷亡慘重，光是有登錄姓名的死者就超過八十三萬。近期的中國也發生過兩次類似地震，一九二〇年規模七．八的海原大地震至少死了二十萬人，一九七六年規模七．六的唐山大地震也大約死了二十四萬兩千人。災情會這麼慘重，除了因為當時中國的建築品質極為低劣以外，也跟中共在那之前聲稱自己可以預測地震有關（一九〇六年舊金山大地震的規模也是七．八，卻只死了三千人。大部分的損失是因為火災而非地震，其中有些火甚至是為了詐領保險金而刻意施放的）。現代還有許多地震規模更大，但通常都在人煙稀少的地區，一九五二年俄羅斯堪察加半島地震（Kamchatka earthquake）、一九六〇年智利瓦爾迪維亞地震（Valdivia earthquake）、一九六四年阿拉斯加威廉王子灣的受難日大地震（Good Friday earthquake）規模都是九．〇以上，但都離人口密集處很遠。[64]亞洲的地震通常最慘，不是因為規模特別大，而是因為住在斷層線附近的人口比較多。

地中海地區也遇過許多震災。羅馬大城安提阿（Antioch，即今日土耳其南部的安塔基亞

〔Antakya〕）在五二六年與五二八年被規模七・〇的地震與海嘯摧毀。[65]根據以弗所的約翰（John of Ephesus）記載，災難發生在正午之後。城牆、教堂，以及城內大多數建築物都倒塌，[66]而且因為大批朝聖者進城慶祝耶穌升天節（Ascension Day），[67]全城車水馬龍，死亡人數高達二十五萬至三十萬。[68]不過安提阿居民的復原能力相當驚人，甚至達到了「反脆弱」的程度，因為該城在五〇〇至六一一年間不僅遭遇這場地震，還發生過查士丁尼大瘟疫（Plague of Justinian）等好幾次大災難，卻一直屹立不搖。[69]南義大利的人也是超級不屈不撓。在一四五六年十二月五日至三十日之間，拿坡里市，或者說整個義大利中南部，[70]都遇到了義大利本土史上最大的地震之一，地震規模高達六・九至七・三——僅次於一六九三年一月規模七・四的西西里地震。[71]後來同一條斷層帶在一六八八、二〇一三年又分別發生了規模較小的地震。[72]至於一九〇八年十二月二十八日則發生了義大利近代最大的地震，卡拉布里亞弧隱沒帶（Calabrian Arc）在一六三八、一六九三、一七八三、一九〇五年之後再次發威，[73]以六・七至七・二的規模襲擊墨西拿（Messina），掀起十二公尺高的海嘯。全城九成的建築物均毀於地震、海嘯，以及隨後的火災之中，六萬至八萬人因此殞命，[74]墨西拿一時之間成為「死者之城」、「無人記得之城」。[75]但如今墨西拿仍有大約二十三萬居民。因為人們會回去。[76]無論發生了什麼，人們幾乎都會回去。

⑦ 作者注：目前描述地震大小的時候最喜歡使用的單位是地震矩規模（moment magnitude），本文也盡量使用這個單位。它和更古老也更常見的芮氏地震規模不同，芮氏規模大於某數值以上時會「飽和」，計算出來的所有地震規模值都趨近相同；至於地震矩規模，則與斷層平均滑動量與斷層面積兩者的乘積對數成正比，不會「飽和」，更適合描述非常巨大的地震。

一七五五年十一月一日的里斯本大地震，不僅吸引了當時人們的注意，也是歐洲史上最值得研究的大地震之一。葡萄牙首都之前在一三二一、一五三一年也發生過地震，但都沒有一七五五年那麼大。當代的地震學者估計，這場地震的規模為八．四，震央在聖文森角西南西方約二百公里的大西洋。根據當時記載，地震持續三分半鐘至六分鐘，在市中心撕出一道五公尺寬的裂縫，摧毀了大部分的建築物。大約四十分鐘後海嘯來襲衝向塔霍河，隨後又出現兩道巨浪。慶祝諸聖節（All Saints' Day）的蠟燭全都翻倒在地，引發毀滅性的大火。保守估計，光是里斯本就死了二萬至三萬人，葡萄牙其他地方死了一千五百至三千人，西班牙和摩洛哥則死了一萬人以上，總死亡人數約為三萬五千至四萬五千人。里斯本當時的七十五座修道院，以及四十座教堂有八十六%都毀於震災之中。全市三萬三千棟房屋中則有大約一萬三千棟倒塌，還有一萬人遭遇房屋倒塌以外的重大損失。葡萄牙國庫（Casa dos Contos）和皇家圖書館都被毀，地震的直接損失高達當時全國生產毛額的三十二%至四十八%。[77]

那場地震龐大到芬蘭、北非，甚至格陵蘭與加勒比海都有感，海嘯席捲了北非海岸，穿越了大西洋襲擊西岸的馬提尼克島（Martinique）和巴貝多島（Barbados）。但地震的衝擊波稍縱即逝，不像火山那樣會釋放大量粒子，一七五五年里斯本大地震對歷史的長期影響其實在於葡萄牙的政治。當時葡萄牙帝國的國力，和荷蘭、英國、法國相比已經是日薄西山，震災之後更是加速衰退。國王若澤一世（Joseph I）從此不敢進入封閉的建築物，只好把王宮搬到用帳篷和涼亭組合而成的地方，最初在阿茹達山上，後來則在里斯本郊區。但他的首相蓬巴爾侯爵（Marquis of Pombal）卻抓準了機會推動改革。蓬巴爾侯爵留下了一句名言：「安葬死者，關心生者。」（沒說的那句話則是：並把權力集中到我的手中。）他除了處置屍體、清除斷垣、分發食物、建立臨時醫院、防止趁火打劫以外，更推出價格管制來防止物資短缺造成的物價飆漲。他用重商主義的方式對所有進口商品課以四％關稅，改善貿易平衡。但他也迫害耶穌會士，削弱教會的政治影響力。他要求新造的建築都要使用抗震工法，重建了城市。[78]蓬巴爾侯爵的里斯本從此一直遺留至今。地震帶來的危機，在他手裡成了大轉機。

地震經常引發政治與建築改革，明治時代的日本也是如此。一八九一年十月二十八日，東京與大阪發生濃尾大地震，許多新建的火車鐵橋與磚砌工廠都倒塌，許多傳統日式建築，例如木製寶塔與十七世紀的名古屋城反而倖免於難。當時日本政府正全心全力設法將日本改造成歐美的樣貌，卻碰到這種災情，人們自然更加懷疑西方科技是否禁得起考驗。民族主義人士抓準機會譴責磚房的危險，某位文化保守派就寫道：「日式建築崩毀時最多只會壓斷骨頭，磚頭掉落時卻會造成割傷，然後傷口被灰泥覆蓋，無法清除，造成潰爛，想救命也救不回來。」[79]但這些批評並沒有延緩明治維新的速度，因為政府成立了震災預防調查會，該單位很快就超越了西方國家，成為全球首屈一指的地震研究中心，甚至在之後的研究過程中，充分證明了預測地震有多麼困難。

震災預防調查會的名字裡雖然有「預防」一詞，但地震是無法預防與避免的，所以該單位的工作其實是預測。調查會委員大森房吉認為，只要畫出一條斷層線上曾發生過的每一次地震位置，就可以預測下一次將在哪裡發生，因為那些沉寂時間最長的地區，很可能就是斷層下一次錯動的地方。但當年輕的後輩今村明恆用這套「間隔理論」預測下一次大地震最可能出現在關東相模灣的時候，大森房吉卻並不買單。二十年後，今村明恆的預測不幸言中，規模七．九的關東大地震在一九二三年九月一日把東京與橫濱夷為平地。震災預防調查會備受批判，在三菱工業的造船工程師領導之下改組為地震研究所。[80]但這個新機構預測大地震的能力也沒有更好。這時候的今村明恆則開始尋找南海海槽上的地震間隙，南海海槽是從九州一直延伸到本州中心附近的海底斷層線，在一九四四年發生一次引發海嘯的大地震之後，今村認為第二次的地震將發生在斷層線南端的四國島對面。一九四六年南海大震，今村的預測再次命中，於是他預測下一次將發生在「東海間隙」，可惜這項預測至今仍未成真。相較之下，一九九五年地震矩規模六・九，造成五千五百至六千人死亡的阪神大地震，卻沒有任何著名的地震學者預測到。相關當局甚至認為阪神大地震的發生機率在一％至八％之間，東海大震的機率卻超過八〇％。[81]

再說一次，地震只有在經過人口密集區或碰到脆弱建築的時候才會致命。但二戰後出現了一個跟地震相關的新問題：核能。地震學者石橋克彥用「核電廠震災」（原発震災）一詞來描繪地震和海嘯同時襲擊核電廠的劇本。長期支持東海間隙論的石橋，認為靜岡縣的濱岡核電廠相當危險，並在二〇〇七年的〈為什麼要擔心？〉（Why Worry?）中指出濱岡電廠的風險，並在四年之後不幸成真。他認為柏崎刈羽核電廠在二〇〇七年七月遇到的地震規模如果是七・五而非六・八，「就可能爆發地震和核電廠事故結合而成的複合型災難：核電廠震災。」[82]另一方面，地震學者岡村行信也曾警告福島核電廠的問題。當時東京電力公司拿一九三八年的小型地震當成安全基準，但岡村行信認為東京電力公司應該回頭看看八六九年的貞觀地震：該地震掀起的海嘯衝進了海岸線以內一點六公里的內陸，最遠淹到了仙台市。根據岡村研究團隊的估計，如果發生芮氏規模八・四的地震，海嘯就會超過六公尺高，足以沖垮五點七公尺高的福島海堤。[83]但東京電力公司無視岡村的警告，認為加高堤防會讓當地居民更恐慌（但女川核電廠旁邊的堤防明明就比福島高），政府與監理官員對此則都默不作聲。

日本當局的自滿令人驚訝，特別是考慮到二〇〇四年才剛發生的悲劇。那年十二月二十六日，印尼蘇門答臘島亞齊省西岸以西一百六十公里的海底，發生了規模為九．一至九．三的大地震，大約一千六百公里的斷層面沿著隱沒帶滑移了大約十五公尺，印度板塊沉降陷入緬甸板塊下方。隨後又發生一次規模七．一的大餘震，以及好幾次規模六．六的餘震。最初的地震大約移動了三十立方公里的海水，巨大的海嘯以整條隱沒帶為中心往四周沖去，抵達陸地時浪高達二十四至三十公尺，估計在印尼、斯里蘭卡、印度、

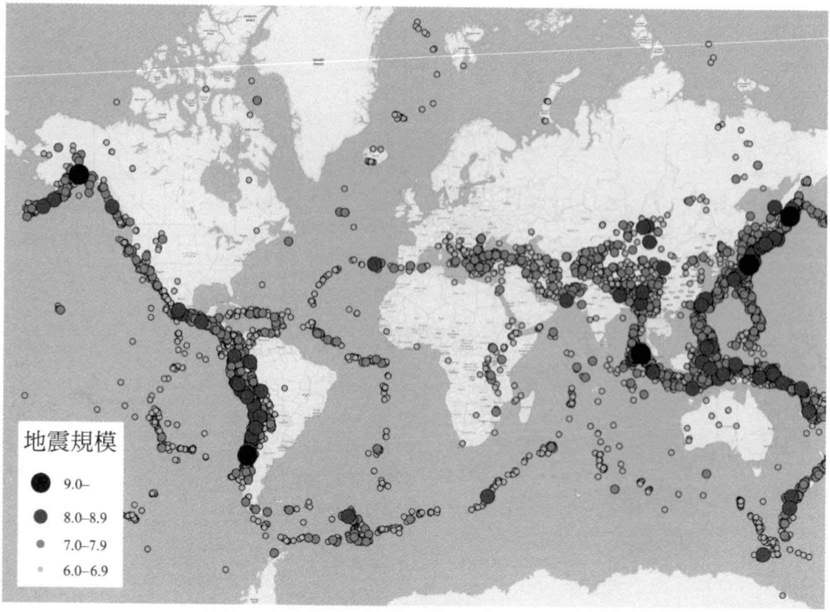

圖表6：1900至2017年地震位置與規模分布圖。

泰國等十四個國家造成二十二萬七千八百九十八人死亡。光是死亡數最多的印度班達亞齊市（Banda Aceh）就死了大約十六萬七千人，而且大部分是兒童。即使是遙遠的索馬利亞和南非，也有人死於海嘯。這場南亞大海嘯顯示各國海嘯預警系統的拙劣，尤其是印尼和泰國。[84] 泰國氣象局前局長薩米斯・達瑪斯羅吉（Samith Dhamasaroj）曾警告大地震會引起海嘯，但該國也同樣無人認真看待。[85]

六年後，二〇一一年三月十一日下午二點四十六分，日本仙台以東大約一百三十公里，海面下約二十四公里處，發生了規模九・〇的強震。兩個板塊之間大約錯動了八十公尺，而且更重要的是整條隱沒帶發生位移。「一整塊像康乃狄克州那麼大的海底上下彈動，高度從五至九公尺不等，將海水推向日本。」[86] 地震持續了三至五分鐘，從太平洋深處引發一系列海嘯，巨大的水牆沖進了日本內陸十公里，摧毀所到之處的一切。被沖死、溺死，或壓死的人數超過一萬九千。[87] 當時二十一歲的葉谷涼（Ryo Kanouya，音譯）說，官員預計海浪會有三公尺高，公司要求他回到福島海濱的家，幫忙老年人疏散。但到家之後，葉谷涼和父親依然被沖走：

> 我從家裡被沖走，被沖進車子、房子，以及海嘯帶來的一切之中。我浮出了水面，和父親認出了彼此，卻搆不著他，看著他被沖到山坡上。我則被沖向海中……
>
> 幸好水面漂來了一個衣櫃。我趕緊爬上去，鬆了一口氣，但很快就發現水流以驚人的速度流向大海。在我思考接下來該怎麼辦的時候，看到前方的大樹卡了一堆碎片。於是我用盡剩下的力氣抓緊大樹，看著身邊的人一個個被沖走。

葉谷涼抓緊大樹，等水退去之後才回到地面。他躲在大石頭旁邊，幾乎失去了繼續移動的意志，直到看見一架直升機。但直升機沒有下來。他告訴自己：「如果不動起來，就會死在這裡。」他跌跌撞撞地穿過整座滿是碎片與屍體的廢墟，最後終於遇見救護車。他和父親都活了下來，祖母的屍體卻一直沒有找到。[88]

三一一大地震除了造成人員傷亡與財產損失，更引發福島第一核電廠的大危機。雖然反應爐在地震發生時自動停止，但海嘯還是淹沒了緊急發電機，於是水泵無法繼續向爐心注入冷卻水，造成三個爐心熔毀，釋放大量氫氣，引發三次氫爆，將包括大量同位素在內的放射性物質釋入空氣和海洋中。幸好這麼脆弱的核電廠，並沒有在這場事故中對人類健康造成特別巨大的傷害。

一如既往，地震學者沒能預測到這場地震。日本地震學會主席平原一郎對《朝日新聞》表示：「我們可以找很多藉口，但失敗就是失敗。我們唯一能說的就是，這場地震超過了我們的預期。」[89]但其他大地震也同樣無法預測，人們只能知道發生地點，無法預知地震規模與發生時間。真要解釋震災為何如此慘烈，觀察大型地震自一五〇〇年以來的分布圖可能還比較有用。這張地圖告訴我們，世界各地的人彷彿不約而同地決定把大型城市盡量蓋在斷層線上，或斷層線附近。災難的罕見加上人類的健忘，讓致命的悲劇不斷發生。到了三一一大地震人們才想到，之前根據一九三八年地震標準來蓋的避難所，根本擋不住更大的海嘯，反而讓人困死在裡面。

美國的天災

跟亞洲的災害相比，美國歷史上的大災難都只是小巫見大巫。正如之前所言，一九〇六年舊金山大地震的死亡人數幾乎只有近代中國大地震的百分之一。但除了地震以外，人口稠密的東亞還有兩種災害比北美更常見，在歷史上，火災和洪水（包括颱風引發的洪水）也每隔一段時間就引發大災難，且同樣缺乏可預測的週期。

中國近代最大的都市火災是一九三八年的長沙大火，無論火災是源於當時國民黨官員擔心日本占領而制定的焦土政策，或是源於意外造成的火災蔓延，其結果都是一場災難：使長沙九成以上的建築被毀，超過三萬人喪生。至於中國近代規模最大的野火則是一九八七年的大興安嶺大火，據說是因為一名伐木工人把割灌機的汽油灑了出來造成的。大火燒毀了大興安嶺一百一十四萬公頃的林地，使中國失去六分之一的木材儲備；如果把隔壁蘇聯的領地也算在內，摧毀的森林面積接近七百三十萬公頃。[90]在二〇二〇年加州大火之前，美國只有一次火災的傷亡與破壞能與此相比：一八七一年十月八日至十四日的佩士提哥大火（Great Peshtigo fire），火災位於威斯康辛州與密西根州上島北部，造成至少一千一百五十二人死亡，燒毀四十九萬公頃的森林，並額外傷害到九十三萬公頃的土地。[91]

佩士提哥是威斯康辛州的林業鎮，鎮民會從密西根湖附近的森林砍樹並運至繁榮的芝加哥。該鎮在一八七一年遇到有史以來最乾燥的一場夏季，美國國家氣象局事後的調查報告顯示：「在長期的高溫乾旱之後出現一道低溫低壓的鋒面。於是全區颳起了風，將小小的火星吹成一場火災。然後時速一百六十公里的大風不斷供給燃燒需要的冷空氣，加熱之後成為一道熱空氣柱向上飛升，使風勢愈來愈大，陷入惡性循環，普通的野火就這樣成為一場熊熊烈火。」[92]但這場火災也不完全是氣候造成的，佩士提哥樵夫的習慣一向不好，會把伐木產生的廢棄物堆起來，在火災中就變成了引火物。當地的鐵路管理也很粗心，而整個佩士提哥鎮更是一個滿地木材的火藥桶。該年九月二十七日就曾發生過一場小火災，但居民在那之後也沒有做足準備，[93]倖存者彼得．佩寧神父（Peter Pernin）回憶道：「濃密的煙雲遍布大地，然後一道巨大的紅色閃光籠罩四周，傳來震耳欲聾的巨響。在一段不可思議的寂靜之後，遙遠的地方傳來低沉的咆哮，預示著什麼東西正蠢蠢欲動。」接下來火勢加劇，「狂風驟起，瞬間捲成颶風，在電光石火間就將我家屋頂、大門、籬笆捲走，颳出一條通往院子的路。」[94]

望不盡的河岸邊站滿了人，全都和雕像一樣動也不動，其中有些甚至瞪著眼睛，伸著舌頭呆望天空。他們大部分好像都完全放棄，不想再做任何掙扎。很多人事後對我說，他們以為世界末日到了，自己唯一能做的只有靜靜地被命運吞沒。[95]

晚上十點，佩寧神父和一些人決定跳入河中，但河面已經閃滿了火，保護效果有限，反倒是寒冷的河水讓許多人失溫或溺水而死。佩寧在凌晨三點半上岸，冷徹入骨地倖存下來。

這類火災在上個世紀初相當常見，因為人類在伐木和興建鐵路的需要下進入原始林開墾：瑞典北部、俄羅斯西伯利亞鐵路沿線、紐西蘭北島、澳洲的吉普斯蘭（Gippsland）、加拿大的卑詩省和安大略省等，都是如此。而人類聚落和自然水路之間的大量交互作用，也表示十九世紀注定洪水不斷。中國人口的快速成長改變了黃河的流向，伐林、排水，以及邊際耕地（marginal land）⑧的過度耕作，則導致土壤流失與河川泥沙淤積，使洪水更加頻繁。一八五三年的黃河決口「沖垮」了一大塊華北地區，[96]連續多年超過平均值的降水則使整個黃河與長江水系滿溢，在一八八七、一九一一、一九三一、一九三五、一九三八、一九五四年都發生大水災，奪走許多人命——一八八七年那次據說至少帶走九十萬條人命，一九三一年的長江氾濫死者近二百萬，一九三八年為了阻止日軍推進而刻意引發的花園口決堤也害死了四十萬至五十萬人。而且在每一次洪災之中，大部分的人都不是溺死，而是餓死或病死的。

當時洪水這麼常見，也難怪中共當權後會沉迷於興建水壩。流通甚廣的一九五五年第二套人民幣五角紙幣，正面就是一道水壩。毛澤東一九五八年游泳橫渡長江之後甚至寫了一闕詞歌詠水壩：「風檣動，龜蛇靜，起宏圖。／一橋飛架南北，天塹變通途。」不過他那個時代修築的水壩，倒未必都這麼厲害。像是一九五〇年代就有一個「灌溉蓄洪」用的「治理淮河」計畫，修築了多個水壩，但其中由蘇聯專家協助設計施工的板橋水庫大壩，卻在一九七五年崩塌。那年八月妮娜颱風來襲，在十二小時內帶來一千零五毫米的雨量，相當於一整年的降水，[97]使板橋大壩支撐不住而潰堤。這成了中華人民共和國史上最慘烈的災難之一，[98]相當於二十五萬座奧運游泳池的水傾瀉而出，幾小時內淹沒數萬人，受災區後來又因為疾病與饑荒而死了超過二十萬人。[99]之前因為反對建造大壩而被打成右傾分子的水文學者陳惺，很快得到平反。[100]但板橋大壩的失敗實在太尷尬，尷尬到一九八九年之前都列為國家機密，而中共也絲毫沒有削減自己建造水壩的熱情。一九九二年四月，中華人民共和國全國人民代表大會正式通過長江三峽大壩決議，決定要打造地球有史以來最大的水壩⑨。[101]

美國的密西西比河等可以行船的河流，雖然在給予美國恩惠的同時偶爾也會帶來災難，但它們的洪災跟中國相比根本微不足道。美國史上死難最慘重的水災是一八八九年的約翰斯敦大洪水，當時賓州約翰斯頓上游二十三公里，位於小科內摩河（Little Conemaugh River）的南福克大壩（South Fork Dam）潰堤，釋放出相當於整條密西西比河平均流量的洪水，造成二千二百多人死亡。一九二七年的密西西比大洪水規模雖然更大，將七萬平方公里的土地淹成九公尺深的大水塘，並使許多人無家可歸，死亡人數卻還不到五百。一九六五年貝特西颶風（Hurricane Betsy）席捲紐奧良之後，詹森總統保證聯邦政府會保護該市，但當美國陸軍工程署試圖打造龐恰特雷恩湖防颱大壩（Lake Pontchartrain Hurricane Barrier）時，卻因環保團體的訴訟而喊停；[102]於是政府改造防洪堤系統，卻無法因應之後的危機。[103]二〇〇五年八月最後一週，四級颶風卡崔娜（Hurricane Katrina）以時速二百三十三公里的強風兩度襲擊密西西比三角洲，造成三片防洪堤倒塌，數百萬公升的洪水灌入城市，造成紐奧良近四分之三的房屋受損，以及一千八百三十六名美國人死亡，絕大多數來自路易斯安那州。[104]

---

⑧ 譯注：農作價值很差的土地。

⑨ 作者注：如果三峽大壩潰堤，災害就是另一個層級的了，二〇二〇年七月的大雨就使大壩面臨這類威脅。如果潰堤的話，一百億立方公尺的水會一路沖過四百萬人口的宜昌、一千一百萬人口的武漢、八百五十萬人口的南京、四百六十萬人口的常州，以及二千四百三十萬人的上海。總共會影響三億五千萬人的生活與生計，淹沒全中國四分之一的耕地，解放軍接近一半的地面部隊可能也會泡在水裡。

美國颶風風災的故事告訴我們，要成功且持續地預防災害有多麼困難。大西洋的颶風跟本章提到的其他災難有個差異：其他災難是隨機或冪次分布的，大西洋的颶風（就是持續風速超過每小時一百一十九公里，符合官方颶風標準的熱帶氣旋）卻不是。自一八五一年以來，北大西洋的颶風襲擊美國二百九十六次，分布相當規律，大多數都出現在八月至十月之間，而且各時代的次數差異不大：最多的一九四〇年代在十年之內出現十次大型颶風（薩菲爾-辛普森風級三至五級的颶風），最少的一八六〇年代也有一次。反倒是在卡崔娜出現之前，對於這種大型颶風出現機率的估計卻差得很遠，從最低的「三百九十六年一次」到最高的「四十年一次」不等。[105]一九九〇年代擔任路易斯安那自然資源部（Louisiana Department of Natural Resources）助理部長的南非學者希爾登（Ivor van Heerden）在事前就警告，密西西比三角洲的下陷以及開採石油和天然氣所破壞的濕地，恐有讓紐奧良為大型颶風重創之虞；[106]但聯邦緊急事務管理總署（Federal Emergency Management Agency）卻只在二〇〇四年進行了一個名為「潘姆颶風」（Hurricane Pam）的風災模擬演練，而沒有完成可靠的防災計畫。[107]不僅當地官員和商人低估颶風的危險，就連受命於國家氣象局的陸軍工程署都把警告當成耳邊風；至於那個滿腦子只想著要反恐的小布希政府，則把聯邦緊急事務管理總署劃進新成立的美國國土安全部，使得緊急總署「資金不足，碰到任何災難都措手不及」。[108]風災發生後，由兩黨議員共同組成的眾議院調查委員會給出這樣的報告：

在卡崔娜颶風入侵的第一時間，政府在看到資訊不足或資訊彼此矛盾時，往往並未適時介入填補必要的空窗，反而經常以此為由作壁上觀。資訊卡在各種作業中心與「協調」委員會組成的大迷宮中，為了解釋給內部相關人員聽而耗費大量時間，結果往往比現實慢半拍，失去重要性。於是決策者就這樣離每分每秒都在改變的卡崔娜實情愈來愈遠。在傳達之前先翻譯成官僚術語的資訊，也讓華府更搞不清楚墨西哥灣沿岸的實況……人們甚至浪費寶貴的時間去處理與災害無關的事情，例如設法推卸責任或者互打公關戰。[109]

美國地方和聯邦政府的這種荒謬行徑，卡崔娜風災可不是最後一次。

不過亞洲的災難通常還是比西方的慘烈。卡崔娜已經是國家級災難，死亡人數卻不到兩千，跟南亞史上最嚴重的風災相比，人數不到百分之一。一八七六年十月，巴克甘氣旋（Backerganj Cyclone）在今日孟加拉的巴利薩爾（Barisal）附近登陸，造成大約二十萬人死亡，其中半數當下溺斃，另一半死於之後的疾病與饑荒。[110]不到一百年後，波拉氣旋（Great Bhola Cyclone）襲擊東巴基斯坦（即日後的孟加拉），造成三十萬至五十萬人死亡，巴利薩爾東南方六十多公里的塔祖穆丁（Tazumuddin）全城四十五％人口全都罹難。[111]這兩起孟加拉風災的問題跟日本的地震一樣，時間相隔太遠，人們已經遺忘，不知道要在災難發生前充分防範。[112]美國的高登．頓恩博士（Dr. Gordon E. Dunn）在一九六一年的報告中就警告過大型氣旋的危險，建議修築制高點供人躲避，巴基斯坦當局卻只回以禮貌的微笑。[113]

巨浪

英語世界的人即使不知道〈神奈川沖浪裏〉是誰畫的，應該也都聽說過這幅畫。這幅英語界稱為〈巨浪〉（The Great Wave）的浮世繪作品來自葛飾北齋，創作時間估計在一八二九至一八三三年間。不過仔細一看〈神奈川沖浪裏〉這幅畫，就會發現畫中的不是海嘯，而是所謂的瘋狗浪（rogue wave），三艘木製漁船在打算回到神奈川（今日的橫濱）的路上遇到高聳入天的巨浪，槳手紛紛害怕地伏於船上。富士山則在遠處依稀可見。看這壯觀的場面，畫家顯然不認為等浪過去之後，大海就會平靜無波。

我們能在歷史上看到各種風浪，有時甚至是大海嘯。但這些波浪與光波和聲波的原理並不相同。蘇聯經濟學家尼古拉・康得拉季耶夫（Nikolai Kondratieff）在一九二〇年代從英國、法國、德國的資料中試圖證明，資本主義每五十年就會有一個從擴張到蕭條的週期循環。[114]儘管他當年被史達林監禁之後槍決，但這項發現至今依然影響許多投資者。不幸的是，這種景氣循環的觀念已被當今研究予以否定。經濟史學者保羅・施梅寧（Paul Schmelzing）嚴謹地將十三世紀以來的利率重新整理之後發現，名目利率並沒有上下循環，而是「超長期」（supra-secular）地下跌，主要原因是資本積累，次要原因則是每隔一段時間就會隨機出現一些跟戰爭有關的通膨事件。[115]但與古希臘哲學家赫拉克利特所宣稱的正好相反，戰爭既非萬物之父，亦非萬有之王。災難的形式有很多種，歷史上有許多龍王事件都不是戰爭，而死於黑死病之人也比史上任何一場戰爭都多。

我們時常把災難分成天災與人禍，但這其實是一種錯誤分類。當然，地震是地質事件，而且除了現代設計不佳的核子試爆引發的地震以外，地震都不是人類造成的。至於戰爭，則顯然是由人類所發動。但大自然引發的事件會奪走多少條人命，卻取決於事件對人類居住地區的直接或間接衝擊有多大。許多人類都選擇住在容易發生災害的地方，例如火山附近、斷層線上、容易鬧洪水的河流旁邊，所以其實大多數天災都有一點人禍的成分。至於那些在伐木林地隔壁的城市存滿木材，或在會發生海嘯的地方蓋核電廠的行為，則會在災難發生時害死更多人。

同理，戰爭也可能是自然事件造成的，例如極端氣候或持續氣候變遷導致的農業危機，就會讓人們選擇是要挨餓還是遷徙。人類是自然界的一部分，人口的增減會影響到全球的生態系統。諸如工業和各種來源所排放的溫室氣體，則會使地球平均溫度不斷增高。而許多人擔心的這種「人為氣候變遷」能否順利減緩，會不會引發始料未及的負面影響，則取決於各個民主與非民主政府能不能做出正確的決策。

我們經常擔心未來發生全球性災難，但其實大部分的災難都是局部的，而且規模都比較小。本書會在第八章提到，災難具備一種類似「碎形」的自我相似性，例如飛機失事這種小災難跟爐心熔毀這類大災難，在某些層面上非常相似。災難之間最重要的差異，是在大型災難和分布在統計曲線最右端的龍王級災難之間。為什麼只有極少數災難會害死幾百萬甚至數千萬人？原因之一就是大部分災難的影響範圍都有限，即使是規模最大的地震也不會讓整個地球都有震感；即使最大的戰爭也不會在全球每個地方都燃起戰火。兩次世界大戰的一項重要特徵，其實在於它們都是在有限的時間內集中影響有限的空間，例如二戰的傷亡就集中在地球上的兩個三角形內，第一個在北海、黑海、巴爾幹半島之間；第二個則在滿洲、菲律賓、馬紹爾群島之間。反觀大部分的陸地，當時其實幾乎沒有（甚至完全沒有）戰火。這表示在衡量災難大小時的首要之務，是災難是否會襲擊人口稠密地區，其次則是災區中心的死傷與破壞之後會不會影響其他地區。好比大型火山爆發的煙霧與火山灰可以傳播得非常遠，會大幅影響其他大陸的氣候。而地震或洪水最初的衝擊如果摧毀了災區的農業、商業、金融體系，之後就會連帶影響其他地方。簡而言之，災難最重要的是它有沒有傳染性，最初造成的衝擊會不會透過由生物體組成的生物網絡或人類世界的社會網絡散播開來。這也表示，如果我們對網絡科學（network science）一無所知，就根本不可能正確理解災難。

第四章

Chapter 4

網絡世界

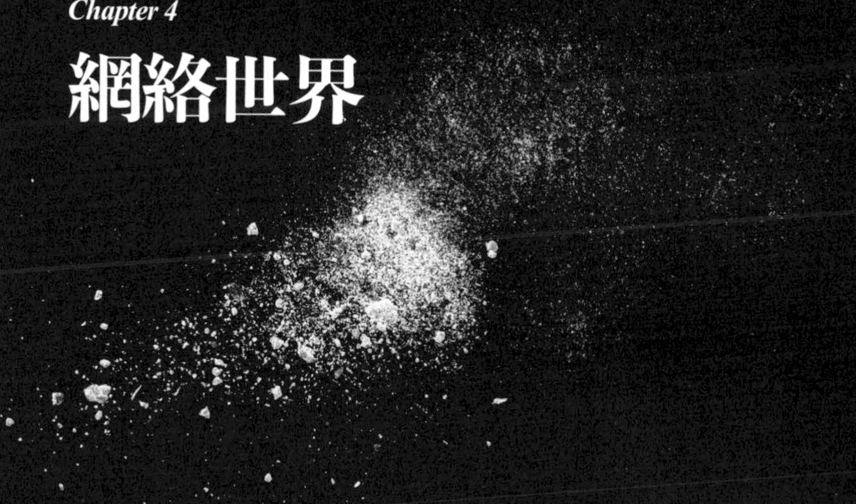

他為了防止人群讓疾病加速傳染，而把講壇建在一扇大門的頂上，請染病的站在門內，健康的站在門外。這位傳道者毫不避諱地利用群眾當下的恐懼傳播福音。

——大衛·休謨（David Hume），《英格蘭史》（*History of England*）

伏爾泰與波普

日內瓦與里斯本之間的直線距離只有一千四百多公里，但當一七五五年十一月一日，葡萄牙首都被地震與海嘯摧毀時，很可能沒有任何瑞士市民感覺到震動。但拜西方的通訊與出版網絡之賜（自從兩百年前的宗教改革以來，該網絡便不斷發展），那些沒有震感的地方也能接收到震災的消息。消息也傳到了宗教改革時喀爾文主義重鎮的日內瓦。以筆名伏爾泰（Voltaire）為人所知的弗朗索瓦－馬里・阿魯埃（François-Marie Arouet）當時對宗教懷疑已久，甚至因此被路易十四趕出巴黎，寄居於日內瓦。而伏爾泰心中不滿的火藥桶，終於在聽到里斯本大地震之後出現的許多教導人碰到悲劇乖乖認命的哲學說詞下引爆開來。[1]德國博學通才萊布尼茲（Gottfried Wilhelm Leibniz）當時竟然說：「這個世界是所有可能世界中最好的一個。」英國詩人亞歷山大・波普（Alexander Pope）則說：「發生的事情皆有其道理。」這種事不關己的樂觀神學讓伏爾泰捨棄了平常的氣定神閒，跟出版商一起擠出所有勇氣，刊印《詠里斯本劫難詩》（*Poème sur le désastre de Lisbonne*）批判他們的傲慢態度：

> 當人們哭喊「神啊，可憐我們的痛苦吧」。
> 你只說這世界完全沒問題，說那永恆的力量
> 不偏袒任何人世的法則，只遵循整體的定律
> ……

莫非你認為這一切的混沌恐怖
是在將個人的痛苦化為整體的幸福？
那麼這種幸福不要也罷！你的說法根本言不成義
只敢支支吾吾高呼「發生之事皆有其道理」
……
我就是不懂，賜愛予我們的上帝
怎麼會一邊讓人類被無盡的祝福所沐浴
一邊在世上肆虐各種瘟疫
使凡人無法參透祂的真義？[2]

這首詩發表之後引起熱烈迴響，尚－雅克・盧梭（Jean-Jacques Rousseau）更是大加讚賞。[3]讀者熱烈的反應讓伏爾泰決定著手撰寫諷刺鉅作《憨第德》（*Candide, or Optimism*, 1759），把萊布尼茲寫成一個叫做潘格羅斯博士（Dr. Pangloss）的樂觀角色，讓他和讓主角憨第德與一位重洗派基督徒水手一起見證里斯本的毀滅。[4]

里斯本大地震對伏爾泰、盧梭，以及寫了三篇文章討論相關主題的普魯士哲學家伊曼努爾・康德（Immanuel Kant）的影響，證明了社會網絡（social networks）在十八世紀的力量。當然，社會網絡不是在啟蒙運動才出現，早在西元前十四世紀的埃及法老王就已經存在，也存在於連接羅馬帝國與中國的「絲路」。基督宗教與伊斯蘭教打造出來的社會網絡則遠遠跨出了誕生前者的猶太社群，以及誕生後者的阿拉伯社群。在文藝復興時代，佛羅倫斯家族靠著複雜的家族網絡維繫權力。而在彼此征戰的西歐諸國向西跨越大西洋與向南穿過好望角經商時，航海家、探險家、征服者組成的網絡也經常彼此交流新知。宗教改革在很多意義上都是網絡革命：遍布西北歐各國的宗教改革者彼此相連，靠著十五世紀後半以降日益普及的印刷品宣揚他們的新教理念。但即使社會網絡的歷史這麼悠久，啟蒙運動的網絡力量依然令人吃驚，雖然觸及的地理範圍並不算廣（伏爾泰的筆友有七成是法國人），傳播的內容品質卻極佳。[5] 啟蒙運動的網絡也連結了歐洲大陸與一七四六年詹姆斯黨（Jacobites）垮臺①之後的蘇格蘭，更讓素有「天才的溫床」之稱的此地催生出許多現代關鍵思想。[6]

亞當．斯密最為今人所知的著作，是一七七六年的《國富論》。他還寫過一本較不為人知但卻同樣重要的著作，那就是和《憨第德》同年出版的《道德情操論》（*Theory of Moral Sentiments*）。他在該書第三部分曾如此寫道：

> 倘若廣土眾民的中國大帝國突然被地震吞沒，那麼一名與中國毫無聯繫的歐洲人道主義者在聽到這可怕災情後會有什麼感覺呢？我想他應該會先為那些不幸的受害者深深哀悼，然後悶悶不樂地開始思考人類的生命有多麼脆弱，一切辛苦付出的勞動又是多麼容易瞬間毀滅，多麼沒有意義。如果他善於投機，可能也會開始思考這場災難會對歐洲的買賣，乃至全世界的貿易與商業產生哪些影響。但等到他做完這些美妙的抽象思考，表達出所有的人道情懷之後，他就會回到往常

的工作或消遣，繼續安睡或休息，宛如整場災難從未發生。7

某種意義上，這段話比圖霍夫斯基或史達林都更早洞見了悲劇與統計數據的差別。亞當・斯密認為：「人們即使只是遇到微不足道的災禍，也會覺得天翻地覆。如果你知道明天將失去小指頭，你今晚就會徹夜難眠；但只要死掉的同胞你都不認識，即便是死了幾百萬個，你仍然可以安心入睡，鼾聲如雷。對你來說，自己身上那雞毛蒜皮的小事顯然比一大群人的巨大毀滅更值得關心。」

亞當・斯密接下來問了一個重要的道德問題：「所以我們會不會願意為了防止自己遇到這種微小的不幸，而犧牲幾百萬名陌生同胞的性命？……既然對我們來說，那些跟自己有關的事情，都遠比那些跟別人有關的事情更重要，那麼慷慨的人為什麼會犧牲自己的利益，讓別人獲得更大的利益？」他的答案不大讓人滿意：

答案既不是人性的軟實力，也不是因為大自然賦予我們的微小善意之火讓我們能夠對抗強大的自愛衝動，而是一種更強大的力量，一種更有強制力的動機。這種力量就是理性、原則、良心，在每個人心中仲裁我們的所作所為。我們之所以會在很多時候做出神聖的無私之舉，通常都不是

①編注：一六八八年，在英國議會的主導下，發生所謂的「光榮革命」事件，導致原本的英格蘭國王詹姆斯二世流亡海外。此後許多地方便出現了支持詹姆斯二世與其後代復辟的政治運動，其支持者就被稱為「詹姆斯黨」。十八世紀中葉開始，由於法國政治態度轉變，不再支持詹姆斯黨人王政復辟，此黨從此勢衰。

因為我們愛鄰人，而是因為我們以更強大的力量愛著高尚的事物、愛著偉大的目標、愛著人性的尊嚴與自身的品格。

亞當．斯密認為如果中國發生可怕的大地震（沒有選用真實世界的葡萄牙大地震，或許是為了不要讓伏爾泰更生氣？），即使遠在愛丁堡的人也會感到同情，因為對別人身上發生的事完全無動於衷實在過於可恥。

可惜現實世界的我們就連亞當．斯密的標準都很難達到。絕大多數人根本就不會為了安撫自己的良心，而去關心幾百萬遙遠同胞的苦難，更不用說真心為那些同胞的利益著想。有共產黨黨證的英國記者克勞德．柯克本（Claud Cockburn）宣稱，他一九二〇年代末曾在《泰晤士報》擔任文字編輯時，有時候會跟同事比賽誰能寫出最乏味的新聞標題，贏家可以拿到一個小獎品。柯克本說：「我只贏了一次，〈智利發生小型地震，死的人不多〉。」[8]但《泰晤士報》其實從未刊過這項標題②，只有在一九二二年與一九二八年刊過〈智利發生地震〉，一九三九年刊過〈智利發生大地震〉。[9]不過大部分讀者對該報二〇二〇年一月六日某道標題的冷漠以對，倒是證實了柯克本對我們良心的描述可能比亞當．斯密更為準確。那道標題叫做〈中國城市承認爆發未知「肺炎」〉。

網絡概論

網絡很重要，甚至可以說它同時是自然界與人類世界的複雜系統中最重要的特徵。用物理學家傑弗里・魏斯特（Geoffrey West）的話來說，大自然為了在從最大的尺度到最小的尺度，橫跨二十七個數量級的廣大範圍中交流能量與物質，已經演化出各種「無所不在，不斷分支，最有效的網絡」。[10]動物的循環、呼吸、排泄、神經系統，植物的維管束系統，以及細胞內的微管（microtubule）與粒線體等，都是網絡。[11]人類目前只畫完秀麗隱桿線蟲（*Caenorhabditis elegans*）的腦神經網絡，但未來只要有適當的條件就能替腦內結構更複雜的生物也繪製出腦神經網絡。[12]從蟲腦到整個食物鏈或食物網，現代生物學已經發現地球上所有層級的生命都有網絡。[13]基因組定序則發現了「以基因為節點，以反應鏈為連結」的「基因調控網絡」。[14]就連腫瘤也會形成網絡。

人類在史前時代演化成一種會互相合作的猩猩，開始出現溝通與集體行動的網絡能力，有別於其他動物。演化人類學家約瑟夫・亨里希（Joseph Henrich）認為，我們不只是一種腦袋更大、毛髮更少的黑猩猩，而是一種能靠「集社群中眾人之智」來思考的物種。[15]黑猩猩也會集體學習，也會彼此教導和分享，但人類的規模更大。演化人類學家羅賓・鄧巴（Robin Dunbar）認為，黑猩猩的社群規模大概只有五十人，而我們利用更大的腦和更發達的新皮質（neocortex），將社群規模擴大到大約

② 作者注：一九七九年《泰晤士報》因罷工而停刊一年時，該標題終於出現在惡搞版《泰毋是報》（*Not the Times*）上面。

一百五十人。[16]有人甚至說我們這個物種不應該叫做智人（*Homo sapiens*），而該叫做網絡人（*Homo dictyous*）。[17]或者用民族誌學家埃德溫．哈欽斯（Edwin Hutchins）的話來說，人類是「分散式認知」（distributed cognition）的物種。我們的遠古祖先「被迫合作覓食」，依賴彼此的互動來獲得食物、住所、保暖。[18]口語的出現，以及和語言相關的腦容量與腦結構發展，可能都是在這段過程中從猩猩的理毛行為一路演化而成。[19]歷史學家威廉．麥克尼爾（William H. McNeill）和約翰．麥克尼爾（J. R. McNeill）甚至認為，第一個「全球網絡」早在大約一萬兩千年就出現了。人類本身就是一個注定要用無與倫比的腦神經網絡來使用更巨大網絡的生物。[20]

因此，人類本來就會自然生成社會網絡。它起源於知識、用來交流知識的各種形式，以及每個人一定都有的家族系譜。我們靠著社會網絡中定居、遷徙、彼此混血的模式逐漸播散到世界各地，也因為這些模式，而時不時在幾乎沒有預謀也幾乎沒有領導的情況下，形成各種狂熱崇拜和時尚現象。社會網絡有各種不同形式與規模，從完全封閉的祕密社群到完全開源的群眾運動都有。有些網絡是自己組織起來的，有些則比較有系統，結構比較具體。而在文字出現之後，通訊科技的不斷發展更讓我們天生而古老的網絡衝動發展得如虎添翼。

現代的網絡科學已經發展成一套跨領域的複雜系統研究。我在前一本書《廣場與塔樓》曾試圖提出其中的六項關鍵見解：[21]

一、**沒有人是孤島**。在社會網絡中，每個人都是一個節點，人與人之間的關係就像節點之間的連結。我們可以用一個人身上的連結，來瞭解他是怎樣的人。每個節點都各自不同，我們可以用好幾種不同的量化方法來描述他們之間的差異，例如有些人身上連結比較多，有些人則容易成為好幾個其他大型節點之間的橋樑，這種時候我們就說前者的「分支中心性」（degree centrality）比較高，後者的「中介中心性」（betweenness centrality）比較高；後者本身雖然未必認識最多人，卻認識最多交遊廣泛的人。歷史上的重要人物，經常都是這種中間人。例如美國獨立戰爭中的保羅．李維爾（Paul Revere）就是這類關鍵角色，他們並非領導者，而是連結者。[22]儘管方式不同，但那些分支中心性較高的人，也可能像中介中心性較高的人一樣成為網絡中的重要「樞紐」。

社會心理學家史丹利．米爾格蘭（Stanley Milgram）在一九六七年做了一個實驗。他從堪薩斯州（Kansas）的威契托市和內布拉斯加州的奧馬哈市隨機挑出一百五十六個地址，向這些地址寄出一封信，請收件者把信轉寄給波士頓的一位股票經紀人。如果收件者不認識該經紀人，則請收件者把信轉給可能認識的人，拜託對方繼續轉寄下去，同時寄一封明信片告訴米爾格蘭自己做了什麼。根據米爾格蘭的說法，最後波士頓那邊的人收到了四十二封信（但最近的研究則說其實只有二十一封）。[23]米爾格蘭以此算出每封信從起點到終點需要轉寄的次數：平均每封信需要轉寄五點五次。[24]但其實早在一九二九年，匈牙利作家符里達斯．卡林迪（Frigyes Karinthy）就出版了主題相同的短篇小說《鏈鎖》（*Láncszemek*），故事中的角色跟同伴打賭自己可以在五次轉介之內聯絡到地球上的每一個人。到了一九九〇年，這個概念終於因為約翰．奎爾（John Guare）的同名劇作而廣為人知，成了如今耳熟能詳的「六度分隔理論」。

二、**物以類聚，人以群分**。社會網絡某部分就是同樣的人彼此吸引的結果。我們可能因為種族、族裔、性別、年齡這些先天特質，以及宗教、教育程度、職業、行為模式這些後天特質，而去接觸擁有相同特質的人；此外也會去接觸那些後天特質未必相同，卻擁護相同價值的人。[25]社會學早期發現的證據之一，就是美國學童會跟同種族或同族裔的人玩在一起。但我們看到一群節點時，未必能一眼看出他們是因為哪些屬性而聚在一起，同時還得搞清楚他們之間是產生怎樣的關聯。節點之間的連結究竟表示他們是點頭之交、朋友，還是敵人？連成一串的節點究竟是某一家的族譜，例如薩克森－科堡家（Saxe-Coburgs）或羅斯柴爾德家族（Rothschilds）的族譜？還是一群像布倫斯伯里派（Bloomsbury Set）③的朋友？還是某個像光明會的祕密結社？此外，這些節點只有交流知識嗎？是不是還有金錢或其他資源上的往來？

三、**弱連結的力量很大**。節點聚集為「叢集」（clusters）④的方式，以及叢集之間彼此連結的方式也很重要。曾有人開玩笑說，每個人都只需要經過五個人就可以聯絡到莫妮卡．陸文斯基（Monica Lewinsky）或凱文．貝肯（Kevin Bacon）——史丹佛大學社會學家馬克．格蘭諾維特（Mark Granovetter）將其稱為「弱連結的力量」。[26]如果所有人際關係都像親朋好友之間那麼緊密，世界早就變成一盤散沙。但我們都會跟一些沒那麼熟的人互動，所以世界才會變成六度分隔理論所說的「小世界」。格蘭諾維特原本研究的，是人們藉由點頭之交找到工作的數量，為什麼比從好友那邊找到的更多；但他後來發現，如果社會中的弱連結變少，「新思想的傳播就會變慢，科學研究也會事倍功半，不同血緣、族裔、所在地等特質的小圈圈之間就會很難達成協議。」[27]也就是說，弱連結是把叢集連接起來的重要橋樑，如果沒有弱連結，很多叢集可能根本老死不相往來。[28]

在格蘭諾維特這項社會學研究之後很久，社會學家鄧肯．沃茨（Duncan Watts）和數學家史蒂芬．斯特羅格茨（Steven Strogatz）才在一九九八年正式證明了為什麼節點的物以類聚可以同時讓整個世界天涯若比鄰。他們用兩個彼此之間相對獨立的性質來分類網絡：一個是每個節點的「接近中心性」(closeness centrality）的平均值，另一個則是整個網絡的「群聚係數」(clustering coefficient)。他們讓圓形格子（circular lattice）裡的每個節點，一開始只連接到距離最近的兩個節點；接下來他們在格子的中心隨機加入一些連結，發現整個網絡的群聚係數明明沒有顯著提升，每個節點的接近性（closeness）卻都突然飆高。[29]沃茨一開始研究的是蟋蟀的同步鳴叫，但他和斯特羅格茨的共同研究結果給了我們很大的啟示。沃茨指出：「光是在網絡中隨機加上幾條連結——加上幾條在個別節點層次上幾乎完全偵測不到的差異，就能讓原本互不往來的大世界變成彼此相連的小世界。小世界的這種群聚性提醒我們，眼下看起來『遠在天邊』的疾病其實就近在眼前。」[30]

網絡的規模也很重要。發明乙太網的羅伯特．梅特卡夫（Robert Metcalfe）認為，電信網絡的價值與它所連結的相容設備數量平方成正比，這種說法後來被稱為梅特卡夫定律（Metcalfe's law）。網絡通常就是這樣，網絡中的節點愈多，它對節點的整體價值就愈大，對網絡擁有者的價值也愈大。

③ 編注：指一群從一九〇四年至二戰期間以英國布倫斯伯里為中心的文人團體。

④ 譯注：當網絡中的成員出現高度相互連結的次團體時，我們稱之為「叢集」(Cluster)。

四、網絡的結構決定傳播能力。傳染病的傳播速度不僅和疾病本身的致病力有關，也和感染群體的網絡結構有關。[31]如果網絡中有好幾個樞紐節點彼此密切相連，疾病的傳播速度就會在一開始的緩慢增長期之後，轉為指數性成長。[32]用另一種方式說，如果傳染數（reproduction number）大於一，一個感染者可以將疾病傳給一個以上的人，疾病就會快速傳播；如果傳染數小於一，疾病就會逐漸消失。而傳染數的數值不僅取決於疾病本身的傳染性，也取決於網絡的結構。[33]

很多歷史學家至今依然認為，一個思想和意識形態能否順利擴散，完全取決於它的內容與時空背景之間的關係，但問到時空背景是什麼他們又沒辦法說清楚。但我們現在知道，某些思想之所以會快速爆紅，也跟它傳播時的網絡結構有關係，例如廢奴理念就是因為這樣而在十九世紀初的英國政界快速擴散。如果節點彼此互連時會碰到門檻，甚至完全不能自行互連，整個網絡就會變得由上而下階層分明，這時候新思想就最難傳播。[34]近期的研究發現，就連情緒狀態都能透過網絡擴散。雖然很難區分人們的情緒狀態是源於自身還是來自網絡，[35]但證據顯示它顯然會傳染：「室友勤奮的學生會變得更勤奮，坐在大胃王旁邊的人會吃更多。」[36]不過我們的思想與行為，最多只能傳播給朋友的朋友的朋友（也就是三度分隔）。因為我們就算可以在不知情的狀態下被遠方的陌生人傳染疾病，卻需要更強的連結才會被別人的想法或行為所影響。和一個人打過照面，未必表示你就能讓他用功讀書或者多吃一點東西。無論是不是刻意，模仿都是最真誠的恭維。

重點在於，流行病的傳播速度與傳播範圍，既取決於疾病本身也取決於網絡結構；思想的傳播也是這樣。[37]在迷因爆紅的過程中，除了樞紐和中介人相當重要以外，決定要不要讓迷因進入自己同溫層的「守門人」也是關鍵角色，[38]而他們決定要不要開門，多多少少都和他們認為那項迷因會如何影響他們的形象有關。因此，很多時候要讓一個人接受新理念，都得讓這個理念出現在這個人會接觸到的好幾個不同來源上面。文化的傳染比疾病的傳播更複雜，願意接受該文化的人不僅得達到某個關鍵數值，而且這些早期採用者（early adopters）還得認識夠多影響力強大的朋友，也就是說分支中心性必須夠高。[39]用鄧肯．沃茨的話來說，要看一個東西會不會像病毒一樣擴散開來，「你不該去研究那個東西本身，而該去看它所影響的網絡擁有怎樣的結構。」[40]這個觀點可以解釋為什麼每個爆紅迷因都有一大堆類似的同伴，卻只有那個迷因飛上天際，其他卻都沒沒無聞：因為除了成功的那個迷音外，其他迷因感染的節點、叢集、網絡都不對，自然紅不起來。同樣地，它也能解釋為什麼病原體這麼多，卻只有極少數能夠引發大流行。

如果每一個社會網絡的結構都一樣，世界就會跟現在差很多。舉例來說，如果所有節點之間的連結都是隨機的，每個節點的連接數量就會符合鐘形曲線的常態分布。這樣的世界會有一些「小世界」的性質，但不會長成現在這樣。現實世界中，節點分布經常都接近帕雷托分布：也就是某一些節點身上有非常多的連結，另一些節點身上則幾乎沒有多少連結。這就是社會學家羅伯．默頓（Robert K. Merton）所說的「馬太效應」（the Matthew effect），「因為凡有的，還要加給他，叫他有餘；沒有的，連他所有的也要奪過來。」（《馬太福音》二十五章二十九節）。科學界就是這樣，你在拿了一些獎之後就會拿到更多獎。流行界也是，正如〈超級巨星經濟學〉（The Economics of Superstars）一文所言，紅起來的人會變得更紅。[41]網絡中節點的連結也符合這原理，在許多大型網絡擴張的過程中，節點新獲得的連結數，都和它既有的連結數（「分支中心性」或「適合度」）成正比。這種原理稱為「偏好依附」（preferential attachment），最早由物理學家阿伯特．巴拉巴西（Albert-László Barabási）和雷卡．艾伯特（Réka Albert）提出，他們認為現實世界中大多數的網絡可能都是符合冪次分布的「無尺度」（scale-free）網絡⑤。這種網絡在逐漸發展後，就會有少數節點獲得眾多連結，成為其他節點的樞紐。[42]現實中的例子到處都有：《財星》雜誌一千大企業的管理職、物理學期刊的引用次數、網頁之間連結的數量等，全部都是。[43]用巴拉巴西的話來說：

> 這類網絡由層次井然的樞紐彼此相連，每個大型樞紐都連結到好幾個中型樞紐，再藉此連結到更多小型樞紐。整個網絡沒有任何中心去控制或監視各條連結與各節點，也沒有哪個節點的存亡會讓整個網絡分崩離析。無尺度網絡是一張沒有蜘蛛的蛛網。[44]

最極端的無尺度網絡就是贏者全拿，幾乎所有連結都連到同一個節點上。[45]我們可以拿航空運輸系統跟美國的高速公路系統相比，看出無尺度網絡和隨機網絡的差異。空運系統是無尺度網絡，每個中型機場各自連結許多小型機場，然後全都匯流到少數幾個大型的樞紐機場上；[46]美國的高速公路系統則更像隨機網絡，大城市之間彼此相連的公路數量大致相同。此外還有一些網絡，例如美國青少年友誼網絡的結構，介於隨機與無尺度之間。[47]接下來我們會看到，無尺度網絡是某些傳染病傳播過程的關鍵。[48]其中有些無尺度網絡是模組化的，它們由好幾個叢集組合而成，但各個叢集之間依然有一些橋樑彼此相連。另外像調節新陳代謝的遺傳系統這類無尺度網絡，則既模組化又具備階層性，其中某些子系統還會支配其他子系統。[49]

五、網絡全年無休。網絡幾乎沒有停下來過。第三章說過，大型網路是個複雜系統，有許多性質都要等到節點連結成網絡時才會突現（emerge）出來。許多新結構、新模式，以及相轉變時才會出現且事前難以預測的性質，都是如此。看似隨機分布的網絡可能轉眼間就出現了階層結構。歷史不斷告訴我們，革命群眾可以在一夕之間變成極權國家；上下有序的嚴格階級也同樣能在短時間內全然瓦解。[50]

六、網絡彼此相連。網絡之間的互動，可能會帶來創新與發明。網絡只要能夠擾動僵化的階層結構，就能以驚人的速度推翻階層；但網絡如果太脆弱，碰上來自階層結構的攻擊也有可能瞬間崩毀。不同的社會網絡既可以善意交流、彼此融合，也可能帶著敵意彼此攻擊，一九三〇年代蘇聯情報人員滲透劍橋大學畢業生的菁英網絡就是後者的好例子。網絡互鬥的結果，取決於各網絡之間的相對強弱，例如網絡的適應性或韌性有多高？有多害怕破壞性因子在網絡中擴散？是否依賴少數幾個「超級樞紐」，以至於樞紐一旦遭到消滅或占領，整個網絡就開始搖搖欲墜？根據巴拉巴西等人的模擬結果，無尺度網絡受到攻擊時，即使失去大量節點，甚至失去一個樞紐也無所謂；但如果敵方刻意同時攻擊

⑤ 作者注：無尺度網絡的連結分布也類似冪次分布，連結比較容易集中在少數節點周圍，而非隨機分布在所有節點之間。這種網絡裡沒有哪個節點是「典型／平均」的，但各節點的「尺度」大小依然明顯有差異。用另一種方式說，無尺度的世界就像是碎形那樣自我相似：鄉鎮是一個更大的家庭，城市是一個更大的鄉鎮，王國則是一個更大的城市。

好幾個樞紐，整個網絡就可能完全崩潰。[51]更有趣的是，無尺度網絡很怕碰上那種具有傳染力，可以殺死節點的病毒。[52]

之前我們說過，天災人禍的死亡人數不是常態分布，而是冪次分布；而且很多災難都是隨機發生，符合冪次分布，無法用機率去預測超級大災難什麼時候會在什麼地方發生。也正是因為這樣，我們永遠不可能找到同一個模式在歷史上完全原封不動地重演好幾次。這個特性碰上網絡之後又更麻煩，因為網絡會影響災難、詮釋災難，有些時候甚至會讓具有感染性質的災難蔓延。這些網絡本身的結構也很複雜，而且也很容易發生相轉變。許多社會網絡的連結都集中在少數節點上，因此整個網絡即使不完全是無尺度網絡，也比較接近無尺度網絡而非格狀網絡。如果中心性高的節點剛好是烏鴉嘴，整個網絡就能提早防災；但如果那些節點散播一堆假訊息和錯誤看法，防災過程就會困難重重。最後也最重要的是，國家這種階層性結構之所以必須存在，是因為它們雖然不像分散式網絡那樣善於創新，卻相當善於防禦。危機一旦開始蔓延，治理能力的優劣就成了防災成敗的關鍵之一。這些治理能力包括高層的整體策略、中階管理結構的資訊流通速度與準確度，以及前線的執行效率。

病毒與網絡

人們很喜歡把傳染病的歷史寫成病原體的歷史：天殺的病毒一種又一種襲來，然後一次又一次被偉大的醫學擊敗，[53]最終到達「流行病轉型」（epidemiological transition）的階段。此時傳染病終於不再是導致人類死亡的主力，而為癌症、心臟病等慢性疾病所取代。[54]這種故事要說得合理，可能就得跟社會網絡的發展史一起講才行。在人類出現的最初三十萬年裡，部落群體無法供養大規模傳染病，因為人口數都少到只要碰上一次大瘟疫就可能全滅。但新石器時代的農業革命改變了這個狀況。正如愛德華·金納（Edward Jenner）在一七九〇年所言：「人類偏離了原本的自然狀態，而且似乎成為了多種疾病的來源。」[55]

細菌是地球最早出現的生命形式。牠們大部分對人類無害，有些甚至還有益。細菌要繁殖時，會先複製自己的染色體DNA，然後行有絲分裂一分為二，所以子代一定會跟自己一模一樣。不過很多細菌體內都有一種叫做質體（plasmids）的環狀DNA分子，這種分子可以獨立於染色體DNA自行複製，讓細菌產生演化變異。除此之外，還有一種叫做嗜菌體的病毒也會修飾細菌的DNA，例如原本無毒的白喉桿菌和霍亂弧菌一旦攜帶某些嗜菌體之後，就會變得對人有害。嗜菌體用細菌體內的蛋白質工廠來複製自己，如果從細菌的染色體或細菌體內的質體中拿到新的DNA片段，就會發生突變。在細菌之後，地球上出現了像瘧原蟲這類單細胞原生動物，也出現了病毒。[56]我們可以把各種不同疾病，根據病原體的繁殖方式分成細菌型、DNA病毒型（B肝、皰疹、天花）、RNA病毒型（流感、麻疹、小兒麻痺）、反轉錄病毒型（HIV、人類嗜T淋巴細胞病毒）、普恩蛋白型（狂牛症）等等。病毒非常小，整隻病毒就只是包在蛋白質外殼裡面的一些核酸而已，導致黃熱病、拉薩熱（Lassa fever）、伊波拉、麻疹、小兒麻痺的病毒都只有不到十個基因，引起天花與皰疹的病毒也只有二百至四百個基因；相比之下最小的細菌也有五千至一萬個基因。[57]但無論是原生動物還是人類，只要是細胞組成的生物，都可能會感染病毒。病毒一旦逃過了免疫反應成功進入細胞，就可以用宿主細胞內的蛋白質工廠來複製自己，然後破壞或改造宿主的細胞，將自己擴散到別處。[58]而且病毒突變得非常快，所以對人類而言特別危險。[59]

疾病的歷史是病原體、中間宿主動物、人類社會網絡長期以來不斷交互作用的歷史。三千前年的埃及木乃伊，和同樣古老的中國古書中都證明當時的人感染了瘧疾，但惡性瘧原蟲（*Plasmodium falciparum*）開始致人於死的歷史則應該比那更早很多。[60]有五種瘧原蟲會透過蚊子傳播，通常是透過瘧蚊的雌蚊，惡性瘧原蟲則是最危險的那種。史上最致命的桿菌是鼠疫桿菌（*Yersinia pestis*），是從至少二千五百年前就在中國發現的假性結核耶氏菌（*Y. pseudotuberculosis*）演化出來的。[61]鼠疫桿菌也需要中間宿主才能感染人類，而且需要兩個：牠必須先在老鼠等囓齒動物體內繁殖到一定的濃度，然後在跳蚤（尤其是印度鼠蚤〔*Xenopsylla cheopis*〕，但人蚤〔*Pulex irritans*〕可能也與黑死病有關）叮咬的時候堵住跳蚤的胃，讓跳蚤無法消化吸入的血液而持續陷入飢餓，為了填飽肚子而繼續叮咬動物，並在叮咬的過程中傳播鼠疫桿菌，進入血液之後攻擊宿主頸部、腋下、鼠蹊部的淋巴腺。鼠疫桿菌每兩小時增殖一倍，會迅速摧毀宿主的免疫系統，擴散到血液中，造成內出血和皮膚出血。[62]此外，增減鼠疫毒力所需的基因變化相對較少，[63]造成黑死病的古代型（Antiqua）、中古型（Medievalis）、東方型（Orientalis）這三種生物型（biotype/biovar）似乎可以雜交，彼此交換遺傳資訊，逐漸改變毒性。[64]最重要的是，鼠疫桿菌不會快速殺死跳蚤，而且被感染的跳蚤最長還能在亞麻布或其他多孔材質中冬眠五十天。雖然鼠疫桿菌殺死齧齒類的速度較快，但老鼠繁殖也很快，殺光整窩老鼠需要六至十年。

如果某個地方的齧齒類族群夠大，鼠疫就會變成地方性傳染病，中國青海的蒙古旱獺就是個例子。

有兩種細菌不需要昆蟲傳播就能致病：結核分枝桿菌（*Mycobacterium tuberculosis*）和麻風桿菌（*Mycobacterium leprae*）。結核分枝桿菌是繁殖最慢的細菌之一，大概需要二十四小時才能倍增，但人類群聚得愈多它就能感染愈多人。很多患者還撐不過潛伏期，就會像劇作家威爾第的《茶花女》（*La traviata*, 1853）最後一幕那樣，因為肺部受損而死；而患者的咳嗽、打噴嚏、說話、吐痰，又會讓結核菌在空氣中傳播。麻風病的傳播方式也類似，主要症狀則是神經損傷導致的皮膚變色和感官衰弱。此外，梅毒螺旋體（Treponema pallidum）引起的梅毒會透過性接觸傳播，病情的演變時間很長。初期會出現下疳（不癢的小塊皮膚潰瘍），第二期時螺旋體會擴散到身體的每個器官，包括中樞神經系統。接下來會進入好幾年的潛伏期，沒有任何症狀，然後進入第三期，出現多種慢性神經退化問題。斑疹傷寒的病情發展則快很多，最常見的是由體蝨攜帶的普氏立克次體（*Rickettsia prowazekii*）引起。最後我還要提一下霍亂，霍亂弧菌每十三分鐘就能倍增，而且能在水中傳播。它本身並不致病，但會分泌霍亂腸毒素，破壞調節水分進出的細胞膜。但嚴格說來患者不是死於脫水，而是死於「伴有代謝性酸中毒且未經治療的低血溶性休克」。[65]

有三種病毒引起的疾病因為傷亡特別嚴重，因此在歷史上特別重要。第一種是天花，由重症天花（*Variola major*）與類天花（*Variola minor*）這兩種病毒引起，大約一萬年前出現在非洲東北部。早在西元前一一二二年，中國的文獻就記載了天花，埃及的木乃伊似乎也有類似天花的症狀，尤其是西元前一一四九至前一一四五年在位的拉美西斯五世（Ramses V）。天花一開始會引起發燒、嘔吐，然後會在口中生瘡，皮膚上出現可怕的疹子。它不需要媒介即可傳播，帶原者只要開始出現潰瘍就具有傳染性，咳嗽和打噴嚏的飛沫都帶有病毒；膿疱本身也有傳染性，患者的衣物和床上用品全都很危險。它的感染死亡率高達三〇％左右，嬰兒的感染死亡率甚至更高。而且即使痊癒，也會留下狄更斯《荒涼山莊》（*Bleak House*, 1853）中艾瑟・薩莫森（Esther Summerson）那樣的疤痕，甚至可能失明。天花的傳染力不如水痘，基本傳染數（basic reproduction number, Ro）僅接近五，水痘接近十，麻疹則為十六至十八；但天花更為致命，光是二十世紀大約就造成三億人死亡。人類在一九七〇年代終於靠著史上最久，但也最為成功的疫苗接種運動，讓天花完全絕跡。[66]

相比之下，黃熱病可能就永遠無法根除。這種病毒藉由埃及斑蚊（*Aedes aegypti*）傳播，可以感染猴子跟人，患者會發熱、頭痛、肌肉痠痛、畏光、噁心、暈眩、臉部眼睛或舌頭發紅。如今天花可能已經消失了，黃熱病卻仍在四十四個國家流行，每年感染約二十萬人，致其中三萬人於死地（感染死亡率高達十五％），主要死因是器官衰竭。[67]最後一種則是流行性感冒，流感病毒是一種不斷變形的殺手，屬於正黏病毒科（orthomyxovirus），根據基質蛋白（matrix protein）和核蛋白（nucleoprotein）又分為A、B、C三種亞型。其中的A型流感又可以根據血球凝集素（hemagglutinin, HA）和神經胺酸酶（neuraminidase, NA）兩種主要表面醣蛋白進一步分類，其中H1、H2、H3三種HA亞型，以及N1、N2兩種NA亞型都曾造成大流行。流感是呼吸道疾病，患者咳嗽或打噴嚏時都會傳播。它的遺傳物質為單股RNA，獨立存在於病毒顆粒中。當基因重組時，表面抗原的結構會微幅改變，稱為「抗原漂移」（antigenic drift）；而A型流感的變化幅度則可能更大，稱為「抗原移型」（antigenic shift）。此外，它還能和與其他感染人類的病毒株，以及感染豬或鳥的流感病毒株重組基因。[68]

自新石器時代起發生了三件事，讓病原體愈來愈容易在人類社會中傳播：第一，人類定居聚落愈來愈大。第二，人類愈來愈常接觸動物。第三，簡約生活、都市化、農業、全球化讓人類的移動能力呈指數性增長。疾病得以不斷人傳人的根本原因，是人們建立了鄉鎮與城市，而且住宅區都擠在一起。當然，動物也扮演了關鍵角色，至少有八種常見疾病源於家畜（白喉、A型流感、麻疹、腮腺炎、百日咳、輪狀病毒、天花、結核），三種源於人猿（B型肝炎）和嚙齒動物（鼠疫、斑疹傷寒）。黑猩猩帶給我們瘧疾和ＨＩＶ，牛帶來麻疹，可能也帶來天花和肺結核；嚙齒動物帶來鼠疫和斑疹傷寒，猴子帶來登革熱和黃熱病，鳥類和豬帶來流感。貿易和戰爭等長途旅行，則讓每一種傳染病都能跨越大陸和海洋，把熱帶疾病傳到溫帶，將溫帶疾病傳到熱帶。[69]

也就是說，無論病原體演化得多麼精巧，感染人類的能力都不會超過人類網絡以及人類與動物共享的網絡允許的範圍。但更重要的是，即使我們打造出極為巧妙的預防與治療措施，也可能因為我們的網絡而事倍功半。我們愈是住在城市裡，就愈容易感染疾病；愈常接觸動物，就愈容易碰到新的人畜共通傳染病。我們不僅刻意豢養牛、羊、雞、狗、貓，也無意間與蝨子、跳蚤、老鼠住在一起。蝙蝠可能不會住在我們家裡，但卻因為會飛而經常能靠近人類群聚之處，而且蝙蝠有上千種，總是成群擠在一起，非常適合病毒演化。接下來我們還會提到，許多地方的人都會吃野生動物，讓自己與貿易夥伴陷入巨大的危險。[70]而我們愈常旅行，也愈容易碰到傳染病。

不過微生物並沒有帶著殺意，它們感染我們只是為了繁衍而已。引起嚴重急性呼吸道症候群

（SARS）和中東呼吸症候群（MERS）那些快速致命的冠狀病毒之所以無法快速擴散，就是因為這些疾病讓患者在短時間內變得太過虛弱，經常在能夠感染其他人之前就死去。早在二〇〇七年就有一群科學家指出：「如果病原體傳播過程注定會傷害宿主，天擇壓力就會讓病原體往更容易傳播、更不容易殺死宿主的方向演化。它會減緩致死率，確保宿主數量不會下降。」[71]

古代的瘟疫

傳染病的歷史既是社會網絡的歷史，也是病原體演化的歷史。在二十世紀後期的醫學突破之前，人類幾乎只能藉由調整社會網絡，讓病原體難以傳播的方式來應對傳染病。但歷史證明這非常困難，因為古人往往誤解這些疾病的本質。更不用說人類即使充分掌握了微生物會帶來哪些風險，似乎也不足以改變病原體作用的模式，看看我們現在就知道。因此，過去疾病大流行的時候，社會網絡通常都無法主動有效地集體回應，只能被迫瓦解，甚至還會導致政治結構崩毀。

最早記載疫情的人是史學之父，雅典人修昔底德（Thucydides）。他在《伯羅奔尼撒戰爭史》（*History of the Peloponnesian War*）第一章就寫道，雅典與斯巴達的戰事「曠日廢時，……為希臘帶來了前所未有的不幸」。但除此以外，希臘還同時受到好幾種災難的襲擊：

過去從來沒有這麼多城市，在被攻占之後化為廢墟……，也從來沒有任何事件像如今的戰場，

> 像當下的派系鬥爭那樣，造成那麼多的放逐和流血。這裡甚至發生了規模空前的地震、史無前例的頻繁日蝕，很多地方更發生大旱，陷入饑荒，並且碰上最慘重的災難：瘟疫。[72]

修昔底德所住的城市明明遇到了很多災難，他卻說其中「最慘重的」是在大戰第二年（西元前四三〇年）發生的瘟疫。根據他的記載，這場瘟疫源於衣索比亞，經埃及傳到比雷埃夫斯港（Piraeus），然後再傳到雅典。當時希臘領袖伯里克里斯（Pericles）讓雅典人全都撤到城內，打算發動以海戰為主的戰爭，卻剛好碰上了瘟疫，全城就這樣變成病原體的溫床。大約四分之一的人口都死於該場瘟疫，就連伯里克里斯、他的妻子與兩個兒子也不例外。修昔底德雖然染病，卻有幸活了下來，並在書中細細地描述這病可怖的症狀：

> 原本健健康康的人突然頭上發熱，眼睛紅腫，喉嚨、舌頭等內側部位忽然流血，呼出惡臭。接下來他們開始打噴嚏，聲音沙啞，沒過多久之後胸部也開始疼痛，並開始劇烈咳嗽。當疾病到達腹部時，肚子開始翻攪，在劇痛之中分泌各式各樣的膽汁，這時候通常患者會開始乾嘔，發生劇烈痙攣。他們的身體摸起來沒有很熱，也沒有發白，而是變成紅色或鐵青色，爆出小膿疱和潰瘍。但他們卻覺得熱如火燒，即使是最薄的衣服或麻布也無法忍受，寧願全身脫光。他們最想要的就是泡進整缸冷水，其中有些沒被照顧的患者，甚至真的就因為永無止盡的口渴而跳進貯雨箱中。但無論他們喝了多少水，狀況都沒什麼改善。此外他們完全無法入睡，連一秒鐘也無法休息。更

奇怪的是，只要瘟熱還在發作，身體就不會消瘦，而是會繼續像奇蹟一樣負隅頑抗下去；因此大多數人到了第七至第八天死於體內發炎時，都還存有一些力氣。但如果撐過了這個階段，疾病就會深入腸道，引發嚴重潰瘍與嚴重腹瀉，並導致身體陷入致命的虛弱狀態。這種疾病會先侵襲頭部，然後蔓延到全身。對患者來說，即使能留下一條小命，也會在身上留下烙印，很多倖存者都失去了陰部、手指、腳趾，有些甚至還沒了眼睛。另一些人則在第一次復原時就完全喪失記憶，不認識自己和親朋好友。屍體即使沒被埋葬，鳥獸通常也都不吃；吃下肚的鳥獸全都跟著患者一起死去。

長久以來，一直有人爭論雅典瘟疫到底是什麼疾病。最早曾被認為是腺鼠疫，後來又被認為可能是斑疹傷寒、天花、痲疹，甚至伊波拉或類似的病毒性出血熱。一九九四至一九九五年，研究者在雅典凱拉米科斯（Kerameikos）墓園外側挖出一座萬人塚與近千座墳墓，時間介於西元前四三〇至前四二六年間，某些遺骸體內的DNA序列，類似引起傷寒的腸道沙門氏菌（*Salmonella enterica*）。但無論雅典遇上的是何種疾病，當時的人都無能為力。修昔底德寫道：「就連醫生一開始也完全不知道該怎麼治療，而且因為他們一直探望病人，自己反而病得最慘；人文處置也沒比較好，神廟的祈禱、占卜全都徒勞無功，只能一個個等著被疾病奪走生命。沒有人找到專門的治療方法，每一種能夠補上東牆的方法都會挖去西牆，而大部分的死者就是這樣在彼此照顧的過程中互相傳染疾病，再像羊群一樣死去。」唯一有意義的發現，就是倖存下來的人全都免疫，「因為幾乎沒有人再次患病，即使再次得到也不會致命。」

雅典瘟疫的模式後來多次重演：這個當時全球最先進、人口最密集的社會，卻完全無法抵抗新的病原體。瘟疫在西元前四二九年，以及西元前四二七至前四二六年的冬天分別再次捲土重來，造成屍橫遍野，社會與文化制度整個土崩瓦解：

當災難莫之能禦，未來混沌未明，人們就開始對一切漠不關心。神聖和褻瀆都不再有意義，葬禮儀式也變得一團混亂。那些以前只敢在角落裡做的事，現在人們大大方方地做……，而大富大貴的人一夜暴死，一無所有的人瞬間繼承所有遺產，更讓人們決定今朝有酒今朝醉，不再思考自己還有沒有明天。而且因為不知道所謂的榮譽會不會在自己死前到來，也不再有任何人堅守過去的榮譽，人們反而開始認為所有能讓人及時行樂的事情，都既光彩又有用。諸神的律法和人間的法律全都形同虛設，畢竟敬神的和不敬神的都同樣殞命，犯罪的與不犯罪的也都活不到登庭受審。但每個人也都覺得有一種比這兩者都更嚴厲的懲罰，已經盤旋在自己頭上，如今唯一能做的就是它降下之前好好享受最後一刻。

古雅典聞名國際的民主，也因人們無視宗教與法律而動搖，導致具公民身分的居民減少，最終還因此在西元前四一一年一度陷入寡頭統治，之後才在新的法律限制下重新恢復民主。此外，雖然可能怎麼做都無法避免，雅典最後還輸掉了伯羅奔尼撒戰爭。知道這段歷史之後，你應該就更能理解《伊底帕斯王》（*Oedipus Rex*）的劇情為什麼會那麼黑暗。

西元二世紀的羅馬，比伯里克里斯時期的雅典更巨大複雜，因此也更怕遇到新的病原體。羅馬帝國的總人口在全盛時期大概有七千萬，約為當時全球的四分之一。原本就很容易感染腸胃性疾病和瘧疾的羅馬人，到了一六五至一六六年的冬天，哲學家皇帝馬可·奧理略（Marcus Aurelius，一六一至一八〇年在位）統治的時候，更看似碰上了第一次天花大流行。[73]羅馬人以為這是因為他們在跟安息人（Parthians）打仗時，洗劫了塞琉細亞（Seleucia）的阿波羅神殿造成的；但實際上疾病既可能源於返鄉的士兵，也可能源於從非洲輸入的奴隸。根據古羅馬醫學家蓋倫（Galen）的記載，這種疾病的症狀包括發熱、口渴、嘔吐、腹瀉、黑色皮疹，老少貧富全都逃不過，但奴隸感染的數量更是不成比例地高，像他自己的奴隸就全都死光。這場疫情一直持續到一九二年左右，使南至埃及北至雅典的人口急遽減少，許多城鎮和村莊淪為死城，更誘使日耳曼部落發動攻擊，尤其是攻擊多瑙河沿岸。愛德華·吉朋記載道：「有一段時期羅馬每天死掉五千人，而那些脫離蠻族掌握的城鎮，人口也大幅減少。」[74]現代學者估計，整場災難殺死了羅馬帝國一至三成的人口。[75]而根據急遽減少的木頭開採量，也顯示這段時間羅馬的經濟成長明顯趨緩。當代有一份資料甚至宣稱，整支羅馬軍團在一七二年「幾乎……完全死光」。[76]這樣的瘟疫可能還助長了基督宗教的傳播，畢竟基督宗教不僅能成功地把羅馬的染疫解釋成上帝對罪惡社會的懲罰，信徒的某些行為還讓他們的倖存率不成比例地高。[77]

但羅馬帝國這次沒垮。後來二四九至二七〇年又碰上賽普勒斯大瘟疫（Plague of Cyprian）的出血熱，可能失去了全帝國十五至二十五%的人口，但還是沒垮。很多人認為後來的查士丁尼大瘟疫（Plague of Justinian）給了羅馬帝國致命一擊，這場鼠疫五四一年出現在埃及的貝魯西亞市（Pelusium），靠近當代的塞德港（Port Said），隔年傳到君士坦丁堡，五四三年傳到羅馬，五四四年來到英國。在那之後，它又分別在五五八、五七三、五八六年數次於君士坦丁堡捲土重來。要說起來，查士丁尼大瘟疫甚至就像後來十四世紀的黑死病一樣，在爆發之後的兩個世紀的大部分時間裡不斷回頭侵擾。根據拜占庭歷史學家普羅柯比（Procopius）的記載，這場瘟疫確定是鼠疫。底下我們就來看看吉朋的轉述：

> 那一大群躺在床上、在街道上，以及在工作中的人都突然發起燒來，但程度相當輕微，從脈搏和體色都看不出危險將至。但在當天，或者到了第二、第三天，他們的腺體就開始腫脹，尤其是鼠蹊部、腋下、耳朵下方的腺體腫得特別明顯；切開這些淋巴腺或腫瘤時，會看到煤炭一般的黑色物質，大小有如扁豆。患部如果轉為腫脹或化膿，那麼這些異常體液自然排放完畢之後，患者就不會有大礙。但如果患部繼續又硬又乾，就很快會變成壞疽，患者通常到第五天就會死亡。除了發燒，患者也常陷入昏睡或譫妄；體表布滿黑色的膿疱或癰（carbuncles），不久之後就死去；如果身體虛弱到無法出疹，就會在吐血之後出現內臟壞死的現象。即使倖存，許多人也說不出話來，而且還是可能再次染疫。

查士丁尼時代的君士坦丁堡，就像修昔底德時代的雅典一樣，不知該如何處理眼前的瘟疫。醫生對疫情束手無策，人們不再辦喪禮，任憑他人橫屍街頭，最後一併扔進萬人塚。根據吉朋的記載，由於皇帝自己也染了病，「帝國陷入空轉、失去活力，導致東羅馬帝國首都很多東西供不應求。」[78]但帝國「依然讓羅馬各省頻繁自由來往，不加任何限制。從波斯到法國各地都混在一起，共同被戰爭與移民所影響。在棉花中蟄伏多年的疫病惡垢，在貿易的濫用之下被運送到最遙遠的地方，一次次從海港進入內陸。一下子是最偏遠的島嶼，一下子是最僻靜的山區，那些有幸逃過第一波風暴的地方，在第二年都遇到了災情」。[79]

查士丁尼大瘟疫死了多少人？吉朋沒有寫出確切死亡人數，只說「在連續三個月裡，君士坦丁堡每天都死了五千人，最後甚至高達一天一萬人。東方許多城市都變成空城，義大利有好幾個區的莊稼和葡萄都直接爛在田裡，無人採收」。多年以來，人們都認為這場鼠疫殺死了地中海地區四分之一至二分之一的人口，不過最近有學者從紙莎草、硬幣、雕刻、花粉這些非文字考古資料回推，認為死亡比例可能沒這麼高。[80]但無論如何，這場瘟疫都讓查士丁尼一世無法重建一個世紀以前被日耳曼部落蹂躪的西羅馬帝國，此外還使倫巴底人後來更容易入侵義大利北部，在那裡建立了新王國。當然正如本書第六章所言，羅馬帝國的衰落不能全歸咎於這場疫情，[81]但帝國的財政與國防似乎仍受到相當深遠的影響。正如吉朋所言，鼠疫的傷害之所以能夠擴得這麼大，正是因為帝國不對社交與商業活動設下任何阻礙：

普羅柯比的那些同胞，都根據短期的片面經驗，認為面對面的親密對話不會傳染疾病；這可能也讓許多醫生和親友因此費心地照顧患者，而不採用冷血的謹慎態度讓患者獨自面對絕望與無助。他們讓患者得到了安全感，卻也助長了疫情的蔓延。[82]

死亡之舞

但如果是這樣，十四世紀中葉的黑死病又如何成為人類史上最嚴重的瘟疫？這似乎一點都不合理，因為十四世紀的歐洲不僅不再像八百年前被鼠疫摧毀的羅馬帝國一樣，是一個大一統帝國（雖然蠻族在邊境外虎視眈眈），甚至還比當時歷史記載的任何時代都更為分崩離析。在一三四〇年，整個歐洲是一個由各個王國、公國、侯國、主教轄區，以及許多自治或半自治城邦拼起來的大拼圖。如果你看到黑死病爆發前夕的歐洲地圖，一定會好奇地問：疫情跨國大流行所需要的龐大國際網絡，到底在哪裡？

答案是，一塊大陸的政治地理很難真正顯示社會網絡的真正結構。首先，中世紀的全球人口大概是查士丁尼時代的一點五倍，西元五〇〇年為二億一千萬，一三〇〇年是三億二千九百萬。歐洲人口在一〇〇〇至一三〇〇年快速增至兩倍，高達八千萬至一億。英格蘭的人口在一〇〇〇年大約只有二百萬，一三〇〇年卻突破七百萬，只是在黑死病爆發前三十年可能因為氣候變遷，作物歉收，無法餵飽所有人而略微下降。其次，西歐十四世紀的城鎮數量比六世紀還多很多。每個城鎮都可以當成網絡中的一個叢集，叢集之間的「弱連結」則是戰爭和貿易。用這種方法，就更能解釋為什麼鼠疫在歐洲蔓延得比發源地東亞快很多，致死率也高很多。在黑死病的發源地，社會網絡通常很稀疏，聚落形成的叢集之間很少連結，所以這種疾病明明傳染力很強，卻花了四年時間才從亞洲傳到歐洲，每年只前進大約一千公里。[83]但一旦到了歐洲，速度就完全不同，例如疫情只花了一年就傳遍整個英格蘭。[84]從比利時、英國、法國、德國疫情遺址採集到的DNA證據，則顯示不同鼠疫菌株沿著不同路徑傳播。[85]而且鼠疫爆發了好幾波，例如英格蘭在最初爆發一次最大規模的疫情之後，在一三六一至六二年又爆了一波，一三六九年爆發第三波，一三七五年爆發第四波。

黑死病造成三分之一至五分之三的歐洲人口死亡。義大利大概有一百個城鎮的人口大幅減少，包括阿雷佐（Arezzo，一三〇〇年人口為一萬八千）和薩萊諾（Salerno，當時人口為一萬三千）。熱那亞（Genoa，一三〇〇年有六萬居民）的人口減少了十七%，威尼斯和佛羅倫斯（人口各約十一萬）分別減少了二十三%

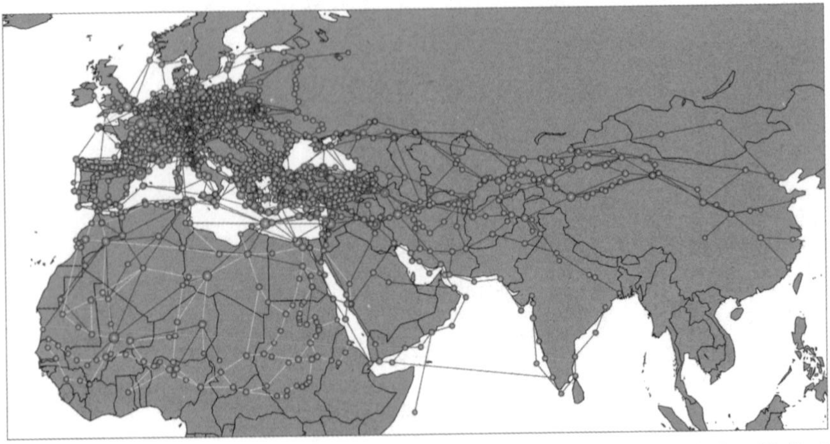

圖表7：十四世紀歐亞非朝聖與貿易網絡圖。圓圈的大小與各城市的中心性成正比。黑色連結為貿易路線，白色連結為朝聖路線。

和六十六%，米蘭（人口十五萬）減少了三十三%。[86]英格蘭的人口從十四世紀初開始下降，從一三〇〇年的七百萬一路經歷兩波瘟疫，掉回二百萬。[87]歷史學家馬克・貝利（Mark Bailey）估計，英格蘭二分之一的農村地主和四分之一的土地大亨死於黑死病或之後的災難。莊園法庭（manorial court，或譯領地法庭）的紀錄則顯示，不能自由遷徙的租戶受害最為嚴重。[88]

而其他幾個因素，更讓黑死病把歐洲搞得屍橫遍野。其中之一當然是氣候，[89]印度鼠蚤在夏天最為活躍，歐洲好幾波鼠疫的死亡人數也都是在一年中最熱的幾個月達到高峰。[90]而潮濕的天氣也有助於鼠疫桿菌的流行。[91]此外，第三章提過的那五場一一五〇至一三〇〇年間的火山大爆發，則可能使氣溫低於平均值，造成糧食歉收，人們吃得不好就更難抗疫。例如英格蘭就在一場嚴重寒流和異常暴雨之後，從一三四七年開始連續四年歉收。而感染死亡率比黑死病更高，接近百分之百的肺鼠疫（pneumonic plague）和敗血性鼠疫（septicemic plague），也一定害死了大量的人。[92]

但歐洲與亞洲之間，以及歐洲商業中心彼此之間的網絡連結，對黑死病的傳播也同樣重要。托斯卡尼小鎮錫耶納（Siena）的黃金時代大約從一二六〇至一三四八年，與蒙古帝國興衰同一時期。當時錫耶納商人遠赴大布里士（Tabriz）購買中亞的絲綢；教皇則接待了元順帝派來的大使。藝術家安布羅喬・洛倫采蒂（Ambrogio Lorenzetti）那座一度毀壞、要轉身才能看完的巨幅壁畫〈好政府與壞政府的寓言〉（The Allegory of Good and Bad Government），則顯示錫耶納當時是歐亞貿易網絡的中心。但也正是這座貿易網絡，讓黑死病得以長驅直入。[93]義大利境內的城鎮愈大，死亡率就愈高，[94]而這些大城通常都有水路運輸，甚至是擁有港口。[95]歐洲其他地方的狀況似乎也一樣。[96]用網絡科學的術語來說，貿易與宗教朝聖網絡裡面中心性最高的城市，都被鼠疫傷得最重。[97]最後，社會史學家偶爾也該看看戰爭的影響，例如一三四〇年六月二十四日，愛德華三世（Edward III）的海軍艦隊在斯勒伊斯海戰中擊潰了法國艦隊，開啟了英法百年戰爭。六年後，愛德華三世跨過海峽入侵法國，攻占卡昂（Caen）之後進軍法蘭德斯（Flanders），在克雷西（Crécy）重擊法王腓力六世（Philip VI）的軍隊，並繼續征服加萊（Calais）。後來法國國王的盟友，蘇格蘭國王大衛二世（David II）入侵英格蘭，卻在一三四六年十月十七日的內維爾十字（Neville's Cross）被擊敗。一三五五年，愛德華三世之子，「黑太子」愛德華（Edward, the Black Prince）另領一支軍隊入侵法國，一三五六年九月十九日在普瓦捷（Poitiers）為英國再次帶來重大勝利。但英國第三次入侵就沒那麼順利，並使英法兩國在一三六〇年五月八日締結《布雷提尼條約》（the Treaty of Brétigny）。一三六九年戰火再次點燃，斷斷續續直到一四五三年。當時義大利的狀況也差不多，像威尼斯共和國一三四〇年代與一三五〇年代就先是在達爾馬提亞（Dalmatia）對抗匈牙利國王拉約什一世（Louis I）與其盟友，後來又對抗宿敵熱內亞共和國。這段時間的軍隊就像過去的羅馬時代，以及往後六百年的歐洲軍隊一樣，都得餓著肚子行軍，所到之處都造成饑荒，而且瘟疫一直在背後虎視眈眈。

歷史學家一直在爭論黑死病對經濟、社會、政治造成哪些影響。最近有一項研究認為流行病跟重大戰爭的影響不同，流行病雖然會害死人卻不會破壞資本，所以通常會壓低實質利率，提高實質薪資。[98]但實際狀況遠比這更複雜，尤其是戰爭和瘟疫經常同時發生。這從經濟理論來看似乎顯而易見：人口急遽減少必然導致勞動力短缺，至少英格蘭與義大利北部的某些歷史數據也如此顯示，當時實質薪資大約漲至兩倍，土地的投資報酬率則從十%以上降至五%左右。[99]但最近對當年英國的研究卻指出，那些從災難中倖存下來的勞動人民，未必像過去所說的那樣過得更好。鼠疫爆發後，日用品價格飆升，鹽價飆漲得特別嚴重，一三四七至一三五二年之間就漲了七倍，這表示「史上規模最大的勞動供給面衝擊」一開始並沒有讓倖存民眾的實際薪資提高多少。惡劣的天氣與慘澹的收成，讓英國一三七〇年的穀物價格比長期平均價格高了二三〇%。某種不明的「瘟疫」則害死了許多羊、豬、牛，推升了牲畜價格。從鼠疫中倖存的人不僅得面對上述困境，還得面對鋤頭、犁這類農具的長期短缺。鼠疫結束之後的二十年裡，勞工的生活成本一直居高不下，直到一三八〇年代後期才有所改善。[100]

但從中期來看，從黑死病中倖存的英國人民命運顯著改善。地主與其他雇主之間搶奪勞動力，使政府無法把薪資壓得太低。英國經濟日益貨幣化，並逐漸轉向固定年租制，使人民開始不再像封建時代那樣被地主束縛。黑死病之後，在土地上耕作的自由民比例愈來愈高，為後來的英國前工業化社會結構奠定基礎。另一方面，糧食生產逐漸轉向小麥和大麥，勞動力需求比農業低的畜牧業也明顯增加。人均啤酒消費量飆升，而且主要來自生產效率愈來愈高的大啤酒廠。羊毛和皮革製品的產量也提升。愈來愈多人從農村來到城鎮，以前的農奴開始去當製造業勞工，單身的年輕女性開始去當僕人。黑死病之後，典型的西北歐婚姻模式也開始出現：初婚年齡提高、生育率降低、出現大量未婚女性。法蘭德斯以及低地諸國也和英國一樣出現上述現象，不過南歐與東歐的發展卻截然不同——黑死病反而鞏固了這些地方的封建體制，讓農奴制度在事實上（即便未必是法律上）一路延續五個世紀。

令人意外的是，英國政府不但沒有被黑死病削弱，其地位甚至還獲得鞏固。長期的食物與勞動力短缺，讓國王在一三五一年推出薪資與物價控管。而政府也為了彌補王室土地的租金減少，而將每人平均稅負提高到一三四〇年代初的三倍。一三五一年頒布的《勞工法令》（Statute of Labourers）強迫每個身體健全的人都去工作，並以頸手枷或足枷等新刑來處罰「無業遊民」，但該法主要目的並非維持秩序，而是降低勞工的流動性。[101]這些過度干預導致了一三八一年的農民起義，農民、佃農、城市市民、商人全都揭竿而起。起義者要打倒的主要目標，並非理查二世（Richard II）等王室權威，而是中級領主，以及由地方貴族與神職人員組成的教會法庭——他們的法庭紀錄文件被起義者搬出來燒毀。照貝利的說法，農民起義「是在清理馬廄，而不是在推翻整套制度」，而且展現了「底層社會對於王家司法仍然深具信心」。[102]這場起義最後也像大多數中世紀的起義一樣以失敗告終，一三八八年的《劍橋法令》（Statute of Cambridge）對農民的流動與行為施加更嚴格限制。[103]但另一方面，英國的法治也在這段過程中也逐漸改善，《勞工法令》在各地設立治安法官（justice of the peace）辦公室，這些地方法官的角色直到一九七〇年代的法律改革才被取代。雖然普通法的內容是在限制隸農自由，卻推動了書面優先的概念，確立了合法證據的重要性，使正當程序（due process）成為執法標準，並縮減了領主能夠專斷行事的範圍，讓農民獲得更多法律保障。[104]

早期的中世紀史學家，例如出身於沙皇統治的比薩拉比亞（Bessarabia，現摩爾多瓦〔Moldova〕）的史學家麥可・波斯坦（Michael Postan），經常把中世紀的英國當成亞歷山大二世（Alexander II）時代俄羅斯的先驅，只不過英國的農奴在解放之後過得比俄羅斯還要好。但當今的史學家更著重於尋找英國個人主義與體制的深刻延續性。但這個方向可能忘記了，從黑死病到光榮革命（Glorious

Revolution）這三百年歷經了多少政治偶然，這段期間有許多政治事件都差一點點就改變了英國的歷史進程。從網絡科學的角度來看，英國政府在一三五〇年代試圖限制人口流動相當明智，畢竟就我們所見，就是因為英格蘭的人口流動幅度較大，才使鼠疫在當地快速傳播。當時義大利各城邦也試圖限制人口流動，對無法工作者發放救濟金，並實施檢疫隔離。[105]但這些措施未必都能確實實施。你很難說服有錢人像佛羅倫斯作家薄伽丘《十日談》（*Decameron*）裡面那七女三男一樣，乖乖躲進鄉下的別墅。當時的佛羅倫斯外交官巴達薩雷・博納尤蒂（Baldassarre Bonaiuti，又稱柯波・史蒂芬妮的馬奇翁〔Marchionne di Coppo Stefani〕）寫道：「當時通過了許多法律，制止市民因為這場瘟疫離開佛羅倫斯；但他們擔心這些小人物不會離開，反而會揭竿而起，並且跟不滿政府的人聯合起來……，而且你不可能把市民一直關在城裡……，無論你怎麼擋，那些高大有力的討厭鬼總是有辦法翻過圍籬。」[106]更麻煩的是，在這場疫情下，許多人開始對宗教與社會喪失信心，在生理的瘟疫之外產生了心靈的瘟疫，而這種信任危機又使更多人以更危險的方式試圖逃離。

黑死病也引發了許多宗教騷動。許多地方都出現（或重新出現）異端運動，例如英格蘭的羅拉德運動（Lollardy）。其中最引人注目的運動是自我鞭笞，許多人希望透過懺悔或自我鞭笞，讓神不要用瘟疫懲罰他們。這場運動一三四八年出現於匈牙利，然後一路從德國蔓延到布拉邦（Brabant）、埃諾（Hainaut）、法蘭德斯。鞭笞者聚集成群，每群從五十至五百人不等。研究該運動的傑出歷史學家諾曼・科恩（Norman Cohn）寫道：「從八月初到十月初，每隔幾天就會有一支隊伍抵達圖爾奈（Tournai）。在最初兩週，這些隊伍都來自布魯日、根特（Ghent）、斯勒伊斯、多德雷赫（Dordrecht）、列日（Liège），但在那之後，圖爾奈自己也組成了鞭笞隊伍前往蘇瓦松（Soissons）。」[107] 愛爾福特的市民拒絕讓這些鞭笞者進城，於是三千名鞭笞者就直接在城外紮營。他們自稱送十字架者、鞭笞兄弟、十字架弟兄，身上穿著白色長袍，胸前和背後各有一個紅色十字架，頭上戴著類似的帽子。每個隊伍都有一個「主」或「父」，這個人沒有受過神職訓練，但會聆聽其他人的懺悔，並施加懲罰。每次遊行持續三十三天半，期間不洗澡、不刮鬍子、不更衣、不在床上睡覺，而且禁止與婦女有任何接觸。一旦來到城鎮，這些人就會前往當地的教堂，圍成一個圈，像背著一個十字架一樣，跪在地上張開雙臂。當他們聽到「主」下令「以純粹殉道者之名，起來吧」，他們就站起身來，一邊用末端綁著鐵釘的皮鞭抽打自己，一邊唱著讚美詩，過程中時不時「像被閃電劈中一樣」跌倒在地。這種儀式每天都要進行兩次，一次在公開場所，一次私下進行。無論他們在哪裡自我鞭笞，都會聚來一堆人。這種避免進一步神罰降臨的行為廣受人們歡迎。

這段歷史顯示，人們很容易在疾病大流行期間做出極端行為，結果把社會搞得更不穩定。這些自我鞭笞是一種帶有革命性質的千禧年運動，鞭笞者愈來愈蔑視神職人員的權威，並把罪過推到猶太人身上，說猶太人故意傳播瘟疫，或說他們拒絕崇拜基督所以招來了神罰。當時許多城鎮的猶太人都遭到無情屠殺，例如一三四九年七月的法蘭克福，以及同年八月的美茵茲、科隆。不過斯特拉斯堡在那不久之前把一群猶太人燒死的異端處決（auto-da-fé）似乎跟鞭笞運動無關。[108] 類似的猶太屠殺事件也在西班牙、法國、低地諸國發生。[109] 直到一三四九年，教宗克萊孟六世（Clement VI）公開譴責鞭笞者，這場暴力浪潮才終於平息。[110] 這些事件呈現了黑死病造成的巨大社會與文化動盪。但歷史學家經常忘記，鞭笞者帶來的最大威脅其實是他們四處旅行，加速疫情傳播。

瘟疫甚至變成了這時代的特產。從十四世紀初到十八世紀初，黑死病在歐洲以我們現在難以想像的程度不斷爆發。一六二九年，瘟疫穿過曼托瓦（Mantua）和米蘭來到威尼斯，殺死大約全城四十八%的人口。[111]曼佐尼（Manzoni）一八二七年初版的《訂約夫婦》（*I promessi sposi*）就是以一六三〇年米蘭最後的一次大瘟疫為舞臺。莎士比亞的劇作也提到瘟疫，但通常都只是用來讓場景敘述更加逼真（「你們兩家都染了疫！」、「染上瘟疫有這麼快嗎？」），而沒有加以解釋。只有《羅密歐與茱麗葉》（*Romeo and Juliet*）裡面的瘟疫才對情節有影響：茱麗葉吞藥假死之後，傳遞消息的方濟會修士被強制隔離，害得羅密歐沒有收到關鍵資訊，誤以為茱麗葉真的殞命。莎士比亞在世的時候，倫敦先後在一五八二年、一五九二至一五九三年、一六〇三至一六〇四年、一六〇六年、一六〇八至一六〇九年都遇到瘟疫，上演莎士比亞劇作的劇院經常因此關閉。[112]

莎士比亞死後不到五十年，瘟疫在一六六五年再次襲擊倫敦。丹尼爾·笛福在半個世紀後在《大疫年紀事》（*Journal of the Plague Year*）一書中回顧這場瘟疫，[113]但瘟疫對笛福而言不只是一樁歷史事件。在《大疫年紀事》一七二二年出版之前兩年又出現一場瘟疫，害死馬賽三分之一的人口。笛福本人還加入了一場預防英格蘭再次爆發疫情的公開辯論，這場辯論後來讓理查·米德（Richard Mead）在一七二〇年出版了《傳染病與預防方法簡論》（*Short Discourse Concerning Pestilential Contagion, and the Methods to Be Used to Prevent It*）。英國樞密院也根據米德的建議提出了新版的《檢疫法案》（Quarantine Act），在一七二一年由議會通過，這項法案讓政府的權力比一七一〇年的舊版法案擴大許多。[114]

笛福在《大疫年紀事》中描述了腺鼠疫下的民眾情緒，這股情緒如今我們已不陌生：

這個時代的錯誤搞得人心惶惶。人們似乎以我無法想像的方式，比過去或未來都更沉迷於預言、星座、解夢，以及各種無稽之談。我不知道這種負能量是不是那些靠著印預言書賣錢的人造成的，但那些書肯定把人們嚇壞了。[115]

照笛福的敘述來看，十七世紀的倫敦人就和六世紀的羅馬人或十四世紀的德國人一樣怪力亂神，一天到晚想找出瘟疫背後的超自然原因和超自然解法。笛福本人倒是不信這套：

可是我們所說的鼠疫，明明是一種由自然現象引起，以自然途徑傳播的瘟熱……，沒有什麼理由讓我們需要用超自然的方式去解釋。只不過大自然的能力太強了，讓瘟疫的效果看起來像是上天降下的而已。只要我們瞭解這種疾病的傳染途徑難以避免，而且難以覺察，就不再需要把這場疾病說成是神的天譴，把什麼東西都導向超自然和奇蹟。[116]

我們在上面提到，鼠疫同時引發了生理的瘟疫和心理的瘟疫。這個現象我們之後會再看到。但根據笛福的記載，以及他在書中引述相關當局的可靠說法，他們顯然也搞錯了腺鼠疫是怎麼傳染的：「這場造成的災難是由蒸氣或煙霧傳染開來的，該煙霧來自患者的呼吸、排汗、身上的膿瘡。醫生稱之為臭氣。」[117]

我們經常根據錯誤的理由，得出正確的結論。歷史學家愛德華·吉朋生於一七三七年，也就是笛福死後六年。但看看吉朋回顧一千年前查士丁尼大瘟疫的寫法，就知道他對腺鼠疫的理解也沒比普羅柯比好多少。

風也許能吹散那難以察覺的毒液……，但當時的空氣已經全都腐壞了，這場查士丁尼在位第十五年爆發的瘟疫絲毫沒有因季節的差異而減弱或停止。過了好一段時間疫情才開始好轉，但在那之後依然時不時地死灰復燃。直到五十二個年頭過後，空氣才重新變得乾淨清爽，人們才終於恢復健康。[118]

吉朋語帶優越地提到了一種防疫措施，就是進行隔離與限制人們行動。笛福也知道這些方法有多重要，他在回顧一六六五年瘟疫大爆發時寫道：「如果你對大多數的旅客都這麼做，他們就不會把瘟疫帶到那麼多城鎮、那麼多家屋之中。瘟疫的傷害就不會那麼大，死的人也不會那麼多。」[119]他還以讚許的態度提到，當時的倫敦市長和市議員「知道散布在城市每個角落的大量盜賊和遊蕩乞丐，是疾病傳播的重要成因，於是試圖管制這些人」，此外還「禁止一切戲劇、逗熊（Bear-Baitings）、競賽、聽歌、鬥劍（Buckler-play）等會造成群聚的活動」，以及一切的「公開宴會與酒館裡的酗酒大會」。[120]

人們如今依然常常斬釘截鐵地說，科學知識的進展讓人們控制傳染病的致命威脅，甚至消滅了這些威脅。但仔細看看歷史紀錄就會發現，人們從文藝復興時代開始，早在還沒有真正理解傳染病的時候，就已經發現隔離、保持社交距離這些當今所謂的「非醫藥介入措施」多麼有效。儘管難稱完美，但光是靠這些方法就足以擾亂地方、全國乃至全球的社會網絡，讓那些正體未明，人們還無法理解的微生物更難傳播開來。

第五章

Chapter 5

科學幻夢

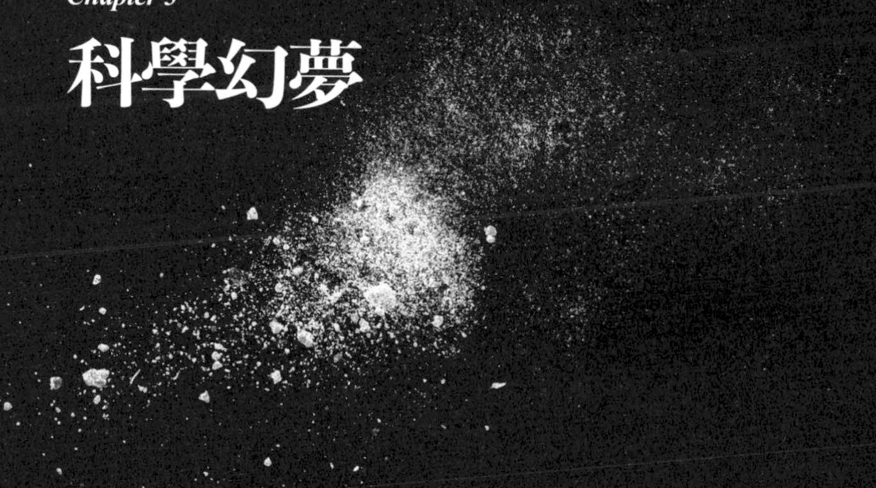

來吧，
我的流感小姐……

——英國詩人魯珀特·布魯克（Rupert Brooke）

留蚊或留人

魯伯特．威廉．博伊斯爵士（Sir Rubert William Boyce）是利物浦熱帶醫學院（Liverpool School of Tropical Medicine）的創始人之一，他在一九〇九年出版了一本書，書名就叫做《留蚊或留人：征服熱帶世界》（*Mosquito or Man: The Conquest of the Tropical World*）。他寫道：「熱帶醫學運動，現在已經遍布整個文明世界……，正穩步且確實地征服熱帶世界。這麼說一點也不言過其實。瘧疾、黃熱病與昏睡病是熱帶地區由昆蟲攜帶而來的三大禍害，是人類有史以來被迫面對的最大敵人，如今已經完全獲得控制，不再囂張……。熱帶世界再一次地為商貿先驅開放……，這樣實際的征服必定會為全球帶來一塊廣袤的新土地，為（英國公眾的）領地和各種活動注入前所未有的生產力。」在一個多世紀以前的歐洲輝煌時代，這類觀點十分常見。一九〇三年，博伊斯爵士的同行約翰．托德（John L. Todd）便寫道：「帝國主義的未來，靠的是顯微鏡。」[1]猶如當年人類（和顯微鏡）艱苦對抗蚊子，最終獲得勝利，即使現在因為科學而受益的不再是帝國主義，這種以科學「征服」自然世界的想法依然令人幾乎難以抗拒。我曾在過去的著作中，直接把現代醫學列為西方文明「六大殺手級APP」之一。[2]不過現在同一個故事很可能有不同詮釋方式：不再是現代醫學一路以來披荊斬棘的勝利故事，而更像是科學與人類行為之間的貓捉老鼠遊戲。歷史告訴我們，每當人類文明靠著顯微鏡向前推進兩步，就會被全世界扯後腿而往後退一步，因為我們在不知不覺之下不斷強化網絡，不斷做出有利於疫情傳播的行為。結果，在一九一八至一九一九年的「西班牙」流感、愛滋病，以及最近的COVID-19

疫情面前，那些人類必終結病史的敘事一再地化為泡影。

受感染的帝國

十五世紀時，歐洲人開始為追求商業機會而駛出歐洲海岸。人們大概會以為，當時歐洲人對科學的理解比他們在非洲、亞洲和美洲遇到的人還要多。他們毫無疑問具有航海方面的優勢，但很難說他們在醫學方面有多麼出色。

歐洲之所以向海外擴張，某種程度上是因為沒有一個大國能夠主宰歐陸。許多國家都嘗試過，但屢試屢敗。一方面是因為各大國在資源和軍事技術方面旗鼓相當，另一方面則是每當某國軍隊快要打贏戰爭時，就突然敗給了某種疾病——人們一直要到一九一六年才知道那叫做「斑疹傷寒」。該病的病原體是一種名為普氏立克次體的桿菌，自從一四五六年鄂圖曼帝國圍攻貝爾格勒（Belgrade）以來就屢屢粉碎了將領們取勝的希望。又髒又餓的士兵身上都是蝨子叮咬的傷口，結果在搓揉傷口時接觸到帶原蝨子的排泄物，因此受到感染而死亡。土耳其的敵人沒辦法摧毀這些軍隊，但疾病可以。一四八九年，斑疹傷寒殺死了圍攻格拉納達（Granada）三分之一的西班牙軍隊——西班牙語稱這種病叫做「日射病」(El Ta-bardillo)。四十年後，同樣的疾病又摧毀了對拿坡里侵門踏戶的法國軍隊。一五五二至一五五三年，神聖羅馬帝國皇帝查理五世出兵圍攻梅斯（Metz），斑疹傷寒為梅斯守軍帶來了勝利。[3] 一五五六年，查理五世的姪子馬克西米利安二世（Maximilian II，後來也當了神聖羅馬帝國皇帝）向東進軍，協助匈牙利對抗鄂圖曼帝國的蘇萊曼大帝，結果瘟疫來勢洶洶，「整支軍隊為了躲避疾病而狼狽逃竄」。在三十年戰爭中，斑疹傷寒可謂最致命的敵人之一：一六三二年，瑞典人與神聖羅馬帝國軍隊皆飽受疾病之苦而疲憊不堪，導致雙方不得不放棄原本要在紐倫堡開打的計畫。[4]考古學證據也證實，在西班牙王位繼承戰爭期間，法國北部城市杜埃（Douai）在被圍困的一七一〇至一七一二年期間也出現了斑疹傷寒。[5]三十年後，普魯士軍隊在奧地利王位繼承戰爭期間圍攻布拉格時，也因為斑疹傷寒折損了三萬兵力。一八一二年拿破崙征俄期間，波蘭爆發斑疹傷寒疫情，讓途經此地的法軍在頭一個月就失去超過八萬兵力。疫情跟著戰爭的腳步蔓延到莫斯科，當時拿破崙的大軍已從六十萬人減少到只剩八萬五千人——其中可能有三十萬人是死於斑疹傷寒和痢疾（俄羅斯那一方當然也因疾病受到沉重打擊）。[6]立陶宛首都維爾紐斯（Vilnius）一處的亂葬崗也再度證實，「傷寒將軍」與「凜冬將軍」在戰爭中幫了沙皇很大的忙。[7]在一八五四至一八五六年克里米亞戰爭期間，除了霍亂這個最大殺手之外，斑疹傷寒也奪走了許多士兵的生命。

當年歐洲人跨越了大西洋，不僅帶知識去美洲，也帶去了自己也不甚瞭解的病原體。歷史學家克羅斯比（Alfred W. Crosby）將之稱為「哥倫布大交換」。[8]正如賈德・戴蒙所說，對美國原住民而言最災難的不是征服者的槍炮和鋼鐵，而是他們從海洋彼岸帶來的病菌：天花、斑疹傷寒、白喉、病毒性出血熱。跟老鼠和跳蚤一樣，白人也是致命微生物的帶原者，將病菌從伊斯帕尼奧拉島（Hispaniola）散播到波多黎各（Puerto Rico）、阿茲特克（Aztec）首都特諾奇提特蘭（Tenochtitlán），再到安地斯的印加帝國（Inca Empire）。阿茲特克人口中的「科科利茲利」流行病（cocoliztli，納瓦特語的「瘟疫」）

帶來了毀滅性的影響，讓當地人悲嘆不已。事實上，他們對包括腸道沙門氏菌在內的各種微生物毫無招架之力，因為他們沒有抗體。歐洲移民於是理解到，自己原來占據了一座巨大的靈骨塔。聖方濟各傳教士暨歷史學家胡安・德・托爾克馬達（Juan de Torquemada）記錄道：「一五七六年，一場持續了一年多的高死亡率瘟疫桎梏著印第安人，我們所知的新西班牙殖民區幾乎成了空城。」[9]一六二一年底，普利茅斯殖民地的清教徒最該感恩的事情之一，就是當地九成原住民都在白人抵達新英格蘭殖民區前的十年間就已死於疾病，（非常體貼地）留下原先耕耘的土地與儲藏過冬用的玉米。[10]一五〇〇年，日後會成為英屬北美的地區原本大約有五十六萬美洲印第安人，到了一七〇〇年卻減少了一半以上。但這樣人數急遽減少的狀況還只是剛剛開始。隨著白人的定居區域向西擴展，整個北美大陸都受到影響。今日的美國領土在一五〇〇年時大約有兩百萬名原住民，到了一七〇〇年已變成七十五萬，一八二〇年更只剩下三十二萬五千人。

既然是「大交換」，那想必有來有往。我們有理由相信，一些探險家和征服者回到歐洲時也把梅毒①一起帶回去。現代的骨骼鑑定發現，梅毒螺旋體確實是在一四九二年後從新世界來到了歐洲，但經由性行為感染的梅毒則是從其變異出來的結果[11]（如果亨利八世和恐怖伊凡真如歷史記載的那樣是梅毒受害者②，那麼這個疾病對政治也造成了深遠影響）。[12]與此同時，歐洲人為了補充美洲的勞動力

---

① 作者注：最早有一種假說稱，歐洲在哥布倫之前的就已經有梅毒，只不過它是以「雅司病」（yaws）的樣態出現。但現代研究已經推翻了這項假說。雅司病是一種透過皮膚接觸傳染的疾病，梅毒卻是在衛生條件改善且雅司病減少後才在歐洲傳播，而且梅毒與雅司螺旋體有交叉反應。

② 作者注：但相關證據太薄弱而禁不起考驗。亨利八世最主要的健康問題，在於腿部皮膚潰瘍與肥胖問題。

而將非洲奴隸運到了當地，也順便帶去了會導致黃熱病的黃熱病毒（flavivirus），會導致瘧疾的瘧原蟲，以及非常適合傳播這兩種疾病的病媒蚊。這下就成了三個地方的大交換。在加勒比海地區的種植園和英屬美洲的南部各州，瘧疾和黃熱病疫情尤其猖獗。[13] 十七世紀中葉，黃熱病在聖啟茨島（Saint Kitts）、瓜地洛普島（Guadeloupe）與中南美洲東海岸大流行，殺死了當地二至三成的人口。北美最早的疫情出現在一六六八年的紐約，以及一六六九年的密西西比河谷（Mississippi Valley）。[14] 這表示後續抵達美國的移民，會在跨越大西洋後的第一年就碰上恐怖的高死亡率，要存活只能靠「得過病痊癒後的免疫力」。黃熱病也讓從歐洲來的軍隊在新大陸作戰時陷入不利的境地。一七四〇至一七四二年，英國海軍上將愛德華・弗農（Edward Vernon）在「詹金斯的耳朵戰爭」（War of Jenkins' Ear）中試圖率軍拿下卡塔赫納（Cartagena）與古巴的聖地牙哥（Santiago de Cuba），結果卻因黃熱病大損兩萬五千兵力而吃了敗仗。[15] 一八〇二年，為了對抗海地革命家杜桑・盧維杜爾（Toussaint L'Ouverture），拿破崙的法國大軍在試圖奪回聖多明哥（Saint-Domingue，即現在的海地）時也碰上了黃熱病，同樣落得了戰敗的下場。當時人稱「黃傑克」（Yellow Jack）的黃熱病，甚至也讓英王喬治三世的軍隊在一七八一年的約克鎮圍城戰（Battle of Yorktown）中吃到了苦果。疾病在美國獨立戰爭中扮演與法國海軍同樣重要的角色。

疫病四處肆虐，形成法國歷史學家埃曼紐・勒華拉杜里（Emmanuel Le Roy Ladurie）所稱的「疾病統一全世界」，並創造出「微生物的共同市場」。[16] 因此，歐洲人必須打造出能在疾病威脅下運作的帝國。派駐獅子山的英軍士兵有二分之一的機率會死去，派駐牙買加則是八分之一；向風群島和背風群島是十二分之一，孟加拉或錫蘭則是十四分之一。只有運氣好被派去紐西蘭，他才有可能過得比在家鄉好。一八六三年一份皇家委員會報告指出，印度士兵在一八〇〇至一八五六年間的死亡率為千分之六十九，而英國同齡的平民死亡率則為千分之十。印度的士兵也更容易受感染生病。另一份皇家委員會報告則在典型維多利亞時代強調精確風氣的影響下，計算出七萬兵力的英軍每年可能會有四千八百三十人死亡，另有五千八百八十張病床將被喪失行動能力的病患給占據。[17]這些熱帶疾病也讓法國殖民時期的公務員付出沉重的代價。一八八七至一九一二年間，九百八十四名法國殖民地公務員中就有十四％(一百三十五人）因病死亡。平均而言，殖民地官員退休後比其他在大都市服務的同仁短少了十七年壽命。甚至直到一九二九年，一萬六千名住在法屬西非的歐洲人中仍有將近三分之一的人每年都得花上十四天因病住院。[18]路易-斐迪南・塞利納曾經代表桑加-烏班基林業公司（Forestry Company of Sangha-Oubangui）在一九一六至一九一七年前往法屬赤道非洲。他以法式恐怖秀般的語氣明白寫道，疾病是一種生活方式，在熱帶地區工作的人都活不久：「這裡是植被、熱度、濕氣和蚊子的溫床，無論是人，是日子，還是各種事物，全都轉瞬消逝。萬物皆逝，令人作嘔地化為碎片，化為絮語，化為骨肉殘渣，化為遺憾的微粒……。」[19]

問題是，帝國管理階層的醫學知識成長速度，遠遠趕不上帝國的擴張速度。大英帝國的領土面積在一八六〇年約為兩千五百萬平方公里，到了一九〇九年總面積增加到三千三百萬平方公里——範圍涵蓋全世界陸地面積的二十二％左右，比法蘭西帝國的面積大了三倍，更是德國的十倍大。其人口數也占了全世界大致相同的比例，大約有四億四千四百萬人生活在大英帝國治下。根據《聖詹姆斯公報》（*St. James's Gazette*）報導，維多利亞女王手中握有「一塊大陸、一百個半島、五百處岬角、一千池湖泊、兩千條河川、一萬座島嶼」的統治權。有一款郵票就印著這樣一幅世界地圖，上面寫著「我們擁有前所未見的偉大帝國」。大英帝國是由三條網絡連結在一起。第一條網絡由遍布全球的三十三座軍營和海軍補給站構成，從阿森松島（Ascension Island）到桑吉巴島（Zanzibar）皆有它們的蹤影。新興技術讓網絡中每個節點之間的關係變得更加緊密。橫跨大西洋在風帆時代需要四至六週的時間，一八三〇年代中期引進輪船後減少到兩週，一八八〇年代則只需要十天。自英國旅行到開普敦的時間，也從一八五〇年代的四十二天，縮短到一八九〇年代的十九天。輪船愈造愈大，四十年間的平均噸位就大約增加了一倍，而且數量也愈來愈多，交通流量亦隨之增加。鐵路線是第二條網絡。印度的第一條鐵路於一八五三年正式開通，連接了孟買與三十四公里以外的塔那（Tanna，今稱Thane）。不到五十年的時間，就有共計四萬多公里的鐵路鋪設完畢。「鐵車」（Te-Rain）③徹底改變了印度的經濟和社會，前後只花了一代人的時間：有史以來數百萬名印度人首度能夠長途旅行，只須花七塊印度安納（英屬印度貨幣）就能買到一張標準三等車廂的車票。誠如英國歷史學家西利（J. R. Seeley）所言，維多利亞時代的全球網絡革命「消滅了距離」的阻隔。第三條網絡，則是電報的資訊網絡。到了一八八〇年，橫跨世界各大洋的電纜已將英國與印度、加拿大、非洲和澳洲連了起來，總長度加起來超過十五萬公里。此時若想從孟買轉發訊息到倫敦，一個字只需要四先令，而且隔天就可以收到。套句新技術的宣揚者查爾斯・布萊特（Charles Bright）的話，電報宛如「全世界的電力神經系統」。[20]

這一切確實有助於英國將國力投射到比以往任何一個帝國都要遠的地方。但維多利亞時期的交通網絡應該也是有史以來最迅速的疾病傳播機制。當醫學先驅們使用顯微鏡尋找對付蚊子的有效方法時，兩大流行病正藉由帝國的交通網絡傳播開來。一是霍亂，這是出現在恆河三角洲的地方性傳染病，不小心隨著英國東印度公司出口到全世界。[21] 一八一七至一九二三年間，至少有六次霍亂疫情大流行：一八一七至一八二三年、一八二九至一八五九年、一八六三至一八七九年、一八八一至一八九六年，以及一八九九至一九二三年。[22] 第一次爆發是在加爾各答附近，接著隨陸路轉移到暹羅（Siam，泰國的舊稱），再乘船到阿曼（Oman），向南至桑吉巴島。到了一八二二年，霍亂已經傳到了日本，以及美索不達米亞（當今伊拉克）、波斯（當今伊朗）和俄羅斯。[23] 第二次霍亂大流行在一八二九年爆發，同樣是在印度，然後穿過歐亞大陸抵達俄羅斯和歐洲，再從那裡傳到美國。工業化地區的港口和製造中心快速發展，也帶來了一些問題，比如擁擠的住所和糟糕的衛生條件，為疾病創造了完美的溫床。霍亂在一八九二年襲擊德國漢堡市，重創了市中心貧民窟的流氓無

圖表 8：科學沉睡之時，霍亂降臨紐約。查爾斯．肯德里克（Charles Kendrick），〈現在是睡覺的時候嗎？〉（Is This a Time for Sleep?, 1883）。

③ 編注：此處引用自維多利亞時代的英國作家吉卜林的小說《金》（*Kim*）。

產階級（*Lumpenproletariat*），該區的死亡率是城市中富裕西區的十三倍，讓德國細菌學先驅羅伯特・柯霍（Robert Koch）不禁評論道：「各位，這讓我忘記自己身在歐洲。」[24] 現代社會史學家認為，從漢堡的疫情可以看出階級之間的差異。但霍亂之所以如此恐怖地席捲歐洲港口城市，與其歸咎於資本主義，不如說是帝國主義造成的結果。

腺鼠疫也遵循同樣的模式捲土重來。一八五〇年代，這些病菌自喜馬拉雅旱獺棲息區再度現身，從中國一路傳播開來，在一八九四年抵達香港。從香港開出的多艘輪船，就這樣載著受感染的跳蚤和老鼠到各大洲。直到二十世紀中葉疫情控制住之前，第三波鼠疫大流行已經造成一千五百萬人死亡，死者大都集中在印度、中國和印尼。中南美洲則大約有三萬人死亡，歐洲大約七千人，北美洲只有五百人——多是在舊金山、洛杉磯和紐奧良，以及亞利桑那州與新墨西哥州一些不幸的區域。[25] 舊金山的第一次疫情是一九〇〇年三月在中國城爆發。第二次是在一九〇六年的大地震與災後大火之後爆發。當時老鼠數量激增，為鼠疫桿菌提供了完美的溫床。最終有一百九十一人喪生。[26]

庸醫

一九〇〇年的舊金山與一三五〇年的佛羅倫斯相隔了半個千年紀，世人在這段時間對腺鼠疫病因的理解卻幾乎沒有進展。十四世紀巴黎大學的一群學者注意到，天上的木星、火星和土星不尋常地「合相」（conjunction）交會在一起：「有人認為溫暖潮濕的木星從地球的海水中吸取了邪惡的氣體，炎熱乾燥的火星則點燃了這些氣體，引爆了瘟疫和其他自然災害。土星會在其所到之處施加厄運，當它與木星會合在一起時，就會帶來死亡和導致人口減少。」[27]在一四八一年出版的《預防瘟疫的建議》（*Consiglio contro la pestilentia*）中，哲學家費奇諾（Marsilio Ficino）同樣將黑死病部分歸咎於「邪惡星座……火星、土星合相並導致火星遮住土星之時」。然而，中世紀時期的人則普遍認為瘟疫是跟大氣有關，而非星象。當時人們認為，瘟疫會在「沉重、溫暖、潮濕又惡臭的空氣」中久久不散，隨著「毒氣」蔓延開來，「從一個地方傳播到另一個地方……，比燃燒的硫磺速度還快。」這種疾病會根據每個人的「共鳴程度」來決定生死。如果身體與毒氣有共鳴，也就是比較偏熱和潮濕，那麼就更容易得病。然而，到了十五世紀末，醫生們開始檢測尿液、剖開膿瘍，幫病人放血，並且發放預防和治療性藥物。一四七九年，馬基維利的叔叔貝爾納多（Bernardo）就吃過許多以芸香（rue）和蜂蜜為基底的各種實驗性藥物。[28]

文藝復興時期的學者，跟早期穆斯林作家一樣，重提了希波克拉底（Hippocrates）與蓋倫這兩位古希臘羅馬學者的思想。他們認為人類健康有六個影響因素：氣候、運動和休息、飲食、睡眠模式、排泄和性行為，以及靈魂的磨難。[29]但是，這個概念和「瘴氣論」（miasmatism）一樣，皆對防治瘟疫毫無幫助。威尼斯的醫生將一件外層打上蠟的長袍和一個裝有藥草的長嘴面具結合在一起，設計出一套「瘟疫防護裝」，但這跟一六六五年在倫敦街頭燃燒硫磺一樣，都是徒勞無益。至於有人用宗教儀式來抵禦瘟疫，這就像鞭笞者遊行一樣，不只無用，還造成更糟的後果。方濟會第一修會嚴修派（Observant branch of the Franciscan order）的一名成員曾告訴威尼斯總督：「如果上帝希望如此，那麼關閉教堂是不夠的，而是需要去補救瘟疫降臨的肇因，彌補過去所犯下的可怕罪過：對上帝和聖人的褻瀆，在學校發生的雞姦，以及在里亞托（Rialto）簽下的超級高利貸合約。」[30]一六二五年，坎特伯里大主教對英國駐鄂圖曼帝國大使說：「如今，我們更瞭解該如何平息上帝降下的瘟疫之火了。因此，我們在議會中宣布，全國各地要進行莊嚴的齋戒和公開講道，國王陛下也必須與諸多貴族和所有平民一起到西敏寺大教堂來。」[31]一六三〇年，教宗烏爾班八世（Pope Urban VIII）將禁止鞭笞者遊行的佛羅倫斯衛生委員會逐出教會。第二年，在離佛羅倫斯十九多公里遠的小鎮蒙泰盧波菲奧倫蒂諾（Montelupo Fiorentino），神職人員無視佛羅倫斯的禁令發起了遊行，[32]這對他的信徒可一點都不是好事。

佛羅倫斯當局跟英國政府一樣明白，無論瘟疫是不是藉由瘴氣傳播，人們自由流動都可能會出問題。為了因應黑死病，威尼斯帝國發明了一項措施，將抵港的水手先強制隔離在「隔離所」（lazaretto）一段時間。拉古薩（Ragusa，即今日克羅埃西亞的杜布羅夫尼克〔Dubrovnik〕）的海港率先在一三七七年實行隔離檢疫，為期三十天。[33]一三八三年，馬賽當局又將時間延長至「四十天」（quarantena），這就是當今所謂「隔離檢疫」（quarantine）這個詞的由來（四十這個天數跟聖經典故有關，靈感源自於《創世記》中持續了四十天四十夜的洪水，以及以色列人在曠野漂泊了四十年，以及大齋期也是四十天）。[34]由於瘟疫反覆爆發，當局為了阻絕傳染擴散，逐漸發展出五項政策：一、管控邊界，實行海陸隔離，不讓疾病進入，並且拉出「防疫封鎖線」，不讓感染外傳。二、禁止集會，實行社交距離。三、將死者埋在特殊的坑裡，並銷毀死者個人物品及房屋。四、外出限制（就是隔離病患，將之與健康者區隔開來），包括將病人關在「疫病所」（pest house）、「隔離所」或患者之家。五、追蹤健康狀況，開立健康證明，通常用在證明某艘船或商隊沒有攜帶瘟疫病原。佛羅倫斯還嘗試為那些因瘟疫中斷生計的人，提供免費的食物和醫療服務，這麼做既是為了避免人們淪落街頭，也是為了減少措施受到的阻力。[35]我們能在同樣位於義大利半島的費拉拉（Ferrara）看到前述的疫情管制措施如何同時施行。疫情蔓延期間，該市只留了兩道城門，其餘全都關閉，並在城門派駐「由富有的貴族、城市官員、醫生和藥劑師所組成的」盯梢小隊。根據「健康證明」（*fedi di sanità*）來追蹤健康狀況，確認來訪者是否來自疫區。如果來訪者有症狀，將被關在城牆外的「隔離所」。[36]為了實行這些防疫措施和其他公共衛生措施，導致管理治安的人力需求激增。西西里島巴勒摩（Palermo）的衛生局局長在一五七六年指出，他奉「黃金、烈火和絞刑架」為箴言，意思是用黃金來支付稅款，用烈火焚燒遭汙染的貨物，並對那些違反官方規定的人施以絞刑。

不過，前述的一切並不能說是都以科學為基礎，更多是靠明智的普遍觀察結果，以及人們不再願意把自己的命運交到上帝手中。也因此，這些措施一直都不是完全奏效。一三七四年，米蘭的領主貝爾納博．維斯康提（Bernabò Visconti）下令封鎖了轄下的城鎮雷焦艾米利亞（Reggio Emilia），仍無法阻止瘟疫傳染到米蘭。一七一〇年，哈布斯堡王朝皇帝約瑟夫一世（Joseph I）決定在他領土南部與鄂圖曼帝國相接的邊界，劃設一條綿延的「防疫封鎖線」，以阻止巴爾幹半島的疾病傳播過來。到十八世紀中葉，整條邊界已由兩千座堅固的瞭望臺監視，每隔八百公尺就有一座瞭望臺。而且只限十九個地方可以過境，確保任何進入哈布斯堡領土的人都要登記，接受安置，並隔離至少二十一天。他們的居所每天都要用硫磺或醋進行消毒。英國旅行家金雷克（Alexander Kinglake）描寫過他一八三四年在貝爾格勒附近的澤蒙（Zemun）跨越邊境時的情景，他這麼寫道：

將人與人區隔開來的是瘟疫，以及對瘟疫的恐懼……。如果你膽敢違反檢疫隔離區的法律，就會受到草率的軍事審判：法庭將隔著差不多五十碼的距離對你高喊判決，教士不會輕聲細語地對你說出美好的宗教祝福，而是隔著決鬥般的距離為你大聲祝禱。然後你就會被邊防人員小心翼翼地槍斃，隨隨便便地埋在隔離區的地下。[37]

這些措施建立得太晚，連其倡議者都來不及拯救：約瑟夫一世就被他的首相傳染天花，在一七一一年四月去世，首相的女兒也受感染。[38] 一七二〇年，瘟疫在馬賽肆虐，法國攝政王奧爾良公爵腓力二世（Philippe of Orleans）任命查爾斯·德·朗格隆（Charles de Langeron）將軍為總指揮，令新設立的衛生委員會建起「瘟疫牆」，切斷了馬賽與艾克斯（Aix）、亞爾（Arles）和蒙彼利埃（Montpellier）的交通聯繫。懷疑受感染的船員必須先關在一處離岸的隔離所。為了保險起見，還大規模撲殺了許多貓狗，然而此舉正好讓普羅旺斯的老鼠們樂得拍手。[39]

這些實驗性措施雖然並不完美，但依然遠遠走在科學前面，而且至少在破壞傳染網絡方面有點幫助。當然，義大利醫生吉羅拉莫·弗拉卡斯托羅（Girolamo Fracastoro）曾在一五四六年發表過一篇論文，認為天花和麻疹是疾病的「種子」（seminaria）經由接觸、空氣或遭汙染的物品傳染而得。只是很可惜弗拉卡斯托羅的著作沒什麼影響力。[40] 喬治．沃森（George Watson）一五九八年出版的著作《偏遠地區疾病的治療》（*The Cures of the Diseased in Remote Regions*），是英國第一本相關主題的教科書，但依然無濟於事，因為書中寫的治療方式只有放血跟改變飲食。[41] 一直到十八世紀，西方醫學才有了實質的長進。一七四七年，皇家海軍外科醫生詹姆斯．林德（James Lind）進行了第一次臨床實驗，確認了柑橘類水果能有效抵抗壞血病。威廉．威瑟靈（William Withering）醫生發現了適量的毛地黃（digitalis/foxglove）是治療水腫的良藥。治療天花的人痘接種術（variolation）從東方引入歐洲，這種療法最早可以追溯到十世紀的中國。一七一四年，伊曼紐爾．蒂莫尼（Emmanuel Timoni）與雅各布．皮拉里尼（Jacob Pylarini）這兩位醫生分別寫信給位在倫敦的皇家學會（Royal Society），描述他們在伊斯坦堡看到有人將天花膿瘡中的感染物質「移植」到健康人體。這套療法獲得英國駐鄂圖曼帝國大使之妻孟塔古夫人（Mary Wortley Montague）的支持。她曾在一七一五年天花疫情中失去了一位兄弟，自己則倖存了下來。一七一八年，她為五歲的兒子接種，接著又在一七二一年為她的女兒接種。回到倫敦後，她說服了著名醫生漢斯．斯隆爵士（Sir Hans Sloane），對十名孤兒和六名死刑犯進行實驗性接種。過程相當有風險，因為這些兒童實際上是被注射了一定劑量的疾病。但在皇室贊助人協助宣導下（獲威爾斯公主〔Princess of Wales〕支持），這項辦法甚至被推廣至其他皇室家族。接種的人包括奧地利女王瑪麗亞．特蕾莎（Maria Theresa）及其子女和孫子、法蘭西國王路易十六及其子女、俄羅斯女皇凱薩琳二世（Catherine II）及其兒子暨日後的保羅一世（Paul I），另外還有普魯士的腓特烈二世（Frederick II）。後來出現了更為安全的牛痘疫苗。一七七四年，一位名叫班傑明．傑斯第（Benjamin

Jesty）的農夫率先在家人身上實驗。不過後世傾向於將功勞歸於愛德華・詹納（Edward Jenner），他在二十年後進行了首次牛痘疫苗接種，並在一七九八年出版的《關於牛痘預防接種的原因與後果》（*An Inquiry into the Causes and Effects of the Variolae Vacciniae*）中寫下了他的發現。[42]

相較於歐洲皇室冒著風險接種天花疫苗，北美新英格蘭地區的平民百姓則是抱持更多懷疑。一七二一至一七二二、一七三〇、一七五一至一七五二、一七六四、整個一七七〇年代、一七八八跟一七九二年，波士頓及其周圍地區都爆發了天花，尤其第一次爆發的情況最為嚴重。[43]清教徒牧師科頓・馬瑟（Cotton Mather）與哈佛大學教師湯馬士・羅比（Thomas Robie）都支持接種。然而，儘管他們能夠證明三百名接種的病人死亡率有所降低，仍舊面臨到激烈的反彈。[44]一七三〇年疫情流行期間，哈佛大學出身的男教師塞繆爾・丹佛斯（Samuel Danforth）在劍橋實行接種。但在該城的市鎮會議上，人們卻認定丹佛斯「對該鎮造成巨大傷害並擾亂了家庭」，並且認為他應該「將接種者移到更方便的地方，這樣我們鎮就不會受到那些人的影響」。鎮上官員還要求哈佛大學停止接種，但一位名叫內森・普林斯（Nathan Prince）的教師仍繼續為那些想要接種的人服務。接種在一七九〇年代變得更普及之後，哈佛大學開始鼓勵學生接受接種。[45]麻薩諸塞州在一八〇九年將接種天花疫苗列為強制規定。瑞典是歐洲第一個廣泛提供天花疫苗的國家，並在一八一六年列為強制接種。後續跟進的有一八五三年的英格蘭、一八六四年的蘇格蘭、一八七三年的荷蘭，以及一八七四年的德國。[46]然而在美國，疫苗接種卻仍爭議不休，甚至直至今日依然如此。到了一九三〇年，亞利桑那州、猶他州、北達科他州和明尼蘇達州的反對者，已經成功禁止了強制接種疫苗。其他三十五州則由地方當局負責監理，只有九個州和哥倫比亞特區追隨麻州的腳步。在支持接種的地區，不接種者會被罰款，而且只有已接種疫苗的兒童允許入學，這項辦法受到最高法院的支持，著名案件就是一九〇五年的「雅各布森訴麻薩諸塞州強制接種天花疫苗案」（Jacobson v. Massachusetts）。早在一八四〇年代，美國醫生就使用過千奇百怪的方法來治療霍亂患者，包括放血、注射高劑量的汞和汞化合物（例如甘汞）、用菸草的煙霧灌腸、電擊，或是將鹽水注入靜脈。紐約州醫學會（Medical Society）主席還曾建議用蜂蠟或油布塞住患者的直腸，以阻止腹瀉。[47]然後依然有許多神職人員將疾病歸咎於神的懲罰，而非美國城市的糟糕衛生條件。

維多利亞時代有許多英勇研究人員的故事，那一個個關於人類和顯微鏡的故事耳熟能詳，交織成一部醫學科學的發展史。查爾斯．達爾文（Charles Darwin）早在一八三六年就發現，即使一個人看起來很健康，依然可能攜帶了肉眼看不到病原體而傳染疾病。法國微生物學家路易．巴斯德（Louis Pasteur）將過濾器放在一盤煮過肉湯上，證明了細菌是由空氣傳播。一八六一年，匈牙利婦產科醫生伊格納茲．塞麥爾維斯（Ignaz Semmelweis）證明了醫生的手不清潔，是導致孕婦產褥熱（puerperal fever）的原因之一。後來，英國外科醫生約瑟夫．李斯特（Joseph Lister）在自己的手術室，開發了一套防止傷口感染的消毒方法。羅伯特．柯霍確定了引起炭疽病（anthrax）、結核病（tuberculosis）以及霍亂的細菌，他將方法記錄在重要著作《結核病的病因》（*Ätiologie der Tuberkulose*）。[48]其他人運用了這些方法，很快就分離出導致白喉、鼠疫、破傷風、傷寒、麻風病、梅毒、肺炎和淋病的細菌。[49]一八八〇年代，德國病理與微生物學家卡爾．弗里德蘭德（Carl Friedländer）與德國醫生阿爾伯特．法蘭克爾（Albert

Fraenkel）為了爭論導致肺炎的細菌是哪一種而爭鋒相對。[50]但要真正理解這一連串進步的故事，就必須要將其放回歐洲帝國擴張的脈絡。當時歐洲人正是因為被熱帶疾病搞得頭痛不已，才會將大量關注與資源投入相關研究。一八八四年，柯霍在英屬印度工作時分離出霍亂弧菌，前一年霍亂弧菌才在亞歷山大港（Alexandria）殺死了柯霍的法國對手路易．圖里耶（Louis Thuillier）。[51]一八九四年香港爆發鼠疫大流行之後，瑞士細菌學家亞歷山大．葉森（Alexandre Yersin）才發現了導致腺鼠疫的桿菌，並以其名命名。印度醫學服務中心（Indian Medical Service）的醫生羅納德．羅斯（Ronald Ross）是第一位解釋瘧疾的病因，以及蚊子如何傳播瘧疾的人；他自己就曾得過這種疾病。三位駐爪哇島的荷蘭科學家克里斯蒂安．艾克曼（Christiaan Eijkman）、阿道夫．沃德曼（Adolphe Vorderman）與赫里特．格林斯（Gerrit Grijns），他們的研究發現經常吃精米會缺乏維生素B_1，進而罹患腳氣病（beriberi）。一九〇二年，義大利細菌學家阿爾鐸．卡斯德拉尼（Aldo Castellani）在烏干達的研究中，發現了昏睡病是由采采蠅（tsetse fly）身上的寄生蟲「布氏錐蟲」（Trypanosoma brucei）所引起。這些研究過程中都充滿了各種嘗試，也充滿了各種失敗。像是柯霍用來治療結核病的結核菌素（Tuberculin）其實並沒有實效。一九〇六年，他聲稱有可以治療昏睡病的方法，卻讓五分之一接受此療法的病患永遠失明。儘管如此，總體來說這一連串進步仍是人類史上戰勝疾病的關鍵轉折。

即便是俄羅斯帝國和美國帝國的邊陲地區，也都有一些突破。一八九二年，俄國生物學家德米特里．伊凡諾夫斯基（Dmitri Ivanovsky）在研究一種對克里米亞、烏克蘭和比薩拉比亞的農作物造成廣泛傷害的疾病（後來被稱為菸草花葉病病毒〔tobacco mosaic virus〕），首次發現了一種比細菌更小的「濾過性病原體」（filterable agents）。[52] 而華特・里德（Walter Reed）、詹姆斯・卡羅爾（James Carroll）、傑西・拉齊爾（Jesse Lazear）、亞里斯提德・阿格蒙特（Aristides Agramonte）等美國科學家，則在古巴努力不懈地找出了黃熱病的病因，並且展現出令人敬佩不已的犧牲奉獻精神。在曾寫過相關論文的古巴醫生卡洛斯・芬萊（Carlos Finlay）帶領下，卡羅爾、拉齊爾和阿格蒙特為了做研究，讓自己被疑似帶原的蚊子叮咬。卡羅爾病得很重，還好後來康復了（還提議里德出門慶祝，去喝個酩酊大醉）。而拉齊爾則不幸地在三週內病逝。到了一九〇〇年底，里德和他的同事終於確認了蚊子會攜帶一種可以人傳人的非細菌性病原體，但直到一九二七年，英國病理學家阿德里安・斯托克斯（Adrian Stokes）才從一位染病的迦納人阿西比（Asibi）身上分離出病毒。[53] 斯托克斯自己在不久後染上黃熱病而與世長辭，命運多舛的西非黃熱病委員會（African Yellow Fever Commission）另外兩名調查員也不幸病死。[54] 然而在確定媒介是蚊子之後，哈瓦那的衛生局長威廉・戈加斯（William Gorgas）設計了一套抗疫對策，例如在積水池放煤油防蚊。這些對策後來又運用在巴拿馬，保護了挖掘大運河的工人。

事實證明，這些集中在一八八〇至一九二〇年代的重要突破，對歐美各國在熱帶地區的殖民計畫極為重要。亞洲和非洲成為了西方醫學的巨大實驗場，研究愈成功，就會有愈多像是秘魯發現的抗瘧疾藥物奎寧那種重大突破，西方帝國的領土就能擴得愈廣，人類的壽命也會變得愈長。當人類的預期壽命持續增長，就出現所謂的「公衛轉型」（health transition）。各地出現此一轉型的時間相當明確。西歐的公衛轉型發生在一七七〇至一八九〇年代之間，以丹麥最早，然後是西班牙，到了第一次大戰前夕，歐洲已經清除了傷寒與霍亂，並以疫苗有效控制白喉和破傷風。有紀錄的二十三個現代亞洲國家，公衛轉型則發生在一八九〇至一九五〇年代之間，只有一個國家例外。印度人的預期壽命在一九一一年只有二十一歲，一九五〇年已達三十六歲（不過同一時期的英國人預期壽命則從五十一歲上升到六十九歲）。非洲的公衛轉型，發生在一九二〇至一九五〇年代之間，四十三個國家中只有兩個國家例外。在歐洲殖民統治結束之前，幾乎所有亞洲與非洲國家的預期壽命都開始提高。[55]人類之所以能有這項進展，是因為之前陸續建立了各種科學機構，例如一八八七年在巴黎建立的巴斯德研究院（Pasteur Institute）、一八九八年的利物浦熱帶醫學院、一八九九年的倫敦熱帶衛生學院、一九〇一年位於漢堡的航運與熱帶疾病研究所（Shipping and Tropical Illnesses）。[56]至於位於殖民地要衝的研究機構，例如巴斯德研究院在達卡和突尼斯建立的研究所，也一直走在研究的最前線。正是因為這些機構和馬克斯．泰勒（Max Theiler）領軍的洛克斐勒醫學研究所（Rockefeller Institute for Medical Research）共同不斷努力，人類才找到了安全有效的黃熱病疫苗。[57]

但在博伊斯爵士所說的「征服熱帶世界」過程中，除了人們的自我犧牲，還發生了很多其他事情。搞清楚傳染病的成因是一回事，讓普通人接受專家建議的預防措施是另一回事。一八三〇至一八三一年的許多歐洲城市就是血淋淋的教訓，當時政府官員阻止民眾接觸被汙染的水源，卻因此成為民眾洩憤的目標。一八三〇年五月至六月，克里米亞的塞凡堡市（Sevastopol）提高檢疫要求，導致庫拉貝納亞（Korabelnaya）城區發生血腥起義，摧毀了好幾間警察派出所與檢疫所，殺死了多名政府官員，甚至包括軍政府首長。一年之後聖彼得堡也發生類似事件，而且民眾的怒火不僅指向警察，還波及了外國人和醫生。[58]一八九二年，在烏克蘭頓巴斯（Donbas）地區的採礦與工業城鎮埃佐夫卡（Iuzovka，當今頓內次克（Donetsk）事件中，醫生想幫助移工，卻反受移工的威脅。該起事件還跟一三四〇年代一樣帶有反猶元素，民眾與哥薩克軍隊爆發激烈戰鬥，燒毀客棧，最後演變為全面大屠殺。[59]當然，傳染病加劇民族分裂的故事也不僅出現在俄羅斯，威斯康辛州在一八九四年爆發天花疫情，疫情集中於密爾沃基（Milwaukee）南邊的德裔與波蘭裔社區，民眾在不信任政府的狀況下與當地衛生機關發生暴力衝突，導致衛生官員沃特．坎普斯特（Walter Kempster）被彈劾。[60]在一九〇〇年的腺鼠疫期間，亞洲人身上被施加了歧視性措施，例如檀香山（Honolulu）當局下令焚燒掉亞洲人的財產，結果大火在一月二十日燒得一發不可收拾。而舊金山也在金永博士（Dr. J. J. Kinyoun）的堅持下，實施了刻意歧視唐人街的隔離措施。[61]

十九世紀的國際合作成效相當有限，不過這可能一點也不令人意外。巴黎在一八五一年七月舉辦了史上第一次國際衛生會議（International Sanitary Conference），但來自十二個國家的代表卻未能對霍亂、黃熱病、鼠疫的標準化檢疫流程達成共識。[62]醫學專家對於霍亂的起因意見分歧，但主要的爭議點在英國和地中海國家雙方觀點相左：英國把傳統的檢疫措施當成阻礙自由貿易的中世紀陋習，法國、西班牙、義大利、希臘等地中海國家則指責英國把霍亂從東方殖民地帶到歐洲。[63]「英國體系」（English system）會檢查船隻、隔離感染旅客，並且以地毯式檢疫來追蹤感染者，但即便它真的比較優秀，也完全擋不住腺鼠疫捲土重來。一八九七年在威尼斯召開的國際衛生會議，建議隔離感染者，並焚燒感染者的個人財產——結果把東西燒掉時反而讓帶原的老鼠四散外逃。[64]

甘地在一九〇八年出版的《印度自治》（*Hind Swaraj*）一書中，稱西方文明為「一種疾病」，並對西方的「醫生大軍」嗤之以鼻。「文明並非不治之症」，甘地宣稱，「但我們也別忘了英國人目前都還在病情之中。」[65]他在一九三一年於倫敦受訪時說，西方人完全只用「物質」標準來衡量文明的發展程度，其中一項標準就是「征服疾病」。[66]這樣的「抱怨」聽來有點荒謬，但如果你知道當時殖民政府實施公衛政策有多粗暴，可能就不會這麼覺得了。南非開普敦在遇到第三波腺鼠疫的時候，把住在海邊的黑人居民集中驅趕到歐特福魯（Uitvlugt，現在的恩達貝尼〔Ndabeni〕），建立該城市第一個「土著區」。西非塞內加爾爆發腺鼠疫時，法國殖民政府更是殘酷——他們直接燒掉患者的家，在武裝警察的監督下把當地居民帶走隔離，還用雜酚油或石灰粗魯地掩埋屍體。難怪當地人會覺得公共衛生政策根本不是來幫他們，而是來害他們的。後來達卡就爆發了大規模抗議，塞內加爾也爆發了史上第一次大罷工。[67]

事實上，人類文明在十九世紀至二十世紀初的進步，並不是像當今很多人想像的那般科學。每當細菌學家與病毒學家取得一點進展，其他人就整個往錯誤的方向歪去，搞出像是顱相學④和優生學這類東西。真正的進步反而發生在很平凡的小事上，例如住宅品質的提升：歐洲的房子從木牆和茅草牆換成了磚牆和磁磚，以及英國在一八七五年推出的《工匠與勞工住宅法案》（Artisans' and Labourers' Dwellings Improvement Act）這類法規，都讓公共衛生大幅改善。[68]當時盛行「瘴氣論」等迷信，可能也讓人根據錯誤的理由做出了正確的事情，例如使人們抽乾了沼澤壕溝等地的死水，開始用液壓設備使運河與蓄水池中的水保持流動，清除住宅區的垃圾，保持家庭和聚會地點的通風，以及在家庭、醫院、監獄、集會所、船上使用消毒劑與殺蟲劑。這些歪打正著的行為，大幅減少了歐洲人與美國人接觸病原體與帶原者的機會。[69]

當代倫敦蘇活區的人依然很崇敬約翰・斯諾（John Snow），因為一八五四年倫敦爆發霍亂疫情時，正是他分析出疾病是源於布羅德街（Broad Street）的抽水機從被糞便汙染的泰晤士河取水所造成的。不用聽完斯諾博士推論人類糞便問題有多大，也能看到過濾水源和汙水分流能帶來多大的益處。一八六六年紐約爆發霍亂時，當地成立的大都會衛生委員會（Metropolitan Board of Health）也做出了前所未有的因應措施：從空地清除了十六萬噸的糞便，迅速用漂白粉或煤焦油消毒感染者的住處，燒掉感染者的一切衣物、寢具、雜物。[70]一項研究顯示，二十世紀頭四十年發展出的過濾和氯化等淨水技術，讓美國城市的總死亡率降低了將近一半，嬰兒死亡率降低四分之三，兒童死亡率降低三分之二。[71]公衛的成效有目共睹。劇作家蕭伯納（George Bernard Shaw）在一九〇六年《醫生的兩難》（*The Doctor's Dilemma*）的序幕中，就以不大友善的方式評論醫療這項專業：

> 過去一百年來，人類不斷清除各種滋生病菌的環境。一度肆虐的斑疹傷寒如今已經消失，瘟疫和霍亂也被擋在我們的檢疫封鎖之外。人們比以前更瞭解感染的風險，以及避免感染的方法……，也因為愈來愈把肺結核病患當成痲瘋病患來對待，相關的問題大幅增多……。對染病的恐懼，讓醫生也以為處理發燒病患唯一科學的方法，就是把他扔進最近的溝渠，從很遠的距離外給他灌一堆碳酸，直到他變成要火化的屍體為止。但也正是這份恐懼，讓人們更重視清潔和護理。

④編注：一種認為人類的個性與心理特質能根據頭顱形狀進行分類的假說。

最後的結果，就是一次又一次地戰勝了疾病。[72]

工業化國家的人民吃得也比較好。一九〇四年左右，英國藍領階級顯然飲酒過量，他們平均每人每年喝二百七十六點七公升的啤酒⑤，九點一公升烈酒，三點八公升葡萄酒。他們的澱粉攝取過量，蔬菜水果則攝取不足，所以缺乏鈣、維生素A、維生素B_2與維生素C。但即便如此，「英國當時幾乎已能滿足家家戶戶所有勞動人口的飲食需求，足以讓人全力工作。」[73]除此之外，女性教育程度與就業率提高，同時生育率與嬰兒死亡率則是下降。[74]

不過，大家會把公共衛生的進展都歸功在科學家頭上，其實也很容易理解。公共衛生的進展讓人類的預期壽命在一個世紀內前所未有地提升。滑鐵盧戰役時期的英國人大約只能活四十歲，一九一三年已經可以活到五十三歲。一八九七年威尼斯召開國際衛生會議時，公衛似乎又有了新突破，雖然沃德瑪・哈夫金（Waldemar Haffkine）開發的腺鼠疫疫苗帶有發燒、浮腫、皮膚發紅等等引人討厭的副作用，而且無法完全防止鼠疫桿菌，但依然是一大進展。與此同時，人們也發現用誘捕與毒殺的方式控制齧齒類與牠們身上跳蚤數量，可能是最能降低疫情的方法。當時還開始用電報來追蹤船上的感染者。奧地利代表在一八九二年的威尼斯會議上表示：「預防傳染已經成了電報最有用的功能。」[75]博伊斯爵士就是在這種樂觀情緒下寫出了《留蚊或留人》。但沒隔多久，這種對於科學進展深信不疑的態度就受到了沉重打擊。

流感小姐

來吧，
我星辰般的流感小姐，
蒼白如醉，在車隊上，
身如火燒，心如枯槁的白色睡蓮，
纖長的百合細指，陷入折磨，
在便祕之中，一切都變得空虛，
卻帶來肺炎、癌症與鼻黏膜炎。

布魯克一九〇六年的〈我的流感小姐〉是一首滑稽的青澀作品，[76]但「流感小姐」本身可一點都不好笑。一直到十六世紀，歐洲才有關於流感爆發的第一次詳細記載，但很可能早在一一七三年就有案例了。一七二九年、一七八一至一七八二年、一八三〇至一八三三年、一八九八至一九〇〇年都發生過流感大流行，死亡總數從四十萬（約為當時全球總人口的〇．〇六％）增高到一百二十萬（約為當時全球總人口的〇．〇八％）。[77]但流感在二十世紀的殺傷力更是強大，[78]因為二十世紀的人口更多，

⑤ 作者注：當代的攝取量只有七十二公升，完全不能相提並論。不過當代啤酒的酒精濃度通常比較高。

都市化程度更高，移動更頻繁，而且工業城鎮的劣質空氣讓人們更容易罹患呼吸道疾病。布魯克寫完〈我的流感小姐〉一年之後，其大哥迪克就死於肺炎，得年二十六歲。布魯克自己也只活了二十七歲，他在一次大戰服役並前往加利波利（Gallipoli）海濱途中，於希臘的斯基羅斯島（Skyros）被蚊子叮咬之後死於敗血症。二十世紀雖然提高了人類的預期壽命，卻也非常擅長消滅年輕人的性命。

在一次大戰之前，歐洲的戰爭風險已經是眾所周知，但一戰爆發的方式仍舊出乎意料，而且對歷史造成了巨大的影響。可見一戰既是灰犀牛，也是黑天鵝，更是龍王。[79]一戰的爆發源自一九一四年六月二十八日的恐怖攻擊，十九歲的波士尼亞青年加夫里洛．普林西普（Gavrilo Princip）開槍擊穿了奧匈帝國哈布斯堡王儲斐迪南大公（Francis Ferdinand）的頸靜脈，令大公身亡，同時也殺死了大公的妻子。這幾槍所引發的戰爭摧毀了奧匈帝國，也把波士尼亞與赫塞哥維納從奧匈帝國的殖民地，變成新興國家南斯拉夫的一部分。普林西普確實想達成這些目標，而這場暗殺也成為史上最有效的恐怖攻擊。他只是未能預料到自己竟然成功了，而後續影響的程度有多麼深遠。[80]這場暗殺不僅引燃了巴爾幹半島的戰火，更在北歐與近東之間留下各式各樣的可怕傷疤。一戰戰場宛如巨大的絞肉機，把來自世界每個角落的年輕人捲了進去，光是戰爭本身就奪去了將近一千萬人的性命。鄂圖曼政權也以一戰為藉口，對亞美尼亞人實施種族滅絕。即便協約國與同盟國雙方停戰也無法撲滅戰火。一九一八年之後，戰火彷彿是要躲開和平締造者一樣，向東逃到了北極、西伯利亞、蒙古，以及其他之前未受影響的地區。例如波蘭與烏克蘭就都很難論定一次大戰究竟是何時結束，或是由布爾什維克革命（Bolshevik Revolution）掀起的俄羅斯內戰究竟又是從何時開始。

一次大戰也大幅傷害了經濟。一九一四年的夏天，世界經濟正以一種我們很熟悉的方式蓬勃發展，商品、資本、勞動力的流通程度就跟當代相去無幾。大西洋兩岸的航運與電報變得空前熱鬧，資本與移民向西移動到美洲，各類商品與製造成品則向東運回歐洲。但一戰戰火一開打，全球化就被擊沉了，因為德國海軍擊沉了將近一千三百萬噸的船隻，大部分都是U型潛艇下的手。國際貿易、國際投資、國際移民全都毀於一旦。一戰結束後出現的許多革命政權，也都打從心底反對國際經濟整合。計畫經濟取代了市場經濟，閉關自守與保護主義取代了自由貿易。貨物流通減少，人員與資本流動幾乎枯竭。至於政治呢？一戰也讓全球政治天翻地覆，俄羅斯的羅曼諾夫王朝（Romanovs）、奧地利的哈布斯堡王朝、德意志的霍亨索倫王朝（Hohenzollerns），以及鄂圖曼土耳其這四個帝國的幾百年國祚都在此告終。之前讓全球化得以運作的歐洲帝國體制，則是即使沒死也身受重傷。許多民族國家從此誕生。民主化的腳步也加快：選舉權的比例愈來愈高，很多國家開放了婦女投票。社會主義政黨在許多國家登上大位，有些是用革命，有些是靠選舉。工會的力量也水漲船高。[81]

戰爭的經驗，讓許多上過戰場的人和一般平民開始相信，不僅專制王朝已死，由議會代議制和法定程序為基礎的自由主義也已經不合時宜。社會主義者與法西斯主義者各自提出的新興政治模式，從根本上削弱了自由選舉和個人自由。至於戰後出現的國際秩序，在結構上則是相當不穩定，既阻礙人們「重鑄資產階級歐洲」，也無法恢復戰前的秩序。[82]戰後重新施行的金本位制運作不良，其影響一路延燒各國之後，最後引發了美國經濟大蕭條。[83]在此同時，國際和約中有許多重要條文都沒有強制力，即使有哪個民族國家違反規定，國際聯盟（League of Nations）這類集體安全機構也無法制止。美國的經濟地位愈來愈高，但其地緣政治影響力並沒有相應提升，[84]大半權力仍不成比例地掌握在英國與法國這兩個戰勝的歐洲帝國手上。但這兩國的財政與內政問題都嚴重限縮了他們的能力，無法守住勝戰的果實。

雖然一次大戰極為慘烈，其直接殺死的人數卻比不上戰爭最後一年爆發的流感大流行。當年的新株病毒H1N1究竟源自何處，依然眾說紛紜，許多人認為是堪薩斯州萊利堡（Fort Riley）的方斯登營區（Camp Funston）。這個營區訓練成千上萬的年輕人成為美國遠征軍，然後送去支援歐洲前線。不過也有證據表示，新型流感來自一九一七年的英國陸軍，只不過當時被稱為「伴有支氣管肺炎的化膿性支氣管炎」。[85]當時軍隊動員的規模達到歷史新高，全世界的軍人超過了七千萬。這也許就是二十世紀流感肆虐的關鍵。大批年輕人離開原本的家鄉，共同擠進簡陋的住處，用輪船與火車運送到遙遠的異地。過去有人認為H1N1是從豬隻傳過來的，但現在已被駁斥（比較可能來自鳥類）。[86]就算真有人被豬傳染，豬身上的病毒大概也是來自於人。[87]想想也不奇怪，不然德國人為什麼會把應徵入伍的士兵叫做「上前線的豬」（*Frontschweine*）？

一九一八年三月四日，方斯登營區發現第一起美國病例。[88]一週後，萊利堡一名伙房兵躺進了醫務室，然後接連幾天一連串士兵跟著進去。到了三月底，流感病例已經超過一千例，死者已有四十八人。彷彿在嘲笑人類自相殘殺太費工夫，病毒以極快的速度傳遍了美國各地，然後從擁擠的美國運兵船登陸歐洲。到了一九一八年夏天，登記染病的德軍士兵數量已經翻倍，或許也成為了德軍之後崩潰的關鍵原因。[89]當然，紀錄顯示德軍手中的戰俘在七月前已經染上流感。[90]當時流感已經傳到印度、澳洲、紐西蘭。幾個月後，第二波死亡率更高的流感幾乎同時襲擊法國的布雷斯特（Brest）、獅子山的自由城（Freetown）與美國的波士頓。[91]一九一八年八月二十七日，病毒回頭登陸波士頓的聯邦碼頭（Commonwealth Pier）。流感病例從第一天三例，到隔天出現了八例，再隔天又出現五十八例，其中的十五例重症送至切爾西海軍醫院（U.S. Naval Hospital）治療。九月八日，流感襲擊陸軍德文斯營（Camp Devens），營區醫院在十天內就擠進數千名病患，停屍間在幾週後就塞滿窒息而死且顏色發青的屍體（病患一旦出現淡紫色發紺，就幾乎沒救了）。然後疫情開始向西方與南方蔓延，死亡人數在十月四日那週攀至高峰。[92]到了一九一九年初，英格蘭、威爾斯、澳洲等地又爆發第三波疫情。一九二〇年斯堪地那維亞好像還出現了第四波疫情。許多參戰國都擔心疫情新聞會傷及士氣，紛紛試圖壓制新聞報導，妨礙民眾瞭解實情。只有西班牙因為保持中立，不大審查媒體，而把疫情誠實報導了出來。結果很多人就誤以為疫情源於西班牙，將之稱為西班牙流感（Spanish flu）。

這場流感大流行殺死了四千萬至五千萬人，大部分死因都是血液和其他液體累積在肺部所導致的窒息。如果光看死亡人數，最多的是印度（一千八百五十萬）和中國（四百萬至九百五十萬），但如果看死亡率，各地狀況則有很大的差異。像是喀麥隆的人口死了將近一半（四十四．五%），西薩摩亞死了將近四分之一（二十三．六%），肯亞與斐濟的總人口也都死了超過五%。其他撒哈拉南邊國家的死亡率則介於奈及利亞的二．四%，到南非的四．四%之間。中美洲的死亡率也很高，瓜地馬拉是三．九%，墨西哥是二%。地球另一端的印尼也有三%。歐洲死亡率最高的國家是匈牙利和西班牙，大約都是一．二%，其次則是義大利。相比之下北美的數字就低很多，美國介於〇．五三%至〇．

六五%之間，加拿大死亡率為〇．六一%；再往南看，巴西的死亡率跟北美差不多，阿根廷與烏拉圭則幾乎沒人死亡。[93]這些數字告訴我們，雖說戰爭時期的住宿與交通可能助長了流感的初期傳播，但西班牙流感在各國造成的傷亡，和該國是否參戰一點關係都沒有。

英國官方公布的死亡人數超過十五萬，現代估計的數字則接近二十五萬，其中包含嗜眠性腦炎（encephalitis lethargica）造成的死亡，以及另外五千例流產（當時孕婦的死亡率高得驚人）。[94]美國的死亡人數多達六十七點五萬，比正常狀態下的死亡人數多出了五十五萬。如果當年美國總人口和二〇二〇年一樣多，就相當於有一百八十萬至二百二十萬人死亡。相較之下，死於戰爭的美國人只有五萬三千四百零二名，不到流感致死的十分之一。根據美國戰爭部（War Department）⑥的資料，陸軍中有二十六%罹患流感，人數超過一百萬，抵達法國前就病死的新兵人數接近三萬。[95]更諷刺的是，一九一八年的流感與大部分的流感疫情不同，反而跟較早發生且幫助疫情傳播的一次大戰很像，都專殺年輕人。在美國因流感而死的二十七萬二千五百名男性中，有將近四十九%介於二十至三十九歲之間，十八%在五歲以下，十三%在五十歲以上。[96]最年幼和最老的人通常最為脆弱，在這場疫情也不例外，各地各年齡層死亡率的分布圖因此都呈現W字型。澳洲、印度、紐西蘭、南非、英國的分布也和美國相同，四十五%的死者都位於十五至三十五歲之間。[97]由於死亡的原因並非流感病毒的直接傷害，而是人體對病毒的免疫反應，所以免疫力最強的人反而更可能死去。凱瑟琳．安．波特（Katherine

⑥ 編注：美國國防部的前身。

圖表9：（上圖圖說）德國人在法國蒂耶里堡（Chateau-Thierry）做的事情。近期戰事約造成一千名北卡羅萊納人陣亡。
（下圖圖說）美國北卡羅萊納人（North Carolinian）在家鄉做的事情。去年秋冬的流感造成一萬三千六百四十四名北卡羅萊納人因飛沫傳染而亡。

Anne Porter）一九三七年出版《蒼白的馬，蒼白的騎士》（*Pale Horse, Pale Rider*）的故事，就是在講病毒如何硬生生地拆散一戰時期的情侶，她生動描寫了年輕人染疫時的狀況，以及疾病產生的幻覺如何造成悲劇。[98]

前文曾提過我們能從霍亂疫情看出階級意識，但流感卻不然。英格蘭註冊總署署長（registrar-general）認為，感染西班牙流感的機率「當然會因社會階級而有不同，但差異並不大」。蘇格蘭相當於普查局長的官員也說：「西班牙流感在死亡率分布上最明顯的特徵，就是一視同仁。」[99]《泰晤士報》報導：「城市人的處境沒有比農民好，白人的處境沒有比黑人或黃種人好，住在雪地的人也沒有比住在叢林裡的人好。在這場大屠殺之中唯一倖免於難的，只有非常年輕與非常老的人，而且也只是相對來說死得比較少而已。只有這些人的性命，才提不起流感這個怪物的興趣。」[100]大英帝國各地的死亡率差異很大，但都與階級無關。例如倫敦最貧窮、健康狀況最差的地區死亡率稍微高些，但死亡率與貧窮的相關性卻不特別強。泰恩賽德區（Tyneside）的赫本鎮（Hebburn）和賈羅鎮（Jarrow）皆嚴重受創，但這些城鎮有很多人是在船上工作，特別容易接觸到病毒。倒是紐西蘭毛利人的死亡率幾乎是白人的兩倍，[101]加拿大因紐特人（Inuit）與其他原住民的死亡率也遠高於歐洲裔的人。

美國的疫情狀況相當因地而異，[102]各地的感染率差異甚大。康乃狄克州新倫敦市（New London）十八．五%，德州聖安東尼奥市（San Antonio）五十三．五%，全國感染率為二十九．三%，顯示感染死亡率約為一．八二%。[103]流感讓印第安那州與紐約州的死亡率飆到平常的三倍，更讓蒙大拿州一九一八年的死亡率飆到平常的六倍以上。科羅拉多州、馬里蘭州、賓州的狀況也很慘，一九一八年美國死亡率的前三名城市分別是匹茲堡（Pitsburgh）、斯克蘭頓（Scranton）與費城，皆位於賓州。死亡率最低的大湍城（Grand Rapids）、明尼亞波利斯（Minneapolis）、托雷多（Toledo）則都位於中西部。至於康乃狄克州的達連市（Darien）和密爾福市（Milford），則不知道為什麼都完全沒人死亡。一九一八年流感讓美國城市的死亡率至少高達平常的兩倍，但孟菲斯（Memphis）、聖路易斯（St. Louis）、印第安納波利斯（Indianapolis）的死亡率至少比平常高三倍，納士維和堪薩斯城的死亡率甚至至比平常高四倍。一般來說，白人因流感而死的比例都低於黑人，但在一九一八年流感中，兩者的差距並沒有那麼大。一九一九年夏天，美國公共衛生局在調查了九個城市的十萬多人後發現：「『非常貧窮』的白人死亡率，幾乎是『富裕』和『小康』群體的兩倍。」[104]

這些疫情差異，究竟和各州或各市的政策有什麼關係呢？有人認為，美國各地的非醫藥介入措施不僅降低了西班牙流感對公共衛生的衝擊，也加快了經濟復甦。但我們仔細一看就會發現好像沒這麼簡單。[105]當時除了紐約與芝加哥以外，美國各地的州政府與地方政府都關閉了學校與教堂。但同一時間還有發行第四次自由債券（Fourth Liberty Loan，總額高達六十億美元的戰爭債券），這表示那年九月和十月一定舉行過好幾場公開說明會與大型集會。當時餐廳也沒有關門，[106]紐約市甚至還讓學校和電影院繼續營運。該市最重要的新防疫方法，是錯開上班時間，盡量分散地鐵的人潮。[107]不過該市的衛生官員羅由．科普蘭醫生（Dr. Royal Copeland）當時卻相當大意，到了八月還堅稱「紐約完全不會感染西班牙流感」。這位沒有受過公衛訓練的眼科專家，認為應該盡量低估風險。當八月出現第一批從挪威過來的病例時，他也沒有隔離病患，反而一派輕鬆地說：「你有聽說我們的年輕人感染嗎？沒有吧？之後也不會有的……，我們的市民不需要擔心這種事情。」到了九月下旬，疫情已經蔓延開來，科普蘭還是認為「五個行政區的狀況都已經控制得很好……，而且幾乎不用擔心疾病會繼續擴散」。他甚至在看到新病例數量在二十四小時之變成兩倍之後，還是沒有推出任何預防措施，只警告市民不要在公共場所咳嗽和打噴嚏。到了十月初，一天新增的病例已增至九百九十九例，費城的衛生官員建議關閉學校，但科普蘭拒絕接受。

科普蘭的愚蠢作為，逼得前衛生局長高華德醫生（Dr. S. S. Goldwater）投書《紐約時報》：「狀況已經比民眾所知的惡劣很多。如果政府沒有設法控制，疫情勢必會擴散，許多人會因為欠缺醫療照護而受害。」兩週後，紐約市長約翰．海蘭（John Hylan）公開指責衛生局在第一波患者出現時沒有予以隔離，「未能防止疾病傳播」。根據紐約醫學會（New York Academy of Medicine）公共衛生委員會的估計，「自從紐約市首次出現流感疫情至今（一九一八年十月二十七日），已有四十一萬八千七百八十一人感染。」把這個數字除以當時的紐約市總人口大約五百六十萬，就知道每十三個人裡面就有一個受感染。待疫情結束時，紐約市已經有大約三萬三千人死於流感。[108]倘若當初關閉學校，死亡人數應該就不會這麼高。一些城市如聖路易斯，很早就關閉學校並且很早就禁止公眾集會，狀況就比匹茲堡這類動作慢一步的城市好上不少。[109]至於在舊金山，在衛生局長威廉．哈斯勒醫生（Dr. William C. Hassler）的鼓吹下，一九一八年十月與十一月強制市民戴口罩，一九一九年一月又再次下令，結果引發了一個我們相當熟悉的反應：那些支持放任自由主義的人、信基督教的科學家，跟經濟利益團體聯合了起來，組成了一個反口罩聯盟（Anti-Mask League）。[110]

西班牙流感釀成了巨大的公衛災難，經濟災情反倒是其次。[111]各國經濟當然有受影響，特別是疫情最嚴重的那些國家。[112]不過，經歷慘烈災情之後的印度，卻在很多層面上出現了馬爾薩斯式的轉變：在大部分染疫地區，土地都空了出來，提高了倖存者的人均財富，讓他們的家庭可以生養更多人口，花更多錢投資兒童教育。[113]相比之下，巴西在兩次大戰期間的經濟狀況，卻因疫情而受到長期的負面影響。[114]至於美國，據報紙報導，小岩城（Little Rock）除了藥店以外的零售業營業額急遽下降，孟菲斯的疫情讓工業勞動力嚴重短缺。[115]但根據一九四六年的美國景氣循環回顧報告，西班牙流感整體上「只在極為短暫的時間內，造成中等程度的」衰退，原因之一是經濟活動受到干擾的時間非常短，大概只有四週。[116]一九二〇至一九二一年出現了一次大戰後的經濟衰退，不過這是財政與貨幣緊縮造成的，與兩年前的疫情無關。[117]根據聯邦銀行第二儲備區（Second Federal Reserve District）的每月報告，紐約、芝加哥、新英格蘭的經濟活力在一九一九年都還算強勁，企業倒閉的比例在一九一八年與一九一九年反而變少，紐約市和紐澤西北部的建案則在一九一九年激增。這些指標都顯示，經濟收縮發生在一九二〇至一九二一年，而非流感期間。流感疫情和經濟衰退之間唯一的明顯關聯，就是在一九一九年和一九二〇年，壯年人死於流感的比率高於平均，企業倒閉的比例也高於平均。很妙的是，各地的疫情幅度和之後一九二〇年代的經濟成長幅度卻呈現正相關。[118]然而，光看這兩者的相關性，你不會想到西班牙流感其實留下了一個長期的負面影響：在西班牙流感期間出生的美國人，跟疫情結束後或者在疫情之前就已經出生的美國人比起來，教育程度較低，身障率較高，收入也較低。[119]在這三波流感高峰期出生的人，罹患呼吸道疾病或心血管疾病的風險也較高。[120]這種現象在巴西、義大利、挪威、瑞典、[121]瑞士、台灣等其他國家也有發生。[122]此外還有一些證據顯示，西班牙流感讓重災區國家的人民更不信任彼此。[123]

雙重擴散

第一次世界大戰徹底瓦解了經濟與政治注定愈來愈進步的想像，一九一八至一九一九年的流感疫情，也徹底粉碎了醫療能力必定愈來愈好的幻想。美國在一九一八至一九一九年間製造了許多西班牙流感疫苗，但實際施打下去後卻發現它們頂多只是安慰劑。[124]科學在十九世紀打了很多場大勝仗。拿著顯微鏡的研究者，陸續發現天花、傷寒、瘧疾、黃熱病、霍亂、白喉的疫苗或療法，雖然無法徹底抵禦這些疾病，依然是一大進展。然而一九一八年九月下旬，約翰霍普金斯大學（Johns Hopkins University）的威廉·亨利·韋奇醫生（Dr. William Henry Welch）在麻薩諸塞州德文斯營對一名西班牙流感患者進行第一次屍檢時，才發現自己不知道該怎麼處理這種新型流感。他看著腫脹的藍色肺臟中，充滿了帶血的稀薄泡沫狀液體，只能說「這一定是某種新的感染或瘟疫」。[125]當時德國細菌學家理查·菲佛（Richard Pfeiffer）誤以為該疾病是某種桿菌造成的，但他搞錯了。直到一九三三年，一群英國科學家才終於成功分離出導致西班牙流感的病毒。在流感肆虐期間，人類只能用隔離、口罩、禁止聚會來有效控制疫情，這些都是在顯微鏡之前就已經存在的方法。[126]

始終有人認為：「一九一八年的流感疫情雖然很可怕，但對於戰爭造成的政治與社會改變幾乎沒有影響。」[127]這種論點很難讓人接受。光舉印度為例就好，雖然印度在一次大戰派出了一百五十萬人保衛大英帝國，也幾乎踏足每一處戰場，但這場戰爭本身對印度的影響有限，[128]只害死大約七萬四千人。反倒是西班牙流感在印度當地殺死了一千八百萬人，超過一戰陣亡者的二百四十倍。流感對英國本土的影響也很大，英國原本自豪於公共衛生領先全球，但從一八七一年起由地方政府委員會（Local Government Board）管轄的各地醫療當局，卻無法順利控制流感疫情。英國會在一九一九年六月成立衛生部，並不是巧合。此外我們也別忘了，西班牙流感也同樣害慘了世界各地的政治菁英與知識菁英。因疫情而死的數百萬名受害者中，包括了南非聯邦（Union of South Africa）首任總理路易斯・波塔（Louis Botha），全俄羅斯中央執行委員會（All-Russian Central Executive Committee）主席雅科夫・斯維爾德洛夫（Yakov Sverdlov），布爾什維克黨人，很可能就是下令處決沙皇尼古拉二世全家的人），共同制定威瑪共和憲法的德國社會學家馬克斯・韋伯（Max Weber），奧地利藝術家古斯塔夫・克林姆（Gustav Klimt）和埃貢・席勒（Egon Schiele），巴西當選總統之後去世的羅德里格斯・阿爾維斯（Francisco de Paula Rodrigues Alves，早年曾經處理里約熱內盧民眾反對公共衛生措施所組織的暴動）。就連美國第四十五屆總統川普的德裔祖父腓特烈・川普（Frederick Trump）也是死於西班牙流感（雖然他還算不上菁英）。

一九一八年和一九一九年，是生病與死亡之年。當時最有影響力的經濟學家凱因斯也出現身體不適。他曾到巴黎參加締造《凡爾賽條約》的和平會議，後來在一九一九年五月三十日寫信給母親：「上週五，眼前的各種悲劇與怒火，以及長時間的過勞，讓我陷入極度的神經衰弱，不得不臥床休息，自此我就一直待在床上。」他在床上足足躺了一整週，只有會見首相勞合・喬治（David Lloyd George），以及每天「去布洛涅散散步」時才會起身。至今我們不是那麼確定，凱因斯是否跟勞合・喬治一樣都染上了可怕的西班牙流感。但如果真是這樣，他能活下來已經相當幸運。[129]不過日後爆發的另一場流感顯然併發了心臟病，縮短了凱因斯的壽命。

西班牙流感的患者中，最有名的人莫過於美國總統伍德爾・威爾遜（Woodrow Wilson）。一九一九年四月三日，他在《凡爾賽條約》談判的關鍵時刻病倒，在床上躺了三天不能動彈。威爾遜康復之後變了一個人（祕書認為他「某些行為變得怪怪的」，赫伯特・胡佛〔Herbert Hoover〕等人也這麼認為），而且有好幾項之前跟歐洲國家領導人談不攏的事情，威爾遜在病好之後都突然讓步了。[130]總統從歐洲回國之後精疲力盡，一九一九年十月發生了嚴重的中風，到了一九二〇年幾乎不良於行，被自己的政黨認為不適合競選連任。某些歷史學家認為，美國沒有簽署《凡爾賽條約》與未能加入國際聯盟，是威爾遜生病造成的。但這兩件事的主要成因，其實是西班牙流感造成的民意不穩、一戰結束後擔心共產革命的「紅色恐慌」（Red Scare）、婦女獲得選舉權、遍布各地的種族暴動與私刑，以及當時無視威爾遜否決而頒布的禁酒令。早在一九一八年，共和黨就在參議院以兩席之差勝出成為多數黨，使威爾遜同時無法掌控參眾兩院。當選的參議員中還有一位新墨西哥州的共和黨人艾伯特・佛爾（Albert B. Fall），之前威爾遜挑了錯誤的時間去批評佛爾，當時佛爾正為自己唯一的兒子和其中一個女兒死於流感而悲痛欲絕。[131]兩年後，俄亥俄州的共和黨參議員沃倫・哈定（Warren G. Harding）以「回歸常態」（Return to Normalcy）的口號拿下六十%的普選票和四百零四張選舉人票，贏得了一九二〇年的總統大選。民主黨候選人詹姆斯・考克斯（James M. Cox）得票落後的比例，則創下該黨自一八二〇年詹姆斯・門羅（James Monroe）獲得壓倒性勝利之後的新高。不僅如此，共和黨在參眾兩院也更加鞏固了的席次優勢。

第一次世界大戰的結束，難免被看成了疾病與革命的開始。在病毒席捲全球的同時，意識形態的浪潮也覆蓋了全世界。威爾遜提出了民族自決原則，有可能會動搖從埃及到朝鮮等地的殖民體制，但這仍比不上列寧和布爾什維克同志們當時傳遍整個俄羅斯帝國的思想——後者在世界各地引發了革命。在許多當時的人眼中，疾病與革命是彼此交織在一起的。在俄國內戰的最高峰，斑疹傷寒奪走近三百萬人的性命，就連列寧也說「如果社會主義不能打倒蝨子，蝨子就會打倒社會主義」。[132]沒過多久，歐洲許多反對布爾什維克的人則開始把蘇聯政權的意識形態，以及自己國內的猶太人都譬喻為病原體，認為這些人是列寧的共犯。那位禍端演說家阿道夫・希特勒就是抱持這種想法的其中一人。他在一九二〇年八月宣稱：「如果不摘除致病的器官，就無法對抗種族帶來的結核病。只要猶太人這個罪魁禍首還留在我們之中，他們帶來的傷害就永遠不會消失，對人民的毒害也永遠不會結束。」[133]一九二三年啤酒館政變失敗後，希特勒又在獄中雜亂無章地寫了《我的奮鬥》（*Mein Kampf*），繼續把猶太人說成「一種典型的寄生蟲，只要有哪個媒介把它邀進家門，它就開始像有毒細菌一樣不斷傳播。它造成的影響也跟寄生蟲差不多，無論它出現在哪裡，宿主族群都遲早要滅絕」。[134]希特勒在這本書裡不斷使用駭人聽聞的醫學意象，認為德國生病了，只有他和他的支持者知道怎麼治好。他把種族偏見跟偽科學組合成一個可怕的怪物，搞出了人造災難中最恐怖的禍源：由一群受過高等教育的人，用最先進的科技製造災難，而且還經常說自己的行為是基於科學。希特勒曾在猶太人大屠殺（Holocaust）如火如荼之時，分別在一九四一年與一九四二年把自己比為德國細菌學先驅羅伯特．柯霍：「他發現了細菌，讓醫學走上新的道路。我則發現了猶太人就像細菌一樣分解著每一個社會。」[135]

如今這聽起來很荒謬，但請別忘記，優生學和種族衛生曾幾何時也是幾乎所有人都公認的「正統科學」。[136]

第六章

Chapter 6

政治無能的心理成因

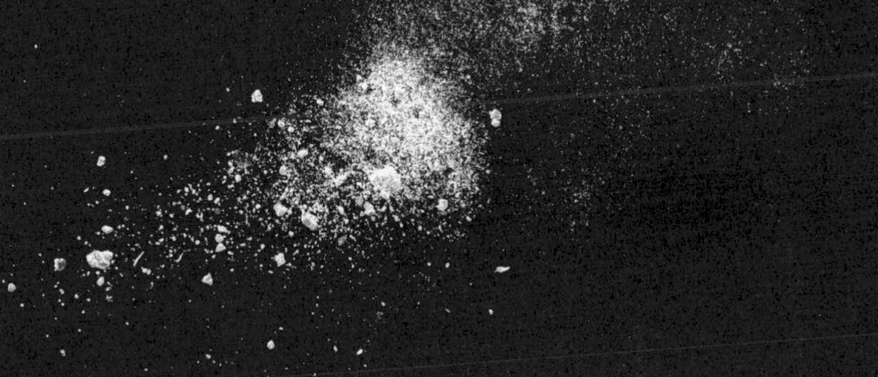

即使是天神，也救不了人類的蠢。

——德國詩人弗里德里希·席勒（Friedrich Schiller）

托爾斯泰與拿破崙

我們已經對軍事無能的心理成因有所瞭解，[1]那麼政治決策呢？英國心理學家諾曼・迪克森（Norman Dixon）認為，軍旅生活實在太無聊，聰明的人根本待不久，能夠一直晉升的都是駑鈍被動的平庸之人。而這些人爬到高層開始掌權的時候，通常智識也開始衰退。迪克森觀察道，糟糕的指揮官即使做錯決定也不願意回頭，甚至根本不知道該怎麼回頭；反而會為了解決自己的認知失調，繼續相信自己沒錯，變得剛愎自用。[2]軍事決策上的無能，包括浪費人力資源與其他資源，空守過時的傳統卻又不汲取過去的經驗，濫用或無視眼前的新科技，排斥逆耳忠言或把人家當空氣，低估敵軍實力且高估己方實力，拒絕承擔決策責任，在目前戰略出問題後仍一意孤行，看到強攻機會卻「放敵方一馬」，不重視情報蒐集，對敵方最強之處予以強攻，捨棄奇襲或欺敵而選擇硬幹，失敗時找人頂罪，壓制或扭曲前線傳來的消息，以及相信命運或好運之類的神祕力量。[3]迪克森把英國軍事史上的決策無能分為兩種，第一種來自「那些溫良恭儉讓的人，他們雖然非常重視軍隊的慘重損失，卻似乎完全無法改善」，第二種則是「那些傲慢自負的人，他們對其他人的困境完全無動於衷，注定會惹出禍害」。[4]前述問題也未必僅限於軍事，讀者或許已經發現，政府文官也犯過不少這類錯誤。

我們必須同時謹記，不能盲目崇拜軍事領導，也不能盲目服從政府官員。卡爾・馮・克勞塞維茲（Carl von Clausewitz）很久以前就說過，軍隊的士氣與領軍者的素質在戰鬥中同樣重要。近代也有人說，軍隊會打敗仗的最大原因是「組織崩潰」，而組織崩潰可能來自嚴重傷亡、意外受挫，或者受到天氣或地形的阻礙。[5]而正如我們接下來所見，組織崩潰不僅會影響前線士兵，也會影響高階將領。所以當災難發生，我們究竟可以或該把多少責任歸咎於單一個人？托爾斯泰在《戰爭與和平》中有一段話令人眼睛一亮。他認為我們幾乎無法將法國在一八一二年入侵俄國的原因，歸咎於拿破崙本人的意志。托爾斯泰認為那場入侵「根本就違反了理性與人性」：

> 數之不盡的人們對彼此犯下各種罪行：無數的欺詐、背叛、偷竊、偽造文件、偽造錢幣、闖空門、縱火、謀殺之罪都沒有列入那個世紀的法庭，而且做這些事的人都不認為他們犯下了罪。人們究竟是為什麼，又是受到什麼原因所影響，才做出這麼多天理不容的事情？歷史學家總是天真地說，那是因為對奧登堡公爵（Duke of Oldenburg）的錯誤對待①、各國不遵守大陸封鎖（Continental System）②、拿破崙的勃勃野心、沙皇亞歷山大（Alexander）的固執己見、外交官的諸多錯誤云云……。
>
> 但從事後看來，在我們目睹戰爭帶來的巨大衝擊和可怕的傷害之後，大概會覺得這些理由並不夠……，我們無法理解這些原因如何在前線引發各種屠殺和暴力，無法理解為什麼只因為公爵蒙受不白之冤，成千上萬的人就要從歐洲大老遠的另一邊來到斯摩倫斯克（Smolensk）和莫斯科，

① 編注：奧登堡公爵是俄羅斯沙皇亞歷山大的女婿。奧登堡在一八〇八年遭到拿破崙與法國占領，使奧登堡公爵逃回俄羅斯。
② 編注：拿破崙在一八〇六年為了反制英國的海上封鎖，遂下令歐陸國家皆禁止運送英國貨物，是為「大陸封鎖政策」。

與當地的人彼此相殺。

事實上，托爾斯泰認為「雖然這些事件都在拿破崙與亞歷山大的一聲令下，但他們的行動就和那些因為抽籤或徵召而入伍參戰的士兵一樣，都不是自願的」。

乍看之下，那些戰爭都是拿破崙和亞歷山大造成的，但如果沒有其他數不盡的條件去配合，他們的意志就無法實現。如果沒有成千上萬的人願意執行他們的命令，沒有士兵願意聽命開槍，沒有後勤部隊願意輸送糧草軍火，這些人的意志就無法變成真正的力量。而這些人之所以願意執行命令，背後都有數不盡的複雜原因。

最終，托爾斯泰認為，「國王也只不過是歷史的奴隸」。

歷史，是人類全體在無意識間像蜂群一般組織而成。歷史，會利用每位國王的一生來達成自己的目的。

雖然一八一二年的拿破崙比任何時候都更堅信未來掌握在自己手中……，但影響他的那些無可抗拒的規律，卻也比任何時候都多。這些規律讓他以為每項行動都出於己意，而不知道自己只是在為這個蜂群一般的生命服務，不知道自己只是在實現那些歷史上必須實現的事情……。歷史事件中所謂的偉人，只是我們用來幫事件命名的標籤罷了。正如標籤跟事物本身的關係微乎其微，這些偉人和事件本身也幾乎同樣無關。[6]

這種觀點如今已不大流行，原因也很好理解。歷史具有「必然規律」之說如今已淪為笑柄，且儘管一般大眾喜歡「偉人史觀」，但學院派歷史學家對此卻是敬而遠之。托爾斯泰把「推動民族的力量」說得很玄，彷彿某種超自然的力量。但我們可以新瓶舊酒，更新一下托爾斯泰的說法。在理論上，領導者發布的命令，會從組織結構的頂端一路傳遞到最低階的官員。但在現實中，領導者只是大型複雜網絡的樞紐，他們的中心性有多高，決定了他們的權力只能施展多遠。如果他們和政治菁英、官僚機構、媒體，以及更廣大的民眾關係良好，而且可以互相交換資訊，他們就會一直握有重要消息，可以成功指揮，因此成為能幹的領導者。但如果他們在權力結構中孤立無援，那麼無論他們頭銜再怎麼顯赫，都注定做不成事情。當然，政治決策可以是專家知識的結果，但別忘記職業官僚和學術顧問也能幫派系背書，[7]且有些時候官僚也會反過來把持他們的主人。就像亨利．季辛吉（Henry Kissinger）所說，官僚可以表面上提出三種選擇，實際上只有一種是可用的（而且剛好就是公務員想要的那種）。[8]同樣地，民主制度下的選民也可能拒絕被政治領導操弄，名義上聽從政府領導人的指揮，實際上各行其事、毫無章法。因此對領導者來說，最簡單的領導方式大概就是像一八四八年激進共和黨人勒德呂－洛蘭（AlexandreAuguste Ledru-Rollin）所說，索性承認：「我是他們的領袖，我必須跟隨他們！」（*Je suis leur chef; il faut que je les suive!*）[9]

我們很可能會下意識地將天災跟人禍視為兩種不同的災難。我們把火山爆發、地震、洪水和饑荒視為天災，然後把戰爭、暴力革命和經濟危機歸類為人禍，還說某些人禍比其他人禍更故意。好比大多數歷史學家如今同意，希特勒滅絕猶太人是刻意的，而且經過長年的預謀。然而，如果我們繼續套用托爾斯泰的原則，就會發現即使是猶太人大屠殺，也很難全部都歸因於一位變態的反猶主義者身上。歷史學裡面有一整個學派就在試圖解釋這件事，那就是稱號不大吸引人的「結構功能主義」（structural functionalism）。該派認為滅絕歐洲猶太人之所以可能，是因為當時在二戰爆發的異常社會氛圍下，有許多德國人都積極「為元首工作」，不需要直接書面命令也會實施種族滅絕，無論背後是出於意識形態的信念，對掠奪的渴望，或單純只是道德懦弱。那麼二戰為什麼會開打呢？希特勒的官方理由是，波蘭拒絕交出但澤自由市，也拒絕在一九二〇年自德國手中取得的波蘭走廊舉辦公投。於是英國和法國不得不參戰，以履行他們對波蘭政府的安全保障條約。如果備受托爾斯泰嘲諷的「奧登堡公爵受辱說」並非一八一二年法國入侵俄羅斯的真正原因，那麼希特勒的官方說法顯然也同樣荒謬。

民主與饑荒

所謂天災，究竟有多天然？人們普遍將饑荒視為天災，但這個觀點受到印度經濟學家阿馬蒂亞·沈恩（Amartya Sen）的挑戰。他在一九八三年出版《貧困與饑荒》（*Poverty and Famines*），一九九九年出版《經濟發展與自由》（*Development as Freedom*），並在這兩本重要著作中，主張饑荒其實是一種人禍。沈恩認為，饑荒其實並非食物供應不足引起，而是因為食物價格上漲，超過低收入群體的承受能力。一言以蔽之，是因為權利分配不均（entitlement failures）所造成的。因此，大多數的饑荒可以藉由公共建設提高工資或禁止囤積和投機來預防。[10]沈恩認為，「自古以來，從來沒有饑荒是發生在正常運作的民主國家」，因為民主制的政府「必須贏得選舉，面對公眾的批評，並且有強烈的動機採取措施，來避免發生饑荒和其他災難」。[11]他舉了毛澤東政府讓中國遭逢饑荒災難為例，認為民主國家一旦發生饑荒——且即便死亡人數僅是中國死亡人數的一小部分，「也會立即在報紙上掀起風暴，在印度議會引起震盪，執政的政府幾乎肯定會被逼下臺。」[12]

過去三個世紀以來所發生的大饑荒，很大程度證實了沈恩的論點。亞當．斯密在《國富論》中大膽宣稱，在他寫作之前的兩個世紀裡，「歐洲饑荒皆源自於政府暴力且不當地挽救糧食短缺的麻煩。」[13]在太陽王路易十四統治之下，一六九三至一六九四年以及一七〇九至一七一〇年就發生過兩次大饑荒。這兩場饑荒似乎也很符合沈恩的論點：惡劣的歉收環境導致市場失能，不負責任的當局在救濟飢餓人民方面做得太少。一六九三至一六九四年的那次饑荒估計有一百三十萬人死亡，約占法國人口的六％。[14]同樣地，一七七〇年孟加拉大饑荒的主因，也幾乎可歸咎於只對股東（而非英國國會）負責且貪婪無比的東印度公司。這次大饑荒共造成一百萬至兩百萬人死亡，占總人口的七％。[15]

一八四〇年代末的愛爾蘭發生了悽慘的饑荒，最直接的原因是一種名為晚疫病菌（Phytophthora infestans）的真菌孢子，它以災難性的速度摧毀了馬鈴薯作物。當時馬鈴薯占愛爾蘭糧食供應的六成，且有四成的家庭幾乎完全仰賴馬鈴薯維生。這種「黃萎病」（blight）在一八四五年從北美洲經比利時席捲到愛爾蘭，除了某一年狀況比較好之外，直到一八五〇年以前每一年都捲土重來。一八四六年，大約四分之三的馬鈴薯作物毀於一旦。到了一八四八年，馬鈴薯的種植面積僅剩一八四五年的十五%多一點。由於農村人口的主要糧食來源遭到破壞，小麥、燕麥等其他作物的產量也有所下降。從一八四六至一八四九年，愛爾蘭的豬隻數量下降了八十六%。除了大約三百個愛爾蘭貸款基金（Irish Loan Funds）（早期的小額信貸組織）提供貸款外，愛爾蘭農村人口幾乎沒有其他管道可以借錢來渡過這個衝擊。[16] 估計大約有一百萬人因此死去，約占饑荒前八百七十五萬總人口的十一%。[17] 另外還有一百萬人從愛爾蘭移民出國，大部分去了北美洲。

愛爾蘭可不是孟加拉，愛爾蘭有「民主」，在英國國會的兩院都有席位。當然，愛爾蘭貴族是盎格魯-愛爾蘭人，因此在宗教、文化和語言方面跟其他一般老百姓有所區隔。而且愛爾蘭在城市和農村地區的選舉權，也確實比在英國受到更多限制：在一八二九年和一八三二年的選舉改革之後，只有大約九萬人有投票權。[18] 但英國下議院仍有經選舉產生的愛爾蘭代表，其中包括大名鼎鼎的「解放者」丹尼爾・歐康諾（Daniel O' Connell）③，他在一八四七年一月於都柏林主持了一次由愛爾蘭地主和政治人物組成的會議，要求政府對災難做出回應。[19] 然而，關鍵決策者之一的財政部副司長查爾斯・特里維廉（Charles Trevelyan）爵士，卻是個基督教福音派，並且抱持著反對政府干預的政治經濟學教義。一八四七年一月六日，特里維廉爵士寫道：「窮人應該要認知到自己正在遭受上帝旨意的磨難。」既然上帝安排了大饑荒，「那就是為了給愛爾蘭人上一課，因此不能過分緩和這場災難……。我們真正要對抗的邪惡，並不是大饑荒導致的物質邪惡，而是源於人們的自私、任性和愛搗亂等道德邪惡。」[20]因此，即便愛爾蘭自己都已糧食短缺，其糧食出口（主要是燕麥）仍未被喊停。

誠然，政府後來還是有採取一些措施，緩解了饑荒和隨之到來的疾病問題。一八四六年，羅伯特・皮爾爵士（Sir Robert Peel）的保守黨政府廢除了《穀物法》（Corn Laws），這項保護主義關稅過去讓英國始終沒法低價進口穀物。愛爾蘭於是得以從美國進口玉米和玉米粉、得以推行幾項公共工程，同時獲得大量的慈善捐款。在英國皇室和羅斯柴爾德家族（the Rothschilds）的支持下，英國救濟協會（British Relief Association，全名英國救濟愛爾蘭和蘇格蘭偏遠赤貧地區協會）在其一年多的營運期間募集了約四十七萬英鎊善款。政府自己則在一八四七年籌了一筆八百萬英鎊的愛爾蘭饑荒貸款。[21]但這些措施遠遠救不了農村收入在災情巔峰時的大崩潰。在皮爾爵士因《穀物法》下臺後，倫敦大部分人都對愛爾蘭人冷漠以對，甚至蔑視看待。英國保守黨因《穀物法》一分為二，威靈頓公爵（Duke of Wellington）還因此抱怨道：「都是爛馬鈴薯的錯，它們把皮爾嚇得半死。」[22]《泰晤士報》甚至評論道：「我們認為馬鈴薯疫病是一種福氣。凱爾特人（Celts）④一旦不再以馬鈴薯為食，就必定開始吃肉。當他們嚐到肉的美味，就會想繼續食肉；當他們有這樣的食慾，就會想賺錢買肉。當他們有這樣的意志，就會開始重視穩定、規律和毅力。如果沒有，那可能是因為愛爾蘭盲目的愛國主義、短視近利的小氣地主，或是政府不顧一切施以的善意，才阻礙了這些特質的發展。」[23]財政大臣查理斯・伍德爵士（Sir

③ 編注：愛爾蘭的主流宗教為天主教，因而不同於英國的主流宗教。丹尼爾・歐康諾領導愛爾蘭的宗教解放運動，成功迫使英國政府於一八二九年通過法案，放鬆對愛爾蘭天主教的限制。歐康諾兩度當選英國下院議員。

④ 編注：在當時主要指愛爾蘭、蘇格蘭、威爾斯、布列塔尼等地，在語言與文化上與古凱爾特人存在一致性的民族。

Charles Wood）向下議院解釋道：「無論政府再怎麼努力，我甚至認為，無論任何私人慈善機構再怎麼努力，都不能完全彌補目前的災難。這是上天施予這支民族的懲罰⑤。」[24]

維多利亞時代的古典自由主義，以及布爾什維克的殘忍馬克思主義，堪稱兩種最不相同的意識形態。但事實證明，兩種都可以用各自不同的方式將大饑荒合理化。儘管如此，兩者還是有一些重要差異。蘇聯歷史上有過兩次非常嚴重的饑荒：一次是一九二一至一九二三年，另一次是一九三二至一九三三年。有位烏克蘭歷史學者曾寫道：「一九二一至一九二三年發生在蘇維埃烏克蘭的第一次大饑荒，真正原因不是乾旱和歉收，而是糧食徵用和出口。」[25] 一九二〇年春天炎熱無雨，早已埋下了危機的伏筆，但最終造成饑荒的主因其實是俄羅斯內戰導致的勞動力短缺，以及害怕糧食徵用的農民不願意再繼續耕田。一九一七年革命之前，俄羅斯帝國最富饒的二十個農業省分每年生產兩千兩百萬噸糧食。到了一九二一年，產量已降至兩百九十萬噸。這個危機在烏克蘭更是嚴重。一九二一年，烏克蘭敖德薩省（Odessa）的穀物收穫量僅剩革命前的十二・九%。[26] 赫伯特・胡佛成立的美國救濟管理局（American Relief Administration）估計約有兩百萬人死亡，是大饑荒前人口的一・三%左右。布爾什維克統治下的大片土地正遭到大饑荒的蹂躪，當局卻繼續出售糧食換取強勢貨幣，美國救濟管理局為表抗議而從俄羅斯撤了出來。與維多利亞時期的官員們不同，布爾什維克的政委不對任何反對黨負責，俄羅斯也沒有自由的媒體能譴責他們的行為。但更糟的事情還在後面。

一九三一年春，蘇聯全境乾冷，窩瓦河地區、哈薩克、西伯利亞及烏克蘭中部都遭遇了乾旱。但要不是史達林實行了農業集體化政策，其實一九三一年和一九三二年還不至於會發生饑荒。史達林相信唯有靠集體化政策才能加速俄羅斯工業化（和無產階級化），同時消滅被認為是反革命的富農（kulak）階層。結果蘇聯廢除私有財產並把農民趕進國營的集體農場之後，非但沒有增加農業產出，反而抹殺了繼續工作的誘因。農民不願意自己的家畜被收歸國有，而寧願宰殺來自己吃掉。同時，史達林將糧食出口量從一九二九年的十八點七噸，提高到一九三一年的五百七十萬噸。[27]當饑荒席捲烏克蘭時，中央政治局卻頒布了兩項法令，明確將農業產量下降歸咎於一九二〇年代的「烏克蘭化」政策（該政策讓烏克蘭蘇維埃社會主義共和國〔Ukrainian Soviet Republic〕擁有一定的自治權）。法令一出，烏克蘭的共產黨官員便遭到大規模清洗，許多不受信任的學者和知識分子也受到言語和生理上的攻擊。在烏克蘭黨中央總書記拉札．卡岡諾維奇（Lazar Kaganovich）⑥的領導下，「積極分子」組成一支支隊伍，跑到烏克蘭農村去徹底搜刮農舍，尋找任何可食用的東西。走投無路的鄰居們為了能得到麵包屑而相互告密。[28]烏克蘭的死亡率比俄羅斯高出三倍，[29]哈薩克的情況更是令人絕望。

有些歷史學家堅持認為，史達林並沒有打算對烏克蘭和哈薩克游牧民實施種族滅絕政策。也許真

---

⑤作者注：若用比較公允的角度來看伍德爵士這番飽受抨擊的言論，他至少承認「愛爾蘭正歷經可怕的災難」，並且煞費苦心地解釋政府正努力推動公共工程，「讓愛爾蘭人有辦法買到他們為自己栽種的食物。因為愛爾蘭人在馬鈴薯歉收下不再能自給自足，有必要去購買食物。」由於實際上許多人根本餓得無法工作，使得公共工程計畫毫無用武之地，這讓伍德爵士意識到有必要分發進口食品。他這句被斷章取義的發言，其實值得在此完整引述：「我們不能再自欺欺人，每週都有數百人餓死。我可以直接跟議會報告，我每天讀著愛爾蘭西部有多少人餓死的紀錄，內心痛苦真的難以言喻。無論政府再怎麼努力，我甚至認為，無論任何私人慈善機構再怎麼努力，都不能完全彌補目前的災難。這是上天施予這支民族的懲罰。即便未能盡如在座諸公的設想，我們仍必須挺身而出，幫助我們在愛爾蘭受苦受難的同胞。各位，我不相信這個國家會拒絕提供援助，或在這種極端情況下不考慮伸出援手。」

⑥作者注：「鐵腕拉札」一八九三年出生在猶太家庭。他是史達林的追隨者，無情兇殘，是最早期「老布爾什維克」革命者中最高壽的一位——活到一九九一年七月二十五日，享年九十七歲，正好在蘇聯共產黨解散的前一個月。當年他為蘇聯而犧牲了許多人的性命。

的沒有吧，但史達林所抱持的階級戰爭概念已經隱含了恐怖統治，乃至大規模謀殺。一九三三年五月，他曾對《靜靜的頓河》（*And Quiet Flows the Don*）作者蕭洛霍夫（Mikhail Sholokhov）說：「貴地區（以及其他地區）那群尊貴的穀物種植者都在靜坐抗議（怠工！），也不管工人和紅軍有沒有麵包吃。怠工悄然無聲地進行，表面上也沒製造傷害（沒流血），這是事實，但這並不能改變另一個事實，那就是這些尊貴的穀物種植者，正在對蘇維埃政權發動『無聲』戰爭。這是一場消耗戰啊，親愛的蕭洛霍夫同志……。」[30]這場大饑荒總計造成五百萬左右的蘇聯公民死亡，約是大饑荒前人口的三%。但烏克蘭占了十八%，成了當代最嚴重的饑荒災難，就連出生率也是大崩潰。倘若史達林沒有採取這些政策，一九三五年初的蘇聯人口將增加一千八百萬人。讀者應該已能清楚認識到維多利亞時期的自由主義跟蘇聯的共產主義之間的區別。愛爾蘭大饑荒有比較多可歸咎於自然之處，因為大自然中出現了新的病原體。相較之下，烏克蘭大饑荒更多是人為造成，而且是惡意為之。

可以肯定的是，整個一九三〇年代對全世界的農業來說，都是一個艱難的時期。自一九三二年開始，北美大平原持續乾旱，導致了大範圍的作物歉收，並使該地區近來新開墾的土地暴露在強風之中。一九三四年五月十一日，一場巨大的沙塵暴將沙土捲到了華盛頓特區，甚至掃進四百八十二公里之外的大西洋。一九三五年，更加猛烈的風暴頻繁來襲，在大平原地區肆虐。三月六日，沙塵暴從華盛頓上空經過，三月二十一日又再次發生。這對堪薩斯州、奧克拉荷馬州（Oklahoma）、德州、新墨西哥州及科羅拉多州的農民來說是場大災難。數百年來，北美大平原皆時常受到乾旱影響，[31]一八五六至一八六五年甚至發生了比日後更劇烈的乾旱。但為什麼一九三〇年代的災難會變得如此嚴重？當時沒有人能料到，這居然是大平原大片土地被倉促且過度開墾成小麥和棉花田所造成的副作用。[32]這也是一種因為政治而導致的災難。與蘇聯制度相反，美國的農業政策鼓勵土地私有及定居。歷年來的法案，像是一八六二年的《宅地法案》（Homestead Act）、一九〇四年的《金凱德法》（Kinkaid Act），以及一九〇九年的《擴大宅地法》（Enlarged Homestead Act），讓一群願意開墾的先驅者獲得許多土地。聯邦土壤調查局（Federal Bureau of Soils）公開表明：「土壤是國家的資產，堅不可摧也不可改變。我們不能使之耗盡，也不能任其枯竭。」私人開發商都各自貢獻己力。「土地富含了財寶，空氣瀰漫著繁榮，處處都在進步。一個帝國正在成形！」愛荷華房地產推銷員索希（W. P. Soash）如此宣稱，「現在土地很便宜，快來德州買座農場吧！這裡每個人都是地主！」聖塔菲鐵路公司（Santa Fe Railway）出版了一張地圖，據說上面標示著每年降雨量達到五十釐米以上的「雨線」，以每年約二十九公里的速度向西移動。彷彿人們只要在土地上播種，雨水就會跟著降臨。像一九二〇年代奧克拉荷馬州波夕市（Boise City）這樣的新興城市，就是靠著被這類許諾吸引前來的移民所打造出來。[33]從南北戰爭到一九三〇年代初期，北美大平原約有三分之一的土地被開墾成耕地。第一次世界大戰造成的物價飛漲，再加上農民可以取得農機貸款，進一步鼓勵了「大翻土」（great plow-up）。[34]然而，隨著一九二〇年代的物價下跌，以及一九二九年以後的經濟大蕭條，快速致富開始變得愈來愈困難。

最終結果是一場環境災難。當年為了施行土地深耕與開墾耕地而做的前置工作，也一併剷除了那些能在乾旱時期穩固水土保持的原生草原植被。導致田地作物一旦因乾旱而枯死，表土就跟著裸露出來。[35]一九三〇年九月十四日，第一次捲起了「黑色沙塵暴」。一九三五年四月十四日最是嚴重，一個下午來了多場風暴，前後搬動的泥土量是建造巴拿馬七年來所挖的兩倍。[36]這一切讓北美大平原的農民陷入了悲慘的貧困之中，迫使許多人向西遷徙，不遠千里地尋找工作，基本上就是約翰・史坦貝克（John Steinbeck）在《憤怒的葡萄》（*Grapes of Wrath*）一書描寫的情景。然而，當時還沒有出現大規模饑荒。那些出言反對政府政策的人，特別是《土壤侵蝕：國家的威脅》（*Soil Erosion: A National Menace*）一書的作者班乃德（Hugh Hammond Bennett），不但沒有受到迫害，反而受到提拔。美國政府一九三三年六月通過《國家產業復甦法案》（National Industrial Recovery Act），並在內政部成立了土壤侵蝕局（Soil Erosion Service）。班乃德在該年九月被任命為該局負責人，[37]他還參與了北美大平原乾旱地區委員會（Great Plains Drought Area Committee）。該委員會在一九三六年八月二十七日的期中報告明確指出：「目前（乾旱）情況主要應歸咎於錯誤的公共政策。」這樣的問責程度，恐怕烏克蘭人做夢也無法想像。

美國資本主義、蘇聯共產主義與英國帝國主義，這三者哪一種最糟糕呢？某位歷史學家說得很誇張，他把一八七〇年代和一八九〇年代的印度饑荒描述為「維多利亞時代後期的大屠殺」（Late Victorian Holocausts）。[38]這是個很爛的比喻。希特勒計畫要消滅猶太人，他背後可是有德國科學家、工程師、士兵和他自己的安全部門來一起協力，設計出最無情卻也最有效率的種族滅絕手段。相較之下，正如印度著名經濟史學家指出的那樣，印度在二十世紀之前「每隔幾年就會發生一次毀滅性的饑荒，這是印度生態圈固有的現象⋯⋯。饑荒主要源於環境因素」。這項問題在一九〇〇年以後獲得一定程度的緩解，因為印度食品市場進一步整合起來。印度的死亡率在一九二〇年代和一九四〇年代之間急遽下降，因饑荒而死的人也在變少。[39]也因此，一九四三年在孟加拉發生的慘烈錯誤，並不能拿來與十年前在烏克蘭或哈薩克發生的事情相提並論。當時史達林對蘇聯公民發動了階級戰爭，威脅將反抗者行刑處決或送進古拉格集中營。印度的英國殖民政府則是對日本帝國發動了防禦性戰爭。日本帝國得到部分印度民族主義領袖的支持，尤其是蘇巴斯．錢德拉．鮑斯（Subhas Chandra Bose）以及他的印度國民軍（Indian National Army），反觀英國還因為甘地反英的「退出印度」運動而在對日戰爭中陷入雪上加霜的境地。一九四二年初英屬緬甸落入日本人之手，這為孟加拉帶來第一道打擊，因為當時孟加拉相當仰賴從緬甸進口的稻米。不巧又碰上旁遮普和北印度的小麥歉收，成了第二道打擊。接著一九四二年十月十六日，孟加拉和奧里薩邦（Orissa）的海岸遭受氣旋襲擊，內陸四十多公里的稻田被大水淹沒。海水帶來了被稱為稻熱病（rice blast）的黴菌疾病[40]（實際上對孟加拉總體糧食供應影響不大）。印度要求倫敦當局提供援助，或至少停止從印度出口糧食。然而，大英帝國的戰時內閣卻拒絕了這項請求，甚至也拒絕為印度船運救濟物資。

當時大英帝國有好幾條戰線必須同時處理，因此未能優先考慮此事。即便如此，首相邱吉爾對孟加拉人缺乏同情心也是無可否認。負責印度與緬甸事務的殖民地大臣里奧．艾默里（Leo Amery）曾請求英國派更多船艦運糧食到印度，邱吉爾卻回說：「印度人像兔子一樣那麼會生，我們每天都付給他們上百萬英鎊，他們卻完全沒有幫忙我們打仗。」[41]艾默里「失去了耐心，忍不住說我看不出他的觀點跟希特勒有什麼差別，結果把他惹火了」[42]（艾默里事後也提到，邱吉爾對印度的瞭解，大概就跟英王喬治三世對北美殖民地的瞭解差不多）。[43]直到後來，陸軍元帥阿奇巴德．魏菲爾（Archibald

Wavell）在上任總督之前威脅著要辭職，邱吉爾才終於同意補給更多糧食。魏菲爾記載道，首相「似乎把送糧一事視為對國會的姑息主義」。[44]雖然邱吉爾這麼吹毛求疵，糧食最終還是送出去了。直至一九四四年一月，英國總共從伊拉克運出了十三萬噸大麥，從澳洲運出八萬噸，從加拿大運了一萬噸，之後又再從澳洲運出十萬多噸。直至該年年底，澳洲與東南亞總司令部（South East Asia Command）送出的糧食總量超過了一百萬噸。[45]

許多歷史學家在把饑荒歸咎於邱吉爾一人時，都忘了考慮托爾斯泰原則。孟加拉之所以會陷入饑荒，除了因為英國首相漠不關心且抱有敵意，也是因為英國重要官員過於軟弱，以及某些孟加拉地方政客的腐敗——一九三五年的《印度政府法案》（Government of India Act）已將許多權力下放到孟加拉政客手中。孟加拉省長約翰・赫伯特爵士（Sir John Herbert）因癌症病逝於省長官邸，其即將卸任的頂頭上司暨印度總督林利思戈侯爵（Marquess of Linlithgow）則默許各省政府私吞糧食，還推出誘使批發商囤積糧食的價格管制。林利思戈侯爵卸任後，繼任總督懷疑牛津畢業的民生物資部長海珊・蘇拉瓦底（Huseyn Shaheed Suhrawardy）「從每一項緩解饑荒計畫中私吞資金，並將倉貯權、運輸權，以及將糧食賣給政府的權利授與自己的同黨」[46]（一直有傳言說，當地菁英比英國人更會虐待印度民眾，看來這種說法非空穴來風）。正如九月二十三日的《政治家》（*The Statesman*）雜誌所言，「這場令人作嘔的災難根本就是人禍」，這是「印度那些既缺乏規劃能力與遠見的中央政府與地方政府造成的」可悲結果。[47]不過後來之所以能夠扭轉災局，其實還是因為邱吉爾任命魏菲爾為印度總督。雖然魏菲爾在一九四一年北非戰場上敗給了德國元帥埃爾溫・隆美爾（Erwin Rommel），但仍是個聰明幹練的軍人和行政官員。他在目睹了加爾各答的慘狀之後，從印度各地訂購食物，在加爾各答周圍的農村打造了完善的難民營，並讓軍隊把「百姓的食物」送往各個偏鄉。即便如此，餓死的人數依然高得可怕，介於二百一十萬至三百萬之間，高達孟加拉總人口的五%，英屬印度總人口的〇・八%（見下表10）。

但若跟中國相比，孟加拉的悲劇就是小巫見大巫了。毛澤東把史達林主義的戰略和戰術引進中國，用計畫經濟取代市場經濟，結果害死的人數是孟加拉的十幾倍。根據最近的一項統計，在一九五九至一九六一年的「大躍進」期間，死於饑荒的人數高達四千五百萬，接近全中國人口的七%（不同的估計值介於三千萬至六千萬之間）。[48] 共產黨菁英相信，就像史達林一九三〇年代在蘇聯實現農業集體化與工業化那樣，中國也必須跟進，因此鼓勵各省官員訂出高得不可思議的採購目標。各省收購了民間的糧食，然後交給中央政府出售換取外匯，購買製造業所需的機具；同時也要求農民拋下農作，投入形式粗劣的工業生產之中。[49] 就跟其他饑荒事件

圖表10：1770至1985年的近代饑荒比較[55]

	年份	死亡人數（以百萬計）			人口（以百萬計）			
		最小值	最大值	最佳估計值	區域性	百分比[1]	全國性	百分比[2]
孟加拉（印度）	1770	1.0	2.0	2.0	28.6	7.0%	180	1.1%
愛爾蘭（英國）	1845–50	1.0	1.5	1.0	8.8	11.4%	27	3.7%
蘇聯	1921–23	1.0	2.0	2.0	n/a	n/a	152.8	1.3%
烏克蘭（蘇聯）	1932–33	3.9	5.0	5.0	28.0	17.9%	162	3.1%
孟加拉（印度）	1943–46	2.1	3.0	3.0	60.3	5.0%	389	0.8%
中華人民共和國	1958–62	30.0	60.0	45.0	n/a	n/a	653.2	6.9%
衣索比亞	1984–85	0.4	1.2	1.2	n/a	n/a	44.5	2.7%

1 作者注：受影響地區（孟加拉、愛爾蘭、烏克蘭等）。
2 作者注：比地區更廣的單位（印度、英國、蘇聯等）。

一樣，壞天氣在此也造成影響，只是影響並不大。各地虛報產量，誇大了豐收的程度，製造出一種「過剩幻覺」，導致四川等省分必須面臨特別大量的糧食徵購配額。[50]結果為了交差，各地開始不顧一切地濫伐森林、拆毀房子、過度使用殺蟲劑、引進「深耕」或過度密集播種等適得其反的種植方法，釀成了大混亂和災難。[51]至於中共當局，一方面把國內的官方糧食配給額減少到每人每月十三至十五公斤，另一方面繼續向阿爾巴尼亞和幾內亞提供無償的糧食援助，並且向緬甸、柬埔寨、越南提供無償的現金援助。[52]然後又因為當時中國的倉儲和運送基礎建設根本無力負荷，大量的農作物就這樣白白毀在老鼠、昆蟲、腐爛與火災之中。一九六一年，湖南豬隻數量從一千二百七十萬頭驟減為三百四十萬頭。光是湖北的孝感專區就有一百三十平方公里的地區遭受蝗災。浙江省一九六〇年的收成有十%被螟蛾、葉蟬、棉紅鈴蟲、紅蜘蛛給吃掉。在此同時，濫墾森林和粗糙的灌溉也帶來了洪水。[53]整個社會因飢餓問題嚴重衰弱，層出不窮的疾病開始趁虛而入，例如小兒痲痺、肝炎、痲疹、瘧疾、腦膜炎甚至痲瘋病。中共甚至鼓勵人們對那些違反規定的人施加羞辱性的殘忍暴力。最後，大躍進也和本章提到的許多饑荒一樣，都發生了多不勝數的吃人悲劇。[54]

這些例子似乎都證實了沈恩的核心論點：饑荒根本就是政治災難，是在資源匱乏且極度貧窮等這類情況下，政府當局未能緩解市場失能而造成。但蘇聯和中國，以及之後一九九〇年代北韓的饑荒就很難用「市場失靈」來解釋，因為這三個國家都已經完全廢除了市場。衣索比亞的饑荒也是如此，該國在一九八四至一九八五年餓死了一百二十萬人，約占該國人口的二・七%。罪魁禍首是馬克思主義，而非市場失靈。衣索比亞在一九七三至一九七四年的沃洛地區（Wollo）發生饑荒後，政權落入門格斯圖・海爾・馬里亞姆（Mengistu Haile Mariam）領導的軍事獨裁集團「德爾格」（Derg）手中。德爾格政權對政敵發動「紅色恐怖」（Red Terror），然後開始推動史達林與毛澤東式的集體農業策略，釀成一系列災難。[56]德爾格利用一九八〇年代中期的乾旱，[57]來壓制提格雷人民解放陣線（Tigray People's Liberation Front）、歐羅莫解放軍（Oromo Liberation Front）、厄利垂亞解放陣線（Eritrean Liberation Front）等各地叛亂。就像蘇俄和中國一樣，德爾格政府也刻意讓不夠忠誠的地區挨餓，藉此達成「社會轉型」。一九八四年初，馬列主義的衣索比亞工人黨（Workers' Party of Ethiopia, WPE）成立，門格斯圖擔任總書記⑦，這當然也不是巧合。[58]該黨一邊看著全國一百萬人挨餓，一邊在首都阿迪斯阿貝巴（Addis Ababa）街頭貼滿海報，上面寫著：「被壓迫的大眾終將勝利！」、「馬克思列寧主義是我們的指引！」、「大自然帶來的暫時困頓，阻擋不了我們建設共產主義的終極目標！」[59]當時很多歐洲人在關懷衣索比亞饑荒時，都太過感情用事，忽略了上述事實，最有名的例子是愛爾蘭歌手鮑勃・格爾多夫在一九八五年舉辦的「拯救生命」音樂會。[60]話說回來，其實沈恩的大概念很簡單，那就是政府的可課責性會影響饑荒。自一九四五年以來，全球發生的大型饑荒都與獨裁、內戰、國家失靈密切相關。一九六七至一九七〇年的比亞夫拉（Biafra）、一九七四年的孟加拉、一九八五年的蘇丹、一九九二年與二〇一一至二〇一二年的索馬利亞，全都是血淋淋的例子。

⑦ 作者注：門格斯圖於一九六四至一九七〇年間去過美國三次，分別在伊利諾斯州薩瓦那陸軍倉庫（Savanna Army Depot）、馬里蘭州阿伯丁試驗場（Aberdeen Proving Ground）、堪薩斯州美國陸軍聯合武器中心參加了軍官培訓課程。有人說，他有過種族歧視的經驗，以至於對資本主義和民主沒有好感。

有趣的是，為什麼沈恩的理論無法適用於所有形式的災難？如果比較能夠問責的政府可以成功避免或至少減輕饑荒，那麼為什麼這些政府無法處理地震、洪水、野火或瘟疫？為什麼選民可以有效地讓民主政府確保食物供應價格不會暴漲，卻無法有效地讓政府阻止致命病毒去汙染空氣或水，也無法阻止人們把房子蓋在斷層帶或氾濫平原上？或者換個方法問，為什麼民主政府比其他類型的政府更能避免饑荒？英國比大多數國家都更早出現代議制度，但十九與二十世紀的倫敦依然不斷為「像豌豆湯」的霧霾所苦，因為在泰晤士河畔等容易起霧的地方，人們為了工業生產、取暖和烹飪而大量燃燒煤炭。一八五三年，狄更斯那本開場場景充滿令人難忘霧氣的《荒涼山莊》（*Bleak House*）剛出版不久，英國就推出了《都市煙霧削減法案》（Smoke Nuisance Abatement (Metropolis) Act），但還是擋不住一八七九至一八八〇年的煙霧大災。當時正值嚴冬，逆溫讓二氧化硫、二氧化碳與其他燃燒排放的粒子形成一層厚厚的煤霧，在首都上空縈繞三天，導致近一萬二千人死亡。[61]卸任首相約翰・羅素（John Russell）的兒子法蘭西斯・羅素（Francis Albert Rollo Russell）義憤填膺地寫了一本小書來討論這個問題，卻沒有引發什麼回響。[62]類似的空汙災難在一九五二年再次發生，死亡人數差不多，住院治療的人數則達十五萬。[63]最近的研究發現，當地濕潤的空氣和陽光會讓霧霾中形成「濃度非常高的硫酸微粒」。[64]民主壓力終於讓政府在一九五六年通過《淨化空氣法案》（Clean Air Act）。值得注意的是，一九五二年的「大霧霾」其實與社會主義脫不了關係，因為英國在一九四七年將煤炭業國有化，成立了國家煤炭局（National Coal Board）壟斷該行業，該機構賣給民眾供暖氣使用的「核狀煤屑」在燃燒時會產生非常髒汙的大量煙霧。[65]一九九一年十二月，倫敦再次出現可怕霧霾，不過當時主要的空氣汙染源已經從煤炭轉變為交通廢氣，維多利亞橋際（Bridge Place）監測站記錄的每小時二氧化氮平均值高達四百二十三ppm，超過世界衛生組織安全門檻的兩倍。[66]

如果我們用這種框架來看，就能發現光靠民主制度並不足以防範所有類型的災害。若碰到那些冪次分布而非常態分布的災難更只會捉襟見肘，無論你要稱其為天災還是人禍。

民主與戰爭

跟當時許多政治人物一樣，邱吉爾也想把第一次世界大戰解釋成一種天災。他在一九二三年的《世界危機：第一次世界大戰回憶錄》（*The World Crisis*）一書中寫道：「我們不該把當時交流往來的各國看作棋盤上的棋子。」而應該視為：

> 宛如行星天體般的龐大組織，擁有著或活躍或潛伏的力量。這些天體在太空中只要相互接近，就會產生強烈的磁場反應。如果彼此靠得太近，就會開始打出閃電。當兩者距離近到一定程度，就可能會完全偏離原來的軌道，把對方捲入可怕的碰撞之中……。在這種嚴峻又棘手的天體交會下，任何一方的猛烈舉動都會斷絕與擾亂各方的既有約束，並使宇宙陷入混沌。[67]

戰時內閣首相勞合・喬治在自己的回憶錄中則用上「颱風」和「大巨變」這樣字眼，「各國從邊緣滑入了沸騰的戰爭大鍋……，各國將戰爭機器推到了懸崖邊上。」[68]事實上，一次大戰既非一場天災，也不是一場意外。戰爭之所以爆發，是因為雙方政治家和將軍們都打錯了算盤。德國人認為俄國人開始在軍事方面超越了他們（其實不無道理），所以才打算在戰略差距擴大之前就先發制人，冒險動用武力。奧匈帝國入侵塞爾維亞，認為此舉有利於對抗巴爾幹半島的恐怖分子，卻沒能預料到這會使自己捲進全歐洲的戰火中。俄國和德國一樣高估了自己的軍事能力，並且執迷不悟地無視相關證據，不相信自己才剛於一九〇五年敗給日本的政治制度會在下一場戰爭的壓力下崩潰。唯獨法國和比利時別無選擇：德國人入侵了他們的國家，他們必須戰鬥。

英國有選擇的自由，包括步入歧途的自由。當時政府聲稱出兵干預是法定義務，因為德國人打破了一八三九年訂下的比利時永久中立條約，這是當年包括普魯士在內所有大國都簽署認可的條約。事實上，比利時成了一項很有用的藉口。自由黨參戰有兩個原因。第一，他們擔心打敗法國的德國會成為拿破崙第二，稱霸歐陸並威脅到英吉利海峽沿岸。這項擔憂可能很有道理，也可能是杞人憂天。但如果真的那麼擔心，自由黨也沒有採取足夠的行動嚇阻德國人，或採納保守黨提議徵兵的正確主張。第二個開戰的原因則跟大戰略無關，而是跟國內政治問題有關。自一九〇六年勝選以來，自由黨的支持度便逐漸降低。一九一〇年以後，他們是在愛爾蘭自治推動者的支持下才得以繼續執政。到了一九一四年，北愛爾蘭阿爾斯特省（Ulster）新教徒為了反對英國國會將權力下放給愛爾蘭政府而大動干戈⑧，使得赫伯特・阿斯奎斯（Herbert Asquith）為首的英國政府差點崩潰下臺。而有鑑於自由黨的難堪外交政策無法避免歐洲大戰，阿斯奎斯內閣本應該為此下臺。但他們害怕淪為在野黨，更害怕保守黨重新上臺。為了阻止保守黨掌權，自由黨選擇了參戰——否則包括邱吉爾在內⑨的兩三位內閣成員就會辭職，而政府就會垮臺。簡單來說，英國面對的核心戰略問題在於，自由黨一方面讓外交大臣私下承諾法國人，英國會在德國進攻時出兵干預，另一方面卻一直反對徵兵。倘若當初施行了徵兵，就可能建立一支足以嚇阻德國人的龐大常備部隊。因此，英國在一九一四年出兵干預，其實是民主政治造成的結果。這場戰爭深受民眾支持，只有少數人譴責出兵干預（並因此受到謾罵），例如蘇格蘭工黨的詹姆士·馬克思頓（James Maxton）。但在缺乏可靠軍事實力之下，英國答應出兵反而導致了最糟糕的結果：軍隊被迫趕鴨子上架，在戰爭期間一邊集結一邊訓練，妄想這樣能打敗龐大且訓練有素的德軍。

二十世紀英國人因戰爭而死的人數比因霧霾而死還多，饑荒就別提了。值得注意的是，民主制度完全未能防止這種狀況。雖然以現代的標準來看，一九一四年的英國還稱不上完全民主國家，當時婦女還沒有投票權，男人則要財產達一定門檻才有投票權。一九一〇年舉行戰前最後一次選舉中，只有將近七百八十萬名男性（約占成年男子的五分之三）擁有投票權。而德國雖然擁有更廣泛的選舉權，其帝國議會（Reichstag）是由所有成年男性選舉產生，但德國立法機構的權力卻比英國更受限制，而且總理與內閣成員皆是對德皇負責，去留也由德皇一人定奪。但無論英國和德國的憲法中有多少民主

⑧ 編注：多數愛爾蘭人信奉天主教，東北部阿爾斯特省的新教徒則是相對少數。一九一二至一四年，愛爾蘭新教徒擔心英國賦予愛爾蘭自治地位將衝擊到自身利益，遂訴諸暴力抗爭。

⑨ 編注：邱吉爾當時仍是自由黨黨員，一九二四年後才重回保守黨陣營。

成分，都未能阻止兩國展開一場持久又極其血腥的四年大戰，而且表面上開戰的理由還是為了那個晦澀難懂的比利時中立問題。

一次大戰期間發生的軍事災難，可能得花一整本專書的篇幅才介紹得完（我腦海中浮現了庫特圍城戰〔Kut al-Amara〕與加里波利之戰〔Gallipoli〕），在此或許只需要舉一個對英國讀者來說最惡名昭彰的例子：索姆河戰役（Somme）。當時英國將宣戰之後集結而成的新軍派去索姆河接受戰火的考驗，對防禦穩固的德軍發動攻勢。後世將索姆河戰役視為英國歷史上最糟糕的軍事災難之一，並非沒有道理。在一九一六年七月一日的進攻首日，英國遠征軍就折損了五萬七千名士兵，其中一萬九千人戰死。如果你知道相較之下德軍只損失了八千人，就更看得出整場戰役有多麼災難。這還只是為期四個月消耗戰的開端，導致約一百二十萬英軍、法軍與德軍傷亡。而盟軍戰線最多只向前推進了十一多公里。

要說這場戰役有多可怕，從日後出了多少地獄哏就可見一斑。早在一九一六年，反戰詩人齊格弗里德．沙遜（Siegfried Sassoon）的同僚們就開過玩笑說，從英國搭火車上前線，不說還以為是去辦公室上班。一年後，有位軍官計算出若照索姆河、維米嶺（Vimy Ridge）與梅森（Messines）等地戰役的進展速度，可能要打到二〇九六年才能抵達萊茵河。[69] 到了一九六九年，索姆河戰役已經成了反戰電影《多美好的戰爭》（*Oh! What a Lovely War*）揶揄的對象。二十年後，電視影集《黑爵士》（*Blackadder Goes Forth*）又更進一步將嘲諷推向極致（「英國遠征軍司令黑格將軍即將再一次施展雄心壯志，將他的酒櫃往柏林再移近十五公分」）。英國士兵被描繪成「被驢子牽著走的獅子」或「被屠夫和混混牽著走」，這類形象已深入人心。[70] 自從當年邱吉爾將勝利賭在加里波利結果卻慘遭鄂圖曼大軍擊敗以來，就始終有人認為像索姆河這類的戰鬥是可以避免的。打過索姆河戰役的英國歷史學家李德哈特（Basil Liddell Hart）就認為，英國本可以打敗德軍，而不需要陷入長期血腥的歐陸僵局之中。如果英國政府採納他的「間接路線」戰略建議，就只需要維持海軍與一支「有限責任」的陸軍，從而無須付出如此龐大的代價。

然而，許多英國軍事史學家都堅定不移地為英軍總司令道格拉斯·黑格（Douglas Haig）與他在索姆河戰役的指揮辯護。根據英國軍事史家約翰·特雷恩（John Terraine）的說法，一九一四年派遣英國遠征軍是別無選擇，也沒有任何地方比索姆河與帕尚代爾（Passchendaele）更適合發起進攻，更沒道理指責黑格「訓練有素」的領導。[71] 英國歷史學家加里·謝菲爾德（Gary Sheffield）認為，索姆河戰役是英國遠征軍「學習過程」的一個重要階段，「對協約國來說是一場成功的消耗戰，是通往最終勝利的重要一步。」[72] 英國戰爭史家威廉·菲爾波特（William Philpott）則認為，索姆河戰役本身就是一場「血腥的勝利」。[73] 這番論辯皆說明了評估災難時需要更精確。索姆河戰役的失敗的確不是最上頭層領導出了問題，至少問題不完全是他們的錯。

首先，索姆河進攻的日期、時間和地點都不是由黑格將軍決定的，決定者是法國人。原訂要一同進攻索姆河的法軍，又被調去應付德軍對凡爾登的突擊，從而加重英軍的負擔。黑格對索姆河有兩項計畫：一是突破德軍陣地，恢復機動作戰；若突破不成，就會採行另一項更保守的「消耗戰」攻勢。黑格寫道：「只要突破了德軍防線，騎兵和機動部隊就必須立即前進，並且在破口外面建立灘頭堡（直到後續步兵跟上頂替）……。同時，我們的騎兵部隊必須與主力部隊合作，擴大破口。」[74] 黑格打算讓休伯特・高福（Hubert Gough）將軍的預備隊成為這項計畫的關鍵。

問題是第四軍團司令亨利・羅林森（Henry Rawlinson）爵士可不這麼想。他在一九一五年寫道：「我們現在要做的，就是我所謂的『先咬後撐』。先從敵人防線中咬下一個缺口，例如新沙佩勒（Neuve Chapelle），再守住該處並抵禦所有反攻……。如此堅守陣地並抵禦敵軍的反擊，應該很容易就能對敵軍造成比我們咬下防線還多上兩倍的傷害。」[75]但這是消耗戰而非突破戰的邏輯。羅林森草擬的索姆河計畫，是去占領具有戰術重要性的地點並等待德軍反擊，再以「最小的損失殺死盡可能多的德軍」。[76]但羅林森並未在黑格提出質疑時堅持想法，反而自覺站不住腳而默許黑格的計畫。「進行無限制的進攻是一場豪賭」，他寫道，「但黑格顯然還是想這麼做，我準備在合理範圍內採取行動。」[77]然而，他卻未能在第一天的首波進攻後命令當地預備隊前進，也沒有留意高福部隊的位置，還在中午時分發布預備隊停止進攻的命令。羅林森在日記中寫道：「今天果然沒有讓騎兵突破的希望。」[78]

羅林森對突破敵軍陣線的作戰方式抱持懷疑，理由之一是黑格初步的炮擊未能切斷德軍的鐵絲網防線。總司令部的炮兵顧問諾埃爾・伯奇（J. F. N. "Curly" Birch）少將回憶道：「可憐的黑格，他總是太分散炮火。」光是德軍陣線的正面寬度就已經超出現有炮火數量所及的範圍了，黑格還命令炮兵的將射擊目標深度（即寬度）要超過兩公里，結果進一步稀釋了炮擊的影響。更嚴重的是還有啞彈的問題（多達三成的炮彈沒有爆炸），且四分之一的英國火炮因為過度使用而嚴重磨損。高爆彈藥太少，還有許多技術上的缺陷，像是形同瞎猜的校準、不精確的地圖測量，以及差勁到阻礙訊息傳達與命令修正的通訊設備，反炮兵行動也沒有奏效。更不用說英軍火炮配置過於僵固。更慘的是，一九一六年的炮轟不僅沒有達到削弱德軍防線的主要目標，還連帶阻礙了後續的步兵推進。當時還沒有人意識到更密集支援且出奇不易的炮擊會有更好的效果，反而都執著在僵固的計畫上而無法進一步擴大戰果。[79]

當然，德國人在索姆河打得也不輕鬆，光看恩斯特・榮格（Ernst Jünger）一九一六年八月在法國吉耶蒙（Guillemont）的德軍前線寫的日記就知道了：「活人跟死人堆在一起。我們試圖翻開，就發現他們疊成了一層又一層。他們一個個被送進猛烈的炮火中央，然後又一個個殞命。」這段經歷讓他「第一次瞭解消耗戰（Materialschlacht）的威力有多可怕」。[80]榮格差點無法將這些經歷見

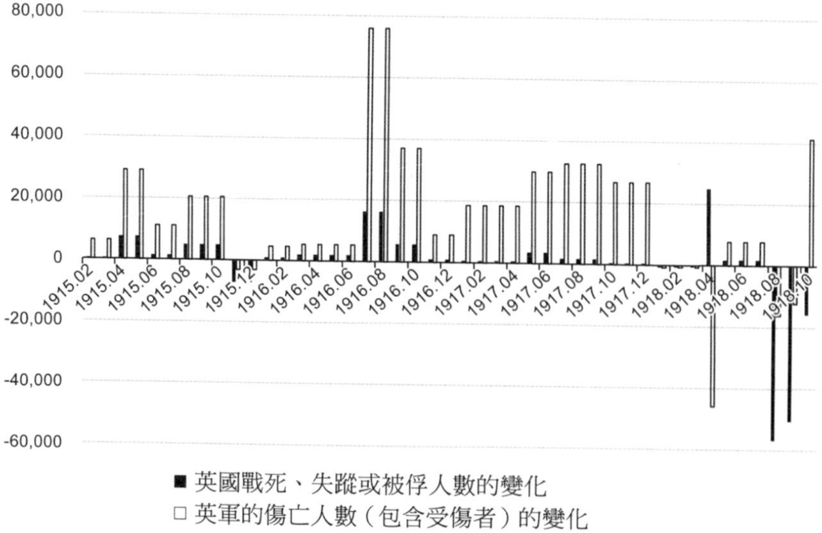

圖表11：1915年2月至1918年10月，英軍與德軍的「淨傷亡人數」：即用西線戰場上英軍戰線上的英軍傷亡人數減掉德軍傷亡人數*。

Source: War Office, *Statistics of the Military Effort of the British Empire During the Great War, 1914–1920* (London: HMSO, 1922), pp. 358-62.

* 作者注：這些數據不全是個別月份，有一些情況下會是每月平均數字，這可能會低估某些特定月份某些軍事事件的影響。

諸文字，因為一枚炮彈就落在他腳邊——好在是啞彈。最後要不是因為他腿上受了傷，榮格只怕會跟著自己的連隊一起被殲滅。但從英國的觀點來看，索姆河既非突破戰也不是消耗戰——至少不是消耗敵軍的那種。如果你接受英國官方統計的德軍傷亡數字：六十八萬人，那麼索姆河至少還算是和局（英軍傷亡四十一萬九千六百五十四人，法軍傷亡二十萬四千二百五十三人）。若我們採納較為可信的德國官方統計數字（德軍傷亡四十五萬人），那麼這種消耗戰戰略就是在消耗自己，只是在自取滅亡。就連黑格都開始懷疑，德國人堅守不出是「刻意為了耗損我們的部隊」。[81]在一九一五至一八年間曾指揮加拿大騎兵旅（Canadian Cavalry Brigade）的前英國陸軍大臣斯利（J. E. B. Seely），在一九三〇年提到這場荒謬的消耗戰時表示：「協約國軍裡有些笨蛋以為只要在西線戰場殺光德國人就可以讓戰爭結束。但他們忘了，這招要成功，殺死的敵軍總得比我們死掉的弟兄多吧。」[82]

只有在一種狀況之下，你才能說索姆河戰役讓英國邁向勝利，那就是你在一九一六年就已經預見美國遲早會跑來幫英國助陣，打破戰場雙方的軍力平衡。事實當然不是如此。美國之所以會在一九一七年四月六日參戰，是因為德國犯了好幾個大錯：對中立國家的船艦展開無限制潛艇戰，發出旨在同盟墨西哥對抗美國的「齊默爾曼電報」（Zimmermann Telegram）。即便美國參戰，黑格還是在一九一七年七月至十一月的帕尚代爾戰役讓協約國軍鎩羽而歸，又在一九一八年三月至七月德軍代號「米夏耶爾攻勢」（Operation Michael）的進攻中讓盟軍瘋狂撤退，把自己想要卻辦不到的突破送給德軍。即使索姆河戰役與一九一八年春天的戰場之間真有什麼「學習曲線」，那些對盟軍勝利毫無信心的金主也看不見。而且這段時間中德國人也在學習，也在不斷改良他們的暴風突擊和縱深防禦戰術。[83]

那些描寫戰爭的文學作品都來自「大後方」，撰寫的人對西線戰場（乃至任何戰場）的真實狀況都一無所知。維也納諷刺作家卡爾・克勞斯（Karl Kraus）甚至刻意寫了戲劇傑作《人類的末日》（*The Last Days of Mankind*, 1918）來諷刺這件事。在索姆河戰役中身受重傷的英國經濟史學家理查・亨利・托尼（R. H. Tawney），也在康復期間嚴厲批評英國百姓：

> 我讀了你們的報紙，聽了你們的討論，我確定你們眼中那些生動如畫的戰爭形象，都是為了追流行、灑狗血而塑造出來的。戰場才不是這樣……。在我看來，你們都是不喜歡聽，或沒膽子去看真相，才自己想像出那些東西。[84]

但英國人還是成群結隊地去看一九一六年八月上映的官方版紀錄片《索姆河戰役》。這部片以直白到讓人吃驚的方式，呈現英國打這場消耗戰的經歷。在七十七分鐘的影片裡，至少有十三％是死傷的鏡頭，影片最後四分之一的死傷鏡頭更是超過四成。影片使用的字卡也相當直白：「英國士兵在猛烈的炮火中營救戰友（該戰友在抵達戰壕後二十分鐘就死了）。」美國人大概無法接受這麼誠實的影片，但在英國倒是非常成功，還被《凱恩週刊》（*Kine Weekly*）稱為「史上最精彩的戰爭片」。到了一九一六年十月，全英國下訂這部電影來放映的戲院超過兩千家，幾乎是總數四千五百家戲院的一半。[85]由此可知，當時支持西線戰場的呼聲極高，直到之後塵埃落定，人們才用事後諸葛的角度把黑格將軍說成冷酷無情的屠夫，而索姆河戰役則被描繪成一場災難。

舊錯重犯

二十世紀英國歷史最不可思議的地方，就是一九〇〇年代與一九一〇年代犯過的錯誤，到了一九二〇年代和一九三〇年代又再犯一次。英國當時看到了德國、日本、義大利可能會變成侵略者，卻沒能據此徹底強化自身軍事嚇阻能力，反而對波蘭等國做出承諾，再次回到了用外交承諾取代軍事嚇阻的老路之中（無論李德哈特再怎麼強調「間接路線」）。這次的結果比上次更慘，英國遠征軍被德軍擊潰，被迫拋下武器逃離敦克爾克海灘。英軍在其他地方也碰上類似慘劇，最為丟臉的就是新加坡的慘敗。民主或許可以保障國家免於饑荒，但顯然無法防止錯誤的軍事決策。

有一句古老的拉丁文格言叫做「汝欲和平，必先備戰」（*Si vis pacem, para bellum*）[⑩]。受過古典教育的英國政治菁英當然知道這句話的意思，但一九三〇年代卻沒有如此施政。主要原因是經濟。英國政治人物在選民的壓力下，先是忽略了國防，然後甚至幾乎忘記了要維持國防，反而把精力拿去打造一戰時所承諾的「適合英雄居住的家園」，以及努力償還愈堆愈高的國債，並設法讓英鎊兌換黃金的比值回復到一戰前的水準。在一九三二年之前的十年內，義大利的軍費開支增加了六十%，法國增加了五十五%，英國國防預算反而降至三分之二以下。一九一九年八月的戰時內閣通過了一條方便的規定：

> 根據修正後的估計，大英帝國在未來十年中應該不會涉入任何大型戰爭，所以也不需要為此準備任何遠征軍……，陸軍與空軍的主要任務，應該是駐紮在印度、埃及、新的託管領土，以及所有英國直轄（而非自治的）領土，同時為維持國內治安的提供必要的支持。[86]

在一九三二年前，這道「十年規則」每年都更新一次，每年都把新的支出往後延。推延的理由很簡單，就跟時任財政大臣內維爾·張伯倫（Neville Chamberlain）在一九三四年承認的一樣：「我們不可能同時向日本和德國開戰，費用會高到我們根本無法承擔。」[87]一九二八至一九四〇年間的帝國總參謀長阿奇巴德·蒙哥馬利-馬辛博德上將（Archibald Montgomery-Massingberd）幾乎可說是只抱持著一種想法：「不要未雨綢繆，設法把開戰時間往後拖。」[88]這種大方向讓英國勢必走向綏靖政策（appesement），藉由對德國與其他交戰國做出讓步，來延後英國加入戰局的時間——用外交部常務次長羅伯特·范斯塔特爵士（Sir Robert Vansittart）的說法則是「緩兵之計」。綏靖政策中最臭名昭彰的讓步，莫過於一九三八年九月的慕尼黑會議。當時成為首相的張伯倫和法國總理愛德華·達拉第（Édouard Daladier）同意其他國家去瓜分捷克斯洛伐克的部分國土。[89]

⑩ 作者注：最早的版本出自維蓋提烏斯·雷納特斯（Publius Flavius Vegetius Renatus）的《論軍事》（*De re militari*）：「Igitur qui desiderat pacem, praeparet bellum。」

邱吉爾十月五日在下議院發表演講時，這樣剖析綏靖政策：

我要先說一件每個人都想忽視或想忘記，但還是得拿出來講的事情，那就是我們遭遇了一場徹頭徹尾的失敗，而且法國比我們傷得更重……

我們過去整整五年每一件所做和沒能完成的事情，都帶來了最糟的結果。整整五年的善意徒勞，整整五年追著最小阻力之路，整整五年不斷削弱英國國力，整整五年完全忽視改進我們的防空能力……

民主的英國永遠不可能跟納粹政權當朋友。納粹政權蔑視基督教倫理，高舉著野蠻的異教信仰向前開路，誇耀著侵略與征服的精神，從迫害他人的行為中獲得力量和扭曲的愉悅。而且正如我們所見，納粹用冷酷殘暴的武力威脅著整個世界。民主的英國絕對不可能信賴這種政權，永遠不可能和他們當朋友。[90]

雖然在慕尼黑辯論結束時，其他二十九位保守黨議員和邱吉爾一起棄權不投票，但邱吉爾的演講非常不受歡迎。南茜·阿斯特（Nancy Astor）議員甚至在邱吉爾講到一半時就插嘴大喊：「胡扯！」《每日快報》（*Daily Express*）將演講斥為「滿腦子馬爾博羅（Marlborough）⑪式征服慾望之人所發表的危言聳聽」。[91] 此前支持保守黨的有力人士戈森爵士（Sir Harry Goschen）對邱吉爾的選區埃平區（Epping）的保守黨主席抗議說：「他（邱吉爾）擾亂了下議院的和諧……，如果當時乖乖閉嘴不要發表演講，會好很多。」埃平選區的保守黨人也非常討厭邱吉爾的演講，斥其為「丟臉的笑柄」與「議會中的威脅」，要不是之後的發展完全被邱吉爾料中，他們大概根本不會在下一次選舉中提名他。[92]

一九二〇年代，英國開始在新加坡建立海軍基地，奠定遠東地區的影響力。英國在兩次世界大戰期間宣布的政策，是新加坡一旦遭受攻擊就派出艦隊協防。但在一九四一年日本入侵前夕，英國艦隊卻忙於其他事務，無暇出動。整個馬來亞需要一千架第一線飛機、八個步兵師和兩個裝甲師才足以防禦，但當時英軍卻只有一百五十八架飛機與三個半步兵師。最關鍵的是，英國沒有在新加坡背海面陸的那一側架設足夠的地雷、碉堡、反戰車障礙物等定點防禦設施。於是日本人進攻時，赫然發現這座傳言中固若金湯的堡壘根本只是活靶子。雖然邱吉爾大聲疾呼守軍「戰到最後一兵一卒」，亞瑟．帕西維爾（Arthur E. Percival）陸軍中將與麾下一萬六千名英國士兵、一萬四千名澳洲士兵與三萬兩千名印度士兵，依然在一九四二年二月十五日下午四點投降。荒謬的是，他們並不知道眼前的三萬名敵軍騎著自行車穿越整個馬來半島，其實早已精疲力竭，食物和彈藥也已經都快要用完。投降前兩週，一位名叫莫里斯．貝克（Maurice Baker）的新加坡學生和朋友李光耀走在萊佛士學院（Raffles College）的走廊上，突然聽到一聲爆炸巨響，是連接新加坡與馬來亞的堤道被炸斷的聲音。李光耀這位日後的新加坡總理轉身向貝克說：「大英帝國的末日到了。」

⑪ 編注：第一代馬爾博羅公爵約翰．邱吉爾（John Churchill），十八世紀權傾一時的英國軍事家暨政治家，多次帶領英軍在歐陸與法國等強權作戰。他也是英國首相溫斯頓．邱吉爾的祖先。

新加坡的淪陷該怪誰？邱吉爾？他在戰爭回憶錄中寫道：「我從來不知道這座著名要塞後方居然放空城，沒有另一圈堡壘來守護。我不懂為什麼我對此毫不知情……，我的顧問們應該要知道，我也應該要去問。」[93]這項說法指出一個重點。邱吉爾之前根據歷史分析出的一九三〇年代大英帝國困境大致上說對了，而且也獲得後來事件發展的證實。他認為英國在一九三八年參戰會比一九三九年參戰打得更好，因為希特勒就無法利用張伯倫錯失的那一年。這個說法很有道理，但當年的人們不聽他的勸告，甚至群起攻之。所以我們的確有理由好好思考，邱吉爾不知道新加坡附近的布防本質究竟是不是他的錯。

不過大英帝國在一九四二年失去新加坡之後，並沒有跟著一起完蛋。一九四五年二月，邱吉爾依然前往雅爾達，和羅斯福、史達林「三巨頭」一起瓜分世界。但二戰結束之後，他很快就被趕下臺。在十年之內，英國陸續承認印度、巴基斯坦、緬甸、錫蘭獨立，並放棄在巴勒斯坦的託管權。一九五〇年代的官員和大臣們依然試圖延續英國的影響力，他們背後也經常有一些傳統勢力的菁英在支持，因為他們不希望殖民地的「保護國」被那些在倫敦經濟學院學到馬克思主義的所謂民族主義者給取代。[94]大英帝國真正的終結之時，是在新加坡淪陷十四年之後的一九五六年——終結於那年爆發的蘇伊士運河危機。只不過「變革之風」⑫要等到一九六〇甚或七〇年代，才真正吹進撒哈拉沙漠以南的非洲國家與「蘇伊士運河以東」的其他殖民地。至於香港移交給中國，更要等到一九九七年才發生。

儘管如此，新加坡的可恥投降依然是帝國衰落的縮影，也預告了之後一連串的失勢。批評邱吉爾最嚴厲的大英帝國總參謀長艾倫·布魯克（Alan Brooke）聽到新加坡投降後也是相當錯愕，他在日本人逼近新加坡時於日記中寫道：「搞不懂英軍為什麼不把防禦做好一點⋯⋯。我過去十年來一直有種不祥預感，覺得大英帝國正在衰敗，而且愈來愈嚴重。我還在懷疑自己可能猜錯，卻看到我們竟然這麼快就分崩離析。」後來等到日本人進逼緬甸，布魯克更是心煩意亂：「我不懂為什麼軍隊的作戰能力這麼糟。如果他們的表現再不好起來，那也怪不得我們會失去帝國！」[95]複雜系統有時候會以驚人的速度瞬間崩解，有時候也會因為連續發生好幾次的相變而崩塌。也就是說，一九四〇年代的大英帝國危機並不能歸咎於任何一個人。新加坡失陷不全是邱吉爾的問題，隔年的孟加拉饑荒亦然。

帝國殞落

跟邱吉爾和史達林一起將二次大戰帶向勝利的美國總統杜魯門（Harry Truman），在白宮的辦公桌上放了一塊牌子，上面寫著「責無旁貸」（THE BUCK STOP HERE）[13]。他一九五二年十二月十九日在國家戰爭學院（National War College）的演講中，解釋這句話對他的意義：「各位都知道，比賽結束之後很容易有人會放馬後炮，說教練應該做這個做那個。但其實當抉擇擺在你面前時，你得自己做決定。我在辦公桌上就放了一個牌子，上面寫著『責無旁貸』。」杜魯門在一九五三年一月的告別演說中

⑫ 編注：英國首相哈羅德・麥克米倫（Harold Macmillan）一九六〇年的去殖民化演講名言。

⑬ 作者注：這塊牌子是奧克拉荷馬州埃爾里諾市（El Reno）聯邦矯正所的囚犯製作的，杜魯門的朋友佛瑞德・卡菲爾（Fred A. Canfil）擔任密蘇里州西區警長時將之送給杜魯門當禮物。牌子的反面寫著：「我來自密蘇里。」

再次提到這件事：「無論誰當上總統，都必須做出決定。總統不能把責任推卸給任何人，不能讓別人來幫他決策。他的職責就是做出決定。」[96]杜魯門之後的歷任美國總統經常引述這些感人肺腑的句子，但其實這種說法把世界想得過於簡化，讓我們以為所有政治都等於總統的決策，各種災難也都是總統選錯答案惹的禍。

大部分的大型帝國，名義上都有一個中央當權者，有些是世襲的皇帝，有些是民選的總統。但這些大人物的權力，實際上都被自己轄下那一整個複雜的經濟、社會、政治關係網絡所決定。帝國之所以會變成最複雜的人造政治單位，正是因為它想讓權力橫跨各個天差地遠的文化與地區，所以會表現出其他複雜適應系統所具備的許多特徵，自然不足為奇。而其中一個特徵，就是乍看之下的穩定狀態會在一夕之間陷入混亂。

舉最有名的羅馬帝國為例。愛德華．吉朋的《羅馬帝國衰亡史》在一七七六至一七八八年間分成六冊出版，內容從西元一八〇年寫到一五九〇年。他描寫了這至少一千四百年的漫長過程中，個別皇帝的人格瑕疵、禁衛軍的掌權與一神教的興起，如何讓羅馬帝國逐漸衰落。但現代很少有研究羅馬史的歷史學家，會認為有必要或者有能力用這麼漫長廣闊的時間尺度去討論問題。羅馬皇帝馬可．奧理略於一八〇年去世之後，覬覦皇帝大位的人確實不斷你爭我奪，使羅馬反覆陷入內戰。[97]羅馬帝國皇帝瓦勒良（Valerian）在二六〇年率軍東征薩珊波斯時被敵軍俘擄，然後皇帝奧勒良（Aurelian）又從薩珊王朝奪回失土而贏得了「世界重建者」的稱號。到了戴克里先（Diocletian），羅馬帝國被分為東西兩部，然後在皇帝君士坦丁（Constantine）的決定下開始允許信仰基督宗教。西元四世紀，匈人向西遷移，取代了瑟文吉（Tervingi）等哥德部落，導致蠻族南侵或向南殖民。這些事件在吉朋的筆下，都是羅馬帝國逐漸衰落的過程。但如果反過來看，我們也可以把羅馬帝國的歷史當成一個有適應力的複雜系統正常運作的過程。政治衝突、蠻族的入侵與整合、帝國之間的競爭都是上古晚期的固有特質，此時基督宗教是一種黏合劑，而非溶劑。反觀羅馬帝國的「殞落」，才是真正突然的戲劇性事件——就像複雜系統會突然進入臨界狀態。羅馬和西哥德人（Visigoths）對抗匈人入侵的合作破裂，引發了三七八年的阿德里安堡戰役（Battle of Adrianople），帝國主力部隊在這場戰役中大敗，皇帝瓦倫斯（Valens）被殺。西羅馬帝國在四〇六年遭遇了最後一擊，日耳曼入侵者越過萊茵河湧入高盧、入侵義大利。自西元前三九〇年起從未陷落的羅馬城，在四年後被西哥德國王阿拉里克（Alaric）帶領的大軍洗劫一空。四二九至四三九年間，蓋薩里克（Genseric）帶領汪達爾人（Vandals）在北非連戰連勝，最後摧毀了迦太基。而地中海南部糧倉的消失，以及隨後稅收的大幅減少，則給羅馬帝國致命一擊。之前的羅馬之所以能夠成功擊退向西掃蕩、洗劫巴爾幹半島的阿提拉（Attila）匈人大軍，都是靠著跟西哥德人的合作，這樣的合作如今卻已消失。到了四五二年，不列顛全境、西班牙的大部分地區、北非最富裕的省分、高盧的西南部與東南部都已經淪陷，整個西羅馬帝國幾乎只剩下義大利半島。[98]東羅馬（即拜占庭帝國）的確繼續存在，拜占庭皇帝巴西利斯庫斯（Basiliscus）還曾在四六八年試圖奪回迦太基，但西羅馬則滅亡了。日耳曼人奧多亞塞（Odoacer）在四七六年廢黜西羅馬幼帝羅慕路斯・奧古斯都（Romulus Augustulus）後自立為王，統治了羅馬。在這一連串事件中，最驚人的莫過於西羅馬崩毀的速度。羅馬這座永恆之城的人口在短短五十年內就減少了四分之一。根據西歐其他地區的考古證據，當時的房屋品質變差、陶器技術倒退、硬幣量減少、牲畜變小，「文明的終結」在短短一代人的歲月中發生。[99]而這一連串的災難，都還離六世紀中葉的查士丁尼大瘟疫很遠很遠。

當然，有很多偉大帝國也都像這樣瞬間殞落。一三六八年，朱元璋在中國建立大明，改年號為洪武，意思是「巨大的軍事力量」。無論從哪個角度來看，明帝國在接下來的三百年裡都是全球最先進的文明，但卻在十七世紀中葉迎來末日。這並不是說大明早期從來沒有過動盪，其實洪武駕崩之後國家就一度陷入內戰，朱元璋之子朱棣廢黜正統繼承皇位的姪子，奪權篡位為永樂帝。但這還是無法跟十七世紀中葉的危機相比。由於白銀購買力不斷下降，侵蝕了國家稅收的實際價值，結果造成財政危機，加劇本已嚴重的黨爭。[100]再加上連年的惡劣氣候、饑荒、傳染病，更是為內憂外患打開了大門。[101]一六四四年，起義軍首領李自成占領北京，末代皇帝崇禎上吊自殺。在短短十多年之內，傳統的儒家平衡就變成了徹底的無政府狀態。

大明的殞落造成極為恐怖的傷害。一五八〇至一六五〇年間，戰爭與瘟疫使中國人口減少了三十五%至四十%。這究竟怎麼回事？答案是，大明的體制創造了風平浪靜的表象，其實金玉其外敗絮其中。只要停止創新，維持既有的社會制序，就可以靠農村養活大量人口。但這也表示整個系統毫無容錯力，出了一點小錯誤就會土崩瓦解，而且無法仰賴任何外部資源。在許多學者的筆下，大明確實相當繁榮，國內貿易興旺，還有大量的奢侈品交易。[102]但較晚近的中國研究卻發現，大明的人均所得停滯不前，資本存量不增反減。[103]滿人建立大清之後換了一套新的管理系統，但還是無法解決掉這些沉痾，最後整個帝國終於在白蓮教、太平天國與辛亥革命等更大災難下崩潰。[104]

波旁王朝統治下的法國，從輝煌走向毀滅的速度也差不多快。法國支持北美起義軍對抗英國統治之舉在當時看似聰明，卻把絕對王權體制的財政推向懸崖。一七八九年五月召開的三級會議引發一連串的政治風暴，快速摧毀了王室的統治正當性，四年之後國王就被送上了斷頭臺（這斷頭臺甚至還是一七九一年剛發明的）。一百多年之後，東歐許多王朝的內陸帝國也快速解體。儘管始終有敘事謬誤宣稱哈布斯堡王朝、鄂圖曼王朝、羅曼諾夫王朝早在一次大戰之前數十年就注定毀滅，但真正值得稱奇之處反而在於，這些古老帝國皆不是被戰爭打垮的——它們都挺過了總體戰的考驗，直到一九一七年十月的布爾什維克革命之後才開始瓦解。鄂圖曼蘇丹穆罕默德六世（Mehmed VI）在加里波利之戰凱旋之後僅僅七年，就乘著英國軍艦離開了君士坦丁堡，而哈布斯堡、鄂圖曼、羅曼諾夫這三個王朝，當時皆已不復存在。

到了二十世紀，帝國的預期壽命就更短了。一九三三年一月三十日，希特勒當上德國總理，試圖將德意志重建為「第三帝國」。不過十幾年後這個帝國就完全毀滅，領土被拆成兩半。希特勒掌權已經比預期中慢了些，這位民主體制有史以來搞出的最大災難，原本該在一九三二年七月納粹黨勝選之後就成為總理，卻被八十五歲的興登堡（Paul von Hindenburg）總統身邊的政治菁英成功拖延了時程。一九三三年只有很少數人能像東普魯士保守派弗德里希・雷克-馬雷切文（Friedrich Reck-Malleczewen）那麼清楚地意識到，希特勒將會毀滅德國，根本就是十六世紀重洗派領袖萊頓的約翰（John of Leiden）的可怕化身：

我們眼前的，是一個可以說是從臭水溝裡長出來的非法政權，卻變成了偉大的預言者。反對勢力就這樣被消失了，世上其他人則錯愕不解地在旁邊看著。支持這個政權的……是那些歇斯底里的女人、學校的教師、窩裡反的牧師、社會上的各種渣滓，以及來自各地的外國人……。這個政權用一層薄薄的意識形態醬汁，蓋住了貪婪、邪惡、虐待慾，以及深不可測的權力慾望……，任何不願接受新教條的人全都被交給劊子手。[105]

後來馬雷切文的預言一一實現，他本人則因斑疹傷寒死於達豪（Dachau）集中營。

離我們最近也最為人熟悉的帝國殞落則是蘇聯。蘇聯在六十九歲生日前夕解體，此後歷史學家便靠著後見之明，發現整個體制早從布里茲涅夫（Brezhnev）時期就開始腐朽不堪。也許就像歷史學家史蒂芬．科特金（Stephen Kotkin）所言，蘇聯是靠著一九七〇年代的高昂油價「逃過了毀滅」，[106]但在當時看來卻並非如此。根據當時美國中央情報局的估計，在戈巴契夫於一九八五年三月當上蘇聯共產黨總書記時，蘇聯的經濟規模大概是美國的六成，核武存量則比美國還高。在那之前二十年時間裡，整個第三世界通常都跟著蘇聯走，而且蘇聯的客戶和代理人遍布全球。歷史學家亞當．烏拉姆（Adam Ulam）甚至認為：「在一九八五年，蘇聯是全球唯一能夠讓政府牢牢掌權，政策路線明確的大國。」[107]但在戈巴契夫上任後四年半之內，中歐與東歐一一脫離俄羅斯的掌控，最後蘇聯也在一九九一年隨之瓦解。在此之前幾乎沒有人敢質疑蘇聯的國祚，只有少數像是安德烈．阿瑪爾利克（Andrei Amalrik）的異議人士敢在一九七〇年寫文質疑：「蘇聯能不能活到一九八四年？」阿瑪爾利克認為現實中的經濟停滯和「道德倦怠」一旦不再造成威脅，那些菁英官僚就會開始只在乎讓自己過得優渥，而蘇聯就會愈來愈管不住周圍的領土，「波羅地海地區會最先崩離，接下來高加索地區、烏克蘭、中亞、窩瓦河則會依序解體。」事實果然如他所說。[108] 如果有什麼帝國不是緩慢瓦解而是瞬間跳崖身亡，那就是列寧建立的帝國了。

不過最後要提一下，上述各個帝國國祚並不相同。羅馬帝國本身（不包含拜占庭帝國）最長，持續了五百多年。鄂圖曼帝國稍微短一點，四百六十九年。大英帝國沒有明確的開國日期，但應該可以說它維持了三百五十年。大明統治了二百七十六年。蘇聯於一九二二年正式成立，一九九一年底前解體。希特勒的第三帝國則只活了十二年多。且不說地理災害的發生率有多麼不規則，帝國的壽命也是如此多變，我們就很難在歷史上找出帝國的週期模式。還得考慮俄羅斯或中國等某些帝國，它們能夠在表面上的殞落之後捲土重來，因此要尋找模式就變得更為困難。當代世界的政治地貌是由諸多民族國家拼湊而成，這些民族國家皆源自於義大利革命家馬志尼（Giuseppe Mazzini）想像中的十九世紀西歐標準政治模式。但仔細一想就會發現世上依然存在著帝國，一個在北京，另一個在莫斯科。[109] 習近平總書記不斷用古代帝制中國的歷史典故來正當化中共統治，例如那些向外宣傳習近平「一帶一路」的人總是提起的十五世紀鄭和下西洋。[110] 普丁則相當直白地表示俄羅斯聯邦繼承了蘇聯，他還花了很長的時間徹底研究蘇聯在一九三九至一九四〇年的行為，並以帶有偏見的方式為其辯護。[111] 我們該如何看待那些一度崛起又曾經殞落，然後再次崛起的帝國？此類例子還包括當今人口第二多的國家印度，在很多方面也都繼承了過去的英屬印度（British Raj）。印度總理曼莫漢・辛格（Manmohan

Singh）二〇〇五年就在牛津大學的一場精彩演講中承認：

> 我們的法治、憲政、新聞自由、專業公務員、現代大學、研究實驗室的概念，都是在過去的古老文明和優勢帝國碰撞之中形成的……。我們優秀的司法、法律、官僚、警政體系，都沿襲自之前將我國治理得相當好的英屬印度政權。英語和現代學校，更是英國統治所留下的最重要遺產——前提是你不考慮板球的話！……我們的開國元勳也深受歐洲啟蒙思想的影響。看看我們的憲法也能知道，我們知識體系中的印度元素和英國元素長久以來不斷互動。[112]

與此同時，土耳其總統艾爾多安（Recep Tayyip Erdoğan）也在安卡拉（Ankara）做著復興鄂圖曼帝國的美夢。他詆毀一九二三年的《洛桑條約》（Treaty of Lausanne），並且照著鄂圖曼帝國議會在一九二〇年制定的最後一版「國家誓言」來修改土耳其的領土主張。[113]類似的幻想也出現在老朽的伊朗德黑蘭（Tehran）。伊朗前情報部長暨哈桑・羅哈尼總統（Hassan Rouhani）的顧問阿里・尤尼西（Ali Younesi）二〇一五年在少數族群問題上表示：「伊朗打從建國以來就放眼全球。伊朗天生就是個帝國，領導人、官員與行政人員始終都從全球角度思考問題。」尤尼西的「大伊朗」地圖畫得很廣，遠至中國、阿契美尼德古帝國首都巴比倫（如今的伊拉克）邊界、印度次大陸、南北高加索與波斯灣。[114]雖然很少伊朗人有這麼大的野心，但人民依然普遍希望伊朗領導整個「什葉派新月」（Shia Crescent）[14]，而這個概念本身就相當帝國主義。

人們通常認為，只有帝國主義者才會將帝國崩毀視為一場悲劇。但帝國解體的時候，暴力程度通常會飆至新高，高到傷害了那些應該要被解放的人民。光是看看哈布斯堡王朝、羅曼諾夫王朝、鄂圖曼王朝解體時發生的暴力，或者英屬印度倒臺時全國分裂的慘劇，就知道傷害會有多大。或許在諸多災難之中，最複雜難懂的就是帝國的殞落。

⑭ 編注：指中東地區什葉派信徒的分布地區，形狀宛如新月。分布範圍包括黎巴嫩、敘利亞、巴林、伊拉克、伊朗、亞塞拜然、葉門和阿富汗西部等地。

第七章

Chapter 7

從阿薩布魯小流感到伊波拉大軍屠城

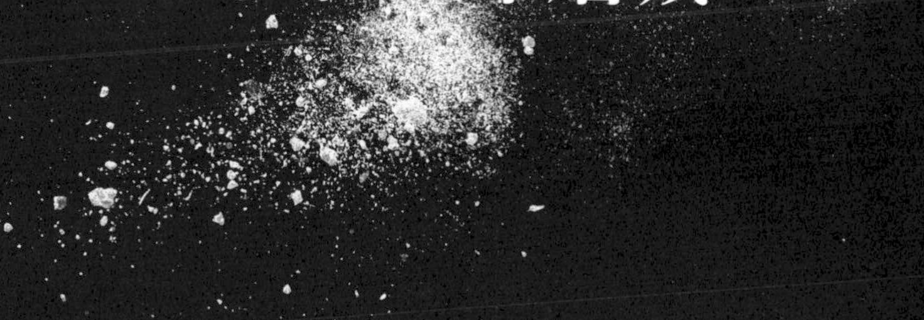

我剛生了一場重病，但我不想談。

——美國作家傑克·凱魯亞克（Jack Kerouac），《在路上》（*On the Road*）

搖滾肺炎

在一九五七年的美國，年輕就是無敵。那年夏天最紅的單曲是貓王的〈(Let Me Be Your) Teddy Bear〉，九月是巴迪．霍利和蟋蟀樂團的〈That' ll Be the Day〉，十月是艾佛利兄弟二重唱的〈Wake Up Little Susie〉。那年秋天，凱魯亞克出版了《在路上》，保羅．紐曼（Paul Newman）和伊莉莎白．泰勒（Elizabeth Taylor）主演的《朱門巧婦》（*Cat on a Hot Tin Roof*）拿下奧斯卡最佳影片。那些田園詩一般的「美好往日」，會讓人忘了當時也爆發過許多種族爭議衝突：「布朗訴教育局案」（Brown v. Board of Education）在一九五四年結束了公立學校的種族隔離惡法，一年後愛默特．提爾（Emmett Till）被白人栽贓之後謀殺，羅莎．帕克斯（Rosa Parks）引發聯合抵制蒙哥馬利公車運動，聯邦政府則派了士兵護送九名黑人學生前往阿肯色州首府小岩城的中央高中上學。這些歷史我們現在的學校都有教，但人們卻依然經常忘記一九五七年除了這些事件外，還爆發過現代規模最大的全球流行病之一：亞洲流感。根據最近一項研究，這場疾病規模在史上排名十八。[1]那年的熱門金曲之一，就是休伊．史密斯與小丑樂隊（Huey "Piano" Smith & the Clowns）的〈搖滾肺炎與阿薩布魯流感〉（Rockin' Pneumonia and the Boogie Woogie Flu）[①]：

> 我想抱緊她但我長太矮，
> 我想跑起來但我腳太慢。

有人可能會把二〇二〇年十一月三日敗選的川普總統，比作被一九一八至一九一九年西班牙流感同步害慘選情與個人健康的伍德爾・威爾遜（Woodrow Wilson）。但真要有意義地討論，與其提到威爾遜，還不如拿艾森豪（Dwight D. Eisenhower）來跟川普對比。艾森豪在堪稱楷模的公職生涯中先後遇到兩場全球大瘟疫。第一次是在西班牙流感期間，於賓州蓋茨堡柯爾特營（Camp Colt）指揮一支一萬人的戰車部隊得當，因而晉升為中校。第二次是在總統任內，遇到一九五七至一九五八年的亞洲流感。他遇到的第一場瘟疫早已成為大量論文與許多專書的主題。人們在評論二〇二〇年的疫情時，最常提到的也是一九一八至一九一九年的西班牙流感。但離我們更近的亞洲流感，反而常被歷史學家與那些「有歷史感」的流行病學家給遺忘。但照理來說，人們應該更關注亞洲流感，因為COVID-19引發的公衛危機其實比較像是這場一九五七年的疫情，而非那場名列人類史上十大死亡悲劇的西班牙流感。[2]

二〇二〇年美國政府處理疫情的方式，和艾森豪政府在六十三年前處理流感的方式不僅截然不同，甚至方向完全相反。艾森豪沒有在一九五七年秋天宣布緊急狀態，整場疫情沒有哪個州宣布封城或外出限制，也沒有哪個州關閉學校。當時那些染疫的學生就跟平常生病一樣留在家裡，大人的工作也幾乎完全沒有間斷。艾森豪政府既沒有竭盡全力借錢，也沒有向人民與企業發放現金與貸

① 作者注：這張單曲賣出超過一百萬張，成為黃金唱片，在《告示牌》（*Billboard*）百大單曲榜上名列第五十二。

款。總統只要求國會額外撥款二百五十萬美元（折合今天的二千三百萬美元。而且在一九五七年的四千七百四十億美元GDP中，只占〇・〇〇〇五%）支援公共衛生。[3]雖然當年經濟確實衰退，卻與疫情幾乎毫無關係。至於艾森豪的支持度，雖然也確實從一九五七年一月的八〇%下滑到一九五八年三月的五〇%，[4]共和黨也在一九五八年的期中選舉中大敗，但當時沒有任何一位嚴肅的歷史學家會把這些挫敗歸咎於疫情。當時的國民似乎也像疫情爆發前一年的流行語「啊？擔心什麼？」②一樣，絲毫不在意疫情。而這樣的情緒全都寫在休伊・史密斯與小丑樂隊的歌詞裡。

年輕人的瘟疫

亞洲流感的確就像名字一樣起源於亞洲，是一種新的A型流感病毒株H2N2，可能跟一八八九年引發全球大流行的「亞洲」或「俄羅斯」病毒株有關係。[5]亞洲流感和COVID-19都是核糖核酸病毒，但屬於不同的門，不過衝擊的幅度倒是相當類似。亞洲流感的病例一九五七年二月出現在中國，四月香港出現第一個病例，然後就像COVID-19一樣迅速蔓延全球。它在四月至六月期間，從東亞傳播到中東，在南韓與日本的美軍基地爆發疫情。到了六月，包含美國本土在內的二十多個國家都出現了患者。該年七月至八月，病毒抵達南美與非洲。九月開始在北美與歐洲肆虐。[6]COVID-19帶原者如今大都搭飛機，當年的H2N2帶原者主要則是搭船。但儘管如此，病毒依然擴散得非常快。

COVID-19導致超額死亡率大增，亞洲流感也不例外。根據最近的研究結果，當時全球約有一百一十萬人死於該疾病（估計值介於七十萬至一百五十萬之間）。[7]在肺炎疫情爆發之前有一項研究認為，如果當代爆發一場「差不多嚴重的病毒大流行」，全球大概會死二百七十萬人。[8]亞洲流感的病毒不僅同樣殺人如麻，它在各國造成的傷害也跟COVID-19疫情一樣並不平等。拉丁美洲國家出現了大量死者，尤其是智利。芬蘭的死者也特別多。亞洲流感在美國造成的超額死亡人數則介於一萬四千至十一萬五千七百之間，[9]換算成當今的總人口數，這相當於二萬六千至二十一萬五千人。

上述數字很重要，因為現在我們已經知道二〇二〇至二〇二一年的疫情死亡率，更接近一九五七至一九五八年的亞洲流感，而非那個殺死全世界二・二%至二・八%人口，殺死美國〇・六五%人口的西班牙流感（見第五章）。[10]一九一八至一九一九年的西班牙流感是史上最慘烈的全球大流行之一，可以跟十六世紀橫跨歐洲各國，摧毀中南美洲的科科利茲利流行病相比。它讓一九一八年美國男性與女性的預期壽命都減少了十一點八年。[11]根據二〇二〇年三月一項很有影響力但也備受質疑的英國流行病學模型預測，如果沒有保持社交距離和外出限制，COVID-19可能會在全球殺死四千萬人，在美國殺死二百二十萬人。[12]這數字如今看來不大可能成真。西班牙流感當年在美國的感染死亡率約為二%，而根據至今為止的血清學研究，COVID-19的感染死亡率似乎不到一半。[13]全世界再次發生如此大規模染疫死亡悲劇機率看似不大。

---

② 作者注：「啊？擔心什麼？」是《瘋狂雜誌》（*Mad*）的虛構吉祥人物阿福・紐曼（Alfred E. Neuman）的招牌名言。一九五六年該雜誌的第二任編輯阿爾・費德斯坦（Al Feldstein）幫這位披頭散髮且缺了顆牙的年輕角色命名，從此之後他就一直出現在該雜誌的封面上。

美國在二〇二〇至二〇二一年的超額死亡人數，可能會大於一九五七至一九五八年，因為亞洲流感的感染死亡率最高可能也只有〇．二六％。與COVID-19不同的是，亞洲流感殺死特別高比例的年輕人。就跟大部分的流感一樣（例如一八九二年與一九三六年的流感），亞洲流感讓大量六十五歲以上的老人以及五歲以下的幼童染疫病逝。但如果拿各年齡層的超額死亡人數來看，就會發現全球死得最多的其實是十五至二十四歲的族群（比平均死亡人數多出三十四％），其次是五至十四歲（比平均高出二十七％）。美國也一樣，雖然死者集中在五歲以下、六十五至七十四歲與七十五歲以上的族群，而且大部分因亞洲流感而死的都超過六十五歲，[14]但超額死亡比例最高的依然是十五至十九歲，死亡人數是預期數字的四倍多。[15]也就是說，當時人們原本預期亞洲流感來襲會導致老年人的死亡率增加，卻沒想到青少年的死亡率也隨之攀升。當時大量年輕人的殞命，表示即使美國在二〇二〇至二〇二一年的死亡比例更高，一九五七至一九五八年疫情所削減的健康人年（QALY）依然比較多。最近一項研究估計，亞洲流感削減的健康人年數比一九七九至二〇〇一年的流感平均高出五點三倍，比二〇〇九年的「豬流感」高出四點五倍，但僅有西班牙流感的二十分之一。[16]

一九五七年六月初，美國出現了第一批亞洲流感病例，患者是停留在羅德島州紐波特船隻上的船員。沒過多久，美國西岸的海軍基地就出現數千起病例。六月底，加州大學戴維斯分校一群參加獸醫學院舉辦的夏令營的高中女生染疫。然後某位接觸過染疫者的學生，前往愛荷華州格林內爾參加六月二十八日的西敏寺基金研討會（Westminster Fellowship Conference），學生在路上開始出現流感症狀，到場之後感染了來自四十多個州、十多個國家的一千六百八十位與會人員。除此之外，賓州福吉谷的童軍大露營的五萬三千名男孩裡面也出現了一些病例，[17]整團童軍在七月至八月間四處旅行，把病毒散播到全國各地。[18]路易斯安那州的坦吉帕合郡（Tangipahoa Parish）也在七月爆發「大規模感染」，「發病很突然，症狀包括高燒不適、頭痛、全身肌肉痛、喉嚨痛、咳嗽。幼童還常伴有噁心和嘔吐。」坦吉帕合郡死了兩個人，不久之後，路易斯安那州與密西西比河附近的地區陸續爆發疫情。[19]到了夏末，加州、俄亥俄州、肯塔基州、猶他州都出現了病例。

到了夏季結束與新學年開始，亞洲流感就隨著學生回學校上學而在美國蔓延開來。傳染病防治中心（Communicable Disease Center，疾管中心的舊名）那年七月新成立了流感監控部門，該部門從各縣收到涵蓋全國八十五％人口的報告，每週會收到一次有效抽樣二千人的國民健康調查（National Health Survey）結果，還從美國電信公司 AT&T 那裡得知該公司位於全國三十六個城市的六萬名員工中有多少人缺勤。這些數據讓我們對亞洲流感的瞭解得以超過先前的每一場流行病。疾管中心估計，在一九五七年十月與十一月，美國大概有四千五百萬人（當時全美人口的二十五％）染疫。縣級資料顯示，罹患率（attack rates）介於二〇％至四〇％之間。發病高峰在該年第四十二週，三至四週之後進入流感與肺炎死亡高峰。罹患率最高的族群，是學齡兒童與三十五至四十歲的成人。在死亡率方面，六十五歲以上的成人只占死亡人數的六十％，低得不可思議，畢竟在一九六〇年因肺炎和流感而死的人中，有八十％都是六十五歲以上。[20]

為什麼美國年輕人特別容易感染亞洲流感？原因之一就是他們不像老人那樣接觸過更早的流感病毒。一九三四年以來，H1N1爆發過九次流行，分別在一九三四至一九三五、一九三七、一九四〇至一九四一、一九四七、一九五〇年、一九五一、一九五三年。這種「季節性流感」都是病毒「抗原漂移」造成的。雖然一九五七至一九五八年的流感是新的H2N2病毒株，但正如一位專家所言，老人體內可能還殘存一些免疫力：[21]

除了七十歲以上的人以外，美國人都沒有碰過這類病毒。而最後證明，這種病毒即使沒有跟細菌共同入侵也足以致命……

根據補體結合試驗（complement fixation test），我們很快就知道該病毒為A型流感。但無論是HA抗原測試結果，還是神經胺酸酶抗原的測試結果，都顯示它與過去出現過的所有病毒不同。後來亞洲流感病毒株的亞型確定為H2N2。[22]

不過美國年輕人比較容易感染亞洲流感，還有另一種可能的原因。正如第四章所言，每一種疾病的傳染規模與發病率，都被病原體本身的特質，以及社會網絡的結構所決定。[23]在很多層面上，一九五七年的美國都是青少年的天堂。二戰結束後的嬰兒潮世代在一九五七年剛滿十二歲，他們不僅比自己的父母十二歲的時候富裕許多，還享受著各種能讓全世界嫉妒不已的社交活動。就像好萊塢電影裡大量描寫的一樣，有一大堆令人興奮的舞會、派對、試膽遊戲。但這些樂子也有不那麼正向的一面。疾管中心的歷史學家就認為，當時青少年「接觸他人的機率在所有年齡層中最高，遠超過家庭主婦、學齡前幼兒，以及去上班的男人」。[24]

夏令營、校車與過去從沒出現過的大量課後活動，使美國青少年在一九五七年九月至一九五八年三月感染亞洲流感的比例從五%驟增至七十五%。坦吉帕合縣的二十所學校，在七月中旬草莓收穫季結束之後開學，引爆了該縣的疫情。該年夏末，美國各地的開學季也成為全國疫情大爆發的主因。疾管中心估計，那年秋天超過六成的學生出現過臨床病徵。根據二十八所美國學校系統的資料，原本平均五%的缺席率到了那年卻額外多出了二十%至三十%。十月七日，紐約的學校缺席人數達到二十八萬人的高峰，相當於學生總數的二十九%。曼哈頓的缺席比例更高，高達四十三%。[25]接下來我們會提到，一九五七年的美國當局默默地採用了如今所謂的群體免疫策略。但到了一九五八年二月，第二波疫情卻出乎疾管中心的意料再

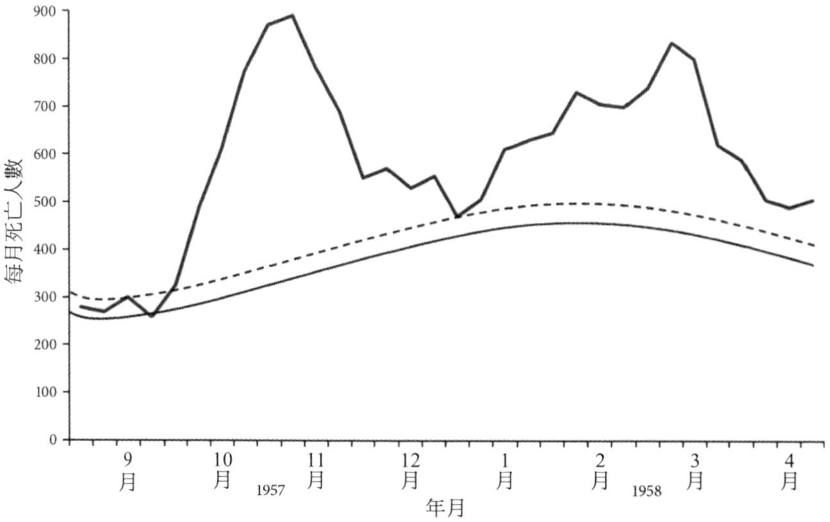

圖表12：1957至1958年，美國108座城市每週因肺炎和流感而死的人數。*

* 作者注：上方的實線代表1957年9月至1958年4月之間，108個城市每週因肺炎和流感而死的人數。下方的實線則是根據之前的經驗，估計因肺炎與流感而死的人數。虛線是「流行病門檻」（epidemic threshold），我們可以看到幾乎只有流感疫情期間超過了門檻。

次爆發，使超額死亡人數再次激增，不過這次是集中在四十五歲至七十四歲的族群。在那之後幾年也有爆發幾場流感，例如一九六〇年一月至三月的A2流感、一九六二年初至一九六三年的B型流感、一九六五與一九六六年較為輕微的流感疫情。[26]到了一九六八至一九七〇年，出現了比前幾年嚴重的「香港流感」(A/H3N2)，但超額死亡率還是只有一九五七至一九五八年的一半。[27]

希勒曼的防疫之道

艾森豪總統面對一九五七至一九五八年亞洲流感的政策，大幅受到年輕時處理西班牙流感的經驗影響。一九一八年的他成功減緩了柯爾特營的疫情，甚至還把三十位醫生送到全國各地教育其他人。他的策略很簡單：一、信任醫生（他把指揮權力下放給營地的首席軍醫，並授權他實驗新的處理方式）。二、落實社交距離（在大廣場上把士兵分成三群帳篷）。[28]後來他當上總統之後，也在一九五七年八月二十七日接受各州和地方衛生官員協會（Association of State and Territorial Health Officials, ASTHO）的結論：「關閉學校或減少公共集會，無法實際降低這種疾病的傳播。」[29]一位疾管中心官員日後回憶道：

> 政府當時通常都沒有關閉學校、限制移動，也沒有建議戴口罩。因為當時認為隔離無法有效緩解疫情，而且「因為旅客眾多，輕症或症狀不明顯的比例很高，顯然不會有用」……

十月初，紐約州納蘇縣衛生局長表示：「公立學校在疫情中應繼續上課」，「孩子們即使不上學也很容易感染」……

各州和地方衛生官員協會建議症狀較輕微的流感患者在家休養，降低醫院負擔，同時也建議醫院不要讓病情最重的患者住院太久。根據他們的說法，大部分患者最好的照護方式就是待在家裡休息，大量喝水或果汁。[30]

這樣的決策，意味著防疫手段完全從非醫藥介入轉移到醫藥介入。當時的人們就像二〇二〇年的我們一樣拚命找疫苗。唯一的差異是，一位有先見之明的天才科學家，讓美國不需要跟其他國家搶貨。科學家的名字叫莫里斯．希勒曼（Maurice Hilleman, 1919-2005），一九一九年出生於蒙大拿州邁爾斯城，在一九四八至一九五七年擔任華特．里德陸軍醫療中心的呼吸道疾病科主任。美國陸軍的流行病科流感委員會，從一九四〇年代以來就一直在研究流感與流感疫苗。[31]希勒曼剛入行時，就注意到流感病毒在傳染過程中會不斷發生基因漂變跟基因移型。這樣的經驗使他得以在日後看到報紙上寫香港有小孩罹患流感之後變得「目光呆滯」，就意識到這株流感可能會引爆大災難。美國陸軍醫療中心五月十三日收到香港寄來的第一個流感採樣，希勒曼和另一位同事花了九天，每天工作十四小時，在五月二十二日就確定這是一種新型流感，可能會像一九一八年西班牙流感那樣導致數百萬人死亡，而且即使有抗生素可以抵抗併發症也沒有用。事後證實他們的推測果然為真。[32]

疫苗的成敗在於速度。希勒曼的成功源於能夠直接跟廠商合作，照他的話來說就是「繞過行政上的各種繁文縟節」。美國公共衛生局甚至在希勒曼還沒完成分析之前，就把第一批培養出來的亞洲流感病毒發給了疫苗廠商。這其中的關鍵之一，就是世界衛生組織在美洲的國際流感中心：美國疾管中心的阿拉巴馬州蒙哥馬利實驗室。世衛組織在二〇二〇年的疫情中丟了祖先的臉，它在一九五七年的時候可是媒合了美國的疾管中心和英國的世界流感中心（World Influenza Center）一起合作抗疫。疾管中心的蒙哥馬利實驗室和亞特蘭大總部的工作人員，都自願施打第一批實驗疫苗。在一九五一年為了因應韓戰的生化武器威脅而設立的疾病控制和預防中心（Epidemic Intelligence Service）裡，則有一位叫做布魯斯．道爾（H. Bruce Dull）的醫生在亞特蘭大監獄測試了疫苗，發現第一劑的防護力高達八十%至九十%。那年夏末，包括默克藥廠（Merck Sharp & Dohme）

圖表13：莫里斯．希勒曼1957年在馬里蘭州銀泉市華特．里德陸軍醫學中心和研究團隊討論亞洲流感病毒。

在內的六家藥廠都開始生產疫苗。

美國從發現疫情風險到大規模施打疫苗之間的時間，短得讓人震驚。《紐約時報》於該年四月十七日在報紙上第三版花上三段篇幅首次報導香港的流感疫情。[33]同年七月二十六日，也就是短短三個多月後，加州奧德堡的醫生就開始給新兵接種疫苗，三天後科羅拉多州的洛瑞空軍基地也開始施打。接著接種的是醫生、護理師，以及各類醫護人員。艾森豪總統、伊莉莎白女王、菲利普親王在訪問美國和加拿大之前全都已經完成接種。當時的美國公衛官員把疫苗視為防疫的核心。公衛總監（Surgeon General）里洛．伯尼（Leroy Burney）八月十五日宣布，將根據各州人口規模分配疫苗，並由藥廠以慣用的商業網絡配送。八月下旬，各州和地方衛生官員協會在華府召開的會議上宣布：「由於無法阻止病毒傳播，改以接種計畫方式防疫。」每劑一毫升的疫苗，在八月大約發放了四百萬劑，九月九百萬劑，十月更是高達一千七百萬劑。[34]希勒曼在二〇〇五年的訪問中回憶道：「疫苗沒讓我失望，在一九五七年準時開始接種。」疫苗成功地阻止了亞洲流感演變成一九一八至一九一九年的悲劇。「這也是我們唯一一次用疫苗成功擋下的疫情。」[35]

但即便如此，當時的疫苗也只夠十七%的人接種，保護力只有五十三%至六十%之間，而且過程中難免有錯。好比舊金山淘金者隊、加州大學與史丹福大學的橄欖球隊員，竟然都在警察和消防員之前先行接種。默克藥廠的業務經理說：「你手中只有一顆蘋果，卻有二十五人要，你要給誰呢？當然是那個先伸出手的人。」[36]種種亂象讓一位前疾管中心官員不禁認為疫苗「沒有顯著降低疫情的整體趨勢」。[37]但這種說法低估了希勒曼的貢獻。希勒曼的快速反應顯然控制住了美國的超額死亡人數。深入檢視後，我們可以看出當時美國的公衛政策是希望藉由使年輕人達到群體免疫，再加上軍警與醫護人員接種疫苗來控制疫情。之後幾年內不斷有實驗和研究去探討這種公衛政策的效力，發現「亞洲流感之後捲土重來時，需要施打更高劑量的疫苗才能引發初級免疫反應，這表示民眾體內原有的抗體，比一九五八、一九五九、一九六〇年更高，對疫苗的反應也更穩定。在四週之內施打兩劑疫苗的效果，比單劑疫苗更高。但效果會隨著時間推移而逐漸降低。」研究納瓦霍族學童與紐約市醫學院學生的結果發現「無症狀感染每年都有」，但「有症狀的感染人數」隨著學生體內的H2N2抗體濃度而降低。[38]前述研究與往後研究的結果，讓公衛政策轉向為定期為老年人接種疫苗，因為在大部分的流感病毒株與大部分的流感季節，感染之後最容易出事的始終還是老年人。

一九五七年，希勒曼加入默克藥廠，擔任賓州西點新成立的病毒學與細胞生物學研究部主任，做出了一連串不可思議的成就。那段期間有四十種實驗性或獲准上市的動物疫苗與人類疫苗掛有他的名字，而這些疫苗大部分都是希勒曼研發的。目前常用的十四種疫苗中，痲疹、腮腺炎、A肝、B肝、水痘、腦膜炎、肺炎、流行性感冒嗜血桿菌這八種也都是他研發的。一九六三年，他女兒潔蘿・林恩（Jeryl Lynn）得了腮腺炎，希勒曼從她身上培養病毒，製作出腮腺炎疫苗，一直沿用至今。希勒曼團隊還用胃蛋白酶、尿素、甲醛處理血清，發明了一種B肝疫苗，在一九八一年獲准上市。雖然在美國到了一九八六年就被酵母菌生產的疫苗取代，但到二〇〇三年為止仍有一百五十個國家使用。

如果你去讀希勒曼的生平，會發現冷戰時期的科學研究文化比現在能接受的「硬漢」很多。他的傳記作家寫道：「他把整個實驗室像軍隊一樣指揮。有一段時間甚至每開除一名員工，就讓自己孩子做一顆『乾製首級』，在辦公室裡排成一排當戰利品。他在主張觀點的時候會肆無忌憚地亂罵髒話，還會長篇大論地指責別人，甚至曾經拒絕參加默克公司強制要求中階主管去聽的『文明禮儀課程』。」[39]

冷戰時期的生化競賽

一九五七至一九五八年的亞洲流感，當然有衝擊到經濟。光是到一九五七年十一月初，美國就有八千二百萬人生病，損失二億八千二百萬工作日。但最合理的解釋，應該還是疫情與經濟衰退同時發生。景氣早在病毒開始蔓延之前的一九五七年夏天就開始收縮，收縮的近因是國防預算削減，以及市場利率不斷上漲，聯準會卻沒有認真處理。[40]不過景氣收縮的時間相當短暫，只持續了九個月，跌幅也不大。失業率升幅相對和緩，從一九五七年八月的四・一%，升至隔年七月的高峰七・五%，低於一九四八至一九四九年的最高紀錄七・九%。個人收入與個人消費支出都沒有收水。聯準會在一九五八年八月的報告中，甚至完全沒把流感疫情列為景氣收縮的潛在原因，因為餐廳、酒吧、購物中心都是衝擊最小的那群。[41]AT&T遍布三十六座城市的員工出勤資料，則顯示即使是在疫情最嚴重的十月十九日那週，也只額外造成二・七%的缺勤。在疾管中心追蹤的更多城市裡，高峰週的額外缺勤率也只有三%至八%。加拿大的狀況也差不多。[42]國會預算局認為亞洲流感造成的影響「可能跟經濟活動的正常變化沒有差異」。[43]

因此，一九五七至一九五八年流感造成的經濟衝擊，跟二〇二〇年的疫情相比根本微不足道。但政治影響可就不一樣了。共和黨在一九五八年的期中選舉吃下史上最大敗仗之一，在得票率大輸十三%的情況下丟掉了十三個參議院席次和四十八個眾議院席次。但疫情可能還只是挫敗的次要成因，《紐約時報》報導期中選舉時甚至沒有提到亞洲流感。[44] 因為國家安全的威脅顯然更嚴重：在選舉前一年，蘇聯發射的史普尼克衛星引起美國人恐慌，開始擔心美國在冷戰與太空競賽中都失去原有的優勢。一九五八年，古巴內戰肆虐，幾個月後卡斯楚（Fidel Castro）取得勝利。伊拉克則在七月爆發政變，推翻了國王費薩爾二世，揭開了之後一九六三年復興黨（Baathist）奪權的序幕。當時美國為了因應伊拉克的情勢變化，已派軍前往黎巴嫩。

因此，我們不能把亞洲流感跟當時的地緣政治分開來看。就連莫里斯．希勒曼的成功也跟地緣政治有很大關係，例如在一九五七年，美國的疾管中心是國際公衛網絡的主要節點，而這個網絡其實從二十世紀初就出現了：最早是由一九〇二年成立的泛美衛生局（Pan American Sanitary Bureau）和一九〇七年在巴黎成立的國際公共衛生署（International d' Hygiène Publique）組成，但在一次大戰之後才真正成為國際組織。一九二〇年十二月，國際聯盟決議成立一個衛生委員會，由波蘭細菌學家路德維克．萊赫曼（Ludwik Rajchman）主持——此人曾在波蘭政治家約瑟夫．畢蘇斯基（Józef Piłsudski）阻止布爾什維克主義西進的時候④，擋住了斑疹傷寒向西方傳播。一九二一年，流行病學情報所（Epidemiological Intelligence Service）成立，成為萊赫曼組織中的核心，隔年開始發布各種期刊報告。衛生委員會原本是「臨時」的，到了一九二三年與一九二八年之間成為永久委員會，之後才改名為國聯衛生組織（League of Nations Health Organization, LNHO），嚴重依賴洛克菲勒基金會的資金運作。該組織一九二五年在新加坡設立遠東局（Far Eastern Bureau），每週發布兩份標準快報，一份用紙本郵件，一份用無線電廣播。到了一九三〇年代初，國聯衛生組織的網絡已經覆蓋了四十五個國家，觸及全球三分之二的人口。

不過也不是所有人都加入國聯衛生組織。拉丁美洲的政府也許是因為擔心「流行病帝國主義」，比較喜歡在泛美衛生組織內部合作，而他們也不知道國聯衛生組織其實不大帝國主義，反而比較偏向自由主義。一九四〇年成為該組織負責人的加拿大醫生法蘭克·布卓（Frank Boudreau）說得很好：「先知說真理必令人自由。瞭解疾病的真理就能讓旅客和貨運得到自由，讓人民得到免於疾病與限制的自由。」在布卓眼中，新加坡遠東局就像是「地方自治防火體系中的中央消防站」，監督著「全世界的預警系統」。[45]更神奇的是，後來世界雖然再次陷入戰火，國聯衛生組織卻能繼續運作。希特勒在一九三三年十月退出國際聯盟之後，德國依然繼續發布流行病學快報。[46]在一九三七年日本入侵中國，以及一九三九年歐洲爆發二戰之後，新加坡也繼續每週發布公報。正如布卓一九三九年所言：「目前的弔詭現象之一，就是全世界明明正在竭盡全力破壞國際合作，世界各地的公衛人士卻依然繼續攜手，拯救我們不被流行病所毀滅。」這個互助體系的確在一九四〇年崩潰了，因為英美兩國官員擔心它會幫助到德國與其盟友。但國聯衛生組織還是撐過了二戰，為之後的世界衛生組織提供了幾名

④ 編注：一九一九年，俄羅斯內戰中共產蘇聯向西與重獲獨立的波蘭爆發波蘇戰爭，並以共產蘇聯在一九二一年戰敗告終。

創立元老，也「為世界衛生組織使用至今的體系奠定了基礎」。[47]世衛祕書長布羅克・奇斯霍姆（Brock Chisholm）也是加拿大人，他像法蘭克・布卓一樣懷抱烏托邦的偉大願景，認為「人類要活下去，就得成為全新的公民」。[48]

美國對國家安全的態度在一九三〇年代末開始轉變，因而能在一九四五年之後繼續重視國際公共衛生。一九三七年十月，羅斯福在演講中提到「一種讓世界目無法紀的瘟疫正在肆虐」，那就是戰爭。「戰爭像傳染病一樣蔓延。無論有沒有宣戰，也不管距離衝突發生地是遠是近，每個國家和其人民都可能會被戰爭吞沒。」[49]羅斯福和支持新政的人都相信，國際安全和美國的安全，都仰賴經濟和政治的進步。[50]誠如時任副總統亨利・華萊士（Henry A. Wallace）在一九四二年所說：「戰爭只是問題的一部分，貧窮、不安全、饑荒、失業才是問題的根源。只要這些禍害沒有根除，希特勒和戰爭就會不斷死灰復燃。」[51]這種觀點不僅完美延續到了冷戰，而且對美國而言，資助第三世界的蘇聯因而比一九四五年之前的德國、日本、義大利帶來更大的威脅。[52]美國駐伊朗技術合作團團長就在一九五二年對伊朗議長解釋道：「我每天早上醒來想的不是『我要怎麼驅逐共產主義』，而是『我要如何幫伊朗人民解決貧窮、飢餓與疾病』……，如果這也算是在刨共產主義的根，那就證明共產主義真的只是一株該消滅的毒草。」[53]

在這場「防疫競賽」之中，美國打造出了全世界最先進的製藥產業。美國的科學家並沒有比較厲害，至少諾貝爾獎沒有拿得比較多——一九〇一至一九四〇年間，諾貝爾獎有二十二％落在德國，卻只有八％落在美國。[54]美國真正無與倫比之處，是新藥開發與銷售能力。磺胺類藥物原本是德國法本集團（IG Farben）的後繼者拜耳公司（Bayer AG）開發出來的抗菌藥物，後來卻發現拜耳註冊專利的百浪多息（Prontosil）裡面有用的成分，其實是當時已經很常見的氨苯磺胺（sulfanilamide）。於是美國很快就開始量產這種磺胺類藥物，並帶來顯著的效益——與傷害。一九三七年秋天，一百人服用「磺胺酏劑」之後二甘醇中毒，導致美國隔年通過《聯邦食品、藥品與化妝品法》（Federal Food, Drug, and Cosmetic Act），並開始嚴格監管藥品。但另一方面，美國光是在一九四一年使用磺胺類藥物的人就高達一千萬至一千五百萬，這些治療使產婦死亡率降低二十五%、肺炎與流感死亡率降低十三%、猩紅熱死亡率降低五十二%。[55]

其他抗生素也是一樣，青黴素明明是蘇格蘭人亞歷山大・弗萊明（Alexander Fleming）、澳洲人霍華德・弗洛里（Howard Florey）、德國人恩斯特・柴恩（Ernst Chain）在一九二九至一九四〇年間研發出來的，卻是美國公司在二戰結束時進行大規模生產。在一九〇〇至一九三六年間，美國的傳染病死亡率平均每年下降二・八%，到了一九三七至一九五二年間更是每年下降八・二%，這五・四%的差異就是抗生素的功勞，十五年來共降低了超過五十六%。當然，二十世紀中葉死亡率的降低不只是磺胺和抗生素的功勞，正如我們之前所說，英美兩國的衛生、營養、消毒條件改善，以及為了脫貧而設計的社會政策，都發揮重大效果。[56]此外，嶄新的非醫藥介入措施也卓有成效，例如由英國學校率先實施，並獲美軍在一九三七年採用的接觸者追蹤。[57]但這些因素就跟二十世紀中葉開始大量研發與配送的大部分疫苗一樣，降低的主要都是年輕人的死亡率，老年人的命主要還是在靠磺胺類藥物和抗生素在救。[58]英美兩國在一九四八年採用的隨機對照實驗，以及一九五〇年採用的雙盲試驗，也明顯推進了醫學研究。[59]簡而言之，莫里斯．希勒曼在一九五七至一九五八年間之所以能成功抗疫，不僅是因為美國人拚了命高速研發，也是因為香港、倫敦、華府在亞洲流感之前就已經建立的合作制度。美國人民在染上這些「阿薩布魯小流感」之前處於前所未有的健康程度，也同樣起到幫助。

而這個時候，蘇聯在赫魯雪夫領導下的聲勢也如日中天。許多人之所以日後都忘了一九五七年的亞洲流感，很可能跟蘇聯剛好在那年十月四日發射了人類史上第一顆人造衛星史普尼克有關。畢竟對冷戰時期的人而言，最可怕的災難就是核戰，自古以來就侵擾人類的微生物侵襲相比之下就根本不算什麼。在一九五〇至一九六〇年代，有四〇%至六十五%的美國人在民調中回答自己相信五年內會發生世界大戰。這比例在一九八〇年代更攀升至七十六%。高達六〇%至七十五%的美國受訪者認為，萬一發生世界大戰，則美國會被人發射氫彈。我們還不確定當時的美國人被這個想法影響得有多嚴重。經濟學家喬爾．斯林羅（Joel Slemrod）在一九八〇年代認為，美國人對末日的恐懼壓低了儲蓄率，畢竟如果沒有明天，當然也就不需要儲蓄。當時斯林羅預估，冷戰一旦結束，驟降的核戰風險就會讓儲蓄率回升，而且美國會回升得特別明顯⑤。[60]總之，對一九五〇至一九八〇年代的人而言，第三次世界大戰比任何災難都要來得可怕。用世衛組織祕書長奇斯霍姆的話來說：「人類的毀滅力已經太大，大到光是靠自卑、焦慮、恐懼、恨意、侵略性、狂熱、非理性的犧牲奉獻之心，以及其他各種常見的生理、心理、社會病徵，就能持續威脅大量個體的生死存亡。」[61]

冷戰即使沒有引發核戰末日，在很多方面仍舊相當激烈。傳統戰爭繼續在印度支那與中美洲等地肆虐。甘迺迪總統與詹森總統跟蘇聯攤牌喊話的膽量比之前艾森豪總統任內的「邊緣政策」

（brinkmanship）⑥更大：一九六一年柏林危機、一九六二年古巴危機，更不要說之後在南越引發的衝突升級。後來的緩和政策（Détente）也沒有好多少，無論怎麼看，從尼克森、福特到卡特的時代，都比從小布希、歐巴馬到川普的時代更為暴力。國家引發的武裝衝突在一九七〇年代害死了兩百多萬人，二〇〇〇年代大約僅二十七萬。[62]越戰害死了四萬七千四百二十四位美國人，伊拉克戰爭只害死三千五百二十七位。根據奧斯陸和平研究所（Peace Research Institute of Oslo）的估計，國家武裝衝突在一九五六至二〇〇七年間造成的死亡人數有兩個高峰，第一個是一九七一年（大約害死三十八萬人），第二個是一九八二至一九八八年（每年平均幾乎害死二十五萬人）。相比之下，二〇〇二至二〇〇七年，每年平均還不到一萬七千。[63]根據維吉尼亞州維也納市系統性和平中心（Center for Systemic Peace）的計算，「戰爭規模」指數從一九五〇年代到一九八〇年代中期一直穩定上升，然後在一九九一年冷戰結束後暴跌到原本的一半以下，遇到戰爭的國家比例及武裝衝突的次數也都呈現相同的變化。即使把衡量範圍擴大到「每年死於政治暴力的人數」，也會得出類似的結果。若不考慮一九九四年盧安達種族屠殺造成的例外高峰，那麼死於種族滅絕、種族清洗的人數就是在從一九七〇年代初期的最高峰，然後時快時慢地穩定減少。[64]當今世界的革命、軍事政變與政治暗殺的頻率也低於二十世紀下半葉。

⑤ 作者注：可惜的是，事情並未如斯林羅所想的發展。即便原子科學家在蘇聯解體之後將末日鐘逆轉到午夜前十七分鐘，個人儲蓄率依然繼續下滑。一九八三年世界看似在毀滅邊緣的時候，個人儲蓄率都還有九．四%，二〇〇五年卻只剩二．五%。

⑥ 編注：指將衝突升級到戰爭邊緣後再收手的外交策略，希望藉此施壓對方退讓，並從中獲利。

在核武競爭時代的背景下，美蘇兩大超級強權應付其他威脅的方式充滿了矛盾。兩國多次攜手合作，例如兩國科學家在冷戰期間成功推出了兩種疫苗。[65]美國辛辛那提大學的阿爾伯特・沙賓（Albert Sabin，出生於俄羅斯帝國時期的比亞維斯托克〔Białystok〕）跟蘇聯的米海爾・朱瑪科夫（Mikhail Chumakov）聯手，給一千萬名兒童試驗沙賓開發出的小兒麻痺症（脊髓灰白質炎）口服減毒疫苗。[66]美蘇合作也讓人類得以成功消滅天花，大量疫苗接種在一九七八年達到高潮。[67]除此之外，當時也有許多跨越冷戰藩籬的全球運動，例如一九七三年為了減少油輪漏油訂定了《防止船舶汙染國際公約》（International Convention for the Prevention of Pollution from Ships），或是一九八七年為了保護臭氧層和限制氟氯碳化物的生產與排放，訂立了《蒙特婁公約》（Montreal Protocol）。[68]

但在合作的同時，也有著衝突。例如蘇聯無視一九七二年簽署的《生物武器公約》（Biological Weapons Convention），開始大規模研發生物武器。一九八〇年代末曾在生物製劑（Biopreparat）工作的蘇聯科學家肯尼斯・阿利貝克（Kenneth Alibek）表示，蘇聯研發了能抵擋抗生素的鼠疫、鼻疽、兔熱病、炭疽菌株，甚至是高傳染力的八三六菌株；同時還製造了可以將兔熱病、鼻疽、委內瑞拉馬腦脊髓炎、布氏桿菌投射到戰線後方一百六十公里左右的武器，以及能對美國釋放鼠疫與天花的戰略型生物武器。照阿利貝克所說，當時蘇聯還在研究如何將Q熱、馬堡病毒出血熱、伊波拉、玻利維亞出血熱、拉薩熱、俄羅斯春夏腦炎等病原體變成生物戰劑。[69]

邊禱告邊承擔風險

今日美國人有一個地方跟一九五七年差很多，那就是容忍風險的能力似乎大幅低於六十年前的祖父母或曾祖父母，例如當時有個人就這麼說：

> 那些一九三〇至一九四〇年代長大的人，碰到傳染病不會大驚小怪。麻疹、腮腺炎、水痘、德國麻疹動不動就席捲整個學校跟城鎮，我自己就四個都中標過。脊髓灰白質炎（小兒麻痺症）每年都害成千上萬的人癱瘓或死亡，大部分受害者甚至還只是孩子。在一九五七年的大學生眼中，亞洲流感只不過是成年之路上的一塊小石頭，可以從容應對。我們一邊禱告，一邊承擔風險。[70]

年輕時負責幫疾管中心建立流感監控部門（Influenza Surveillance Unit）的韓德森醫生（D. A. Henderson）也回憶，當時醫護界相當冷靜：

> 《紐約時報》十月初報導「某家醫院已經在準備額外病床」，柏衛醫院（Bellevue Hospital）也叫來了更多醫生準備應付這個「上呼吸道流行病」，並且暫停非必要的手術。但在柏衛醫院的某位醫生眼裡，這只是「媒體炒作出來的瘟疫」，「醫院只覺得……多出一大堆病患而已」……
>
> 我們都知道只要選手一染病，體育賽事就很容易延期。但在這場疫情中，除了高中和大學的美

式足球賽以外，報紙卻沒有寫任何重大賽事延期或取消……

從我這位站在第一線的人看來，疫情雖然給學校和診所帶來了壓力，擾亂了美式足球的行程表，但似乎只是暫時擾亂民眾生活的小波浪。[71]

對照這些堅忍不拔的表現，二〇二〇年很多選民在決定是否恢復外出、重新上班、重新過正常社交生活時就顯得太過猶疑不決。二〇二〇年四月底的蓋洛普民調顯示，美國只有二十一%的成年人準備「立刻」回復正常生活，三十六%的人表示要等當地的確診數大幅下降才會恢復活動，三十一%的人表示要等自己那州完全沒有新病例才會恢復正常生活，十二%的人則說要先等疫苗上市。[72]到了九月下旬，美國還是有十%的成年人非常擔心感染COVID-19，三十九%有點擔心，而一個月前這兩者的總和更是高達五十九%。這些疑慮讓辦公室、餐廳、機場都乏人問津。[73]

公共心態在其他面向的轉變也同樣可觀。像莫里斯・希勒曼這種喜怒無常之人在一九五七年可以心無旁騖且無所畏懼地為政府與企業做事。如今當然也有這種人，畢竟科學家研發COVID-19疫苗的速度，就跟當年研發亞洲流感疫苗一樣快——但希勒曼這種口出穢言、在實驗室裡擺戰利品的人，大概只會被當今學術界踢出去。此外，一九五七年的社會是由家庭、社區、教會共同組成的，用文化心理學家蜜雪兒・蓋爾凡（Michele Gelfand）的話來說就是比現在「更緊密」。[74]相比之下當今社會在很多方面都「分崩離析」，更難因應驟然而至的大量死亡事件。[75]

二〇二〇年還有另一個面向跟一九五七年差很多：美國政府的規模在這六十年變得更大，但能力卻似乎變得更弱。聯邦政府的員工數量在一九五七年接近一百八十七萬，二〇二〇年初為二百一十萬，光看這個數字與人口比例可能會以為政府規模變小，[76]但我們還得一併納入州政府和地方政府的員工：一九五七年十一月的人數只有七百八十萬，二〇二〇年卻有大約二千二百萬。[77]一九五七年，聯邦淨支出占GDP的十六・二%，二〇一九年則為二〇・八%。[78]一九五七年，聯邦債務總額占GDP的五十七・四%，一九五八年增至五十八・一%，之後就一路下降到一九七四年為止。[79]相較之下二〇一九年的數字卻高達一〇五・八%，二〇二〇年還預計會再提升十九%。[80]衛生及公共服務部在一九五七年尚未獨立，還附屬在衛生教育及福利部（Department of Health, Education, and Welfare）裡面，後者是在一九五三年為了接管一九三九年以來的社會安全局（Federal Security Agency）所創立。疾管中心在當年還是傳染病防治中心，原是為了消滅瘧疾而成立的單位，亞洲流感那年成立才滿十一年。這些機構當時明明都很年輕，還沒有被要求承擔很多責任，卻都積極協助私人公司測試、生產、發放疫苗，同時又讓人民知道疫情不會演變成一九一八至一九一九年的大災難。二〇二〇年的政府若是看到先人的表現應該會自慚形穢。

我們不該低估一九五〇年代美國人厭惡風險的程度，也不該高估當時美國政府的能力。當時的美國人雖然對亞洲流感異常樂觀，卻對小兒麻痺症一點也不樂觀。小兒麻痺症是由病毒引起的腸道感染，通常藉由糞便傳播。大約有百分之一的機率，病毒會從腸道入侵腦幹和中央神經系統，破壞用來刺激肌肉的運動神經元，造成不可逆轉的癱瘓（通常是腿部癱瘓）。在某些更罕見的狀況下，病毒會麻痺呼吸肌肉，致人於死。[81]全美國在一九三〇年代末都開始恐懼小兒麻痺症，原因除了富蘭克林・羅斯福總統感染之後不良於行以外，也跟國家小兒麻痺基金會（National Foundation for Infantile Paralysis）的負責人巴茲爾・歐康納（Basil O'Connor）非常能幹有關。[82]歐康納用當時最新的廣告與募款技術，把一種不常見的可怕疾病變成了當時人們最怕的夢魘。罹患機率在一九五二年達到高峰，每十萬人有三十七例，民眾的恐懼也在那年推上頂點。[83]

當時人們對小兒麻痺症的恐懼，顯示美國公共衛生系統有好幾個重大漏洞。首先，國家小兒麻痺基金會以「共產主義，太不美國」為由，拒絕政府的支援和監督，並將所有資金都用來支援約納斯・沙克（Jonas Salk）的疫苗。沙克的疫苗是用死掉的病毒做的，可以刺激免疫反應而不會造成感染，這種疫苗在全國找了二百萬名小學生做實驗，顯示抵抗一型小兒麻痺症的效力有六十至七十％，抵抗二型和三型的效力則至少有九十％。[84]一九五五年四月，實驗結果一公布，公共衛生局就在幾小時內批准了沙克疫苗商業量產。但疫苗的需求量超過了衛生教育福利部長奧菲塔・豪比（Oveta Culp Hobby）的想像。[85]艾森豪政府把事情想得太簡單，以為只要完全交給市場處理，疫苗就會「從工廠運到批發商，然後從藥商交到各地醫生手中」。[86]但加州柏克萊的卡特製藥廠（Cutter Laboratories）在趕工的過程中品質出現問題，讓某些接種的兒童感染了小兒麻痺症，甚至有人因此癱瘓。最後的研究證據顯示，雖然沙克疫苗的確有效，但其實沙賓的口服減毒疫苗更為優秀。[87]如果你知道這些故事，就更能瞭解莫里斯・希勒曼為什麼要在一九五七年拚了命加速研發亞洲流感疫苗。因為短短兩年前，那劑完全只靠市場生產出來的疫苗才剛出過問題，人們才開始注意到這種事情必須讓聯邦有效監管。國家衛生院（National Institutes of Health）和疾管中心因此獲得更多資金，也掌握了更多權力。

所以美國政府有沒有從一九五七至一九五八年的亞洲流感，以及一九六八年的香港流感學到教訓呢？乍看之下好像是有。在那之後，美國幾十年來一直用高規格來事先防範流行病，一九七六年的防範甚至過了頭。那年紐澤西州迪克斯堡爆發了H1N1疫情，也就是後人所謂的「豬流感」，導致一人死亡，十三人住院。當時疾管中心主任大衛・山瑟（David Sencer）為了防止病毒像一九一八至一九一九年那樣引發大流行，建議全民注射疫苗。福特總統被說服了，而且還敦促國會立法，讓政府幫疫苗製造商承擔失敗風險，避免再出現卡特製藥廠的疫苗悲劇。可惜這項接種計畫旋即被迫中止，因為新聞報導有些接種者出現了一種會導致癱瘓和呼吸停止的格林-巴利症候群（Guillain-Barré syndrome）。[88]

二〇〇五年，華府聽到亞洲爆發H5N1「禽流感」的時候，小布希總統已從約翰・巴瑞（John M. Barry）的《大流感：致命的瘟疫史》（*The Great Influenza*）中瞭解到流感蔓延的危險，他的政府也已經準備好發動一項以疫苗接種為核心的緊急措施。[89]衛生及公共服務部長麥可・萊維特（Michael O. Leavitt）對《洛杉磯時報》表示，流感已經成為他所必須處理的所有問題中「最讓他睡不著的一項」。[90]但後來二〇〇五年的禽流感並沒有真的登陸美國，要等到二〇〇九年二月在墨西哥爆發的豬流感，威脅才真正來臨。我們有時候會聽到人們稱讚歐巴馬政府成功防堵了豬流感，[91]但其實美國政府要到該年秋天爆發第二波規模更大的疫情之後，才終於能提供針對二〇〇九年H1N1病毒株的疫苗。[92]豬流感之所以沒有額外造成大量死亡，只是因為它的致死率就跟一般流感差不多。即使照當時公布的致死率〇・〇一％至〇・〇三％來算，也足以在十二個月內讓一萬二千四百六十九名美國人死亡，二萬七千四百三十四人住院——後來初步估計的致死率更是遠高於此，全球大約有三十萬人因此而死。[93]不過二〇〇九年豬流感感染了四千三百萬至八千九百萬美國人，如果感染死亡率是最初估計值的十倍，那麼死亡人數應該會等比例增加。此外，豬流感讓美國損失的健康人年數其實比一般流感高，因為該病不僅威脅老年人，也同樣針對年輕人，豬流感死者的平均年齡是一九七〇至二〇〇一年流感死者平均年齡的一半。COVID-19剛爆發的時候，流行病學家賴瑞・布里恩（Larry Brilliant）建議我用二〇〇九年豬流感的發病率與〇・一％至〇・四％的感染死亡率（也就是豬流感死亡率的十倍），來推估這種新病毒可能會造成多大的傷害⑦。若用這種數字計算，COVID-19如果出現在二〇〇九年，最多可以殺死十八萬三千名美國人，在二〇二〇年則能殺死三十八萬五千名美國人。可見歐巴馬政府當年的防範豬流感計畫，[94]未必能擋下COVID-19這種傳染病。而且我們接下來就會提到，川普政府其實也有這類防疫計畫，但仍舊無法阻止疫情。

再見佛萊迪

在休伊・史密斯的〈搖滾肺炎與阿薩布魯流感〉問世三十年後，另一位比他更紅的搖滾明星染上了另一種病毒，那就是艷力四射的皇后搖滾樂團雙性戀主唱佛萊迪・墨裘瑞（Freddie Mercury）。佛萊迪在一九八七年確診患有人類免疫缺陷病毒（human immunodeficiency virus, HIV），那年他四十一歲，四年之後因病過世。

在一九五七至二〇二〇年間，無論是在美國還是全世界，都只有一種流行病的威脅足以驚天動地，那就是HIV病毒引發的愛滋病。決策者的處理方式爛到讓人絕望，大多數國家領導人甚至一開始都避談這種主要透過性行為傳播的病毒。醫學界的戰果也沒多好，他們造不出有效的疫苗，而且花了十五年才找到方法阻止HIV的感染者罹患愛滋病。那麼一般大眾呢？其實也沒有比較聰明。人們在瞭解HIV的傳播方式之後，還是不斷從事高風險的行為。所以愛滋病目前已經在全球殺死了三千兩百萬人，並在佛萊迪死後十五年的二〇〇五至二〇〇六年達到流行高峰，一年內殺死將近兩百萬人。

絕大部分的愛滋病都是HIV-1病毒造成的，這種病毒似乎從一九二〇年代以前就在中非的黑猩猩之間傳播，後來可能在「消費野味」的過程中來到人類世界。在最初的幾十年，它傳播得很慢，然後可能是因為非洲開始都市化的關係，突然在一九七〇年代撲向全球。[95]「緩慢」是愛滋病的關鍵，喀麥隆人甚至把這種病叫做「緩慢之毒」（*le poison lent*）。它的致病速度跟流感相比，簡直慢到讓人想睡。但如果它這麼慢，為什麼各國和國際組織都無法成功把它擋下來呢？一九九四年死於愛滋病的舊金山記者藍迪·席爾茲（Randy Shilts）認為原因是整個社會的系統性失能：以美國為例，無論是醫療與公衛機構、公私立科學研究機構、大眾媒體、同志社群的領袖，都沒有做出應有的回應。[96]

一九八一年，《紐約在地人》（*New York Native*）首次刊登一篇男同志因為罹患新型怪病而送

⑦ 編注：截至本書出版時為止，COVID-19在美國的感染死亡率已達1.8%左右。

進加護病房的報導，文章標題是〈此病的謠言大都毫無根據〉。美國第一批愛滋患者大多位於舊金山、紐約、洛杉磯，他們最初是出現好幾種罕見的症狀，包括卡波西氏肉瘤（Kaposi’s sarcoma，擴散力和致命性都很驚人的腫瘤），肺囊蟲肺炎（neumocystis pneumonia，罕見肺炎），隱胞子蟲病（cryptosporidiosis，通常出現在羊身上），巨細胞病毒（cytomegalovirus，會在免疫力嚴重缺陷的患者之間快速傳播的皰疹病毒），弓形蟲感染症（toxoplasmosis，常由貓糞和汙染肉品中出現的弓形蟲引起的疾病），以及隱球菌腦膜炎（cryptococcal meningitis）。一九八一年六月五日，美國疾管中心在《發病率和死亡率週報》（*Morbidity and Mortality Weekly Report*）第二頁首次刊登了相關報告，題目為〈洛杉磯的肺囊蟲肺炎〉。[97]十一天後，疾管中心的鳳凰城肝炎實驗室的唐・法蘭西斯博士（Don Francis）認為有一種藉由性行為傳播的反轉錄病毒，可能正在引發「貓白血病」，使男同志罹患免疫不全疾病。[98]一年後，布魯斯・艾維（Bruce Evatt）發現這種病毒可能會藉由血液傳染，輸血可能會讓血友病患者罹病。[99]到了一九八三年一月，巴黎巴斯德研究院的年輕研究員弗朗索瓦絲・巴爾・西諾西（Françoise Barré-Sinoussi）在愛滋患者的淋巴結中發現一種新的反轉錄病毒，可以殺死宿主細胞。弗朗索瓦絲的老闆呂克・蒙塔尼耶（Luc Montagnier）認為這是某種在動物中常見的慢性病毒（lentivirus）。[100]

然而，這些研究人員的重要發現並沒有轉化為有效的公衛政策。美國公共衛生局到了一九八三年才建議「有多重性伴侶的高風險族群會增加罹患愛滋病的風險」，並修改捐血政策。[101]為什麼他們反應這麼慢？原因之一是雷根政府視若無睹。那些罹患小兒痲痺症之後撐著矯正支架的可憐兒童，引發了一九五〇年代美國人的同情；但罹患性病的男同志卻引發一九八〇年代美國人的反感。帕特・布坎南（Pat Buchanan）這個身為雷根顧問的保守派人士就曾表示：「這些可悲的同性戀，之前向大自然宣戰，如今大自然要向他們討回公道。」[102]雷根到了一九八五年才公開提及愛滋病。參議員傑西．赫姆斯（Jesse Helms）則提案立法，明確禁止使用聯邦資金來進行愛滋病的防治或衛教活動，因為那會「直接或間接地鼓勵同性性行為」，結果參議院竟然在一九八七年通過了這項法案。[103]但防疫失敗的原因不僅於此，其他組織的問題也很大。美國疾管中心、國家衛生研究院、國家癌症研究所（National Cancer Institute）之間不斷互踢皮球，[104]癌症研究所的羅伯特．加洛（Robert Gallo）甚至還試圖謊稱愛滋病病原體是他發現的。[105]就連病原體的名字「人類免疫缺陷病毒」，也是法國和美國團隊吵了好一陣子妥協的結果。[106]世界衛生組織內部也問題重重，愛滋病規劃署（Global Programme on AIDS）的負責人喬納森．曼恩（Jonathan Mann）被祕書長中島宏逼迫辭職，[107]該署和世衛組織旗下另一個規模更小的防治性病計畫之間的內訌，也一路持續到一九九〇年。世界銀行、聯合國兒童基金會、聯合國教科文組織、聯合國人口基金（United Nations Population Fund）、聯合國開發計畫署（UN Development Program）這幾個組織則是一直不斷互搶善款。[108]至於大眾媒體呢？它們報導中毒性休克症候群（toxic shock syndrome）、退伍軍人病（Legionnaires' disease）甚至止痛藥泰諾（Tylenol）被汙染的篇幅，都比報導愛滋病還多。《紐約時報》在一九八一至一九八二年只刊了六篇愛滋報導，而且沒有一篇刊在頭版。[109]

與此同時，同志圈也在網內互打。劇作家賴瑞．克雷默（Larry Kramer）一九八三年在《紐約在地人》撰文呼籲關注愛滋病，卻遭到另一位劇作家羅伯．切斯利（Robert Chesley）多次炮轟：「所以他是在說，卡波西式肉瘤是我們這些男同志所為才搞出來的嗎？（是什麼？吸毒嗎？還是詭異的性行為？）克雷默那些多愁善感的論調，根本是在向罪惡感投降，像是在說男同志就該因濫交而死。社會上開始恐同、開始反色情，這些都跟這種論調同樣糟糕。」[110]他們不願意承認有很多愛滋病都是由那些人口比例較少，卻擁有大量性生活的男同志所傳播的。當時只有少數流行病學家和網絡科學家，發現愛滋病的傳播模式和之前其他流行病差很多，有很多傳染都是由超級傳播者在性行為的無尺度網絡中傳播開來。[111]其中一位超級傳播者就是加拿大航空的空服員蓋坦・杜加（Gaëtan Dugas），他在「一九七九至一九八一年大約每年都有二百五十位男性性伴侶」。[112]這堪稱「傷寒瑪莉」的翻版：愛爾蘭廚師瑪麗・馬龍（Mary Mallon）在被強制隔離之前，分別在一九〇〇至一九〇七年，以及一九一〇至一九一五年，兩度讓數量不明的紐約人染上了傷寒沙門桿菌。[113]

在這樣的時空環境下，死於愛滋病的人數穩定上升。美國一九八七年死者約為一萬兩千，一九九四年已超過四萬，其中異性戀死者和用靜脈注射施打毒品的死者比例也不斷提高。[114]非洲的狀況更是慘烈——如果美國是一場悲劇，非洲就是一場災難。[115]愛滋病在非洲絕大多數都是藉由異性性行為傳播。一九九〇年，烏干達首都坎帕拉、尚比亞首都路沙卡等地已有五分之一以上的成年人是HIV陽性。一九九六年，愛滋病已經成為撒哈拉沙漠以南非洲國家的頭號死因。波札那、南非、辛巴威在一九八七年的預期壽命都超過六十歲，到了二〇〇三年已經分別降至五十三、五十與四十四歲。染病的其中一個原因的確是大量的賣淫和亂交，所以卡車司機和礦工的風險特別高，但另一個原因卻是錯誤資訊。講法語的非洲國家把愛滋病的法語縮寫SIDA當成「幻想出來阻止人們相愛的病」（syndrome imaginaire pour décourager les amoureux）的簡稱。[116]南非連續有兩任總統都公開否認ＨＩＶ的威脅性：包括在一九九九年接替曼德拉的塔博．姆貝基（Thabo Mbeki），以及十年之後繼任的雅各布．朱瑪（Jacob Zuma）——朱瑪甚至說只要性交之後淋浴就可以免於染疫。另一方面，蘇聯製造的假訊息則把事情搞得更糟，ＫＧＢ控制的一家印度報紙把愛滋病說成美國製造的生化武器，後來東德的退休生物物理學家雅各布．西格爾（Jakob Segal）更用錯誤的研究結果把這種謬論發揚光大。此一謬論出現在世界各地的報紙上，就連英國的《星期日快報》（*Sunday Express*）也沒能倖免。[117]最後的結果就是讓全球數百萬人英年早逝，並造成難以估計的經濟傷害。愛滋病慢慢地削弱人們的體力，降低了勞工的生產力，患者死後留下的孤兒更是無人可依。如今撒哈拉沙漠以南的非洲國家，都比愛滋病肆虐之前更為貧窮。

愛滋病並沒有像聯合國愛滋病規劃署五年前出版的紀念書籍所講的那樣「改變了一切」。[118]愛滋病在歷史上讓人印象最深刻的教訓，反而是人們明明知道性行為和共用針頭可能會感染這種致命疾病，依然沒有徹底改變行為。一份早期的美國報告指出：「同性戀與雙性戀男性，以及施打毒品的人雖然很快就明顯改變行為……，但改變並不完全、無法持之以恆，且之前的壞習慣之後經常再犯。」[119]一九九八年，美國只有十九％的成年人說自己為了預防愛滋病而改變性行為的習慣。[120]一九九六年，使用多種藥物抑制ＨＩＶ病毒複製並防止感染者出現愛滋病的「雞尾酒療法」（combination antiretroviral therapy）問世，人們的恐懼稍微減輕，但雞尾酒療法最初的治療費用高達每年一萬美元。從目前的整體局勢看來，愛滋威脅還是會持續好一陣子。二〇一七年有一篇論文指出，高風險男性在回答問卷之前最後一次性行為中有使用保險套的比例，竟然還不到一半。[121]最近某項英國研究也指出，公立學校和個人教育仍必須持續教育男同志，避免他們做愛不戴套。[122]非洲的狀況也不大好，教導人婚前禁欲（abstain）、不要劈腿（be faithful）與做愛戴套（condomize）的「ABC教育」成效不彰。根據聯合國的報告，二〇〇〇至二〇一五年間「東非與南非男孩使用保險套的比率從二十一．一%增至二十二．二%，女孩使用的比率從二十一．六%增至三十二．五%」，[123]離防疫成功實在遙遠。不過倒是有一些證據正面顯示，非洲年輕人初嘗禁果的年齡開始增加，而且開始捨棄像是讓寡婦跟亡夫親戚發生性行為來「沖喜」之類的傳統習俗。[124]

由於愛滋沒有疫苗，而且一開始根本也沒有治療方法（療法問世後也很昂貴），所以只能靠人們改變行為來控制疫情。而且因為愛滋會透過性行為傳播，政府不可能時時強制監控，所以唯一能做的就只有傳播正確知識，然後希望人們自己改變。效果如何？過去三十年來人們的性行為當然有改變。心理學家布魯克．威爾斯（Brooke Wells）和珍．圖溫吉（Jean Twenge）的研究顯示，七、八年級生的性伴侶的確比前幾代人少。[125]另一項美國研究也發現，「一九五〇年代出身的男性，是進入現代之後性生活最亂的一群。」[126]除了性伴侶減少，保險套的使用似乎也增加。[127]二〇二〇年一項《社會概況調查》（General Social Survey）發現，二〇〇〇至二〇一八年這段期間二十至二十四歲的年輕人，比一九七〇年代至一九八〇年代出生的長輩更不想從事性行為。過去一年來完全沒有從事性行為的十八至二十四歲男性，在二〇〇〇至二〇〇二年有十九%，到了二〇一六至二〇一八年增加至三十一%。在二十五至三十四歲的年齡層中，不從事性行為的比例也在增高，每週一次以上的比例則下降。

由於下降最多的族群是學生，以及低收入的兼職或無業男性，性生活減少主要可能是經濟造成的。除此之外，「現代生活的壓力與忙碌」、「可能搶走性生活時間的線上娛樂」、年輕人的憂鬱和焦慮比例上升、智慧型手機減少人與人在現實生活中的連結，以及女性不再喜歡跟人「勾搭」，也都可能減少人們的性生活。[128]最新版的英國《性態度和生活方式調查》（National Survey of Sexual Attitudes and Lifestyles）發現英國人的性生活也顯著減少，但原因也幾乎與愛滋病無關。[129]許多已婚或同居的伴侶再次出現「別做愛，我們是英國人」（No sex please, we're British）的思維，而根據《英國醫學期刊》（*The BMJ*）的仔細分析，主因應該是「二〇〇七年iPhone問世與二〇〇八年全球經濟衰退」。[130]值得一提的是，在最新版的《社會概況調查》中，美國自認為是同性戀或雙性戀者並沒有減少性行為的跡象，而且這些人比異性戀者更常保有三位以上的性伴侶。美國的同性戀或雙性戀男性，有超過五分之二表示自己在過去一年中每週至少做愛一次，超過三分之一的人說自己的性伴侶至少有三個以上。[131]

與此同時，HIV繼續存在。這也許不足為奇，但二〇一八年有三萬七千九百六十八名美國人驗出感染HIV，其中六十九％是同性或雙性戀男性。如今美國有一百多萬名HIV陽性，其中略超過一半已經用雞尾酒療法「抑制」病毒成長。[132]不過在諸多性病之中，HIV其實只占一小部分，美國每年有接近二百五十萬性病病例，而且已經連五年攀升，其中最多的是披衣菌，近一百八十萬，其次是淋病，超過五十八萬，然後是梅毒，十一萬五千。梅毒病例裡超過一半都是同性戀與雙性戀男性。[133]這些數據都顯示要改變人類的行為簡直難如登天。即使眼前的疾病很危險，只要不再危及性命，人們就會故態復萌。[134]那些在COVID-19疫情期間，高喊要把口罩變成「新的保險套」的人，大概都不知道推廣保險套有多難。如果SARS二型病毒跟社交生活之間的關係真的就像HIV跟性生活一樣，那麼COVID-19的確診案例在本書成書出版多個月後恐怕仍會持續增加。

芮斯與平克的對賭

要預測近二十年至少會爆發一場瘟疫，其實並沒有很難。劍橋大學天體物理學家馬丁・芮斯（Martin Rees）二〇〇二年就曾公開打賭：「到二〇二〇年為止，至少會有一次生化恐攻或生化危機造成一百萬人以上的傷亡⑧。」[135]哈佛大學心理學家史迪芬・平克（Steven Pinker）在二〇一七年下注對賭，認為物質條件的進步「已經讓人類更能抵抗天災與人禍，傳染病已經不會引起大流行」。[136]平克主張：

> 生物學的進展……讓病原體更難逃過好人的法眼，而且好人現在愈來愈多。好人會研發新的抗生素解決抗藥性問題，也會迅速開發疫苗。看看伊波拉病毒吧，它在二〇一四至二〇一五年引發危機，媒體預測會有數百萬人喪生，但公衛機構努力把死亡人數壓在一萬兩千，然後就在情勢一度崩頹的時候，疫苗出現了。於是伊波拉就像之前的拉薩熱、漢他病毒、SARS、狂牛症、禽流感、豬流感一樣，淪為了「一堆人以為會爆發，卻從來沒有爆發過的大瘟疫」。這些疾病要麼本身就不可能大流行，要麼就是被醫療與公衛措施成功控制住。新聞媒體往往被可得性偏誤和悲觀偏誤影響，把大流行的機率估得太高。所以我願意跟馬丁爵士對賭。[137]

平克心底大概支持流行病轉型論（epidemiological transition），這種理論認為如今我們的壽命之所以主要取決於癌症等慢性病，就是因為生活水準的提高與公衛措施的出現已經戰勝了大部分的傳染病。但芮斯自從二〇〇二年開賭後不久，就已經有愈來愈多人加入他的陣營。從二〇〇五年的著名記者勞莉・加勒特（Laurie Garrett）、[138]小布希總統、[139]參議員比爾・傅利斯（Bill Frist，在波西米亞湖畔會議中提到）、流行病學家麥可・歐斯特洪（Michael Osterholm），[140]二〇〇六年的賴瑞・布里恩，[141]二〇一四年的經濟學家伊恩・戈爾丁（Ian Goldin），[142]二〇一五年的比爾・蓋茲，[143]二〇一八年的禽流感權威羅伯・韋伯斯特（Robert G. Webster）[144]和著名記者艾德・楊（Ed Yong），[145]二〇一九年的英國Youtuber「Thoughty2」[146]與美國作家勞倫斯・萊特（Lawrence Wright），[147]以及英國歷史學家彼德・梵科潘（Peter Frankopan）。[148]要找灰犀牛，COVID-19還真是好例子。

為什麼會這樣？第一個原因我們之前已經講過，莫里斯・希勒曼那一代人想靠疫苗解決一切的方法不僅在愛滋病碰壁，後來也無法開發出肺結核和瘧疾的有效疫苗。[149]其次，許多過去以為絕跡的傳染病現在都捲土重來，例如白喉、鼠疫、霍亂都在二〇一六至二〇一七年把飽受戰火摧殘的葉門搞得更為悽慘。在十九世紀用猩紅熱和產褥熱大殺四方的化膿鏈球菌，近年又重新出現，引發中毒性休克症候群、風濕熱、壞死性筋膜炎等新疾病。猴痘、萊姆病、蜱媒腦炎、登革熱、西尼羅病毒這些人畜

⑧ 作者注：鑑於「傷亡」的標準是「需要住院治療的患者」，芮斯早在二〇二〇年九月全球死亡人數超過一百萬之前就賭贏了。可惜賭金只有四百美元。

共通傳染病也愈來愈普遍。[150]在新興傳染性疾病之中，超過五分之三都是由人畜共通的病原體引起的，其中七十%來自野生動物而非家畜。這表示人類擴增邊際耕地的過程，以及東亞生鮮市場販賣野味的行為，已經讓人類與野生生物過度接觸。[151]第三，跨國航空旅行一直快速增長，醫學的進步很可能趕不上疾病蔓延的速度。[152]用病毒學家史蒂芬·摩斯（Stephen Morse）的話來說，就是人類已經改變了「病毒傳播的規則」。分子生物學家約書亞·萊德伯格（Joshua Lederberg）也認為：「如今人類注定比過去更容易染病。」[153]最後一個原因則是氣候變遷，過去專屬於熱帶的疾病，例如瘧疾和各種引發腹瀉的疾病，現在都可以在熱帶以外開疆擴土。[154]

如果瘟疫已經接二連三來了好幾次，要預測會有下一次實在不難。人們在二〇〇三年前就知道「冠狀病毒」，只是當時它還不算是威脅，HKU1、NL63、OC43、229E等各種冠狀病毒都只會造成輕症。然而，二〇〇二年底深圳市場爆發的SARS疫情改變了一切。[155]SARS並沒有引發大流行，全球只有八千零九十八個案例，其中七百七十四例死亡。但該疫情點出了六項危機：第一，這種新型冠狀病毒的「確診死亡率」（case fatality rate, CFR）很高，接近十%。第二，老年人死亡率更高，六十四歲以上的確診死亡率高達五十二%（感染SARS的人幾乎都會出現症狀，所以確診死亡率幾乎等於感染死亡率）。[156]第三，許多案例都是院內感染，這表示只要照顧病患的過程不夠小心，就可能反而會讓疾病擴散。第四，SARS的「散布因數」（dispersion factor，又譯離散因子）雖然比愛滋病高，但還是相對偏低，這表示有很大一部分的感染都源自少數超級傳播者。二〇〇三年二月二十一日，一名來自廣東省的醫生入住香港京華國際酒店，直接或間接地感染了全球一半的確診病患。新加坡的二百零六名病患中，也有七十%（一百四十四名）源自一條由五個人連起的傳播鏈，五人之中四人是超級傳播者。[157]傑米・羅以德-史密斯（Jamie Lloyd-Smith）等人為此在《自然》期刊上發表一篇重要論文，指出SARS這類散布因數很低的病毒，雖然更難爆發疫情，但萬一爆發的傳播速度卻可能更快，因為這種病毒會由一小撮人傳染給大量的人。西班牙流感的散布因數是一點零，SARS只有零點一六。所以SARS爆發疫情的機率較低，但只要有夠多起超級傳播事件，就有可能在短時間內大量增長。[158]這告訴我們，那些假設整個社會都一模一樣，並用同一個「基本傳染數」（R_0）去推估疫情增長的流行病學模型，很可能會誤判冠狀病毒的疫情發展。

第五項隱憂，則是各國對SARS的反應。[159]當時世界衛生組織在挪威前首相格羅・哈萊姆・布倫特蘭（Gro Harlem Brundtland）的堅定領導下表現良好，旗下由麥可・瑞安（Michael Ryan）創立的全球疫情通報反應機制（Global Outbreak Alert and Response Network）很快就追蹤疫情，布倫特蘭也很快就發布了全球警報。德國病毒學家克勞斯・史托爾（Klaus Stöhr）也有效地讓各國開始合作研究，防止不同國家之間互相競爭。也許當時世界衛生組織唯一的失誤，只有把這種病毒命名為SARS而已，他們忘了這個縮寫跟中國的「特別行政區」（special administrative region）的簡稱SAR只差一個字母，而香港剛好就是一個特別行政區。[160]但雖然世衛本身運作得很好，卻很難從北京那邊迅速獲得真相。布倫特蘭在二〇〇三年四月九日對媒體表示：「疫情在去年十一月至今年三月還處於初期，如果當時中國政府的態度能更為開放，結果會很不一樣。」這類抗議成功讓中國改變態度，中國因此撤換衛生部長張文康，領導階層也變得更合作，後來中國的研究人員和西方一起找到了病毒的根源「蹄鼻蝠」（horseshoe bat）。[161]第六項同時也是最後一項隱憂，則是SARS顯示傳染病會大幅衝擊經濟。[162]那些爆發SARS的東亞國家，外國遊客與相關零售額都急遽減少，經濟損失在二百億至六百億之間。後來在二〇〇五年有一項研究指出，如果感染規模這麼小的疫情都能造成這麼多損失，那要是某個傳染病影響了全球二十五%的人口，全球GDP就會降低三十%。[163]

二〇一二年，另一種冠狀病毒襲擊了沙烏地阿拉伯、約旦、南韓，那就是「中東呼吸症候群」（MERS）。這種疾病也是人畜共通，起源於單峰駱駝。世界各國成功控制了疫情，總共有二千四百九十四個病例，八百五十八人死亡，確診死亡率高達三十四%。患者大多數都是院內感染。散布因數也很低，大約只有零點二五。南韓的一百八十六個病例中，有一百六十六例完全沒有後續傳染，但也有五個超級傳播者把疾病傳染給了一百五十四人。首例患者也把病毒傳染給二十八人，其中三名成為超級傳播者，分別感染了八十四人、二十三人與七人。[164]

SARS和MERS都是致死率高且易於檢測的疾病。SARS的潛伏期為二至七天，從出現症狀到傳染力高峰之間約為五至七天，[165]所以很好管控。二〇一四年爆發的伊波拉疫情也是如此，它跟馬堡病毒、拉薩熱、漢他一樣都是病毒性出血熱，長期以來一直威脅著西非。伊波拉病毒會導致全身小血管破裂，使肺部周圍的胸膜腔，以及心臟周圍的心包腔內出血，同時還會導致皮膚與各種孔洞外出血。大量失血會導致昏迷和死亡，患者彷彿「在床上溶解」。[166]上面所述的各種病毒都很快致死，例如伊波拉的感染死亡率最高可達八十%至九十%，因此一旦感染人類之後很快就無法繼續傳播，所以都需要藏在動物體內。這些病毒之所以可以不斷襲擊，其實跟人類吃野味、在葬禮中清洗屍體等各種習俗有關。根據世界衛生組織的資料，伊波拉疫情在一九七六至二〇〇二年總共爆發二十四次，導致二千三百八十七名病例，其中一千五百九十人死亡。最大規模的爆發出現在二〇一三年十二月的幾內亞偏遠村莊美良度（Meliandou）。該村的幼兒愛彌兒・瓦慕努（Emile Ouamouno）在跟一種當地稱為「會飛的老鼠」（*lolibelo*）（可能是安哥拉無尾蝠）玩耍之後昏倒。愛彌兒在十二月二十六日死亡，祖母兩天之後也跟著染疫過世，然後疾病很快就從該村傳到賴比瑞亞北部的福雅村（Foya），以及幾內亞首都柯那克里。這時候人們就不禁好奇，二〇一四年成功控制SARS的世界衛生組織，為什麼對伊波拉這麼無能？

原因之一是二〇〇八至二〇〇九金融危機之後的預算減少，讓世衛組織裁減了全球疫情通報機制的一百三十名員工。但另一個原因則是多次重大誤判。[167]世衛組織發言人格雷果・哈特爾（Gregory Hartl）那年三月二十三日在推特上說：「沒有任何地方的伊波拉病例超過三位數。」兩天之後仍繼續堅稱「伊波拉都還僅限於地區感染」。[168]到了四月，世衛組織又說伊波拉疫情「正在好轉」，還得到美國疾管中心的背書。但根據無國界醫生的資料，伊波拉在六月時已經「失控」。[169]在世衛擔任專業委員的瑞典卡羅琳斯卡學院（Karolinska Institute）的著名統計學家漢斯・羅斯林（Hans Rosling）當時甚至反對為了「這麼小的問題」而撥出一部分對抗瘧疾的資源來阻止伊波拉。[170]到了那年八月八日，世衛才終於將伊波拉列為「國際關注的突發公共衛生事件」，那時候幾內亞、賴比瑞亞、獅子山都已經陷入無政府狀態，人民在恐慌之下不斷襲擊醫護人員。而美國疾管中心這時也才發布預測，認為如果沒有重大國際干預，伊波拉病例將指數增長，二〇一五年一月將超過一百萬例。[171]事實證明，在二〇一六年三月二十九日緊急狀態終於解除時，伊波拉病例已達二萬八千六百四十六人，其中一萬一千三百二十三例死亡。而伊波拉結束之後，這種從自大自滿淪為徹底恐慌的情節，後來在二〇二〇年又上演了一次。

一九五七至一九五八的亞洲流感，以及二〇一四至二〇一六的伊波拉疫情，兩者之間間隔了半個世紀以上，但音樂家用疫情寫歌的能力似乎倒是千古不變。二〇一四年夏，賴比瑞亞音樂家山謬・摩根（Samuel “Shadow” Morgan）和艾德溫・特維（Edwin “D-12” Tweh）就錄了一首〈伊波拉大軍屠城〉（Ebola in Town）。該曲很快地就從首都蒙羅維亞傳遍全國，每位記者也都不避諱地說這首病毒之歌就像真正的病毒一樣蔓延開來。歌曲是這麼唱的：[172]

伊波拉大軍來屠城，
千萬不要去找朋友！
什麼東西都不要碰，
什麼東西都不要吃，
每個東西都很危險！

後來一群舞者用這首歌編了一場舞蹈，舞者隔得遠遠地彼此接吻擁抱。在二〇一四年聽到這首歌的人，大概都會覺得世界進步的速度，實在比史普尼克升空那年期望的緩慢太多。

第八章

Chapter 8

災難盛放形如雪花

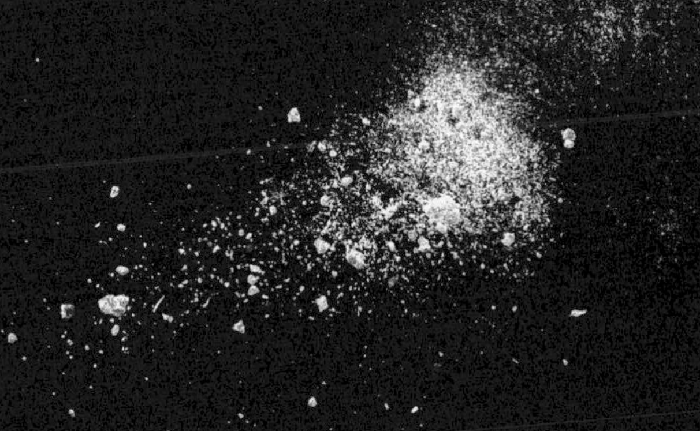

她騎著馬逃出我的禁錮，因而丟了性命。
如果不是我，她也不會有那匹馬……。

——普魯斯特，《追憶似水年華》

意外的劇變

災難的形狀就像自我相似的雪花①，雪花的每一個角落都是由好幾個與整片雪花形狀相同的小元件組合而成。即便是帝國殞落這種巨大事件，也是像俄羅斯娃娃一樣，一個又一個類似的災難層層套疊，每個較小的災難都是整體的縮影。本書到目前為止都在討論大型災難的共同特徵，但規模較小的災難也能給我們教訓，無論死的是幾十幾百人，還是幾千幾萬人，災難的結構都相似。托爾斯泰的名言說，幸福的家庭都彼此相似。災難也是一樣，差別只在它們的規模差異比家庭大很多。

所謂的意外，都總有一天會發生。司空見慣的小錯，有時候會引爆巨大的悲劇。打從人類用木頭等易燃材料打造大型建築以來，火災就連綿不斷。一六六六年倫敦發生大火，二〇一七年格蘭菲塔大樓（Grenfell Tower）也不幸燒了起來。打從人類在地下開採金、銀、鉛、煤以來，礦災也不斷發生。一九〇六年的庫里耶爾礦難（Courrières mine disaster）造成一千多名法國礦工罹難，一九四二年滿洲國的本溪湖煤礦爆炸則害死了一千五百名礦工，大部分都是中國人。自從人類開始製造炸藥和有毒化學物質以來，爆炸和外洩就時有所聞。一六二六年北京王恭廠火藥大爆炸，一九八四年美國的聯合碳化物公司（Union Carbide）在印度博帕爾的廠房發生劇毒氣體外洩。從人類開始航海以來，沉船司空見慣，一九一二年害死一千五百零四名旅客與船員的鐵達尼號舉世難忘。但其他狀況比鐵達尼號更糟的海難卻相對無人聞問，例如一八六五年密西西比河的蘇丹娜號（Sultana）也使一千多名乘客溺斃，或是一九四八年在上海附近沉沒的江亞輪造成二千七百五十至三千九百二十人喪生，更不要提一九八七年在菲律賓馬林杜克省沉沒的帕茲女士號（MV Doña Paz）帶走四千條以上的性命。

科技愈進步，災難的威力似乎也變得愈大。火車會相撞、飛機會墜毀、太空船會爆炸。正如之前所言，打從一九五〇年代以來，核電廠就成了一種全新的風險。照理來說，那些擁有金融市場、法治、代議政府、稱職的官僚體系，以及媒體自由的社會，交通和能源應該都會變得愈來愈安全。無論是公立機構還是私人公司，都會因為保險、訴訟、公開質詢、法規、調查報告，當然還有彼此之間的競爭而採取有效的安全措施，所以意外應該愈來愈少才對。商務旅行的蓬勃發展，讓每年的飛機事故的亡魂從一九五〇年代中期的七百五十人增加到一九七〇年代中期接近二千人，但進入一九八〇年代後，五年平均值就降到大約一千二百五十人，二〇一六年更跌破五百人。[1] 因為從一九七七年以來，飛安一直持續改善，一九七七年的航班事故率是百萬分之四，二〇一七年已經降至百萬分之零點三。[2]

儘管如此，災難還是偶爾會來，而且災難愈罕見，我們就愈容易把它們當成特例。賽巴斯提安・鍾格（Sebastian Junger）的暢銷書《超完美風暴》（*The Perfect Storm*）就是很好的例子。自從該書出版以來，人們就很愛用它的書名來形容各種災難。[3] 沒錯，《超完美風暴》中的安德利亞號確實令人同情，這艘二十一公尺長的漁船一九九一年從麻州格洛斯特出海之後，於十月二十八日至十一月四日間在加拿大塞布爾島東方二百五十九公里處捕旗魚時遇上所謂的「東北風暴」（nor' easter）而沉沒。但這場

①編注：此處原文為「碎形幾何」（fractal geometry）。所謂「碎形」，指的就是可被分割的幾何形狀，且每一個小部分就像是原先整體的縮小版，具有自我相似性。

悲劇究竟是船長比利・泰恩（Frank W. "Billy" Tyne Jr.）的誤判害死了船員，還是所有人在風暴之下無能為力？時任美國國家氣象局波士頓預報站副座的氣象學家鮑柏・凱斯（Bob Case）對《超完美風暴》的作者說，當時有一個來自加拿大北部的冷高壓，十月二十七日於新英格蘭外海形成鋒面，鋒面後方的冷空氣與前鋒的暖空氣在狹窄的區域內出現強烈溫差，造成溫帶氣旋，也就是新英格蘭人口中會從麻州東北方襲擊而來的「東北風暴」。此外，由於格雷斯颶風（Hurricane Grace）剛經過不久，空氣異常潮濕。最後的結果就是鍾格筆下所寫的「超過三十公尺高的巨浪」。但歷史上還有其他「東北風暴」比一九九一年的這場更大，一九六二年的哥倫布紀念日風暴（Columbus Day Storm）和一九九三年的「超級風暴」（Superstorm）海象都更糟。[4]安德利亞號最後出現地點附近的氣象浮標顯示，當時最高的浪超過二十公尺，雖然很高，但沒有破紀錄。所以安德利亞號之所以會沉沒，似乎更該歸咎於泰恩船長在惡劣天氣下執意出海。新英格蘭的東北風暴，跟佛羅里達的颶風一樣都不是什麼黑天鵝，每年都會發生。當地漁民看到惡劣的天氣預報，通常就不會開船。

心理學家詹姆斯・瑞森（James Reason）把人為失誤分為兩種：顯性失誤與隱性失誤。通常我們說的「人禍」都是「人類直接接觸」犯下的顯性失誤，犯下顯性失誤的人都像安德利亞號的船長那樣，位於執行前線。[5]而我們還可以根據犯錯的原因，把顯性失誤進一步分為技能不足、規則錯誤與知識不夠三種。[6]至於隱性失誤，則是「技術或組織無法及時反應，例如無法及時重新分配支援、調整人員執掌與配置」所造成的，犯下錯誤的人通常位於決策後方，例如船隻的主人或經理。[7]那麼著名的鐵達尼號災難呢？這艘船的沉沒和大量死傷又是顯性失誤還是隱性失誤造成的？答案是兩者皆有。

鐵達尼號

鐵達尼號在一九一二年四月十五日撞上冰山，但冰山不是罪魁禍首，該海域每年那個時候都會有冰山。那天晚上沒有霧，沒有月光，天氣相當晴朗。船長愛德華．史密斯（Edward Smith）經驗老到，但不是沒有過前科：鐵達尼號首航七個月前，他就指揮姊妹艦奧林匹亞號（RMS Olympic）撞上了英國巡洋艦霍克號（HMS Hawke）。而在指揮鐵達尼號時，有人也警告過前方有冰山群，史密斯卻沒有減速。他甚至不是像很多人所以為的那樣，是迫於鐵達尼號母公司白星航運公司（White Star Line）的壓力去挑戰航向紐約的最快紀錄，因為鐵達尼號即使全速行駛，也比冠達郵輪旗下的茅利塔尼亞號（Mauretania）在一九〇七年創下的二十三點七節紀錄更慢，而且鐵達尼號在撞上冰山前的平均速度根本只有十八節。除了船長以外，還有好幾個人都該負責。據說無線電報員傑克．菲利浦（Jack Phillips）當時忙於幫瑪德琳．阿斯特（Madeleine Astor）這類有錢乘客傳送個人通訊，而疏於傳送冰山的警訊。儘管瞭望員弗雷德．弗里特（Fred Fleet）在看見四百五十公尺外的冰山時立刻發出警告，但若他是用雙筒望遠鏡的話，就可以在九百公尺外看見了，可惜當時雙筒望遠鏡被鎖在別的地方。鐵達尼號在撞船之前正由大副威廉．梅鐸（William Murdoch）指揮，但他最多只有三十七秒，甚至可能只有一半的時間處理危機。[8]他一聽到「正前方有冰山」的警告（或自己看到冰山），就下令舵手右滿舵，並要引擎室停止渦輪運轉。這些指示不算錯誤，卻可能帶來了意料之外的悲劇，如果梅鐸大副下令全速前進，繞過冰山或直接正面往冰山撞過去，鐵達尼號右舷與冰山碰撞的時間就會更短。

這幾個男人在幾秒鐘內的顯性失誤，讓鐵達尼號無法像前一艘姊妹艦奧林匹亞號那樣，安然地被後人遺忘②。但鐵達尼號為什麼下沉得這麼快？為什麼遇難人數高達全船三分之二？答案就得從兩個隱性失誤去找了。

首先，三艘奧林匹亞級的郵輪都有十五個水密艙，艙壁都有電動水密門，這些門既可以單獨開關，也可以從艦橋上統一操作。船身破洞時，駕駛室的船員只要用開關遙控艙門，就可以把水擋在艙內。《船匠》（*The Shipbuilder*）雜誌也正是因為這個設計，而說鐵達尼號「根本不可能沉沒」。[9]但這些水密艙有個缺點：每間隔艙雖然都不會透水，但艙與艙之間的牆只比吃水線高幾十公分，所以船身一旦傾斜，水就會從其中一個艙流到隔壁的艙。[10]鐵達尼號撞冰山時，負責設計的造船工程師湯瑪斯・安德魯斯（Thomas Andrews）也在船上，他跟史密斯船長一起檢查受損情況時，立刻就發現自己設計失誤，並認為船將在一個半小時內沉沒。[11]不過鐵達尼號其實拖了更久，它在晚上十一點四十分撞上冰山，到了隔天二點二十分才沉沒，而且比姊妹艦不列顛號（RMS Britannic）的沉船速度更慢。不列顛號一九一六年在愛琴海撞上德國水雷之後，五十五分鐘就沒入水中。

鐵達尼號沉沒時，船長史密斯、無線電報員菲利浦、大副梅鐸、工程師安德魯斯全都一起葬身大海。但如果當時有更多救生艇，也許就能救下更多的人。當時全船只有十六艘救生艇與四艘「摺疊式」小艇，總共只能搭載一千一百七十八人，大約是乘客與船員總數的一半。這項失誤的原因之一，是同業公會用船舶的噸位而非搭載人數來規定救生艇的數量，當時已經有人建議要修改規章，但因為此舉會提高成本而未獲船東同意。如果之前真的修改了規章，設計師就會讓鐵達尼號多掛載一倍的吊艇。

但白星航運董事長兼總經理布魯斯・伊斯梅（J. Bruce Ismay）認為，救生艇數量一旦增加，頭等艙的起居甲板就得縮小，所以決定不要增加。鐵達尼號首航時伊斯梅也在船上，出事後倖存下來，被媒體貶為懦夫，之後大部分時間都隱居在愛爾蘭高威郡的科斯特洛森林（Cotteslo Lodge），在建築師埃德溫・魯琴斯（Edwin Lutyens）幫他設計的房子裡俯瞰大西洋。伊斯梅的孫女回憶道：「他在幾小時之後就發現自己的倖存是個不幸，或者說是個錯誤。他和妻子從此避談此事，並且要求整個家族對此禁聲，希望讓鐵達尼號的相關話題和打撈上來的罹難者遺體一樣就此冰封。」[12]

不過到了一九一三年，一位匿名的「大西洋客船上的組員」幫伊斯梅辯護，認為救生艇即使增加，狀況也未必比較好，而且如果增加的還是橡皮艇或折疊式救生艇這類廉價小艇，也沒辦法起到多大作用。首先，船上的撤離空間不足，救生艇愈多，逃生速度反而可能愈慢。其次，船上組員既沒有受過釋放救生艇的良好訓練，也不夠瞭解如何讓救生艇一直浮在水上。第三，「如果救生艇上的人數跟當時的法律規定一樣多，那麼除非所有人都處變不驚，否則救生艇也注定要沉。」鐵達尼號當時之所以能吸引夠多乘客，就是因為船上服務極為奢華，但船員大都不夠專業，「合格」組員只占一小部分。「這種隊伍能救出幾百條性命，其實已經是神蹟。」[13] 鐵達尼號船難的奇蹟之處還不止於此。在一八五二至二〇一一年間總共十九次造成重大傷亡的沉船事件中，罕有像鐵達尼號一樣出現女性和兒童倖存率

② 編注：奧林匹亞號不僅曾在一九一一年撞上英國巡洋艦霍克號，還在一次大戰中撞沉了一艘德國潛艇。一九三四年，老舊的奧林匹亞號再度撞沉一艘美國燈塔船。三度撞擊皆倖免於難，奧林匹亞號於一九三五年除役。

明顯高於男性乘客和組員的情況。[14]真正貫徹「女性與兒童優先」原則的災難，在歷史上其實並不多見。

運輸業的災難通常都有類似的成因：天候不佳、顯性失誤與隱性失誤。一九三七年五月六日，二百三十七公尺長的德國載客飛船興登堡號（Hindenburg）在紐澤西州萊克赫斯特起火。興登堡號的機組人員只有六十一名，乘客只有三十六位，事故死傷當然比鐵達尼號少很多。此外跟鐵達尼號比起來，氣候對興登堡號的影響也更大。當時強勁的逆風拖慢了興登堡號飛越大西洋的速度，它抵達萊克赫斯特時，天上已經出現閃電。這時候飛船後方的氫氣囊可能因為被綳斷的纜線割破（氣囊的膜是由兩層

圖表14：1937年5月6日，興登堡號即將著陸在紐澤西州萊克赫斯特的繫留柱上時起火。

厚棉布夾著一層塑膠布構成的，需要很大的力才能弄破），導致氫氣外洩，又剛好碰上了靜電火花。於是整艘船就在離地大約九十公尺的空中開始起火，短短三十四秒內完全焚毀。

事後，興登堡號船長馬克斯．普魯斯（Max Pruss）聲稱起火是刻意破壞造成的，但現在人們普遍認為這件事應該怪他。他當時沒有選擇較常用且風險也較低的「低尾著陸」方法慢慢讓飛船降到繫留柱旁邊，而是選擇「高尾著陸」方法，把繩子扔到地上讓地勤人員把飛船往下拉。[15]決策過程似乎也很倉促。當時興登堡號已經遲到了十二個小時，而且預定要在降落的隔天載著幾位重要人物飛回英國參加喬治六世的加冕典禮。當時也在駕駛艙內的齊柏林公司（Zeppelin Company）營運總監恩斯特．萊曼（Ernst Lehmann），似乎催著普魯斯快點降落。[16]但萊曼和普魯斯都沒注意到，纜繩剛拋下去就被雨水浸濕，把飛船金屬骨架上的電荷傳到了地面，讓飛船骨架本身的電壓瞬間降為零。但由於包在飛船外面的布料不易導電，這時候依然有電荷，於是布層和金屬骨架之間就產生了致命的火花。氫氣之所以會洩漏，則是因為飛船結構的某處折斷，船長普魯斯可能在強風之下被迫向左急轉彎，然後在降落時為了要對齊地上的繫留柱，又很快地向右急轉彎，可能就這樣折斷了支撐骨架用的拉索，在氣囊上割出一道裂口。[17]值得一提的是，雖然如今我們知道興登堡事故是由普魯斯和萊曼兩人所造成，但當年本身也是老牌飛艇駕駛的齊柏林公司董事長雨果．埃克納（Hugo Eckener）就已經指出，飛船根本就不該在雷雨中用「高尾著陸」的方法降落。

飛機撞過來了！

飛艇業在興登堡事故後損失慘重，即便普魯斯於戰後努力復興也無力回天，蒼穹變成了飛機的天下。正如之前所言，飛機在一九七〇年代之後愈來愈安全。歷史上最嚴重的飛機事故，是一九七七年兩架波音七四七的互撞。當時從阿姆斯特丹起飛的荷蘭皇家航空公司四八〇五號班機，在西班牙屬北非外海特內里費島（Tenerife）的洛斯羅迪歐機場（Los Rodeos Airport）跑道上，撞上從洛杉磯起飛且中途停留過紐約的泛美航空一七三六號班機。事故總死亡數達五百八十三人，荷航機上全數罹難，泛美的正副駕駛與其他五十九人則幸運活下來。這兩架航班原本都不會來到那座機場，原本都要航向大加那利島上的拉斯帕爾馬斯（Las Palmas de Gran Canaria），是因為加那利島獨立運動在機場放了炸彈，才被迫飛到洛斯羅迪歐。洛斯羅迪歐是一個非常小的地區機場，本身的設計既不能停泊波音七四七這種大型飛機，也無法容納大量飛機。當天改道的大量飛機一落地，很快就塞滿機場。靜止的飛機被迫停在機場的主滑行道上，要起飛的飛機則只能先在跑道上滑行，然後在離地之前一百八十度大轉彎。此外，主滑行道和跑道之間由四條獨立的滑行道相連，但滑行道都是為小型飛機設計的，巨大的七四七在此很難轉彎，而且滑行道的入口並沒有明確標示。拉斯帕爾瑪斯機場重新開放之後，荷航與泛美都打算啟程。兩機先後進入跑道開始滑行，荷航的班機先走，滑到盡頭之後在原跑道上來個一百八十度大轉彎，接著加速準備起飛，但泛美的飛機卻還在同一條跑道上，於是兩架飛機就這樣撞在一起。[18]

這場悲劇也跟天氣有關，但天氣依然不是主因。洛斯羅迪歐機場海拔六百三十三公尺，有時候會被低空雲層籠罩，飛機在地上等候時剛好遇到濃霧，能見度降至三百公尺左右，遠低於起飛門檻七百公尺。此外，該機場的飛航管制塔臺既沒有地面雷達，濃霧又讓兩名操作員看不見飛機。但在這種狀態下，荷航依然在加滿油之後發動引擎上了跑道，汎美班機也在地勤的指揮下跟進。下午五點零二分，兩架飛機就在看不見彼此的狀況下，以每小時十六公里的速度移動。航空公司駕駛員協會國際聯盟（Air Line Pilots Association report）報告指出，汎美飛機滑向跑道時，能見度約為五百公尺，進入跑道後，卻驟降至不足一百公尺。更慘的是，跑道上的中心線燈竟然在這時候故障了。只有跑道另一頭的荷航飛機，依然能維持著一千公尺的能見度。[19]

這場災難跟三個「前線」的顯性失誤有關。第一個失誤，是飛航管制員被足球賽廣播分散了注意力，沒有好好引導。第二個失誤，是泛美機組聽不懂塔臺人員口中的「從左邊第三個滑行道」進入跑道是什麼意思，這個詞可能是指C3滑行道，但也可能是指從第一個滑行道數來第三個的C4滑行道。但滑行道上根本就沒有標示，而如果走進C3，就需要轉一個非常大的彎才能滑入跑道，所以聽起來從斜角四十五度滑入C4跑道比較合理。所以汎美一七三六班機的機組人員，就這樣一邊納悶一邊捨棄了C3並進入C4跑道。而荷航四八〇五班機則在下午五點零五分來到該跑道的盡頭，為了起飛而開始掉頭衝向汎美班機。兩架飛機都完全不知道對方就在短短八百公尺外。

但最關鍵的錯誤還是來自荷航的機長。機長雅各・范・贊藤（Jacob Veldhuyzen van Zanten）過於急躁，他不想在島上過夜，也知道飛機的油料足以飛回阿姆斯特丹，於是一排好隊就開始加快油門進行「起轉」，檢查引擎是否可以起飛。驚訝的副駕駛提醒「地勤還沒有給我們航管淨空許可」，范．贊藤卻只回答道：「我知道，去跟他們要吧。」於是副駕駛就問了塔臺，塔臺說可以照著原訂路線飛行，但並不表示已經可以起飛。奇怪的是，范．贊藤一聽到許可就直接說「我們要起飛了」，然後開始上路，副駕駛可能是因為不想再跟機長覆核而什麼話也沒說。這時候飛航管制員問汎美班機是否已經離開跑道，汎美說自己還在跑道上，於是飛航管制員就對范．贊藤說：「稍候，等待通知。」這時范．贊藤機長回以「我們要起飛了」並且準備加速，但這話是跟機組人員說的，沒有傳到無線電裡面，飛航管制員根本就沒有聽到。另一邊的狀況也一樣，汎美的機組人員呼叫塔臺說他們還在跑道上，但呼叫的時間剛好跟前者重疊，致使飛航管制員沒有聽到。於是管制員就在荷航開始起飛時，告訴汎美的機組員說跑道已經淨空。荷航的飛航工程師聽到這項通訊，忍不住問范．贊藤：「汎美該不會還在跑道上吧？」但范．贊藤根本沒聽進去，只回了「嗯，嗯」，然後繼續加速。下午五點零六分，汎美機長維多．格拉布（Victor Grubbs）看到荷航飛機往自己衝過來，一邊驚叫：「天殺的，那個狗娘養的怎麼往我這邊撞！」一邊打開油門試圖避開。范．贊藤這時候也終於看到泛美班機，於是試圖抬升飛機以避免相撞，但這不僅為時已晚，反而還讓飛機迅速向後傾斜，機尾直接撞上跑道。最後，載滿五十五噸燃料的荷航四八〇五號班機就這樣往汎美一七三六的側邊撲過去，把汎美機身上方整片扯爛。荷航原本以時速二百五十六公里運轉的一號引擎，在碰撞過程中掉落下來，整架飛機升空三十公尺後，墜落在跑道上，大量的燃油幾乎立刻爆炸，機上無人生還。汎美也因此著火，但狀況沒那麼慘，時間足以讓一些乘客逃出生天。

有人說范・贊藤機長可能出現了「科技性疲乏」（technological fatigue）或「變成封閉機械迴路的一部分」，也就是說他已經「深深嵌入了緊密的機械世界之中無法自拔，思考方式脫離了人類現實，變成機械的延伸」。[20]另一種心理學理論則認為，范・贊藤是荷蘭皇家航空公司機師培訓部的負責人，太習慣用模擬訓練的方式想事情，離現實的客運航班太遠，所以壓力一來就會跟很多人一樣「掉回自己習慣的做事方式」——而在模擬訓練中的做事方式，正是機師自己兼任塔臺，想什麼時候起飛就什麼時候起飛。但范・贊藤的心理漏洞到底為何，其實並非事件的關鍵。因為這場悲劇發生的原因，除了上述三個前線錯誤以外，還要再加上兩個系統設計缺陷。首先，當代的駕駛員一定要跟座艙裡的同僚取得共識才能起飛，但在一九七七年尚無這套準則。其次，荷蘭在出事前一年頒布了《機組人員工作與休息條例》（Work and Rest Regulations for Flight Crews），飛行時間、罰款、禁止事項都寫得非常清楚，如果飛行員超過每月飛行時數上限，最嚴重可能會被吊照。[21]而這場事故剛好就發生在月底，跟該月的飛行總時數息息相關。所以一項為了防止飛行員疲勞駕駛的規定，最後反而讓飛行員在這種情況下更容易犯下失誤。

有一份報告對特內里費島跑道事故的分析滿有「完美風暴」的味道，稱這種事件是在「十一項彼此獨立的巧合和失誤，大部分都是小失誤……，同時精準無誤地發生」時才會出現。[22]另一項系統性的分析報告則認為，只要條件類似，這次事故中的四個問題就可能再次發生。問題一：「好幾個彼此依賴的系統之間或系統內部不可或缺的重要程序，忽然遭到中斷。」問題二：危機發生時「各個系統變得更加依賴彼此。」問題三：「下意識的自主神經刺激降低了認知能力。」問題四：「日益階層分明的通訊方式，使通訊更不精確。」這些機制加總起來，就「變成了一個正回饋循環，讓錯誤的數量倍增、快速擴散，將小錯誤變成了大問題」。[23]不過大霧之中兩架飛機與一個控制塔臺的故事，也許沒有這些說法說得那麼複雜。也許特內里費島空難悲劇的真正關鍵只是反應時間太短。荷航的飛機進入跑道之後，短短七分三十九秒就撞上了汎美。汎美的飛機進入跑道之後，也在短短四分四十一秒後就發生事故。

費曼定律

不到九年之後，挑戰者號太空梭於一九八六年一月二十八日在佛羅里達州卡納維爾角上空爆炸。這場災難發生得更快，從發射到太空梭解體只花了七十三秒多一點。挑戰者號雖然只有七人死亡，卻成了美國史上最有名的空難之一，知名度遠超過死亡人數更多的特內里費島飛機相撞。成名的原因之一是，其中一名太空人克里斯塔・麥考利芙（Christa McAuliffe）是新罕布夏州康科德的高中老師，吸引了媒體的注意。媒體的報導讓這場壯觀的爆炸以現場直播的方式放送到大約十七％美國人的眼前，也讓八十五％的美國人在災難發生後一小時內就聽到消息。

挑戰者號和本章其他災難的關鍵差異，就是災難完全是隱性失誤造成的，全體罹難的機組人員沒有任何責任。挑戰者號為什麼會爆炸？事件發生兩個月後，就有新聞寫到白宮一直在施壓航太總署，試圖確保挑戰者號在雷根總統發表國情咨文之前發射（國情咨文原本預計在當天幾小時後發表）。[24]這似乎顯示華府記者無論看到什麼事情，都會想把責任扔到總統辦公室頭上。但事實卻是白宮根本沒打算在國情咨文中提到挑戰者號。曾有一份演講草稿提及麥考利芙，卻在送到雷根桌上之前就被捨棄。要說這樣的政府施壓挑戰者號趕工，實在過於荒謬。那麼氣候呢？發射當天佛羅里達出現「百年一見的寒冷」，最低可能低於攝氏零下七點七度，發射時間預報的氣溫為零下一點六至零下三點三度之間，實際溫度則略高一點。但異常的寒冷也不是主因。[25]

還有一些人說，挑戰者號的爆炸是因為負責團隊陷入「群體迷思」（groupthink）。這是耶魯大學心理學家歐文．詹尼斯（Irving L. Janis）一九七二年發明的詞彙，意指「當人們深度參與一個高度凝聚力的小團體時，為了凝聚共識而難以務實地評估其他方案的思維模式」。詹尼斯教授在挑戰者意外發生後，認為航太總署被群體迷思困住了，[26]但事後的資料顯示並非如此。

這場災難，可以追溯到發射固態火箭推進器裡面的一個原始設計缺陷。得標的莫頓賽奧科公司（Morton Thiokol）根據泰坦三號火箭的設計，來製造挑戰者號的火箭推進器。那兩根長得像大圓柱的火箭，是先分成好幾節製造然後再接起來的，連接處先用一種用氟化橡膠做的O形環封起來，保持柔韌和密封，然後再填上油灰提供進一步保護。不過為了簡化製造過程與降低成本，莫頓賽奧科公司稍微修改了泰坦三號的設計。打從測試之初，甚至開始試飛太空梭時，莫頓賽奧科公司與航太總署的工程師就都發現灼熱的燃料氣體會穿過油灰，進入接縫，燒掉O形環。[27]例如在一九八五年一月二十四日發射太空梭時，兩個接縫處的主O形環就被燃料「吹穿」而失效，倖存的次O形環也被燒壞。事實上，在挑戰者號發射前的二十四次發射中，就有七次出過問題（雖然其中兩次與O形環無關）。在一九八五年的發射中，主O形環的受損幅度更大，讓莫頓賽奧科公司的工程師羅傑・波薛力（Roger Boisjoly）不禁懷疑O形環很可能會在冷天氣裡降低彈性。[28]他在備忘錄中警告：「如果實地安裝的接縫處也發生相同狀況，就有可能成為整體安全的關鍵……。萬一接縫故障了，就會引發最嚴重的災難：害死人。」[29]莫頓賽奧科公司的管理階層在一九八六年一月接受工程師的這項建議，並轉告航太總署，[30]同時建議氣溫一旦低於攝氏十一點六度（前一年試射時最低的溫度）就不要發射。但最後航太總署依然發射了挑戰者號，波薛力所警告的災難也果然發生。

挑戰者號事故隔天，莫頓賽奧科公司的太空梭固體燃料火箭發發動機計畫主任艾倫・麥唐納（Allan "Al" McDonald）來到阿拉巴馬州亨次維市③，加入事故檢討小組。麥唐納原本認為原因是引擎故障或者燃料箱的結構問題，但他在亨次維市看到紀錄影片之後改變了想法。他發現「發射時有個O形環失效。在火焰逸出引發爆炸之前，氧化鋁很快地封住了失效造成的縫隙，但在發射三十七秒後，強力的風切破壞了封口，造成了大

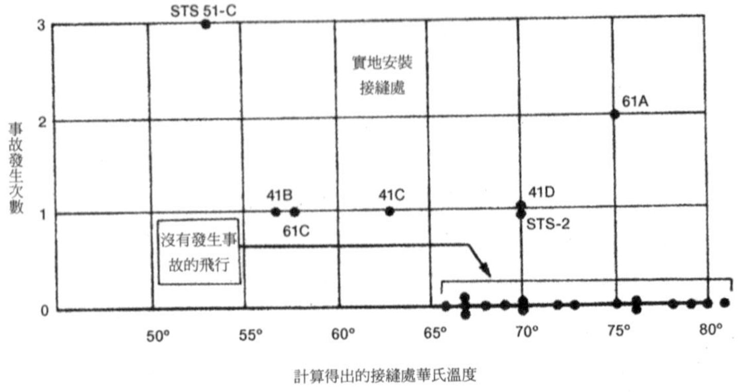

圖表15：太空梭O形環故障與發射時溫度的相關性。

爆裂」。[31]後來麥唐納出席前國務卿威廉．羅傑斯（William P. Rogers）主持的災難調查總統委員會（又稱羅傑斯委員會）首次聽證會，拋出「我們建議過不要發射火箭」這句重話。但事情的真相，後來卻被一個看似無關的人物找到：加州理工學院物理學家理察．費曼（Richard Feynman）。費曼在空軍上將唐納．庫提納（Donald Kutyna）和航太總署太空人莎莉．萊德（Sally Ride）④的協助下，確定失事的原因是O形環失效，更準確地說是O形環在低溫下無法保持密封。而且航太總署內部早就警告過要注意這種危機。[32]

根據費曼的描述，他在羅傑斯委員會裡面的調查簡直就是學者版的《華府風雲》（*Mr. Smith Goes to Washington*）。[33]費曼認為事故的發生，是航太總署那些把工程師的話當耳邊風的中階官僚造成的。「如果O形環的密封處會裂開，航太總署就會認知到問題有多大。但密封處在很多次飛行中只裂過幾次，而且都只裂其中一小部分。這於是讓他們產生了一種奇妙的觀點：如果在所有密封處裡面只有一處裂開一點點，而且飛行又沒出問題，那就表示這裂縫無關痛癢。這種想法根本就是在玩俄羅斯輪盤。」[34]費曼調查得愈深，就發現問題愈大：整個航太總署都聽從由上而下的指揮，即使書本寫錯也照本宣科地按書辦事，更有無視他人警告災難可能性的糟糕習慣。費曼認為，挑戰者號失事的核心，就是過去有人警告這種災難的發生率高達百分之一的時候，卻不被航太總署的管理人員接受：

③ 編注：美國航太總署的馬歇爾太空飛行中心所在地。
④ 作者注：費曼、庫提納將軍與萊德皆為羅傑斯委員會成員。

甘迺迪太空中心的安全主管路易斯．烏良（Louis Ullian）先生在決定要不要在太空梭上安裝自毀裝置時……

無人火箭都裝有這些炸彈。烏良先生說，在他經手過的一百二十七個火箭中，有五個故障過，機率大約為四％，不過載人火箭比無人火箭更安全，所以這四％要再除以四，得出故障率大約為一％。但這數字仍然很大，表示自毀裝置仍有安裝的必要。

但航太總署卻跟烏良先生說，故障率只有十的負五次方。

我聽了有點不可置信，「十的負五次方？」

「對，十萬分之一。」

「如果這是真的，即使你每天都發射一次太空梭，平均也要三百年才會出一次事故！這實在太扯了！」

「我知道，」烏良先生說，「所以我在回覆航太總署時，都把數字說成千分之一。」……但航太總署還是堅持機率為十萬分之一，雙方繼續各執一詞。

烏良先生還說，他一直想警告負責該計畫的金斯伯里（James Kingsbury）先生，航太總署卻百般阻撓，只讓他去見金斯伯里先生的屬下，從來不讓他當面質問金斯伯里這十萬分之一的數字到底怎麼來的。[35]

費曼還寫到，航太總署的工程師和管理人員的看法落差並非僅止於此，在其他地方也一樣差異甚大。例如雙方對於引擎故障機率的歧見，「就讓我覺得跟裂縫的問題一模一樣：管理階層降低標準，允許愈來愈多不存在於原本設計中的錯誤。工程師卻只能在下面狂喊『救命啊！』與『紅色警戒！』」[36]

費曼的調查結果，跟法律人出身的世故華府建制派化身羅傑．威廉斯相左。因此費曼最後堅持把自己的發現放在報告附錄，並在其中嚴厲批評航太總署管理階層在證據顯示O形環「顯然有問題」時仍繼續「玩俄羅斯輪盤」：

當局用細微巧妙甚至很多時候乍看之下符合邏輯的方式，去修改了標準，藉此及時通過飛行認證。所以其實飛行風險比乍看之下更高。故障率很難估計得更準確，但約為百分之一。

但管理階層卻聲稱故障率比這還低一千倍。他們之所以會這樣說，原因可能是要維護航太總署的完美形象，藉此爭取資金，但也可能是因為他們真的相信故障率這麼低。也就是說他們和前線工程師之間的溝通，少到令人難以置信……

但如果想打造有用的科技，現實就比公關形象更重要，因為老天爺是無法唬弄的。[37]

費曼後來在回憶錄裡的批評更是不留情面：「我沒想到竟然有很多問題都跟航太總署的大人物有關。我們每次去問更高階的管理階層，就會聽到他們說自己對底下的問題一無所知……，這表示他們要麼不知道自己應該知道的事情，要麼就是刻意在騙我們。」[38]費曼由此推斷，航太總署管理層在不斷扭曲任務目標的過程中，幫自己挖了墳墓：

> 登月計畫一結束，航太總署裡面就多出了一整批員工……，你不會想在大功告成之後，就把大家踢出門回家吃自己，可是你該怎麼辦？
>
> 你想出了一個只有航太總署能做的計畫，去說服國會。你開始吹噓用太空梭來探索有多經濟，一架太空梭能飛多少次，這種探索方式有多安全，以及可以做出多重要的科學發現。「只要花這麼少錢，就可以造一架太空梭飛這麼多次喔。我們連月球都上得去，這種事**當然**辦得到！」
>
> 但底下的工程師呢？我猜他們會說：「不行，不行！沒辦法飛那麼多次。」……唔，那些去遊說國會的人既不想聽見這些抗議，而且也寧可不聽，畢竟如果真的沒聽見過，他們就可以更「誠實」，就不必在國會議員前說謊了！所以沒過多久，這些人就開始改變態度，不再喜歡下面傳來的消息。當下面的人說「裂縫有問題，要修完才能再飛」的時候，他們把聲音壓下來。[39]

航太總署的領導階層的確一直被迫擴張太空梭計畫，最後計畫每年發射二十四次，[40]但除了航太總署以外，莫頓賽奧科公司的工程師與管理階層的方向也同樣差很多。例如航太總署的計畫負責人勞倫斯．穆洛伊（Lawrence Mulloy）在悲劇發生前一天的電話會議上，就問過莫頓賽奧科公司火箭推進器團隊的副座喬伊．基爾明斯特（Joe Kilminster）是否適合發射：

基爾明斯特說，根據團隊裡工程師的評估，他不建議發射太空梭。這時候，穆洛伊就開始根據自己的判斷，說對方工程師的資料不夠有說服力。他說我們已經看過了發動機在不同溫度狀態下的漏氣數據，如果要證明溫度真的會影響密封程度，請拿更多的量化數據出來。

麥唐納覺得這很詭異，因為通常航太總署都是「叫我們證明發射夠安全……，但不知何故，這次他們卻叫我們用數字證明這場發射一定會出問題。我們手上可沒這種資料」。麥唐納回憶，當時穆洛伊不客氣地說：「好吧，你們到底想把發射拖到什麼時候？明年四月嗎？……不要到了發射前一天才修改標準好嗎？」莫頓賽奧科的總經理傑瑞．梅森（Jerry Mason）這時候也跑來幫腔：「該不會這裡只有我同意按照原訂時程發射吧？」在場的人中，只有羅傑．波薛力和亞尼．湯普森（Arnie Thompson）兩位工程師願意開口。湯普森「走到上司桌前，拿出兩方聯合設計的藍圖與相關資料」證明低溫會造成哪些影響，但總經理梅森和公司副總兼太空部經理卡爾．威金斯（Cal Wiggins）卻只「回瞪了他一眼」。波薛力忍不住拿出照片大吼，證明一九八五年一月發射時主O形環和次O形環被燒得焦黑，「請仔細看看這些照片！天氣冷的時候接縫會漏氣得更嚴重，別說你們沒看到！」但這招完全沒用，梅森逼工程部副座鮑布．隆德（Bob Lund）等其他管理階層上下一氣，推翻工程師的意見，要莫頓賽奧科的建議從「不要發射」修改成「發射」。航太總署馬歇爾太空飛行中心（Marshall Space Flight Center）的喬治．哈迪（George Hardy）請莫頓賽奧科把這份新建議寫入會議紀錄，麥唐納於是拒絕替這份修改背書。[41]到了最後，基爾明斯特只好投降，自己修改了建議。[42]

莫頓賽奧科公司的管理階層和工程師的重點完全不一樣。工程師在意的是如何避免致命故障，管理層在意的卻是和航太總署之間的長期合作。麥唐納回憶道：

> 穆洛伊知道他可以對基爾明斯特施壓，因為基爾明斯特其實是在幫他工作……。我希望這只是工程上的建議，因為我知道我們的管理團隊必須解決時間壓力與各種問題，才能讓航太總署繼續採購固態火箭推進器。我們的進度落後，以及還沒簽署接下來六十六次發射的獨家合約，這些因素都給了航太總署巨大的談判優勢……。對於莫頓賽奧科這種走鋼索的公司而言，為了底下人的意見而去頂撞最重要的客戶，對組織和生意都不是好點子。如果這家客戶的固態火箭是跟我們買的，而且日後也可能繼續都跟我們買，但下一批火箭合約卻還沒簽，那麼我們在此時去頂撞人家就更蠢了。[43]

研究過國防採購的人都知道這種扭曲是如何發生，而費曼雖然沒有事先研究過，後來也發現了這個機制。航太總署打算每個月發射兩次太空梭，而當時的火箭推進器全都是跟莫頓賽奧科購買。如果公司無法滿足航太總署的管理階層，對方可能就會轉頭找別人。所以既然航太總署自己想玩俄羅斯輪盤，莫頓賽奧科當然樂意製造子彈。工程師的意見就擺一邊吧，畢竟航太總署也把他們的工程師晾在一邊。

挑戰者號失事的真正關鍵，既不是O形環，也不是壞天氣，當然更不是雷根的施壓或群體迷思。

真正的關鍵，是計畫負責人穆洛伊在最重要的電話會議上壓住了基爾明斯特的意見，以及梅森和威金斯這兩位經理阻止了工程師的抗議。歷史學家經常以為災難是總統會議或內閣會議的結果，但很多災難都像挑戰者號一樣，原因既不是前線判斷錯誤，也不是後方設計不良，而是中階管理層在政治決策的過程中刻意打迷糊仗，不好好把問題討論清楚。

重訪車諾比

車諾比核災只會發生在蘇聯這種一黨專政的威權國家嗎？這樣想可以讓人安心，但卻不是事實。

> 說謊的代價是什麼？代價並不是讓我們把謊言信以為真。而是我們一旦聽慣了謊言，就辨認不出真相，到時候我們還能怎麼辦？我們就只能無視真相，用故事搪塞自己。但這些故事不會讓我們去在意英雄是誰，只會讓我們一直去問：「禍是誰捅出來的？」

克雷格．麥辛（Craig Mazin）執導了扣人心弦的《核爆家園》（*Chernobyl*），故事分為五集。而上面這段話就出自於全劇開頭，傑瑞．哈里斯（Jared Harris）扮演的化學家瓦列里．列加索夫（Valery Legasov）。列加索夫是蘇聯政府調查委員會的負責人，他在劇中另一幕則這麼說：

> 我們隱藏的祕密和說出的謊……決定了我們是誰。我們一旦遇到難以接受的真相，就開始一直撒謊，直到忘記真相的存在。但真相一直在那裡。我們每多撒一次謊，就多背上一筆債，而這些債遲早要還。就是因為我們說謊，RBMK反應爐才會爆炸。因為無論我們想要什麼，需要什麼，真相都不會改變。無論我們有怎樣的政府，怎樣的意識形態，怎樣的宗教，真相都不會改變。真相只會靜靜地等待爆發。而這就是車諾比的教訓。以前我害怕誠實要付出代價，但現在我只想問，那麼說謊的代價呢？

據我所知，現實中的瓦列里．列加索夫從沒說過這些話，但它們依然是劇中最令人難忘的臺詞。但這些話之所以難忘，只是因為它說出了我們原本心中的觀點。我們很愛把車諾比的事故當成是蘇聯敗亡的縮影，就像之前把新加坡的淪陷當成大英帝國衰亡的縮影。

這在某種意義上當然是事實，當時蘇聯當局的第一反應就是掩蓋真相。四號反應爐爆炸後過了大約三十六小時，車諾比所在的普利皮亞特（Pripyat）居民才在一九八六年四月二十七日開始撤離。居民撤離之後過了一天半，蘇聯政府才在瑞典的核能機構發現異常之後，公開向世人承認發生事故。至於半徑三十公里的疏散區，更是等到事故發生六天後才劃分出來。蘇聯政府向當地居民謊報輻射的危險程度，之後也繼續不讓該國人民知道情勢有多危險。一位研究當代烏克蘭的著名歷史學家認為，蘇聯政府掩蓋真相的企圖「害慘了國內外數百萬人，讓很多原本可以避開的人被輻射所毒害」。[44] 政府找了許多像弗拉基米爾．普拉維克（Volodymyr Pravyk）這樣的消防員去救火，阻止火勢蔓延到其他反應爐；之後又找了許多像尼可萊・卡普金（Nikolai Kaplin）這樣的士兵，穿著最基本的防護裝去高輻射汙染區「清理」，充當「人肉機器人」。他們就像那些用直升機從反應爐正上方傾倒數噸的硼、鉛與石灰岩的駕駛員，以及在反應爐下方挖冷卻地道，避免輻射向下侵蝕而出現「中國症候群」（China syndrome）⑤的礦工一樣，都步上了自己祖先的後塵，成為「祖國保衛戰」的犧牲枯骨。更悲哀的是，他們的努力與犧牲生命終歸是徒勞。[45]車諾比核災同時涉及顯性失誤和隱性失誤，其中某些失誤更是蘇聯特有。例如管理核反應爐的人之所以會干冒大量風險，就跟蘇聯從一九一七年以來灌輸的「再怎麼難我們都做得到」心態有關，而這種心態在史達林後期和赫魯雪夫時代更是特別明顯。核反應爐本身的設計缺陷，以及管理者對風險的一無所知，也是計畫經濟特有的結果。[46]但在其他部分，車諾比可不是蘇聯的專利。

車諾比爆炸的直接原因就跟蘇聯的官方報告一樣，是操作失誤。主要的錯誤來自副總工程師阿納托利・迪亞特洛夫（Anatoly Dyatlov，他日後會在一九八七年與五位高階官員各自被判二至十年的勞改）。當時他想測試看看，蒸氣渦輪能不能在萬一停電的情況下，利用轉動慣量繼續維持水冷循環，並等待備用發電機約一分鐘後上線。這種實驗從一九八二年以來已經做過三次，每次都關閉某些安全系統，包括緊急冷卻核心系統，但都沒有拿到關鍵數據。於是他們打算利用四號機歲修的時間點再做

⑤ 編注：指爐心熔毀現象。一九七九年美國電影《大特寫》（*China Syndrome*）的情節便是美國核電廠出現爐心熔毀，使滾燙的核燃料一路燒穿地心，直抵地表另一側的中國。該片獲得巨大商業成功後，片名直譯的「中國症候群」就成為人們形容「爐心熔毀」的代名詞。

一次實驗，結果意外碰到基輔電網延遲供電十小時，實驗只好臨時延到深夜。此外，也許是因為在準備實驗而調降反應爐功率的過程中，產生了會吸收中子的氙135，造成了「反應爐中毒」，又或者是因為某些未知的設備故障或操作失誤，總之反應爐的功率突然降到趨近於零。於是操作人員為了恢復電力，關閉了控制棒自動控制系統，然後以手動控制抽出幾乎所有的控制棒。這時候分離蒸氣與水的桶內水位，以及冷卻水流都開始發出異常警報，但卻被操作人員無視，於凌晨一點二十三分四秒開始進行實驗。實驗開始三十六秒後，不知道是誰按下了AZ－5按鈕，把所有已經抽出的控制棒又插了回去，造成反應爐緊急停機。但這場停機不僅沒有關掉反應爐，反而產生了一波巨大的能量，使燃料棒被覆層破裂，鈾燃料逸入冷卻劑之中，引發蒸氣大爆炸，一舉炸翻了反應爐上蓋和鋼製屋頂。隨後的第二次爆炸，則把大量的石墨減速劑飛濺至空氣中，落地時開始燃燒。兩次爆炸與隨後十天的大火，把許多鈾粒子，以及銫137、碘131、鍶90等危害更大的放射型同位素，全都送進了夜空。

國際原子能總署的國際核安諮詢小組，在一九八六年的初版《車諾比事故審查會議摘要》（*Summary Report on the Post-Accident Review Meeting on the Chernobyl Accident*）中採信了蘇聯的說法，認為：「這場事故是由許多不同的人為錯誤與違規操作造成的，這種反應爐的許多特徵則加劇了錯誤的規模。」人為錯誤是指「操作人員刻意違規，從反應爐核心中移出大部分的安全控制棒，並關閉幾項重要的安全系統」。[47]但到了一九九一年十一月，葉夫根尼．韋利霍夫（Yevgeny Velikhov）帶領的蘇聯核能科學家委員會發現，其實反應爐打從設計和建造過程就有問題。[48]於是國際原子能總署在一九九二年的新版報告中改為強調「設計缺陷造成的問題。例如控制棒與安全系統的設計方式，以及讓操作人員瞭解重要安全資訊的方式皆有缺陷」：

操作人員移除過多控制棒，降低了「反應度運轉餘裕」(operating reactivity margin, ORM)，使反應爐陷入危險狀態……，但在既有的操作程序中，卻只將ORM視為一種控制反應爐功率的方法，而沒有強調它在安全上的重要性。所以操作人員的錯誤行為，與其說是魯莽或能力不足，還不如說主要源自蘇聯時代普遍不重視安全的文化。[49]

車諾比核電廠使用RBMK-1000反應爐，俄語稱之為「大功率管式反應爐」(*reaktor bolshoy moshchnosty kanalny*)。這種反應爐比俄式「壓水反應爐」(water-water energetic reactor)更受蘇聯決策者青睞。俄式壓水反應爐相當於美國在一九五〇年代以核潛艇技術研發出的俄國版，是將含有裂變鈾原子的燃料棒放在壓水堆中，用來加熱壓水，產生可利用的能量。對壓水反應爐來說，水既是控制核裂變的減速劑，也是冷卻劑。而RBMK反應爐同樣把水當成冷卻劑，不過卻是用石墨作為減速劑，是全世界唯一如此設計的核能反應爐。莫斯科之所以偏好RBMK，是因為它不僅建造成本與維護成本都比較低，發電功率更是俄式壓水反應爐的兩倍。俄式壓水反應爐需要使用濃縮過的鈾235，RBMK反應爐卻幾乎只需要天然的鈾238[⑥]，而且該反應爐可以用一般工廠生產的預鑄元件，直

⑥ 編注：天然鈾礦雖然同時含有鈾235與鈾238，但後者含量超過九成，前者則不到一成，相對罕見珍貴。

接在場址組合完成。伊果·庫查托夫原子能研究所（Igor Kurchatov Institute of Atomic Energy）所長安納托利·亞歷山卓夫（Anatoly Aleksandrov）聲稱ＲＢＭＫ「就像茶壺一樣安全」。蘇聯也因此認為，這麼安全的反應爐根本就不需要像西方的反應爐那樣，額外建造一層故障時防止輻射外洩的水泥外圍結構。值得一提的是，ＲＢＭＫ的首席設計師尼可萊·多列札（Nikolai Dollezhal）其實說過，這種反應爐並不適合建在蘇聯的歐洲領地，但蘇聯卻沒有採納他的意見。[50]

蘇聯從一九七七年開始建造車諾比核電廠，到了一九八三年已經建好四座反應爐，之後還想再建兩座。但由於黨內官員一邊增加工作量一邊要求及時完工，建造過程相當倉促，工程品質也不佳。最早的幾座反應爐，是在中型機械工業部（Ministry of Medium Machine Building）令人敬畏的部長葉芬·斯拉夫斯基（Yefim Slavsky）大力支持下完工的。斯拉夫斯基把蘇聯的早期核能計畫都經營成了軍工業。但實際負責車諾比核電廠的部門，卻是比較沒有權力的能源與電氣部（Ministry of Energy and Electrification），整座核電廠也幾乎都交由當地人來建造。而迪亞特洛夫為自己辯護的主要理由，正是整座反應爐的建造都來自二流工廠。[51]

事實上，ＲＢＭＫ光是設計本身就有很多缺點。即使能找到完美的團隊來建造，都仍比多列札所說的「茶壺」危險很多。到今天為止，這種反應爐還有十座在運作。它的發電原理，是把略微濃縮的氧化鈾顆粒裝在三點四公尺長的鋯合金管中當成燃料棒，把十八根燃料棒排成圓柱形的燃料元件，放在垂直壓力管中，讓冷卻用的壓水從旁邊流過，再將壓水加溫至攝氏二百八十四度。將壓力管放在石墨減速劑中，由石墨吸收核裂變時釋放的多餘中子，使連鎖反應維持穩定。至於控制裂變速率的碳化硼控制棒，則可以從反應爐底部向上插入，也可以從頂部向下插入，數量可以自動調控或手動調控，不過只要反應爐在運作，一定會有幾根控制棒留在爐中。反應爐有兩條冷卻迴路，冷卻水從下方注入壓力管周圍，吸收分裂的熱能汽化之後，從蒸汽管道流向反應爐頂部的桶狀蒸氣分離器，送至渦輪發電機產生電力，然後冷凝為液體之後重新成為冷卻水，進行下一輪循環。反應爐爐心周圍是一個由鋼筋水泥構成的空間，底下是一塊沉重的鋼板，最上面則蓋著另一塊鋼板。[52]

這種設計至少存在兩項致命缺點，而且操作人員對此並不完全瞭解。

第一，液態水吸收熱量與中子的能力都比氣態的水蒸氣更好，所以冷卻水中蒸氣泡泡的比例會改變爐心的反應速率，改變的比率稱為反應性的「空泡係數」（void coefficient）。如果空泡係數為負，增加的蒸氣就會降低反應速率。壓水反應爐就是這樣，它同時用水當減速劑與冷卻劑，內建了一套安全機制：蒸氣如果過多，連鎖反應就會變慢。但以石墨來減速的ＲＢＭＫ反應爐卻沒有這套機制，它的空泡係數為正，如果蒸氣量增加，吸收的中子就會減少，反應速率加快，讓冷卻水溫升得更快，產生更多水蒸氣，形成惡性循環，讓反應速率愈來愈快，最後就導致能量暴增，引發第一次爆炸。

第二，ＲＢＭＫ人工調控反應度運轉餘裕的空間，其實比控制人員以為的更低。運轉餘裕是用控制棒的數量來調控的，而副總工程師迪亞特洛夫等人相信，只要將運轉餘裕控制在相當於十五根控制棒的程度，反應爐就夠安全。但他們忘記控制棒的尖端是石墨，如果在緊急狀況下插回所有控制棒，其實反而會加速反應而非拖慢反應。一九八三年立陶宛的ＲＢＭＫ就發生過一場規模較小的這類事故，在那之後蘇聯的核能專家就發現了這個問題，但他們沒有想到去提醒那些掌管車諾比核電廠的小人物。

車諾比核災的死亡人數有許多爭議，目前仍未有定論，但總之低於預期。在爆炸後有二百三十七名核電廠工作人員與消防員入院，其中二十八人不久後死於急性輻射中毒，十五人在十年內死於輻射引發的癌症。不過聯合國原子輻射效應科學委員會（United Nations Scientific Committee on the Effects of Atomic Radiation）的最終結論是，真正因為接觸輻射而死的人其實不到一百人。車諾比核災也造成大約六千例甲狀腺癌，患者大多數是當時的兒童或青少年，可能是飲用了輻射汙染的牛奶，但只有九人因此死亡。[53]神奇的是，那三位衝進反應爐下方地下室抽乾積水的勇敢男子居然全都活了下來。國際原子能總署在二〇〇六年的車諾比論壇報告中，略微提高了傷亡估計值，認為車諾比核災釋放出的輻射「可能使數千人罹患致命癌症，其他影響可能又使另外十萬人因癌症死亡」。[54]憂思科學家聯盟（Union of Concerned Scientists）與綠色和平組織（Greenpeace）等反核團體認為他們把數字估計得太低。至二〇〇〇年為止，多達三百五十萬名烏克蘭人聲稱自己「受輻射所害」。究竟真正受害者有多少，多少人又是覬覦政府福利而謊報，這一問題依然值得思考。此外，目前還沒有證據指出暴露於輻射的孕婦會產下畸胎，反而似乎有許多孕婦為了預防畸胎而進行墮胎，後者恐怕就沒有被算入核災的直接傷害。[55]

車諾比遺址的輻射汙染預計會在二〇六五年清理完成，但它周圍的區域至少幾百年甚至幾萬年都無法居住。[56]烏克蘭在一九九一年獨立，車諾比核災的傷害可能是蘇聯在這個國家中留下最悠久的「遺產」，但受災區並不僅有烏克蘭。由於高濃度的銫137（半衰期為三十年）影響，汙染最嚴重的五千二百平方公里，一路延伸到俄羅斯、白羅斯、巴爾幹半島，以及斯堪地那維亞。[57]負責調查事故的化學家瓦列里·列加索夫在事故發生兩年後自殺，在自殺後發表的「遺囑」中的確指控了蘇聯體制，但力道卻比《核爆家園》導演所希望的還要小：

> 在參觀車諾比之後，我發現這場事故其實是蘇聯幾十年來不斷美化經濟模式的必然結果。整套蘇聯體制都不重視科學管理和科學設計，不關心儀器設備的狀態……
>
> 車諾比之後，人們只會去尋找罪魁禍首，去想為什麼這個人會這麼做，那個人會那麼做。但罪魁禍首根本不存在，因為這一連串事件並沒有誰先誰後，而是一個頭尾相連的封閉迴圈。[58]

讀者應該已經發現，車諾比核災跟三個月前的挑戰者號失事在某些地方其實頗為相似。美國航太總署和莫頓賽奧科的工程師都知道O形環有問題，但中階經理人卻無視警告，決定照常發射。車諾比的操作人員則是不知道RBMK的致命缺點，但知道此事的蘇聯高官卻選擇保持沉默。諷刺的是，美國媒體在挑戰者號失事的第一時間究責總統，而蘇聯政府卻是在車諾比出事的時候指責工人。但真正的問題既不在前線的操作，也不在後方的設計，而是在中階的管理。美蘇兩種制度的誘因結構當然不同，莫頓賽奧科的經理最在意的是航太總署的訂單，蘇聯官員的首要之務則是盡量把負面新聞壓下來。但這兩種不同的考量，關鍵其實都是成本。美國人之所以繼續依賴O形環和油灰，是因為這樣就不用馬上去修改火箭推進器的設計缺陷。車諾比之所以採用廉價設計與減少水泥外牆的厚度，也是為了讓帳面上的經濟數字好看一些。

美國不會發生核災？

相較於蘇聯，美國的核電廠問題恐怕也不遑多讓。最有力的證據，就是賓州密德鎮附近的三哩島核電廠二號反應爐，也曾在一九七九年三月二十八日出現部分熔毀。三哩島核災的確沒有造成任何死亡，洩漏到核電廠外的輻射物質也很少，但美國核能管制委員會還是把話說得很重：「三哩島二號機部分熔毀，是設備故障、設計瑕疵、員工失誤等好幾項因素共同造成的。」[59]在事故十二天前，美國倒是剛剛上映了一部描繪核電廠幾乎發生爐心熔毀的電影《大特寫》（*The China Syndrome*，字面意思即中國症候群），三哩島事件一出，使製片人獲得了天賜良機。

三哩島核災的直接原因，是修理凝結水淨化器（用來確保回流的冷卻水夠純淨的設備）

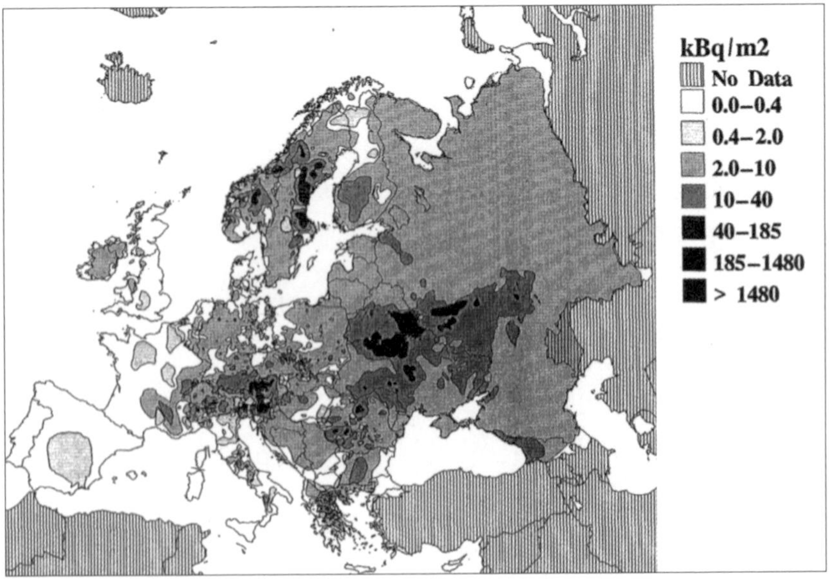

圖表16：1986年5月10日車諾比事故發生後，歐洲各地銫137的濃度。單位為每平方公尺一千貝克。

時出了問題。操作人員在清理淨化器時，選用水而非高壓空氣來清除堵塞的樹酯，結果無意間導致飼水泵、凝結水升壓泵、凝結水泵等幫浦系統在清晨四點左右關閉，使水無法流進蒸汽產生器，無法帶走反應爐心的多餘熱量。反應爐接著就因為溫度過高而緊急自動關閉，三個輔助泵隨後啟動，但當時輔助泵的閥門剛好正在例行維修中，無法將水抽到反應爐來降溫。操作人員為了控制水壓，打開了其中一個壓力桶上方的釋壓閥，但壓力回穩之後，釋壓閥卻出了故障關不回去。由於設計缺陷的關係，明明閥門還開著，控制室的面板燈號卻顯示閥門已關閉。操作人員不知道冷卻水形成的蒸氣正在溢出閥門，誤以為是反應爐水位在上升，於是關閉了之前因為釋壓閥關閉失敗而自動啟動的爐心緊急冷卻泵。凌晨四點十五分，帶有輻射的冷卻水先是洩漏到了圍阻體（即核子反應爐的外殼），然後又被抽到圍阻體外側的一座輔助建築，直到四點三十九分把泵關掉為止。早上六點過後沒多久，反應爐爐心頂部暴露，爐心中的蒸氣和鍚合金的燃料棒外殼在高溫中發生反應，融化了外殼，損毀了其中的燃料丸，並將放射系同位素洩漏到冷卻水中而產生了氫氣，其中一些氫氣可能爆炸。早上六點四十五分，被汙染的水流到輻射偵測器，才終於啟動輻射警報。事故發生後的第三天，人們在反應爐穹頂發現一個氫氣泡，幸好因為穹頂沒有氧氣，才沒有真的引發爆炸。這場事故破壞了幾乎所有鈾燃料的外殼，熔壞了一半的鈾燃料。所幸燃料殼外的第二層圍阻體（反應器壓力槽）成功把絕大多數的放射性同位素都擋了下來，所以外洩的放射性物質很少，對當地居民的健康傷害小到幾乎偵測不到。整場事故主要的傷害，反而是讓美國原本迅速擴張的核能產業慢了下來，之後發生的車諾比核災更是使核能產業的聲望雪上加霜。三哩島核災發生時，有一百二十九座核電廠獲准興建，最後完工的只剩下五十三座。

主持三哩島事件總統特別調查委員會的約翰．凱梅尼（John G. Kemeny）毫不留情地表示，建造核電廠的巴布柯克與威爾科斯公司（Babcock & Wilcox）、操作電廠的大都會愛迪生公司（Metropolitan Edison），以及監督的核能管制委員會，全部都應該為此事故負責。理由是事故發生十八個月前，巴布柯克與威爾科斯公司的另一座核電廠也發生過類似事件，而且釋壓閥的問題早就存在多時卻始終沒人研究解決（幾年後車諾比核災的石墨棒問題也是如此）。相較之下，他們反而不大責怪操作人員的誤判。核能管制委員會的三哩島特別調查小組認為，這件事情的人禍部分並非「操作人員的操作失誤」，而是設備設計瑕疵、資訊界面不良、緊急應變程序設計不當與訓練不足。反應爐「在設計與建造之初就沒有考慮到人機整合」，操作人員並不明白自己在緊急狀況中該扮演什麼角色。此外，系統給操作人員太多不重要的資訊，「某些關鍵數據」不是沒能立刻顯示，就是完全沒有顯示。控制室的面板設計十分差勁，「操作太過繁雜，導致工作量過大、反應時間過短，而且很容易出錯。」更慘的是，操作人員並不知道「如何系統性地診斷問題」，也沒有學過「找出病因並採取適當行動所需的技能」。[60]這樣看來，三哩島的操作人員到底比車諾比好多少？這兩組人馬在事故發生當下都只能瞎子摸象般地嘗試解決問題。車諾比最後爆炸而三哩島則逃過一劫，會不會根本只是因為美國運氣好？

美國政府處理三哩島當地居民的方式，也沒有比七年後的蘇聯政府更有效或更誠實。從核電廠管理者蓋瑞．米勒（Gary Miller）宣布緊急情況開始，狀況就一團混亂。大都會愛迪生公司一開始否認輻射外洩，副州長威廉．斯克蘭頓三世（William Scranton III）一開始也這麼表示，直到後來才改口。核能管制委員會在三月三十日，也就是事故發生後兩天，才建議半徑十六公里內的人待在室內不要外出。消息發布幾小時後，州長迪克・索恩堡（Dick Thornburgh）根據核能管制委員會主席約瑟夫・亨德里（Joseph Hendrie）的意見，建議疏散「半徑八公里內的……所有孕婦與學齡前幼童」。官員們到了那天晚上，才因為核電廠爆炸風險愈來愈高，才想到可能會需要疏散半徑十六公里，甚至三十二公里內的所有人，也就是附近六個縣內的六十多萬人。但當時根本就缺乏如此規模的疏散計畫，唯一的緊急計畫只能疏散半徑八公里內的人。這讓當地情勢陷入了大混亂，住在半徑二十四公里以內的居民約有四成選擇撤離，這些人在開車離開前到銀行提領現金，結果導致銀行擠兌。當地神父則開始「集體赦罪」，而且似乎不完全是為了安定人心。至於核電廠周圍則擠滿了三百名記者。事故發生一週後，官方終於宣布氫氣氣泡不會爆炸，再過五天之後才撤銷了疏散通知。[61]

蘇聯的問題是把太多權力集中到中央政府，美國的問題則是有太多權力分散在聯邦、州與地方機構之間。三哩島事件發生時，負責緊急應對與公共溝通的機構就超過了一百五十個，橫向連結之糟糕已經無法用「缺乏共識」來形容。[62]卡特總統曾在海軍軍官時期學過核能，也曾直接參與前線清理一九五二年加拿大喬克河（Chalk River）反應爐的事故。他在事發後對新聞祕書喬迪・鮑威爾（Jody Powell）表示：「發表意見的人也太多了吧，在我看來大概有一半的傢伙根本不知道自己在說什麼……，拜託去把這些人的口徑統一一下。」政府後來派了核能管制委員會的哈洛・丹頓（Harold R. Denton）前往現場，但顯然還不夠，卡特總統只好親自在四月一日飛往三哩島穩定民心。[63]

「複雜性」再次成為理解這類災難的關鍵。耶魯大學社會學家查爾斯・培羅（Charles Perrow）當時就提出了「常態意外」（normal accident）的概念，用來解釋如果複雜性無所不在，意外事故就會變成一點也不意外的常態。[64]三哩島反應爐明明非常複雜，工作人員和反應爐之間的介面卻設計得非常糟糕，所以才會光是因為一個閥門卡住，或是一個燈號錯誤，就讓反應爐部分融毀，甚至差一點釀出大災難。而當這一緊急情況發生之後，許多政府機構都想要設法解決或至少貢獻心力，但卻找不到任何大規模疏散計畫可以執行。幸好核電廠的氫氣泡泡沒有爆炸。因為可以想像一旦爆炸，媒體一定會想辦法把責任推到卡特總統頭上——除非總統先生在核電廠爆炸時人就在電廠附近。媒體這種推論方式就是托爾斯泰所謂的拿破崙謬誤。正如第六章所言，只要不是像史達林、希特勒、毛澤東這類刻意人為製造的災難，最高領導人往往都不是導致災難發生的關鍵。大多數災難都發生於複雜系統進入臨界狀態，而且往往是因為系統受到額外的微小擾動。決定外在擾動會不會真的引發災難的關鍵，則是社會網絡結構在承受壓力下的樣貌。即使我們能找出組織結構中的「故障點」（也就是只要故障就會引發災難的關鍵），這些故障點通常也位於結構中階，而非位於頂層⑦。[65]儘管如此，每當災難真的發生，我們的社會與各種利益團體就會高估未來發生類似災難的機率，至少比證據能夠合理支持的更高。[66]這也是人類目前會根據少數幾件核能事故，就認定核電長期來說也不安全的原因。這項思考框架非常重要，有助於我們理解二〇二〇年那場（或其實不止一場）規模更大的災難。

⑦ 作者注：例如某些報紙在報導二〇一七年倫敦格蘭菲塔大火時，都把責任扔到某位英國保守黨議員頭上。這類說法就犯了這個錯誤。雖然截至本書撰寫時調查仍未完成，但火災發生後不久，人們就發現這棟大樓的安全漏洞，其實源自於監理結構過於複雜、管轄權彼此重疊，以及責任分配不清。

第九章
Chapter 9
大瘟疫

短短幾句話，他讓我明白，瘟疫是由月亮的造物傳播的。
邪惡的月亮女士，就是這一切苦難的罪魁禍首。

——英國作家魯德亞德·吉卜林（Rudyard Kipling），

〈醫生〉（A Doctor of Medicine）

人類停滯期

據我所知，在一場災難還沒結束的時候，就開始書寫這場災難的歷史，是不可能的。不過，從歷史角度去思考發展中的事件，依然有其意義。事實上，運用歷史來系統性地思考目前的困境，也是解決問題的重要一環。我在二〇二〇年八月的第一週下筆書寫這一章，並在一個月後做了一些修改，現在許多眾人皆知的事情，在當時還是全無所聞。而某些評估在本書付梓之際，可能已經被證明有誤。所以這一章應該更適合當成疫情爆發頭半年的瘟疫札記來讀，真要說起來我確實也是一點一滴逐步寫成。年初，我剛參加了在達沃斯舉辦的世界經濟論壇，不到一個星期後，我就在一月二十九日開始以簡報的方式寫下跟這個主題相關的各種想法與資訊，每一週持續地更新，直到開始動起寫這本書的念頭。

因為當時在我看來，全世界的政治及經濟領袖都擔憂了錯的事情。甚至明明載有染疫乘客的航班從武漢飛往世界各地，全球疫情開始爆發之際，世界經濟論壇卻幾乎還只討論氣候變遷的問題，而企業董事會的討論則圍繞在環境、社會及企業治理（俗稱ＥＳＧ或永續投資）。二〇二〇年一月二十三日，原子科學家再度將他們的「末日鐘」的指針往前撥快，「比以往任何時候都更接近世界末日」，但此舉並非是預見了什麼疫情大流行，而是在擔心核戰，擔心氣候變遷，擔心「利用網絡進行的資訊戰」，以及擔心「國際政治基礎設施」受到「侵蝕」。[1] 直到二〇一九年的最後一天，中共政府才磨磨蹭蹭地向世界衛生組織提起了「新型冠狀病毒」，而等西方世界的人們開始注意到問題嚴重性，早已為時已晚。極為諷刺的是，格蕾塔・童貝里的願望竟然是COVID-19幫忙實現的。這位二十一世紀千禧年運動的小聖人曾在達沃斯疾呼：「我們必須停止碳排放……，你們提的任何計畫或政策，只要不打算徹底從源頭中止碳排放，就完全不夠。」[2]幾週的時間內，衛星就觀測到中國、美國和歐洲上空的二氧化氮含量有大幅下降。與二〇一九年同期相比，中國下降四十％，美國下降三十八％，歐洲下降二十％。[3]這當然都是經濟活動停擺後的結果，因為人們認為這是限制新病毒傳播的必要措施。保育人士也很樂見這個「人類停滯期」，因為這段期間少了很多在路上被撞死的鳥類和動物。[4]事實證明，任何有利於地球生態的方法都比不過把人類關在家裡幾個月。

不過，這並非是在否定全球氣溫上升可能帶來的潛在風險，而是要說，二〇一九年和二〇二〇年初人們執迷不悟地只討論那類氣候問題，反而忽略了更長遠的影響。對美國老百姓來說，在疫情還沒發生之前，死於藥物過量比命喪大風災的機率還高兩百倍，死於摩托車事故更比被洪水淹死的機率高出一千五百倍。[5]那些氣候災害的威脅離日常生活很遠，但疫情威脅卻迫在眉睫。二〇一八年，美國死於流感和肺炎的人數是五萬九千一百二十，遠遠高於因車禍喪命的三萬九千四百零四人。[6]一個世紀前的一九一八至一九一九年流感大流行，就已經讓人明白了這種會攻擊呼吸系統的新病毒有多麼致命。然而決策者卻無視屢屢出現的警訊，並沒有認真對待這類的風險。

這種名為SARS二型的新病毒最初之所以爆發，或可歸咎於中國這個一黨專政國家的體系出了大問題。然而，要瞭解病毒究竟如何蔓延開來，我們需要一些網絡科學的洞見。美國、英國和歐盟各國政府各有各的應對方式，卻都未能迅速有效地應對這場威脅，拉丁美洲更是慘不忍睹。

人們都把錯怪在民粹主義領導人的頭上，但其實問題不光只是這樣，這同時也是一個系統性問題，而從台灣、南韓和其他規模較小但準備較充足的國家就可以看出，這個問題是可以避免的。只不過跟病毒相關的錯誤資訊和假訊息，讓所有問題更加糟糕。這些資訊在網際網絡上瘋傳，讓人們陷入混亂，不知道如何確實因應疫情蔓延。保持社交距離是正確的應對措施，但太晚「封鎖」經濟活動，則讓人付出史無前例的高昂代價。而隨著人們愈來愈瞭解COVID-19的感染死亡率，就會發現這一經濟衝擊的代價有可能會超過公衛防治的效益。我在第十章將會提到，貨幣和財政措施都只能緩解經濟衝擊，而非刺激經濟的手段。這類措施主要是讓資產價格與經濟現實脫鉤，同時（或許）也埋下了未來金融不穩定和通貨膨脹的隱憂。到了二〇二〇年夏天，我們前方的道路已然清晰，只是這條道路並不直接通往過去的常態生活——那可能得花好幾年才能辦到，前提是真的能恢復的話。我會在本書最後一章提到，這條道路可能會通往危險，導致政治危機和地緣政治衝突，甚至可能引發戰爭。

從武漢呼來的氣息

倫敦帝國學院在二〇二〇年三月中旬預測的流行病學模型，很可能高估了COVID-19大流行的嚴重程度。不過那時候當然還沒人說得準。流行病學家尼爾・弗格森（Neil Ferguson，同姓且名字相似）和他同事的報告隱隱暗示著，眼前的疫情可能堪比一九一八至一九一九年的西班牙流感，倘若再不採取一些更嚴厲的限制措施，將有高達兩百二十萬美國人陷入生命危險。但這項說法是假設感染死亡率為〇．九％，這個數值在當時相對初期的階段看起來太高了點。到了八月，以超額死亡率的數值來看，二〇二〇年的疫情嚴重程度可能更近似於一九五七至一九五八年的亞洲流感（第七章曾提過，亞洲流感殺死了高達十一萬五千七百名美國人，換算成二〇二〇年相當於二十一萬五千名美國人。當年全球七十萬至一百五十萬人死亡，換算成今日相當於二百萬至四百萬人死亡）。當然，這也表示即便是在二〇二〇年八月，COVID-19都還會繼續殺死更多人。

二〇二〇年一月底，全球已經有將近一萬名確診病例，兩百一十二人因這種新疾病殞命，而且幾乎都在中國湖北省。[7]然而那個時候的中國還在混淆視聽，刻意拖延，讓數不清的染疫旅客就這樣從武漢飛往世界各個城市。到了二月底，全球確診病例總數為八萬六千名。三月底，八十七萬兩千名。四月底，三百二十萬。五月底，六百二十萬。六月底，一千零四十萬。到了二〇二〇年八月三日，全世界加起來已經高達一千八百一十萬人確診，死亡人數超過六十九萬，將近四分之一（大約二十三％）是來自美國，而美國死亡人數有三十一％出現在紐約州和紐澤西州。[8]未來到底還有多少人會死於COVID-19？在我撰寫本書的二〇二〇年，全世界每週（七天）的平均死亡病例數仍在上升。四月十八日達到最高峰，超過七千人死亡，五月下旬下降到約四千人，八月初又上升到六千人。除非疫情趨勢獲得改善，否則到了十月的全球死亡人數總數可能高達一百萬，到年底可能達兩百萬。對美國疫情的流行病學模型預測各不相同，死亡人數從二十三萬零八百二十二人會在十一月一日前病逝到二十七萬二千人會在十一月二十三日前病逝不等。[9]而我在五月時根據歷史經驗估計，美國到年底會有約二十五萬人死亡，這在八月時似乎仍算合理①。然而，我們回顧歷史就會發現，這種大規模的疫情很少只流行一年。而且像是南半球死亡人數會增加多少，等天氣變冷了疫情是否又會捲土重來，或是重新開放學校會對北半球造成多大影響等等這類我們在意的事情，目前結果仍然是未知數。根據某項調查結果，大約三億四千九百萬人（約占全球人口的四．五%）是「嚴重的COVID-19高風險群，如果染疫將需要入院治療」，不過高風險群中會實際感染的當然只有一部分，感染者中也只有一部分人會死亡。[10]假設這個病毒沒有變得更具傳染性也沒有變得更致命，這場全球性災難的死亡率（無論是「超額死亡率」還是「健康人年」），都更接近於一九五七至一九五八年，而非一九一八至一九一九年的瘟疫。

說到這次疫情的起源地，答案不是很令人意外。只要回顧歷史，就會知道相當多的疫情都起源於亞洲，特別是中國。直到二〇二〇年八月，我們依然不清楚究竟在武漢發生了什麼事。據西方媒體報導，中國病毒學家石正麗多年來一直在武漢病毒研究所進行蝙蝠冠狀病毒的研究。美國外交官曾於二〇一八年對該研究所的安全問題提出擔憂，連同附近的武漢市疾病預防控制中心也有類似的安全疑慮。[11]然而，中共政府卻堅稱疫情最初是在華南「海鮮」市場爆發的，那裡是販賣各種活體野生動物的地方。[12]無論如何，目前尚未有證據表明病毒是人造的。這僅是自古至今動物將人畜共通傳染病傳染給人類的另一新案例，帶原宿主很可能是蹄鼻蝠，中間宿主可能是進口的馬來穿山甲。這個病毒可能在人傳人的早期階段就進一步變異了。[13]

當初要是中國當局坦然地迅速採取行動，這場災難很可能就可以避免。[14]最早的武漢病例其實與華南市場無關，該病例在二〇一九年十二月一日出現症狀。另一名與市場有關的男子出現類似肺炎症狀，五天後他的妻子也出現了類似的症狀，這其實都在在顯示該病毒會人傳人。十二月時共有一百零四個人確診，十五人死亡，而在最初確診的四十一個病例中也有六人死亡。[15]然而，武漢市衛生健康委員會卻拖了整整一個月才有所動作。張繼先、李文亮等當地醫生很早就注意到，眼前這一連串的異常肺炎病例有些不對勁。李文亮還曾在微信上稱這種疾病可能是SARS，結果被當局視為傳播「不實資訊」而遭警方訓誡，被迫收回之前的發言（他本人亦於二月七日因COVID-19逝世）。十二月三十一日，中國送交給世界衛生組織的官方報告承認，武漢有多起病因不明的病毒性肺炎病例，但「沒有明顯證據」顯示會人傳人。當局聲稱：「當前疫情仍可防可控。」中國一直到隔年一月都還在掩蓋真相，甚至在十一日宣布了因新病毒死亡的首例病例之後，還繼續隱瞞（死者是名六十一歲男子，在當月九日死亡）。醫生被噤聲，社群媒體受到審查。一月十日，一位很受敬重的北大醫院醫生王廣發稱，目前病人的病情和整體疫情處於「可控」狀態，且大部分患者都不是「重症」。當武漢市和湖北省的政治高層聚集在武漢參加全國兩會，武漢市衛生健康委員還刻意低報了感染人數，並一再淡化傳染的風險。武漢當局甚至允許人們在農曆新年前舉行大型公眾聚會。

中國科學家已經盡力而為，但他們的研究發現都被政府給壓制了下來。一月二日，石正麗解開了該病毒的基因序列，但隔天國家衛生健康委員會卻禁止實驗室在未經政府授權的情況下，發布跟病

①編注：全球確診死亡人數的確在二〇二〇年十月超過百萬，年底時已達一百八十萬左右。美國的死亡人數在年底時則超過三十四萬人。

毒相關的資訊。一月三日，換中國疾病預防控制中心測定出該病毒的序列。一月五日，由中國病毒學家張永振領導的上海市公共衛生臨床中心研究團隊，也同樣完成了病毒基因定序，但中國政府同樣未有動作。一月十一日，張永振決定先下手為強，透過澳洲的病毒學家同儕在病毒公開討論平臺virological.org上公布了病毒的基因序列。隔天，他的實驗室被當局以「整改」的理由勒令關閉，但情勢很明顯已經紙包不住火。[16]一月十四日的某次祕密電話會議上，國家衛生健康委員會主任馬曉偉私下警告其他中國官員，武漢的疫情「有可能發展為重大公衛事件」，而且「群聚感染案例表明存在人傳人的可能性」。根據加拿大某份報告，大約在同一時間，中共當局曾向全球各地的中國領事館發布緊急指示，要求「為應對疫情大流行做準備」，大規模進口個人防護設備。直到一月二十日國家衛生健康委員會派至武漢的專家發布報告之後，中共政府才終於承認首例人傳人病例，並向大眾宣布，針對疫情爆發「必須引起高度重視，全力做好防控工作」（用習近平的話來說）。目前看來，中國在此之前至少浪費了好幾週的時間，甚至更久。哈佛大學一項根據衛星攝影和網絡資料的研究指出，從二〇一九年的八月底到十二月一日，武漢六家醫院外停放的車輛明顯增加，線上搜尋「咳嗽」、「腹瀉」等詞的次數也有所增加。[17]

中共當局這段時間的所作所為，其實跟當初應對SARS疫情爆發相比沒有多大長進。唯一差別是，這一次世界衛生組織在譚德塞（Tedros Adhanom Ghebreyesus）祕書長的領導下，對中國不是說奉承話，就是伏首稱臣。當初中國曾強力為譚德塞勝任世衛祕書長背書，而他的回報就是支持中國展開「健康絲綢之路」。在疫情爆發初期，譚德塞一味附和著北京的說法（在一月十四日稱「中國當局沒有發現人傳人的明顯證據」)。直到武漢封城一週後，他才宣布將疫情提升為「國際公共衛生緊急事件」，然後直到三月十一日才定調為全球大流行。全世界就只有一個國家，在沒有限制人民活動的情況下，為圍堵疫情傳播立下了一個耀眼的榜樣——那就是台灣，其他國家真應該好好學習。而對中華人民共和國畢恭畢敬的世衛，則完全把台灣當空氣。[18]

一月二十三日上午，武漢封城。兩天後，湖北其他十五個城市也施行了封鎖措施。隔天，中共當局發布一項命令，暫停境內的團體旅行，但卻直到三天後的一月二十七日才下令暫停團體出國旅行，而至於個人海外旅行則完全沒有採取任何限制。這項錯誤決策造成了深遠的影響。[19]在實施旅行禁令之前，一月份總共有七百萬人離開武漢。[20]農曆新年假期到來的前幾天，已經不知道有多少位受感染者前往中國各省和世界各地探望親朋好友[21]（此時有八十六％的確診者沒有列入紀錄）。[22]病毒乘著公車、火車和飛機散播到世界各地。[23]然而，明明世界其他地區像是歐洲、北美和拉丁美洲的疫情都一發不可收拾，為什麼全中國只有湖北一個省分的疫情以指數的形式上升呢？[24]武漢到中國其他省分的旅行禁令，確實比武漢到世界其他國家更嚴格，但這並不是真正的原因。真正的原因是，中國境內比世界其他地區更快速地實施了非醫藥介入措施，比如暫停都市公共交通、關閉學校、關閉娛樂場所、禁止公共集會，以及隔離疑似患者和確診病患。[25]先把武漢整個封起來，其實是在幫中國其他城市爭取到最多二至三天的時間，讓各地先準備好防疫措施，然後由全國各個地方的共產黨居民委員嚴格執行這些措施。人們被關在自己家裡——在某些情況下，公寓大樓的門甚至被人焊死。中國還急就章地打造了一套全國性的防疫系統，包括測量體溫與進行其他檢驗，並以人工追蹤接觸史，使得中國的疫

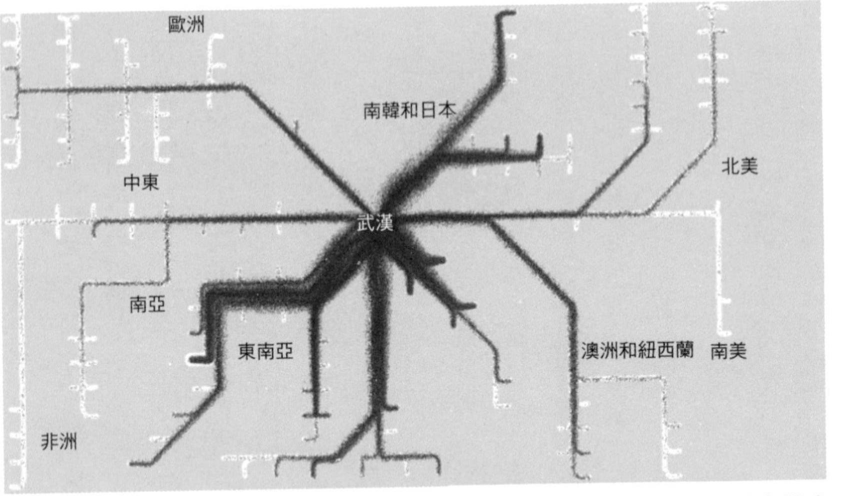

圖表17：2020年1月23日武漢封城之前的旅客運輸量。1月份有19架航班從武漢飛往甘迺迪國際機場或舊金山。據航班查詢平臺「飛常準」（VariFlight）的資料，這些航班基本上都是滿載，大約有85%的染疫乘客隱藏其中。

情得以在二月份趨於平緩。[26]

在一月與二月大多數的時間裡，我們並沒有看到中國以外的地區病例呈現指數增長，但後來歐洲與北美洲的疫情先後一一爆開。這很令人吃驚，因為根據世衛的說法，如果發生疫情大流行，美國應該是「比較能因應」的國家之一。[27]二〇一九年全球衛生安全指數（Global Health Security Index）將美國、加拿大、英國等國列為「準備最充分」的國家。[28]結果現在看來，世衛和全球衛生安全指數的評等顯得毫無意義，甚至反而和遏阻疫情大流行的表現成負相關。在統計上，光是有全民醫療保健體系也無法為國家帶來重大優勢：許多擁有這種系統的國家表現都很差。[29]四月某份關於因應疫情應對的初步排名中，以色列、新加坡、紐西蘭、香港和台灣的表現名列前茅，日本、匈牙利、奧地利、德國和南韓則緊接在後。[30]

二〇二〇年一月二十日，美國通報了首例

確診COVID-19的病例，患者是一名來自華盛頓史諾霍米須郡（Snohomish County）的三十五歲男子，他剛從武漢回來，不過他似乎沒有感染其他人。美國的病毒是直接從中國輸入，並間接經由歐洲和伊朗轉口而來。[31] 整個三月，美國各地的病例指數暴增，主要集中在東北部，尤其是紐約市和其周邊地區。三月之後，確診病例和死亡曲線漸趨平緩，但新的感染人數和死亡人數的成長速度，依然超越其他先進國家。四個月之內，病毒已經蔓延到全美各州，超過九十%的郡淪陷。[32] 在歐洲，義大利是數一數二的超級重災區，但到了六月，即使是按人均計算，美國的疫情依然明顯比義大利還要糟糕。[33]

要看疫情衝擊有多嚴重，兩個數字最有說服力：死亡數除以總人口數的比例，以及該季死亡人數扣掉近幾年當季的平均

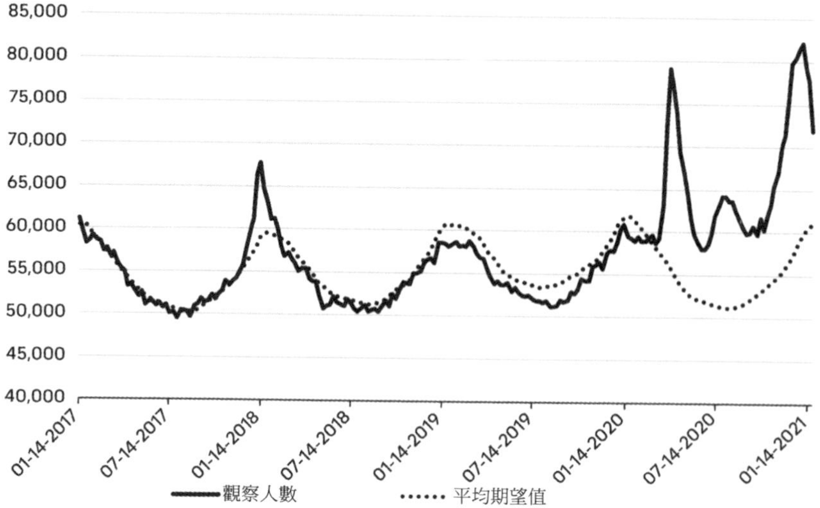

圖表18：2017至2020年，美國預期的每週（因各種原因造成的）超額死亡率，以及實際觀察到的每週超額死亡率。*

* 作者注：最近幾週的資料不完整。只有60%的死亡病例在死亡日起十天內呈報給全國衛生統計中心（National Center for Health Statistics）。

死亡人數（即超額死亡人數）。根據前者，美國到二〇二〇年八月四日每一百萬人中有四百六十九名因感染COVID-19死亡，表現比愛爾蘭的三百五十七人、加拿大的二百三十七人、澳洲的九人、紐西蘭的五人還要差，但比英國的六百八十人要好。在歐洲，比利時則有八百五十人、西班牙六百零九人、義大利五百八十二人、瑞典五百六十九人。雖然這些國家的狀況都比美國更糟，但相較之下歐洲那時的病例數已經大致上趨於平穩（儘管只是暫時）。美國因染疫死亡的人數反而愈來愈接近巴西的四百四十五人，或是墨西哥的三百七十二人。到了二〇二〇年七月中旬，美國的超額死亡人數已經高達十四萬九千人，比過去平均值高出二十三%，達到了巴西、荷蘭、瑞典和瑞士的水準（根據《紐約時報》，自三月一日至七月二十五日期間，實際死亡人數比平常的平均值還要多二十一萬九千人。[34] 疾管中心的資料則顯示，一月一日至八月一日各種原因造成的超額死亡人數為二十萬五千九百八十五人，比該時期的預期死亡人數高出十二%）。[35] 智利（四十六%）、英國（四十五%）、義大利（四十四%）、比利時（四十%）、西班牙（五十六%）的超額死亡率都大幅提高，其中英國是所有歐盟國家裡最糟糕的。[36] 秘魯（一百四十九%）和厄瓜多（一百一十七%）的超額死亡率則是全球之冠。不過像冰島、以色列和挪威這些國家卻沒有出現明顯的超額死亡。德國的超額死亡率則是五%。[37]

二〇二〇年夏天碰到的問題是，全美國的人都沒有把當時對病毒和疾病的瞭解認真當一回事。只有佛蒙特州（Vermont）真的有把疫情控制下來（阿拉斯加、夏威夷、蒙大拿州六月份的狀況原本還不錯，但許多感染人數較多的州的居民跑去度假，結果讓當地病例數上升）。至於新英格蘭地區、紐澤西州和紐約州則是在春季時遭受第一波疫情的襲擊，但在實行外出限制之後大幅改善。但絕大多數州的COVID-19病例，都從陣亡將士紀念日（Memorial Day，二〇一九年是五月二十五日）起不斷攀升，美國南部和西部特別明顯。其中十幾個州的疫情在似乎得到控制之後，突然又出現了第二波疫情。至於加州、佛羅里達州和德克薩斯州這些大州，則是在八月才剛剛湧現第一波疫情。[38]

到了八月，我們對SARS二型病毒和COVID-19的瞭解已經比一月多得多。在中國資訊不可信的情況下，一月時最合理的辦法就是為最壞的情況做打算，盡量減少來自中國的運輸，加強對新病毒的檢驗，並建立一個接觸者追蹤系統（當時台灣跟南韓就這麼做）。這種病毒的遺傳密碼與蝙蝠冠狀病毒RaTG13極為接近。即使是業餘的流行病學家也看得出，這種新疾病的感染力至少跟季節性流感一樣高，而且一定更為致命，[39]但殺傷力還是比不上感染死亡率更高的SARS、MERS、伊波拉或一九一八年西班牙流感。至於傳染力，也比傳染數冠軍的麻疹更低。SARS二型病毒最麻煩的地方是，其傳染性足以讓病毒迅速蔓延，但致死能力又沒有高到在傳染出去之前就把當地的人殺光。早期對「基本傳染數」（R_0，即一個病毒帶原者能傳染給多少人的平均數）的估計值差異甚大，從六到十五不等，但無論如何已經高得相當嚇人。[40]到了二〇二〇年夏天，普遍認為該數值會落在一點八至三點六之間。[41]麻煩的是，有相當多帶原者（大約四成）都是無症狀感染者，也就是有一些人染疫卻根本沒有出現症狀，尤其是兒童。[42]美國疾管中心在七月十日發布的防疫指南中，將R_0估計為為二點五，並表示在出現症狀以前有五成的傳播機率。[43]

科學家很快就發現，該病毒的棘蛋白（spike protein）會與人類細胞表面的一種蛋白質「血管收縮素轉化酶II」（ACE2）結合，然後進到細胞內，釋放其RNA並且開始大量增生，通常最先攻擊上呼吸道。到二〇二〇年七月，我們知道了SARS二型病毒的傳播媒介是微小的氣溶膠，或帶原的飛沫。[44]也就是說最容易傳染的方式，就是在相對擁擠且有空調的室內場所咳嗽、打噴嚏、喊叫或唱歌。[45]在這類情況下，一點五公尺的社交距離根本沒有用。[46]這也證明只要進入擁擠的地方最好都要戴上口罩。[47]在室外染疫的情況要少得多。[48]雖然病毒會存在於糞便、呼出來的氣體和唾液之中，但仍沒有證據表明病毒會藉由這些途徑傳播（不過理論上沖馬桶還是有可能把病毒顆粒噴向空氣中）。[49]前述這些機制也讓我們瞭解，各季的平均溫度變化對傳染率的影響有限。相較於暖氣、冷氣和室內傳播的機制，室外溫度的差異影響實在不大。[50]研究也顯示，感染的症狀中最明顯的就是喪失嗅覺（anosmia）。[51]

不過話說回來，這種疾病究竟有多致命？這就是最令人頭痛的地方。二〇二〇年春天時雖然還沒有確切的數據，但整體感染死亡率似乎會落在〇・三％至〇・七％之間，而非早期模型假設的〇・九％至一・〇％。許多染疫者沒有任何症狀，許多人則是症狀相對輕微，只持續了幾天；另一部分人病情拖比較久，其中有一些需要住院治療（在法國不到四％）。[52]一旦進了加護病房，死亡的比例就很高（在英國大約一半），這些患者最常見的症狀是急性呼吸窘迫症候群（acute respiratory distress syndrome），伴隨低血氧（hypoxemia），最終導致致命的「免疫風暴」（cytokine storm）。[53]出現這些症狀之後，平均會在兩個星期內死亡。[54]大體病理解剖發現，患者的肺部出現各種不同損傷：病毒侵入細胞內、細胞膜破裂，以及大範圍的血栓和微血管病變，都造成了嚴重的內皮損傷。[55]

老年人在疫情剛開始蔓延的階段顯然是最脆弱的，七十歲以上一旦染疫，確診死亡率就在八%左右，八十歲以上則有十五%。[56]在歐洲，與COVID-19相關的死亡病例中，有八十%超過七十五歲。[57]老年人之所以風險這麼高，是因為這個族群本來就容易有各種慢性病，例如缺血性心臟病（ischemic heart disease）、糖尿病、癌症、心房顫動（一種心律不整）等。[58]此外，英國的資料顯示，男性患者比女性患者更容易死亡，肥胖者比身材正常的人死亡風險更高。在英國，哮喘則是另一個風險因子。[59]美國的情況也大同小異：二十至五十四歲的COVID-19確診死亡率為一%，五十五至六十四歲為一至五%，六十五至八十四歲為三至十一%，八十五歲以上則高達十至二十七%。[60]七十歲以上的老人占紐約州人口的九%，COVID-19死亡人數卻占了六十四%。[61]但這並非表示青壯年人口就不用擔心。美國人的死亡比例高於歐洲人，這幾乎可以肯定是跟美國人的肥胖率較高及其相關健康問題有關。[62]據報導，一些三四十歲原本健康的人，在感染了COVID-19後卻發生中風、凝血異常或急性肢體缺血症（acute limb ischemia）。[63]愈來愈多的證據顯示，那些從COVID-19康復的患者，許多人的肺部受到永久性的損傷，[64]而其他人則繼續飽受一些持續性症狀之苦，例如疲勞、呼吸困難和疼痛。[65]在義大利和紐約州，則有兒童感染後重症的病例，一些發炎的症狀跟川崎氏症候群（Kawasaki syndrome）很相似。[66]歐洲一項研究顯示，五百八十二名確診兒童中有四人死亡。[67]此外在早期就有人發現，非洲裔比白人同胞更容易死於COVID-19，[68]在英國的加勒比海裔和南亞裔死亡率也比其他人高。[69]在芝加哥，非裔美國人占人口的三十%，死於COVID-19的人卻占了五十二%。整體來說，美國黑人的死亡率是白人的二點五倍。[70]拉丁裔美國人和美國原住民的感染率也比美國白人高得多，而且若以年齡來分就

	1918年流感	1957年流感	2009年流感[1]	2009年流感[2]	SARS病毒	SARS二型病毒
傳染力（Ro）	2.0		1.7		2.4	2.5
潛伏期（天數）	未知		2		2–7	4–12
從出現症狀到最大感染力（天數）	2		2		5–7	0
輕症比例	高		高		低	高
需要住院治療的患者比例	少		少		大多數 (>70%)	少 (20%)
需要進加護病房的患者比例	未知		1/104,000		大多數 (40%)	1/16,000
六十五歲以下死亡比例	95%		80%		未知	0.6–2.8%
美國死亡人數（按2000年人口調整）	1,272,300[3]	150,600[4]	7,500 - 44,100	8,500 - 17,600	0	372,504[5]
平均死亡年齡（歲）	27.2	64.6	37.4		未知	未知
生命損失年數（按2000年人口調整）	63,718,000	2,698,000	334,000-1,973,000	328,900-680,300	未知	3,730,530

圖表19：COVID-19與歷史上其他疫情的比較表
Source: Petersen, “Comparing SARS-CoV-2,” tables 1 and 3.

1 作者注：根據肺炎和流感的超額死亡率（分子）與全死因死亡人數（分母）去估計的結果。資料來自122個城市死亡率的監測。

2 作者注：根據美國疾病管制與預防中心利用2009年大流行的調查資料做出的估計。

3 作者注：根據最終的國家人口動態統計資料所做的超額死亡率估計。

4 作者注：根據最終的國家人口動態統計資料所做的超額死亡率估計。

5 作者注：至2020年年底的人數。

更加明顯。[71]目前還並不確定這些數據到底跟社經上的弱勢（例如糟糕的醫療保健、擁擠的居所和惡劣的勞動條件）、增加染疫風險的健康問題（例如肥胖和糖尿病）好發程度，或是遺傳因素有多大程度的關聯，也有人認為在分析時必須事先排除這些因素。[72]

根據前述的各種症狀與死亡率，顯見原本曾經設想過的「群體免疫策略」太過天真，在目前的糟糕情況下更是顯得輕率。根據某個流行病學的標準模型，只有在大約七成人口都染疫的情況下才有可能達成群體免疫②，也就是說即使假設感染死亡率相對較低，仍會有大量的死亡和重症病例（假設感染死亡率為〇．六％，美國仍會有將近一百四十萬人死亡）。[73]然而，即使夏天將至，我們對這種病毒和疾病仍有許多不瞭解的地方，而且可能有大量我們不知道自己不瞭解之處。好比儘管我們知道有免疫抗體這回事，但我們並不知道那些確診者康復後，免疫能維持多久[74]（我們可能連他們是否有抗體都無法確定，因為我們原本也不認為痊癒的人還會再得一次，直到我們發現有少數無症狀的患者被重複感染）。[75]有些人即使康復也仍持續感到不適，我們尚不明白這種後遺症會持續多久，以及會有多嚴重。有些問題我們也並不真正瞭解原因，例如為什麼德國和日本的經驗，會跟比利時和美國的經驗如此不同？或者為什麼儘管英國和瑞典採取了完全不同的公衛政策，兩國的經驗卻會如此相似？為什麼葡萄牙明明跟鄰居西班牙的條件很相近，疫情情況卻好得多？還有為什麼瑞士義大利語區的情況要比

---

② 作者注：若病原體的 R_0 值為四，意思是一個受感染的人平均會感染四個人。計算群體免疫的門檻公式為 1–1/Ro，若 R_0 值等於四，就需要七十五％的人口才能達到相應的群體免疫門檻。

瑞士德語區差得多？有些國家為預防肺結核而強制接種卡介苗，有些國家則沒有，究竟卡介苗是否真有可能可以預防COVID-19？[76]血型A型的人會比B型的人更容易感染嗎？[77]記憶T細胞的作用為何？接觸其他冠狀病毒後產生的抗體呢？[78]總而言之，套句英國神經科學家卡爾・佛里斯頓（Karl Friston）的形容，這一切仍有許多「暗物質」③有待釐清。[79]另外，我們也還不知道，病毒進一步變異的可能性有多大，會不會變得更具傳染力或是更致命，或者讓疫苗效力變差。[80]

與此同時，目前也還未能找到有效的治療方式。瑞德西韋（Remdesivir）、巴瑞替尼（baricitinib）、卡莫氟（carmofur）和低劑量類固醇（dexamethasone）是有某些療效，但還稱不上是特效藥。至於奎寧，雖然有某位總統的背書，但其實並沒有用。[81]目前看來，疫苗可能算是有譜，全世界有二百零二種疫苗正在開發中，二十四種在臨床試驗，有五種在第三期，[82]其中莫德納疫苗（Moderna，mRNA-1273）以及牛津疫苗（ChAdOx1 nCoV-19，即AZ疫苗）第二期的試驗結果令人振奮。但要出現一支完全有效的疫苗，還需要好幾個月的時間。即使一切都順利進行，這仍是個大挑戰，因為歷來的開發新疫苗都需要十年或更長的時間。[83]至於檢驗的部分，二〇二〇年夏天大多數既有的檢驗方式都還不夠可靠，因為靈敏性（sensitivity）高，偽陽性就多，特異性（specificity）高，偽陰性就多。[84]因此，在疫苗和藥物領域取得重大進展之前，阻斷病毒傳播將仰賴非醫療介入措施，像是戴口罩、持續保持社交距離、廣泛和定期的檢驗、系統性的追蹤接觸史，以及對已確診或疑似受感染者進行有效的隔離。倘若政府和人民沒有遵守這些措施，確診病例和死亡人數就會持續上升，或是要花很久的時間才能趨緩。

網絡化的疫病大流行

要理解這場COVID-19大流行危機，只能藉由歷史和網絡科學才辦得到。歷史可以讓我們對潛在規模和可能的後果有點認識，網絡科學則解釋了為什麼在某些地方或某個族群中，病毒會傳播的比其他地方和族群更遠更快，解釋了為什麼中國湖北省被封鎖之後，會為全球供應鏈帶來衝擊，同時也解釋了為什麼歐洲未能控制病毒，造成必須實行極其嚴格的封鎖措施，以及為什麼這些措施引發了全球的金融危機。最重要的是，網絡科學也讓我們瞭解，為什麼跟COVID-19相關的假新聞，在藉由社群媒體病毒式的傳播後，會讓許多人做出了心口不一甚至搬磚砸自己腳的行為。

正如第四章所言，流行病學的標準模型通常無視網絡的形狀結構（network topology），並且假設每個個體都可以自由接觸其他任一個體，還假設每個個體的接觸量都差不多。但現實世界的網絡可沒有這麼均一。這種模型也許可以充分描述人際網絡完全隨機生成的理論世界，但疾病在無尺度網絡中傳播的狀況，卻比較像物理學家阿伯特．巴拉巴西寫的那樣：「樞紐（hub）通常會很快被感染，因為它有相當多條連結，非常可能接觸到已經染疫的節點。而在樞紐被感染之後，就會變成超級傳播者，把疾病傳播到網絡的其他部分……。在這種情況下，病原體的傳播速度會比傳統的流行病模式預測的

③ 譯注：此處借用宇宙學的概念。在宇宙中，「暗物質」是指那些不會發光與發出電磁波，因而以我們不瞭解的形式或性質存在的物質，科學家只能透過這些物質的引力效應才能確認其存在。

更快。」[85]而且通常既有的免疫策略和群體免疫模式也不會有效。[86]總體來說，我們可以用脆弱度（染疫難度、暴露難度、死亡率這三者的多樣性）和干預程度（可以在感染過程中減少多少連結）來描述每一個社群網絡。傳染病大流行會讓人們注意到網絡的脆弱，並鼓勵干預。[87]因此照理來說，只要利用人口結構內部既有的差異，就能讓社會在感染率遠低於理論上的群體免疫門檻之前，成功阻止傳染病繼續傳播下去。[88]

COVID-19的整個演變史都在證實巴拉巴西等研究者的假說。病毒之所以傳播得這麼快，是因為二〇一九年十二月與二〇二〇年一月的大量國際航班形成了一個無尺度網絡，客流量達到前所未有的高度，是十五年前的兩倍多。[89]病毒靠這些航班移動多遠並不重要，重要的是第一波大流行的地點與武漢之間的有效距離，而非地理距離。[90]二〇一九年十二月一日至二〇二〇年一月二十三日間，武漢共有四十六趟班機直飛巴黎、倫敦、羅馬、莫斯科，十九趟班機直飛紐約和舊金山。根據「飛常準」的紀錄，這些航班大都坐滿了旅客。更慘的是，一月也是中國人搭機出遊的高峰期。[91]而根據航空資訊平臺FlightStats的資料，二月一日有一架降落在舊金山國際機場的中國南方航空班機，便是直接從廣州直飛過來。[92]幸好在一月二十三日之後，其他從武漢飛往亞洲地區的班機，機上都只有機組人員而沒有任何乘客。[93]我們之前提過，武漢在一月二十三日開始的隔離措施，只略微拖慢了病毒傳染中國其他地方的速度，卻沒有阻止病毒跨出中國，[94]因為除了武漢以外，中國其他國際機場的航班都一直繼續把病毒運往其他國家。至於川普總統一月三十一日阻擋中國乘客入境美國的禁令，則不僅宣布得太晚，而且漏洞太多（例如美國公民與永久居民都不受限），效用因此大打折扣。[95]大部分國家都在二〇二〇年上半年完全禁止外國旅客入境，其他國家也至少有部分禁止。[96]這已經是亡羊補牢，但大部分的羊早就已經跑光了。

美國和武漢的距離，其實遠比地圖上畫得更近，但依然不是最近的國家。根據一項網絡分析，美國是第五大最可能從中國輸入COVID-19的國家，排在泰國、日本、台灣、南韓之後。另一項分析則把柬埔寨、馬來西亞、加拿大也列在美國前面。[97]但為什麼這些國家的COVID-19病例與死亡人數相較之下都比美國少？因為這跟感染網絡的另一部分有關。大多數乘客都得搭乘全國性、區域性或地方性的交通網絡往返機場，所以這些交通網絡是傳播疾病的重要管道。公車很容易傳播病毒，一名女性案例甚至在一次往返途中就感染了二十三人。[98]倫敦與紐約的地鐵也是傳染的重要場所，尤其紐約的法拉盛慢車線（Flushing local line）特別明顯，因為它每站必停。[99]

除了大眾運輸以外，還有哪些方式會加速傳播？當然是家庭，家中只要一個人帶原就很可能感染全家。[100]就結果而言，多代同堂的程度跟傳染的速度很有關係，北義大利的疫情比瑞典慘烈許多也可能就是因為這個原因。[101]另一個傳染熱點則是公寓的電梯，例如有一名自外歸國的中國女性光是搭電梯就感染了七十人。[102]兒童可能比較不容易感染COVID-19，即使帶原可能也不會出現症狀，但依然可能會像柏林某項研究顯示的一樣，把病毒傳染給別人。所以學校也是疫情傳播的樞紐，[103]只有在台灣那種以精心設計的方法嚴加防堵病毒入侵的國家，才能繼續營運。[104]以色列一開始把疫情掌控得很好，卻因為耶路撒冷的一所學校而毀於一旦。[105]至於大學則更為危險，學生不僅來自更遠的地方，而且都住在擁擠的宿舍裡。學生返校因此成了二〇二〇年最容易爆發新一波疫情的前兆。就連防守得無懈可擊的新加坡，也在比大學更擁擠的移工宿舍爆發了疫情。[106]餐廳也會加速傳播，例如南韓就有一個人在餐廳裡傳染給三張桌子的九位其他顧客。[107]卡拉ＯＫ則更是危險，[108]南韓某棟辦公大樓裡面整層的員工裡，就有五分之二全都檢測出陽性。[109]前幾次冠狀病毒疫情的經驗，使我們認知到醫院也可能有大量傳播病毒的危險，不過更危險的地點還包括郵輪、監獄、食品加工廠與婚禮。[110]但這些機構的傳播能力，還是都輸給了養老院。

如今我們都知道「種族屠殺」（genocide）是指屠殺整個部落或民族。這個詞是全家幾乎遭納粹殺害的波蘭猶太裔難民拉斐爾・萊姆金（Raphael Lemkin）在一九四四年首次創造。刻意殺死老人的「棄老」（senicide）這個詞比較鮮為人知，但其實出現得更早。根據《牛津英語辭典》，「棄老」最早來自維多利亞時代的探險家亨利・強斯頓爵士（Sir Henry Hamilton Johnston）。但這個詞卻沒有像「種族屠殺」那樣廣為流傳。在亞馬遜網站上輸入「棄老」只找得到兩本書，以及加州某個重金屬樂團某首五音不全的同名歌曲。若是回頭查找更老的典籍，則會發現幾乎所有紀錄都和古代或鮮為人知的部落有關，例如印度的潘地安人（Padaeans）、俄羅斯的沃賈克人（Votyaks）、美國的霍皮人（Hopi）、加拿大的尼錫克因紐特人（Netsilik Inuit）、南非的桑人（San）、亞馬遜的波洛洛人（Bororos）等等。無論如何，「senicide」目前都還罕見到會被微軟的文書軟體標記成錯字，自動建議改成「suicide」（自殺）。但等到民眾知道了二〇二〇年上半年究竟發生什麼事之後，這個詞可能就會聲名大噪。在英國，截至五月一日為止，療養院的死亡人數已經超過兩萬——過度偏重國民健保署卻忽略該醫療體系以外機構的弔詭結果。[111]美國截至七月中旬，COVID-19的死亡病例也有四十五%來自療養院。[112]紐約州州長安德魯・古莫（Andrew Cuomo）和該州衛生廳長祖克（Howard Zucker）犯了一個致命錯誤，強迫療養院在沒有篩檢的情況下，讓「病情穩定」的患者回家，結果導致該州療養院中大約六％的患者病逝。[113]養老院的死亡人數占各國死亡總數的比例差異甚大，從香港與南韓的零，到紐西蘭的七十二％（但該國的死亡總數很少）不等。至於死亡人數高的歐洲，養老院死者人數所占的比例則介於法國的三十五％（一萬四千三百四十一人）、英格蘭與威爾斯的三十八％（一萬九千七百人），以及比利時的五〇％（六千二百一十三人）之間。[114]

亨利・強斯頓爵士一八八九年寫道：「薩丁尼亞的古薩丁人……把殺死年老的親戚當成年輕人的神聖義務。」十九世紀的俄羅斯歷史學家尼古拉・卡蘭辛（Nikolai Karamzin）將「棄老」定義為：「當父母因年老或重病而受苦，並拖累家人時，子女有殺死父母的權利。」探險家克努・拉斯穆森（Knud Rasmussen）和貢川・德・朋善（Gontran de Poncins）也曾記錄到，加拿大威廉王島（King William Island）的尼錫克人到了一九三〇年代依然有棄老行為。但大概沒有人能預見，到了二〇二〇年代，先進民主國家的人還會這麼做吧？倒還真的有人預料過，那就是奧地利出生的經濟學家弗里德里希・海耶克（Friedrich von Hayek）。他一九六〇年就在《自由的憲章》（*The Constitution of Liberty*）中預言：「那些完全靠年輕人供養的老年人，很有可能會變得無法自力更生，然後就被丟進集中營。」[115]

但無論是擁擠的公車還是棄老成群的養老院，都只是疫情傳播的舞臺，而不是演員。人們在二〇二〇年初很快就發現，COVID-19的蔓延跟愛滋、SARS、MERS一樣，都嚴重受到超級傳播者影響。發明「散布因數」（*k*）這項評估數值的傳染病生態學家傑米・羅以德-史密斯，根據

COVID-19早期的疫情資料，算出這種疾病的散布因數幾乎跟SARS一樣低。[116]SARS二型病毒的散布因數大約為零點一，「表示很可能有八十%的二次傳播都是從大約十%的患者傳出去的。[117]例如香港的傳播狀況就幾乎完全等於帕累托所提出的關鍵少數法則（Pareto ratio）④。」[118]可見這場從武漢蔓延全球的疫情大火，火種不止一兩顆，還需要有好幾位超級傳播者才能夠全面擴散——反過來說，這也表示只需要有少量超級傳播者或超級傳播事件，就可以把疫情擴散到無法控制的程度。[119]例如一名中國女性在武漢跟父母見面之後，於一月十九日飛回慕尼黑，就把病毒傳給了德國公司的其他十六個同事。[120]一名英國索塞克斯的商人在新加坡染疫後，跑去白朗峰附近滑雪，然後又飛回蓋威克老家喝啤酒。[121]南韓那位交遊廣闊的案三十一，也在不知情的狀況下把病毒傳給大邱與首爾的一千多人，包括新天地教會的教友。[122]至於北義大利的案一患者「馬帝亞」（Mattia）則在二月份生病時去過醫院三次，並在三次就診之間繼續參加社交活動。[123]二月底在波士頓長碼頭萬豪酒店（Boston Marriott Long Wharf）舉辦的生物科技會議也是著名的群聚感染事件，人們一開始以為只有八十九人在此感染了COVID-19，[124]後來的研究才發現那場會議其實感染了大約兩萬人。[125]華盛頓州斯卡吉特郡（Skagit County）的六十一名合唱團團員在三月十日一起練唱，結果其中五十三人染疫，三人住院，兩人死亡。[126]

網絡科學給我們的重要啟示是，如果要阻斷COVID-19的蔓延，就勢必得在某種程度上破壞既有的社會網絡（尤其是暫停那些在狹小空間近距離交流的行為），並干擾那些會讓小世界變大的因素。[127]

④ 編注：又稱二十／八十法則。指百分之二十的關鍵少數，影響乃至操控了百分之八十的多數。

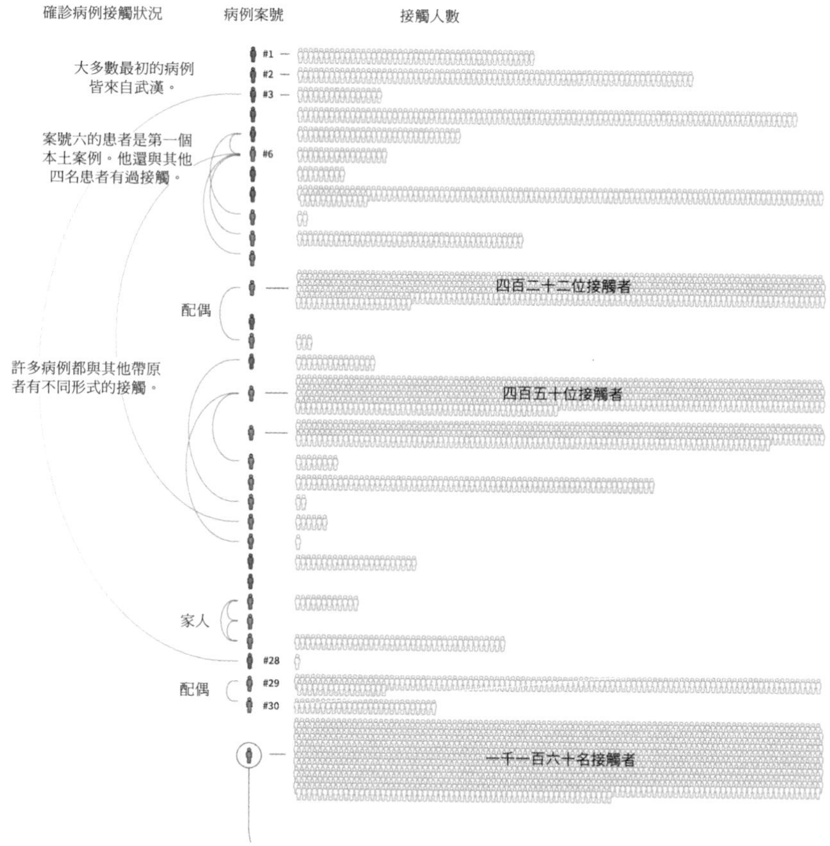

圖表20：南韓案三十一患者，是傳染了千人以上的超級傳播者。這名六十一歲的女性在檢驗陽性前兩週，前往首爾和大邱參加會議。在2月6日於大邱發生輕微車禍，送往薩羅南醫院（Saeronan Oriental Medicine Hospital）治療，住院期間還於2月9日和2月16日各參加了一場新天地教會的兩小時禮拜。此外她還在發燒狀態下，和一位朋友在維爾女王飯店（Queen Vell Hotel）共進午餐。

這個道理既適用於西徹斯特郡（Westchester County）、亞斯本（Aspen）、棕櫚灘（Palm Beach）的上流社會，[128]也適用於洛杉磯連結緊密的拉丁社群，以及美國南方的浸信會教堂。但我們之後會提到，美國的決策者和公民通常都忘了這個道理，結果付出了不必要的代價。台灣在這部分就做得很好，數位政委唐鳳讓政府將染疫症狀與傳染途徑公布在好幾個不同網絡平臺上，在口罩短缺的時候進行定額配給，而且實施了強制隔離。[129]如果台北爆發疫情，官員還打算把城市分區管理。[130]南韓政府則和私人企業合作快速提高篩檢量能，並架設了一套用手機來追蹤接觸者足跡的系統。該國政府根據之前在MERS爆發時訂立的法律，有權蒐集檢驗結果陽性者的手機與信用卡等資訊，重建他們的近期足跡。政府去除這些資料中的個人資訊，然後上傳到社群應用程式上，讓其他人比對自己是否接觸過感染者。[131]此外南韓政府也跟台灣一樣，實施嚴格的強制隔離。至於香港的狀況有點不同，因為焦點都轉移到民主運動，但背後的原理依然一樣：用科技追蹤感染者，並用口罩和隔離措施減少傳染。[132]新加坡的辦法也大同小異，只是因為下載APP的人不夠多，只好用更多人力去追蹤足跡。[133]不光只有亞洲國家施行了正確的措施，德國與希臘的防疫手段規模雖然沒有這麼大（或者沒那麼侵入性），但也證實了只要盡早發現傳染途徑並且盡早阻斷，就可以有效降低傳播。[134]美國的華盛頓州也在剛爆發疫情時快速反應，成功壓低了傳染曲線。如果其他州也能這麼做，美國的疫情恐怕就不會像現在這麼糟糕。[135]

倒大楣

在應對第一波COVID-19疫情的表現方面，前兩大英語國家顯然比其他亞洲和歐洲國家還要糟糕，這個問題該怪誰呢？大多數的記者當然會說是鮑里斯・強森與唐納・川普這兩位民粹主義領袖。婉轉點來說，這兩位仁兄確實不是那麼擅長處理危機。但如果只是把COVID-19的故事變成某種道德寓言，比如找出誰才是什麼「民粹主義者的剋星」，就是在忽視更深層的系統性和社會性失誤，而且未來的歷史學家一定會說，這種錯誤只有很粗心的社會才會犯。

光看英國的狀況就很清楚了。搞清楚英國是否面臨致命疫情，或者該採取什麼措施去應對，其實並不是首相的工作。該做這件事的是「新型與新興呼吸道病毒威脅顧問小組」（New and Emerging Respiratory Virus Threats Advisory Group, NERVTAG）與「緊急事態科學委員會」（Scientific Advisory Group for Emergencies, SAGE）裡那幾位關鍵的流行病學專家，像是首席醫療官克里斯・惠提（Chris Whitty）、倫敦衛生與熱帶醫學院（London School of Hygiene and Tropical Medicine）的約翰・埃德蒙斯（John Edmunds），以及倫敦帝國學院的那位弗格森。這兩個單位直接在內閣辦公廳簡報室裡向強森及其挑選的大臣團隊報告。專家們最初都不敢出手。晚至二月二十一日，NERVTAG還建議將威脅等級維持在「中級」。[136] 甚至在三月九日，英國發生第一起死亡病例的四天後，SAGE依然拒絕採取中國式的封鎖，因為他們認定「一旦解封之後，就會出現第二波大規模疫情」。這些專家很顯然還只是把這個病毒視為一種新型的流感。三月十三日星期五，英國首席科學顧問瓦蘭斯爵士（Sir Patrick

Vallance）告訴ＢＢＣ，政府的目標是達到群體免疫，但必須管理有方，以免讓英國的國民健保制度負荷過重。[137]然後突然之間，專家們開始恐慌起來。三月十六日，倫敦帝國學院的弗格森發表了一篇論文，預測在疫苗問世以前，如果沒有雙管齊下地採取「緩解」（mitigation，意即保持社交距離）和「壓制」（suppression，意即封鎖管制）這兩種防疫策略，「英國將有大約五十一萬人死亡，美國將有兩百二十萬人死亡」。[138]公眾的擔憂與日俱增，後來政府在首相的首席戰略官多米尼克·康明茲（Dominic Cummings）的鼓動下，才不再堅持群體免疫策略，改祭出史無前例的政策來限制社交和經濟活動。結果政府決策好不容易大轉變，弗格森卻又糊塗到把不同問題混為一談，聲稱在目前的新規定下無論怎麼做，英國二〇二〇年的死亡人數「最多都只會有兩萬，而且其中三分之二的人無論如何都會死亡」（意思是，疫情造成的死亡只會有六千七百人）。[139]

接下來幾天的發展，宛如鬧劇和悲劇輪番上演。弗格森本人出現了COVID-19症狀，而首相強森和衛生大臣馬特·韓考克（Matt Hancock）則雙雙在三月二十七日檢測出陽性。強森在四月五日住院，並在第二天轉入加護病房。弗格森則完全打破自己建議的社交距離規定，私下跟情人幽會；康明茲也被抓到違反規定，開車出外旅行。後來某私人企業的電腦程式設計師重新檢視了弗格森的模型，結果揭發他的模型有大漏洞。[140]然而這些鬧劇還不是最關鍵的問題，這些鬧劇充其量只是那些被禁錮在家裡的人們轉移注意力的花邊新聞。真正的問題在於，捅出這簍子的竟然是公共衛生方面的專家，他們的失敗完全不亞於政府最高層。[141]我們曾在前一章提過費曼定律，他認為挑戰者號空難的原因是中階管理層的決策失當，我們在此似乎也看到了類似的故事。

至於在美國，川普總統一月的時候聲稱：「一切都在我們的掌控之下，一切都會好起來。」二月的時候聲稱：「看來等四月吧，理論上，天氣稍微變暖和，疫情就會如奇蹟般地消失不見。」到三月的時候竟然又說：「我很喜歡這玩意兒（指科學），我真的很懂，人們都很驚訝我竟然會懂這玩意兒。」目前已有海量的證據證明，川普在面臨二〇二〇年最初幾個月的危機時完全誤判了疫情嚴重性。[142]另外也有人說，他其實早在二月七日就很清楚嚴重性，但卻刻意「淡化它」。[143]把美國的COVID-19問題全都扔給川普實在太過容易，因為這位「不理性的總統」就是系統的最大弱點，「只要他故障，整個系統就全都故障」。[144]記者們當然沒有放過這條新聞，他們為此寫了一篇又一篇的文章，卻幾乎沒人停下來想一想，為什麼那麼多現任和前任官員會如此熱切坦率地想要向《紐約時報》和其他媒體分享他們的想法。[145]然後也沒有人覺得應該為一月和二月出現在《泰晤士報》、《華盛頓郵報》和新聞評論網站VOX的愚蠢新聞感到抱歉，這些媒體文章不僅同樣淡化疫情的威脅，還把川普對中國的旅行禁令說成種族主義⑤。[146]我沒有要幫川普辯護，因為他確實犯了很多最終無法彌補的嚴重錯誤，例如連前任總統都明智躲開的鴉片類止痛藥濫用議題，川普竟在完全不瞭解的情況下跳進去引火自焚。（四月十三日時他說：「當某人是美國總統，他就擁有完全的權力，本該如此。」）整個一月和二月，川普都

⑤ 作者注：一月二十九日，《紐約時報》警告我們要「小心疫情恐慌」。一月三十一日，《華盛頓郵報》則稱「不過就是喉嚨緊緊的嘛」，因為「流感」才是「更大的威脅」。一月三十一日，新聞評論網站VOX在推特上說（該則推文後來被刪除了）：「這將是一場致命的大流行嗎？才怪。」二月三日，《華盛頓郵報》又刊了一篇文章，標題是〈為什麼我們應該小心政府對冠狀病毒的激烈反應：嚴厲的措施往往會使已經處於弱勢的族群成為代罪羔羊〉。二月五日，《紐約時報》認為禁止中國公民入境美國是一種無的放矢的「極端反應」，是「由上而下的決定」，將可能會「在老百姓之間演變成毫不掩飾的種族主義」。二月七日，VOX直白了當地稱，反華排外主義才是我們真正需要擔心的事情。

對COVID-19疫情不屑一顧，直到三月才終於被說服要認真應對。（三月十七日時，他說：「在它被稱為大流行之前，我早就覺得它是一種大流行了。」）結果一夕之間他的支持度又開始回升，因為人們感覺他很有擔當。只不過這樣的人氣回升並沒有維持多久。他不再進行每日新聞發布會，而且像白癡一樣堅持不需要增加篩檢量，說得好像病例增加是篩檢害的一樣。三月之後許多選民的想法又變了，川普的平均支持率從三月底的四十七％，降到六月底的四十一％。[147]這一切像是在演一場大戲，記者和川普讓所有人認為，川普是這場大戲的主角——甚至當他聽從了白宮幕僚長馬克・梅多斯（Mark Meadows）的建議將責任移交給各州州長之後，他依然堅持自己才是世界的中心（但即使他不這麼做，指責炮火依然會同樣猛烈）。但事實是，這整件事主要是美國衛生及公共服務部的公衛官僚體系的災難性失誤，尤其是疾管中心的問題，但後者媒體就很少討論。

真要說起來，美國其實為疫情大流行制定過一大堆法案。二〇〇六年，國會通過了《大流行與全災害應變法案》（Pandemic and All-Hazards Preparedness Act），二〇一三年通過了《重新授權法案》（Pandemic and All-Hazard Preparedness Reauthorization Act），二〇一九年六月又通過了《大流行與全面災害準備及推進創新法》（Pandemic and All-Hazards Preparedness and Advancing Innovation Act）。[148]二〇一五年十月，由喬・李柏曼（Joe Lieberman）和湯姆・里奇（Tom Ridge）共同主持的兩黨藍絲帶生物防禦研究小組（Blue Ribbon Study Panel on Biodefense）發表了第一份報告，[149]而「為了更準確地反映其工作和任務的緊迫性」，該研究小組在二〇一九年更名為兩黨生物防禦委員會（Bipartisan Commission on Biodefense）。[150]自二〇一七年八月起，美國衛生部負責掌管整備與應變辦公室的助理部長便是由前美國空軍醫官羅伯・凱德拉克（Robert Kadlec）出任。二〇一八年九月，川普政府公布了一份長達三十六頁的《國家生物防禦策略》（National Biodefense Strategy），[151]計畫的目標共有五項，其中一項的子項目明確寫出要「評估研究帶來的風險，例如對潛在的大流行病原體的研究，因為生物安全過失的後果可能相當嚴重」。西塞羅研究所（Cicero Institute）的厄爾・格洛克（Earl "Judge" Glock）指出，[152]二〇〇六年之後的幾年裡，出現了大量跟疫情大流行有關的防範計畫⑥。然而，即使計畫訂得那麼多（說不定問題就出在訂太多了），疫情真正爆發起來時卻似乎沒有人確定是誰該出來負責。很顯然不是負責掌管「整備與應變」的助理部長，他這人在二〇二〇年上半年幾乎隱形了⑦。那麼疾管中心呢？疾管中心的創立法案明定其「在防範和對抗國內外公共衛生威脅方面扮演重要角色」，所以疾管中心主任雷德菲爾德（Robert R. Redfield）照理說有相當大的責任。可是國會也賦予了公共衛生局局長傑羅姆・亞當斯（Jerome M. Adams）類似的職責，只是他是直接向負責國民健康的助理部長布雷特・吉羅爾（Brett P. Giroir）報告。那麼衛生及公共服務部呢？疾管中心主任和負責國民健康部門的助理部長，以及美國食品藥物管理局（Food and Drug Administration）局長和國家衛生院主任，都要向衛生及公共服務部部長阿薩爾（Alex M. Azar）報告，所以部長想當然耳該負全

---

⑥ 作者注：他列舉了以下計畫：白宮國土安全會議《流感大流行國家戰略》、《流感大流行國家戰略實施計畫》、國防部《因應流感大流行實施計畫》、美國衛生及公共服務部的《流感大流行因應計畫》（分別於二〇〇五、二〇〇九、二〇一七年發布更新版）、年度的國土安全部《國家應變架構》、《聯邦跨部會作戰計畫》、《美國國家衛生安全戰略》、白宮《國家安全戰略》、國家安全會議《因應高衝擊傳染病威脅和生物事件的早期對策》、《美國衛生安全國家行動計畫》、《北美動物流感和流感大流行因應計畫》等。

⑦ 作者注：凱德拉克助理部長唯一值得報導的新聞是，他突然將身為生物醫學高級研究與發展管理局負責人的卜萊特博士（Dr. Rick Bright）調離職位。

責吧？然而，聯邦緊急事務管理總署的職責也跟他類似（至少該職務的任務簡述這麼說），署長彼得・蓋諾（Peter T. Gaynor）要向美國國土安全部臨時代理部長查德・沃爾夫（Chad F. Wolf）報告，或視情況改為向臨時代理副部長報告。最後，白宮也有自己的冠狀病毒工作組（Coronavirus Task Force），該組由兼任美國全球愛滋病協調員的「疫情應對協調員」黛博拉・柏克斯（Deborah Birx）領導。前述羅列了那麼一大票官員，結果最常出現在公眾面前的人，反而是國家過敏與傳染病研究院（National Institute of Allergy and Infectious Diseases）的主任安東尼・佛奇（Anthony S. Fauci）。

一定有某些官員曾懷疑過，哪天若來一場大流行可能就麻煩大了。二〇一八年十月十日，助理部長凱德拉克在德州大學奧斯汀分校的史特勞斯中心（Strauss Center）開了一場講座，談論生物防禦政策的演變。他在講座上說：「如果我們不建立這個〔針對大流行疫情的保險政策〕，一旦未來碰上這類問題，我們就等著倒大楣吧。」他補充道：「我們目前的狀況，有點像在自我催眠。」[153]看來美國公家機關（和一些私人機構）果然在過去二、三十年退步得相當嚴重。[154]

由此看來，顯然防疫出包其實已經不單單是總統判斷錯誤的問題。二〇〇九年，歐巴馬政府成立了「新興疫情大流行威脅」（Emerging Pandemic Threats），其中的全球病毒追蹤計畫「Predict」由美國國際開發署（Agency for International Development）資助執行，後來卻被川普政府砍掉，疾管中心駐北京專家也被召回。儘管如此，情報單位依然有盡到職責，警告美國注意武漢疫情威脅的嚴重性。[155]疾管中心、衛生及公共服務部和國家安全會議也都在一月的第一週就注意到這項威脅。川普的貿易顧問之一彼得・納瓦羅（Peter Navarro）也曾多次確實警告來自中國「嚴重大流行疾病」的危險。[156]其他像是副國家安全顧問博明（Matt Pottinger）、參議員湯姆．柯頓（Tom Cotton），以及眾議員麗茲．錢尼（Liz Cheney）等重要官員也都注意到疫情嚴重性。[157]川普的國家安全顧問羅伯．歐布萊恩（Robert O'Brien）在一月二十八日時也這麼告訴他：「這會是你總統任期內面臨的最大國家安全威脅……，這將是你碰到的最艱難挑戰。」[158]美國對中國和歐洲遊客實行的旅行限制，在大方向上是正確的，但施行的時機太晚，執行上也不夠力，最終導致成效不彰。[159]那些如今在高呼應該要全面關閉美國領空的人，都忘了當初即使是一些限制很小的措施也飽受媒體抨擊。[160]

真正的問題出在疾管中心。該單位權力過度集中，而且阻礙各種測試，不僅拒絕使用世界衛生組織的篩檢試劑，不讓其他美國機構進行自己的測試，還發放了無效的試劑。美國食品藥物管理局一直不批准疾管中心以外的機構做檢驗，讓疫情更是陷入膠著。截至二月二十八日，疾管中心總共只做了四百五十九次檢測，[161]到了三月七日才做了一千八百九十五次。相較之下，南韓在出現首例社區傳播病例的一週內，就篩檢了六萬六千六百五十人。[162]另外一個疾管中心無法解決的嚴重問題，是篩檢結果出現偽陰性。[163]疾管中心還搞砸了對境外移入的監測。這一連串的失誤跟白宮沒有什麼關係，也不是因為缺乏資源，[164]而是典型的官僚主義僵化沉痾。前疾管中心官員承認：「我們不大習慣主動干預。」整個疾管中心被「無以名狀又繁重的位階制度」所拖累。一位前美國食品藥物管理局官員形容：「這個機構就為了這個時刻成立的，結果現在卻搞砸了，連自己的使命都做不好，真是可悲。」[165]

到了三月中旬，美國就跟英國一樣從原本的心不在焉，變成了驚慌失措。川普在一月三十一日已經根據《公共衛生服務法》（Public Health Service Act）宣布國家進入公共衛生緊急狀態，但他在三月十三號又宣布了兩項國家緊急狀態聲明，先是援引了《斯塔福德災害救援和緊急援助法》（Stafford Act）和《國家緊急法》（National Emergencies Act），五天後又宣布要依《國防生產法》（Defense Production Act）發布行政命令，讓當局有更大的權力要求企業生產防疫資源。疾管中心突然發布警告，宣稱感染人數「已達一點六億至二點一四億人」。《紐約時報》報導則寫道：「將有高達二十萬至一百七十萬人可能死亡。」甚至「將有兩百四十萬至兩千一百萬名美國人可能需要住院治療」。[166]到了這個時候，口罩長期短缺的問題才終於浮上檯面，各地加護病房負荷能量的巨大差異也帶來了很大的麻煩。[167]所謂的「準備充分」也不過如此。有許多文章都把美國疫情的慘狀比擬成中國湖北和義大利北部，這其實忽略了這些地方之間明顯的差異：美國整體的人口密度較低，連城市的人口密度也低很多⑧。[168]義大利人使用公共交通工具的次數是美國人的三倍。真要比，也應該是把紐約市和武漢或米蘭放在一起比。但無論如何，美國大部分的州到了三月下旬都實施了旅遊限制。大多數大城市的交通量驟降，根據通騰導航科技公司（TomTom）的流量資料庫顯示，大約降低了五十%至九十%之間。幾乎所有地方的交通流量都急遽下降，某些郡的一些城市甚至實施了「居家避疫」（shelter-in-place）措施。飛機仍照常起飛，但上面沒有乘客——從三月二十六日至五月二十日，載客量只剩下去年同一時間的一成不到。[169]

美國其實還有一項較少人留意到的政策失誤，那就是接觸史追蹤系統的匱乏。在亞洲，我們看到處理 COVID-19 最成功的國家，都使用智慧型手機技術來輔助複雜的接觸史追蹤系統。美國明明是網際網絡誕生之地，是世界上最大的科技公司所在地，手上握有最大量、最全面的使用者資料，為什麼這些優勢卻完全沒有發揮的餘地？最常見的說法是，「因為美國人完全無法忍受這種侵犯公民自由的事情發生」，但這種說法實在毫無說服力。如今所有美國人都受到程度不一的行動限制，一個個被軟禁在家，這樣實在很難說是保障了什麼公民自由。除了《華盛頓郵報》三月十七日的某篇報導之外，[170]直到四月十日都仍沒有跡象顯示，政府是否要借助Google、蘋果或臉書唾手可得的定位和社交網絡資料，來協助追蹤接觸者。[171]直到鄰近復活節之際，才終於出現了一篇新聞：「蘋果和Google合作開發COVID-19接觸史追蹤技術。」不過以現實發展來說，說是蘋果和Google合作「阻擋」COVID-19接觸史追蹤技術可能還差不多。因為這些科技巨擘的律師們似乎認為，以數位方式追蹤接觸者的技術潛在風險過大。矽谷認為必須為這項技術設計一套全球標準，但又選擇將這問題推給州政府。乍看之下由各州來處理很合理，但州政府顯然沒有能力提供有效的系統去處理，而且各州無權封鎖州界，也讓問題變得更加麻煩。到了九月初，只有六個州推出了APP。[172]這份定位資料只用來追蹤全國COVID-19的傳播情況，比如春假期間的佛羅里達州海灘，以及三月上旬疫情大爆發之前的紐約市。[173]到了四月十一日，美國幾乎呈現停擺狀態，前往採買和娛樂場所的交通量下降了四十五%，前往工作場所的交通量下降了四十八%。在病毒幾乎蔓延全國之後，大多數地區才實施了居家避疫。這顯示旅遊禁令也同樣下得太晚，造成了防疫破口。[174]

美國是一個聯邦制國家。跟一九一八年那一次疫情大流行一樣，二〇二〇年實施非醫藥介入措施

⑧ 作者注：武漢的人口密度是舊金山的二點六倍。紐約是迄今為止已經是美國人口最密集的城市，而米蘭的人口密度比紐約還要再高一點六倍。

的權力是掌握在各州和各城市手上，而非華府。各州州長很樂意施展這項權力，但他們的表現參差不齊，而且通常獲得愈多鎂光燈的人表現反而愈差。前述我們已經提到，紐約等許多州政府都任由養老院的老人死去。不僅如此，各州甚至上演呼吸器爭奪戰，但美國呼吸器的數量不僅足夠，而且並不是拯救患者生命的關鍵工具，所以這些荒謬的爭奪戰毫無必要。[175]到了五月，加州聲稱自己比紐約更快實施限制措施，所以疫情控制得比後者好。[176]然而這其實只是假象，加州的病例數從五月中旬至七月下旬增加了六倍，超越了紐約。而且只有最自以為是的人，才會把居家避疫令當成關鍵中的關鍵，因為早在三月十六日加州下達第一個居家避疫令之前，全國各地的美國人早就已經開始提倡要保持社交距離。這說明了公民自發改變行為有多麼重要，而且這種改變往往比政府命令還要提早一步。[177]不過各地保持社交距離的程度不一，可能跟各城鎮社區的特質有很大的關係：那些凝聚力很強的社區通常不大願意保持社交距離，反倒是那些人民比較常個別參與政治的地區會比較願意。[178]

我們不需要太過理想化艾森豪時代的聯邦政府，也無須把一九五〇年代的美國社會（見第七章）講得太好聽。我們只需認識導論曾提及的「行政國」這個現象就跟SARS二型病毒一樣有害，而且從長遠來看也許更為糟糕。[179]歷史學者菲利普．澤里可（Philip Zelikow）在二〇一九年寫道：「我很震驚，甚至有點沮喪，美國最近十年來制定政策的能力淪落到比整個二十世紀大部分的時間都還要差。」[180]用政治理論家福山（Francis Fukuyama）的話來說：「美國政府的整體素質在一代多的時間裡不斷持續惡化。」尤其是自一九七〇年代以來便開始走下坡。在美國，「政府權力範圍持續勢不可擋地擴大，讓人看不見執政品質大幅下降。」[181]人們可能會像創投鉅子馬克．安德森（Marc Andreessen）一樣，認為問題是出在政府意志薄弱，或者因為「否決政治」（vetocracy）、「拼裝車政體」（kludgeocracy）當道。[182]但這問題其實出在系統上，而且比某總統那一大堆顯而易見的個人缺點更加深遠，也更難以補救。

資訊疫病大流行

人民要做出正確的選擇，就必須要有良好的資訊環境。就這一點來說，包括美國總統在內的政府官員，表現都相當差勁。他們從要不要戴口罩，到針對COVID-19的潛在因應措施等各方面訊息都相當混亂（有些甚至是誤導），但這些都還不是人民在二〇二〇年理解真相的最大障礙。問題出在資訊疫病。不幸的是，儘管許多問題明明早在二〇一六年大選就出現過，但美國國會仍舊未能對網際網絡平臺的法律規範進行任何有意義的改革，而科技巨擘們顯然也沒有自我改革的誠意。[183]結果就是新病毒剛出現的那幾週，美國和全世界都陷入假新聞充斥的環境⑨。澳洲新聞網（news.com.au）的報導稱：「沒有國家逃得開病毒的觸手。」內文提及英國某研究單位根據「武漢居民的手機和飛行資料，估計在五百萬居民中，有六萬人在封城之前的關鍵兩週內逃離了武漢」。並煞有其事地配了一張地圖，來說明這個情況有多危急、多可怕。結果該文後來在二月十九日被BBC踢爆那張圖並非該研究的一部

⑨ 作者注：有關二〇二〇年的部分我覺得滿重要的，曾打算花兩章來討論：一章寫二〇一六年選舉中出現的問題（「公領域的結構性變化」），另一章談立法者和監理者在二〇二〇年以前一直沒有做出什麼實質的改善（「改革究竟少了什麼」）。然而礙於篇幅，我不得不刪掉這些章節。

分，而只是一張十年前世界所有航線的地圖。[184]但是，這樣一張充滿誤導性的圖文說明，卻依然受到無數網站和社群平臺使用者的大力轉載。

假新聞的來源非常多元，有時甚至來自備受尊敬的報紙。比如《華盛頓郵報》之前就發了一篇錯誤報導，聲稱川普政府已經關閉了疾管中心的「全球衛生安全綱領」(Global Health Security Agenda)活動，後來該報自己跳出來糾正錯誤。[185]一些福斯電視新聞的主播，尤其是節目收視率最高的西恩・漢尼提（Sean Hannity），甚至聲稱COVID-19的威脅言過其實，鼓勵觀眾別把疫情當一回事。結果導致了巨大的負面影響，那些選擇收看漢尼提節目的觀眾，確診比例與死亡率都更高。[186]整體而言，福斯新聞的收視率愈高，就愈少人保持社交距離。[187]只有另一位主播塔克・卡爾森（Tucker Carlson）例外，他在節目中警告人們小心疫情。但除此之外，還是有很多人一下子就聽信了其他更匪夷所思的說法。

其中一項陰謀論甚至被中國政府拿來大力宣傳。中國外交部新聞司副司長兼發言人趙立堅發布了一系列的推特，不遺餘力地宣稱這次的疫情大流行實際上源自於美國。趙立堅在三月十二日先是用英文，然後用中文分別寫道：「零號病人是什麼時候在美國出現的？有多少人被感染？醫院的名字是什麼？可能是美軍把疫情帶到了武漢。美國要透明！要公開數據！美國欠我們一個解釋！」[188]（這看來是在暗指二〇一九年十月於武漢舉行的世界軍人運動會〔Military World Games〕，當時有十七支美國隊伍參加。）趙立堅的推文在中國最知名的社群媒體平臺微博被大肆瘋傳。[189]大約在同一時間，數百萬名美國人的即時通訊軟體開始出現假的警告訊息，宣稱川普即將封鎖整個國家。其中一則訊息稱：「一旦防範搶匪和暴徒的軍隊部署到位，他們就會立即宣布這項消息。」並稱訊息引述自美國國土安全部某位不具名人士的說法（其他類似的訊息則提到了不同的政府部門）。另一則訊息寫道：「有人說他昨晚接到了電話，有人告知他盡快收拾行李，準備接下今天的行動任務及派遣令。」美國情報部門發現，這些訊息的源頭都指向了中國政府。[190]「機器人帳號」這次也跟二〇一六年一樣，放大了陰謀論的影響力。美國卡內基梅隆大學（Carnegie Mellon University）的研究人員分析了兩億多條討論COVID-19的推文，發現有大半的帳號疑似機器人，甚至在一千個最有影響力的轉發者裡面就占了六十二%。而在提及「重新開放美國」的推文中，六十六%的訊息來自可能是由人類控制機器人操作的帳號，三十四%則直接來自機器人。前五十大最具影響力的轉發者中，八十二%是機器人。社會和組織系統的計算機分析中心（Center for Computational Analysis of Social and Organizational Systems）主任凱瑟琳．卡利（Kathleen Carley）認為：「這看起來就是個宣傳機器，它完全符合俄羅斯和中國的遊戲規則。」[191]六月三日，推特刪除了兩萬三千七百五十個帳號，這些帳號總共推了三十四萬八千六百零八次推文。推特認為這些帳號背後的管理者正是中國政府。[192]

儘管中國的資訊戰就跟二〇一六年的俄羅斯資訊戰一樣很有影響力，卻都只是假訊息網絡中的一小部分。大多數中國的假帳號幾乎沒有多少追蹤者。那些講得最天花亂墜、流傳最廣的說法，許多既不是來自中國，也不是來自俄羅斯，而是源自於西方自己。例如皮爾斯．羅賓遜（Piers Robinson）教授，他之前任教於英國雪菲爾大學（University of Sheffield），是總部設在英國布里斯托的「宣傳研究組織」（Organisation for Propaganda Studies, OPS）的一員。他就曾提出「COVID-19是新的九一一事件嗎？」這樣的陰謀論，同時該組織主任暨紐約大學的馬克・克里斯賓・米勒（Mark Crispin Miller）也聲稱這次的肺炎病毒是一種生化武器。甚至還有一些理論聲稱，5G基地臺會降低人類對病毒的抵抗力（結果導致英國多處基地臺遭到破壞）。其他則多為各式各樣大致無害的庸醫偏方。伊拉克什葉派穆斯林領袖之一的穆克塔達・薩德爾（Muqtada al-Sadr）則說，同性婚姻是導致疫情大流行的原因之一。[193]不過目前最常見的陰謀論，其實都跟疫苗有關。例如有不實訊息聲稱，比爾・蓋茲積極資助COVID-19疫苗研發其實是別有居心，連愛丁堡大學環境政治理論教授提姆・海沃德（Tim Hayward）也中招，轉了相關推文。[194]《瘟疫大計畫》（*Plandemic*）這部陰謀論的電影基本算是以此為靈感製作出來的影片，而且受到大量關注。[195]世界衛生組織遲遲沒有意識到，在疫情大流行之際，我們還得應付各種陰謀論滿天飛舞的「資訊疫病」。在宣傳不實訊息的前十大網站中，有八個是跟COVID-19相關，上面刊登的文章有的標題寫著：〈研究發現：二十六種中藥材「高度可能」有助於預防冠狀病毒〉，或是〈為什麼冠狀病毒是上帝的懲罰〉云云。[196]

要瞭解「資訊疫病」的問題，就得跟瞭解疫情大流行一樣，必須去看傳播的網絡結構。陰謀論不斷推陳出新，為既有的陰謀論網絡增添壯大的柴火，像是「反疫苗接種運動」（anti-vax）與邪教般的「匿名者Q」（QAnon）這兩個組織就在臉書上經營許多大大小小的社團和粉絲頁。[197]資訊公司Pulsar追蹤了網絡上十二種陰謀論主題：5G基地臺、病毒源於實驗室製造論、大蒜療法、外星人、宣稱小說《闇黑之眼》（*Eyes of Darkness*）預言了武漢病毒大流行、俄羅斯總統普丁放獅子出閘來防止人們外出、中國生化武器論、伏特加可以拿來當洗手液、古柯鹼可以預防冠狀病毒、COVID-19只是流感論、人口數量控制論與新世界秩序論等，並找出哪些線上群體在傳播這些觀點，結果發現主要是「反深層政府⑩的川普支持者」和「共和黨愛國人士」這兩大群體。[198]在這種情況下，臉書依然不改變其演算法，繼續推薦比個人使用者觸及範圍更廣的臉書社團，也不降低「超級分享者」（supersharer）的影響力，就勢必會造成嚴重後果。[199]在三月某份針對美國選民的調查中，十%的受訪者認為病毒「可能或肯定」是美國政府製造的，十九%認為疾管中心為了「打擊川普」而誇大了病毒造成的危險，二十三%認為病毒可能或肯定是由中國政府製造。[200]英國民意調查也顯示，人們比較偏向相信冠狀病毒是源自於某間實驗室。[201]美國五月中旬的某項民意調查中，主要收看福斯新聞的民眾有一半的人相信比爾．蓋茲為了控制人類，正計畫利用COVID-19疫苗在人體植入晶片。[202]中國、俄羅斯、伊朗和土耳其也向歐洲社會發布各種有關疫情的假訊息，不過其總體影響似乎相對較小。[203]

二〇二〇年六月二十四日在佛羅里達州的某次郡委員例會上，一位年輕婦女上臺批評強制戴口罩的政策。她指控這項措施的支持者，都是在與魔鬼、5G、比爾．蓋茲、希拉蕊．柯林頓、「戀童癖」和深層政府狼狽為奸。[204]休士頓一位名叫史黛拉．伊瑪努爾（Stella Immanuel）的醫生，堅稱自己用奎寧治癒了許多COVID-19患者，但她也堅信像是子宮內膜異位、囊腫、不孕症和性無能這類疾病，皆是因為患者跟人形惡魔「拿非利人」（nephilim）性交引起的，而且「外星人的DNA」目前已被應用

⑩ 編注：深層政府（deep state）是陰謀論的一種，支持者相信存在有一個在幕後操控國家的祕密集團，該集團可以是政府官僚、軍工複合體、金融鉅子或情報機關等既得利益者，甚至可以是外國政府。

在醫學治療中。[205]川普總統在推特上轉發了伊瑪努爾醫生的奎寧影片，這部影片在社群媒體上的觀看次數超過一千三百萬次。這件事精準地呈現出我們的世界如何在二〇二〇年同時受到兩場大瘟疫的夾擊。

第十章

Chapter 10

瘟疫肆虐下的經濟衝擊

我們早已長滿老繭，我們不再聽到有人被殺。

——俄國科幻作家尤金·薩米爾欽，〈未知數X〉

長期影響和短期影響

一九一九年，凱因斯剛從西班牙流感康復不久，就寫下了深具煽動力的《凡爾賽和約的經濟後果》（*The Economic Consequences of the Peace*），結果一夕成名。他在書中譴責《凡爾賽條約》對德國施加懲罰性的巨額戰爭賠款，未來將可能帶來通貨膨脹的經濟災難，並引爆政治反彈。[1]歷史最後證明了凱因斯在最末章寫下的預言無誤：

> 如果我們一意孤行，故意要讓中歐陷於貧困之地，我敢預言，復仇的烈焰絕不會止息。只要人們還籠罩在對德戰爭的恐懼之中，反動勢力與絕望的革命之火之間的衝突，就注定無可阻擋。[2]

不過他對於德國貨幣將走弱的短期預測倒是估錯了：一九二〇年春天，德國馬克出乎意料地與其他歐洲貨幣一起穩定了下來。雖然穩定並沒有持續很久，但在法郎、馬克和土耳其里拉做空的損失差點讓凱因斯破產。[3]

COVID-19疫情會造成怎樣的經濟衝擊？目前的狀況顯然算是重大經濟災難，國際貨幣基金組織在六月時預測，美國二〇二〇年的GDP將下降八％，不過到了十月又調整預測，變成可能下降四・三％。如果六月的預測成真，那麼二〇二〇年的美國經濟將會是自一九四六年以來最糟的一年。[4]四月，美國的失業率達到一九二九年經濟大蕭條以來的最高點：十四・七％。其他地方更是慘烈，英格蘭銀行在五月預測，英國將碰上一七〇九年「大霜凍」（Great Frost）以來衰退最嚴重的一年。[5]除了令大多數國家GDP下降、失業率上升以外，疫情還引發了哪些問題？許多評論者在二〇二〇年都認為，美國政府的防疫不力、經濟活動停擺造成的巨大衝擊，加上政府債務與央行印鈔以前所未見的速度快速擴張，最終將會終結美元的霸權地位。但凱因斯在一九二〇年的遭遇就告訴我們，用這種方式預測未來的匯率幾乎注定失敗。前財政部長勞倫斯・薩默斯（Lawrence Summers）按理來說是從劍橋（美國麻州的劍橋，非英國的劍橋）出來最像凱因斯的人吧，他也在二〇二〇年八月初的線上論壇直言：「除了美金以外，別無替代方案。如今歐洲已經成了博物館，日本成了養老院，中國是監獄，比特幣則還在實驗階段。」這種時候若不使用美金，你要用什麼來當儲備貨幣和國際交易貨幣？[6]

在最開始只有中國爆發疫情時，COVID-19似乎主要只是對武漢及其周邊地區的全球供應鏈造成威脅。[7]在北京當局將疫情控制下來後，問題就變成了中國經濟能以多快的速度恢復，而新一波爆發的疫情又會對復甦造成多大阻礙？[8]以能源消費量等指標來看供給面，復甦狀況很明顯呈現V字型——第一季先是面臨自毛澤東時代以來最嚴重的衰退（GDP比二〇一九年第四季下滑了六・八%），然後接著又迅速回升。但從主要城市的交通和運輸指標來看，需求面復甦則緩慢得多。[9]五月時，中國政府放棄以經濟增長為目標，轉而將重點放在穩定就業，宣布新發行約五千億美元的地方政府基礎建設債券，並且祭出更多貨幣寬鬆政策。[10]然而，中國人民銀行的政策制定者和中國銀行保險監督管理委員會的監理者，都警告要小心貸款激增的問題，以及通貨膨脹（尤其是資產價格，而非消費價格）和隨之而來的金融危機。[11]中國股市的確快速復甦，但並不表示總體經濟完全復甦。光是政府當局決定再次開放街頭小販在大城市做生意，就看得出黨的領導層對失業問題有多麼憂慮。

二〇二〇年頭幾個月，在世界各地蔓延的病毒引爆了一波訂單取消潮，並使航空旅客銳減。總是熙來攘往的新加坡樟宜機場，一月時的客流量有五百九十萬，四月只剩下二萬五千二百，蒸發了九九．五％。[12]許多航空公司宣布破產，旅遊業一蹶不振，[13]汽車銷售量也一落千丈。這些交通運輸萎縮的現象，加上石油的充分供給，使石油的儲存成本大於市場價格，油價一度跌到負數。三月八日至三月二十六日間，全球所有加入線上訂位服務平臺Open Table的餐廳都一一停止營業。即使在兩個月後，外出用餐的人也寥寥無幾，只有德國，以及美國某些沒有像加州和紐約州那麼嚴格禁止外出用餐的地方（亞利桑那州、佛羅里達州、俄亥俄州、德州等）比較有點顧客。[14]各地酒吧全都關門，咖啡廳大門深鎖，[15]零售業門可羅雀，只有雜貨店和藥局維持正常營業。但在百業蕭條之際，被關在家裡的消費者也轉而用網際網絡來滿足需求，造成線上的3C產品和網購逆勢成長。世界各地的勞工被解雇或「被放無薪假」的增長速度，都達到一九三〇年代初以來的新高。金融市場的波動，也飆到二〇〇八至二〇〇九年全球金融危機的程度。到了三月二十三日，美國主要股市指數標普五百的數值暴跌了三十四％。至於其他國家，則以歐洲與英國的衝擊較大，東亞市場傷勢較輕。不過在疫情開始後，就連大型科技公司龍頭的股票都一度受挫（亞馬遜例外）。比特幣也遇到拋售潮，在三月十二日一度跌破四千美元。各種商品中，只有黃金和美國國債相對安全（但美國國債也只有一開始不受影響）。

整個經濟愁雲慘霧的程度，就像是把大蕭條花了一年才造成的傷害，壓縮到短短一個月爆發出來。

三月十五日週日晚上，聯準會緊急宣布降息並購入七千億美元債券。這些措施不但沒有安撫到投資人，反而使金融恐慌升至頂點，貨幣市場基金和對沖基金出現大量擠兌。[16]華爾街的債券市場，尤其是能源產業的債券，瀕臨大規模違約風險。[17]世界各地的美元債務國此時也爭搶現金，使美金像二〇〇八至二〇〇九年那樣陷入短期緊縮。[18]但對聯準會官員而言，這些問題都沒有美國政府公債危機那麼恐怖，美國政府公債原本應該是全球最安全、流動性最強的公債，卻因為疫情而岌岌可危。[19]

川普政府談論病毒威脅時一直避重就輕，認為只要靠模稜兩可的話術就能避免恐慌，但股市大規模崩盤可無法靠話術來避免。所以美國政府一邊龜速處理公衛問題，一邊火速推出大規模的貨幣與財政措施。就連聯準會也承認自己「越過了紅線」，推出了過多的計畫，例如前所未有地承諾大量購買債券，甚至包括垃圾債券。三月二十三日，聯準會承諾為了「讓市場繼續平穩運作」，將盡量購買美國政府公債和房貸抵押證券。[20]美國總共找了十四個新機構，貸款給金融公司、外國央行、非金融產業、州政府與地方政府。在三月十一日至六月三日之間，聯準會的債務從四點三兆美元變成七點二兆美元，增加了五十三%——[21]而且在這十四家機構中，十三家的合法性可能有問題。[22]但儘管如此，這種方法還是達成了效果，經過三月中旬的大陣痛之後，美國金融明顯穩定了下來。

與此同時，國會領導人在三月二十五日凌晨，對一項規模兩兆美元的紓困方案達成協議，這項法案要向每一個收入低於某個水準的美國人發放一千二百美元的現金支票，還要擴大失業保險，並在各州連續四個月每週發放六百美元的失業津貼。此外預計投入五千億美元援助企業，並向小企業提供三千五百億的貸款，同時再給醫護機構加碼一千五百億美元。在通過這項法案之前，他們已經撥了八十三億去研發疫苗，一千億美元去支付有薪假。[23]因此根據高盛（Goldman Sachs）估計，美國聯邦預算在二〇二〇年會計年度的赤字，將高達三兆六千億（GDP的十八%），二〇二一年的赤字則將達二兆四千億（GDP的十一%）；公共持有的聯邦債務總額將超過GDP的一〇〇%，總債務可能高達GDP的一一七%[24]（其實這也不意外，畢竟二〇二〇年第一季新發行的聯邦債券幾乎全部都被聯準會給買下來了）。

如果這些做法只是為了要避免金融危機，那麼它們相當成功。股市順利回彈，到了八月初又回到繼續上漲的趨勢。乍看之下，股市的回彈主要是大型科技公司撐起來的，疫情促使好幾波從實體過渡到虛擬的浪潮提早發生。由於那些只有在世界大戰才會出現的貨幣政策嚴重扭曲了市場，似乎也讓這些「成長股」的本益比一直維持在高點。另一方面，政策對整體經濟的影響大得不可思議。在短短幾個月內，現代貨幣理論和全民基本收入這兩個最極端的經濟觀點，似乎都變成了主流。至於到底有多少老百姓能接受一直關在家裡，領取更多失業補助，反倒沒有多少人去討論。

川普總統相信自己的強烈直覺，認為要盡快讓美國恢復正常生活，而且最好能在復活節之前復活。在三月的最後一週，共和黨支持者對政府危機處理的滿意度高達九十四%，獨立選民則有六十%，就連民主黨支持者都有二十七%。[25]但川普明白，外出限制措施如果持續太久，這些支持度就會迅速蒸發，而且那些還沒被COVID-19衝擊，還不覺得需要暫停經濟活動的州，會蒸發得最快。果不其然，才到了四月，民眾就開始轉而擁戴那些更受矚目的州長，和安東尼・佛奇等公衛官員。[26]四月中整個社會瀰漫著焦慮：在一項民意調查中，三分之二的受訪者表示自己擔心州政府的外出限制會取消得太早，而非取消得太晚。近四分之三受訪者則認為疫情未來將繼續惡化。[27]四月中旬至五月中旬之間，不同陣營的觀點更是開始分歧，民主黨支持者繼續擔心疫情，共和黨支持者卻逐漸鬆懈。[28]但疫情的影響其實沒有這麼簡單。美國第一波疫情的死亡高峰，的確就像我們接下來說的一樣在六月初已經結束，但疫情真正造成的經濟衝擊，卻才剛要開始浮現。

薛丁格的病毒

物理學家薛丁格（Erwin Schrödinger）為了說明量子力學的問題，想出了「薛丁格的貓」這個日後相當著名的思想實驗：在未打開盒子之前，這隻貓既是活的也是死的。而在疫情期間，就有人在臉書上惡搞出「薛丁格的病毒」這個詞：

> 我們現在所有人都染上了薛丁格的病毒。
> 由於我們沒有篩檢，所以我們無法知道自己是否染上了病毒。
> 我們必須假裝自己有染上病毒，這樣我們才不會將病毒再傳染給別人。
> 我們也必須假裝自己從來沒有染上病毒，因為如果沒有染過就不會有抗體。
> 總而言之，我們在介於有染上病毒和沒有染上病毒之間。[29]

這其實不算什麼無法忍耐的困境，特別是跟疫情失控相比。倫敦帝國學院的流行病學家早在三月中旬就曾警告，如果美國沒有保持社交距離、沒有實施外出限制，死亡人數將會高達兩百二十萬。他們在一篇論文中說：「如果完全不加任何干預，COVID-19將在今年感染七十億人，殺死四千萬人。」[30]許多媒體都引用這段假設，並宣稱我們應該為了拯救大量人命而把人們關在家裡。[31]但如果「拉平曲線」(flattening the curve，即延緩高峰）其實也只能讓人晚一點死，那麼這種說法就是在誤導，[32]因為你只是讓人民分批死亡，這雖然可以防止醫療系統超載，但顯然也只能拯救一小部分的人。照理來說，我們必須一直拉平曲線，直到疫苗出現為止，但疫苗可能得等一年以上才會問世。所以當歐洲的數據顯示，外出限制所能拯救的人命其實比預期低很多，許多人都開始懷疑這種策略是否明智。[33]

倫敦流行病學家在三月計算模型時，並不那麼在意非醫藥介入措施會造成多大衝擊，而只在意有多大效益。他們在報告中輕描淡寫地提到：「我們並沒有將壓制帶來的各種社會和經濟成本納入考量，但我們知道這個成本勢必會很高。」[34]不用多久，大家很快就發現這個成本高得嚇人。三月，即將在下個月滿七十歲的德州副州長派屈克（Dan Patrick）丟出了一道大哉問：「像我這樣的老年人，是否願意冒險賭上自己的性命，為自己的後代子孫保護我們大家都熱愛的美國呢？……如果你真要我賭，我當然賭下去。」[35]紐約州州長卻憤怒地回應道：「我不可能放任我媽去死，你也不會。我們不會在別人的生命上標上價格。」[36]當然，在道德上，每一個人的生命都是無價的，但在實務上，根據聯邦監理機關的統計，一條人命的價值大約落在九百萬至一千萬美元（為美國人的性命定價可能看起來很無情，但如果沒有這個數字，公共政策就很難做成本效益分析）。[37]物理學家韋斯皮尼亞尼（Alessandro Vespignani）計算出，若在有施行限制措施的情況下，美國到四月底將有五萬三千人死於COVID-19，但在沒有緩解措施的情況下則會有五十八萬四千人死亡——意思是這些措施將能拯救大約五十萬人。[38]但如今情勢也很清楚，被拯救的大多數是老年人，大部分最多只能再活五到十五年。換句話說，與一九五七年相比，健康人年可能損失得更少。[39]假設預期壽命是八十歲，染疫而死就是提早十年過世，那麼五十萬老年人免於死亡的經濟效益，大約就是六千兩百五十億美元左右。如果單月實行外出限制的成本為五千億美元，那麼一個半月後這項政策的成本就會開始超過效益，而且因為外出限制而意外產生的負面效應都還沒有算在內。[40]另一項以郡為單位分析的估計是，封鎖一個月的成本接近二點二兆美元。[41]持續限制經濟活動，只有在此舉能夠減少的死亡人數比原本多非常多的情況下才合理。但即使在三月中旬，大多數美國專家對二〇二〇年總死亡人數的估計也仍低於二十五萬。[42]由於流行病學家的遲疑不決，而且他們的模型預測離現實愈來愈遠，[43]讓所謂「要是沒有實行外出限制，死亡人數會介於一百萬到兩百萬」的說法愈來愈引人懷疑，尤其是不再為共和黨人所相信。但無論如何，各個模型似乎都認為，每天的死亡人數都不會超過四月中旬的高峰。

這些懷疑都頗有道理。早在三月中旬，歷史學家就已經認為COVID-19根本就不像一九一八至一九一九年的西班牙流感。從中國和義大利這些最初提供疫情數據的受害者年齡來看，這場傳染病最接近的是一九五七至一九五八年的亞洲流感，而亞洲流感不僅幾乎沒有祭出任何非醫藥介入措施，也幾乎沒有造成經濟動盪。[44]超額死亡率的資料也證實，大多數先進國家的第一波疫情都很快結束。瑞典的經驗則告訴我們，光靠社交距離和禁止公共活動就足以控制疫情，並不需要外出限制。二〇二〇年的頭十二週，歐洲各地並未出現明顯的超額死亡。即便到了第十二週，其超額死亡率也跟二〇一六至二〇一七年的那個冬天相當。一直到第十三至十六週（三月二十三日至四月十九日），才開始出現大量增加的超額死亡。到了第二十週（五月十一至十七日），歐洲的死亡人數就已恢復正常，隨後三週更低於正常值。在這些從第十週至第十七週的超額死亡數字中，有超過九成是七十歲以上的長者。[45]各國的超額死亡率差異甚大，表現最差的是西班牙（五十六%）、英國（四十五%）、義大利（四十四%）、比利時（四十%）等國，其次是法國（三十一%）、荷蘭（二十七%）、瑞士（二十六%）、瑞典（二十四%）等國居中。表現較好的國家包括葡萄牙（十一%）、奧地利（八%）、丹麥（六%）與德國（五%），挪威和冰島則完全沒有超額死亡。[46]英國的超額死亡率在第十三週（三月二十一日至二十七日那週）開始上升，比過去五年平均值高出十%，並在之後三週內（至四月十七日為止）飆升十倍達至一一三%，超額死亡人數總計接近一萬兩千人，其中四分之三是因感染COVID-19而死。[47]超額死亡率的升幅很快，降幅則較慢，在達到最高峰的七週之後，才在五月三十日至六月五日那週降至七%。[48]由於資料蒐集需要時間，實際上的超額死亡最高峰可能是在四月八日左右，[49]那週在英國醫院死亡的COVID-19陽性患者數也是最高峰，為五千四百八十六人。到了六月十三日至十九日那週，數字已降為三百三十四人。[50]所以英國這五年來超額死亡率最高的時間，的確是二〇二〇年四月至五月；而且不只是超額死亡數字最高的倫敦，英國其他地方也都受到影響。歐洲有十幾座西班牙和義大利城市的超額死亡率比倫敦更高，例如柏加摩（Bergamo），[51]但相比其他國家，英國的超額死亡人數相對於人口數的比例依然是全歐洲之冠。[52]不過如果我們把比較範圍拉到一九七〇年以來的英國，用更長期的角度來看，那麼二〇二〇年死亡人數最高的第十六週，就只能排在這段時間以來的第二十一位。英國在一九六九至一九七〇年、一九八九至一九九〇年、一九七五至一九七六年這幾次的冬天，都比二〇二〇年的春天更糟糕。一九七〇年第一週的超額死亡率甚至比二〇二〇年四月中旬高出三分之一。[53]

美國的狀況跟英國差不多，但沒那麼嚴重。嚴格說來，其實只有美國東北部各州碰上與英國較為類似的情況，因為美國其他州最初採取了與此不同的疫情應對方式。至七月中旬為止，美國的超額死亡人數已累積至十四萬九千二百人，比近年來的平均值高二十三%，相當接近瑞典的數字。[54]如果再把超額死亡人數除以人口數，則美國的數字會介於瑞士和奧地利之間。[55]二〇二〇年四月至五月的死亡人數比之前四年高出許多，原因就是肺炎、流感、COVID-19所造成的額外死亡。[56]有些媒體把COVID-19拿來跟季節性流感相比，但實際上兩者數字差異很大。光是在四月十五日至二十一日那週，COVID-19殺死的人就比流感在七年來同一週總計殺死的人還多出十倍至四十四倍。[57]在疫情最嚴重的時候，COVID-19甚至成了美國人的頭號死因。[58]當然，不是每個州都有超額死亡，也不是每件超額死亡都可歸咎於COVID-19。[59]仔細一看，就會發現美國的疫情跟歐洲一樣，集中在少數幾個地區。義大利集中在柏加摩與其周邊地區。[60]西班牙的超額死亡則集中在亞拉岡（Aragón）、卡斯提亞－雷昂（Castilla y León）、卡斯提亞曼加地區（Castilla-La Mancha）、加泰隆尼亞（Cataluña）、埃斯特雷馬杜拉（Extremadura）、馬德里（Madrid）、巴斯克（País Vasco）、納瓦拉（Navarra）、里奧哈（La Rioja）和瓦倫西亞（Valencia）等地，但像安達盧西亞（Andalucía）、阿斯圖里亞斯（Asturias）、巴利亞利群島（the Balearic Islands）、加那利群島（the Canaries）、坎達布里亞（Cantabria）、休達（Ceuta）、加利西亞（Galicia）或穆西亞（Murcia）等地則沒有明顯的超額死亡。[61]法國的疫情重災區位於大巴黎地區（Île-de-France）與遙遠的東北部。美國COVID-19死亡病例則有三分之一出現在紐約和紐澤西。[62]紐約市的超額死亡率極高，二〇二〇年三月十一日至四月十三日的死亡人數，大約是根據二〇一三至二〇一七年同期平均值所預估數字的三點六倍。在七月中旬之前，紐約市的超額死亡約占全美的十七％，相當接近倫敦的狀況——倫敦的超額死亡人數占全英國的十五％。[63]加州的疫情也相當集中，整個州四十五％的病例和五十六％的死亡例都位於洛杉磯。[64]

美國COVID-19大流行始於三月二十二日至二十八日那週，並於四月五日至十一日那週達到高峰，超額死亡率達到三十六％至四十一％。在六月十九日至二十五日那週，疫情開始趨緩，超額死亡率降為五％至九％，但並沒有像歐洲或英國那樣完全降到正常水準。六月中旬，超額死亡率又來到七％至十一％，七月下旬上升到二〇％至二十五％。之後雖然再次下降，但沒有降回預期中的水準。[65]

許多美國人會對防疫不耐煩其實不難想見，尤其是某些共和黨支持者所在的「紅州」，因為當地幾乎沒有COVID-19案例。這些人即使掌握最完善的資訊，也會覺得防疫措施很可疑。舉例來說，美國染疫人數最初的各個估計值天差地遠。無症狀帶原者占所有感染者的比例，在十一項不同研究中從十八％到八十六％不等。至於用血清抗體檢測結果算出的感染人口比例，雖然會受到檢測準確度的影響，但數字還是差異太大：奧地利是〇．三三％、西班牙是五％、波士頓無家者收容所三十六％，俄亥俄州監獄卻高達七十三％。[66]在七月初，紐約市的陽性率是二十六％，但其中的皇后區可樂娜里（Corona）卻高達六十八%。[67]就連最重要的感染死亡率也同樣存在巨大的估計值差異。某份研究認為，加州的感染死亡率從〇．一二%至〇．二%不等，[68]反觀歐洲各國則幾乎都介於冰島的〇．〇五%與西班牙的一．一八%之間。[69]一項八月發表的研究認為，英國的感染死亡率是〇．三%或〇．四九%。[70]差異在跨地區比較時更為明顯，從最低只有〇．〇二%，到最高的〇．七八%。[71]這些數字到了二〇二〇年中才終於收斂到〇．五三%至〇．八二%之間。[72]但即使如此，不同年齡的感染死亡率依然差異甚大：超過六十五歲者的風險是平均值的十倍。另外也因為病毒量通常由接觸頻率決定，而症狀的嚴重程度又跟病毒量相關，那些在醫療照護機構工作的人也是高危險群。[73]只要讀過前述一大串讓人無所適從的資訊，就能明白美國人即使完全沒有受到疫情期間大爆發的陰謀論和假新聞影響，也有可能認為外出限制的政令實在走過了頭。無怪乎他們會認為，即使真的要限制，也應該要在國慶日的七月四日就解封才是——甚至提前在五月二十五日陣亡將士紀念日解封。

愚蠢的重新開放

實行「外出限制」（lockdown）真的是錯誤決策嗎？有論者在四月時試圖表明實施外出限制的時機對阻止疫情蔓延的程度至關重要。[74]但經過更仔細的研究，發現兩者關係並不大。[75]牛津大學布拉瓦尼政府學院（Blavatnik School of Government）的研究人員表示，事實上，政府的管制力道與控制疫情的程度之間沒有任何相關性。[76]一位評論者在五月指出：「儘管德國的限制比義大利來得溫和，但在遏止病毒傳播方面要成功得多。」台灣的內部管制力道最小，傳染數量卻也最少。另一方面，管制力道和經濟崩潰程度在統計上則呈顯著相關。[77] 愈來愈多的研究提出了另一種解釋：遏止傳染蔓延的關鍵，其實是以各種形式保持社交距離。[78] 雖然一般來說若由政府下令會更有效率，但無須是強制執行。如果一個社會能有效地保持社交距離，就不一定需要實行更多限制措施，關閉學校和禁止公共集會就綽綽有餘。新加坡似乎就是這樣，[79] 甚至中國可能也是。[80] 某項針對政府措施迄今為止最全面的研究則顯示，「強制性的社交距離」① 比一律關閉商店及要求每個人在家工作的政策（無視受規範者是否做得到）來得更有效。[81] 其他理應要著重於隔離老年人和其他弱勢族群的措施，實際上卻只在一小部分地方推動。[82] 不過，最有效的措施是隔離那些超級傳播者，並且禁止最容易出現超級傳播者的活動。畢竟SARS二型病毒的散布因數不高②，不分青紅皂白地限制各種外出，可能沒那麼有道理。[83]

從四月中下旬開始，奧地利、丹麥、德國、挪威和瑞士等國就開始分階段重新開放部分商店和學校，隨後連咖啡館和餐館也開始重新營業。[84] 到了六月中旬，根據交通流量數據顯示，柏林、日內瓦、米蘭、巴黎，以及從未實行外出限制的斯德哥爾摩的交通皆已恢復正常。[85] 到了夏天，德國的交通流量基本上已恢復如常。[86] 儘管西班牙與部分東歐國家的確診數顯著增加，但總體來說，隨著暑假接近尾聲，整個歐洲重新開放的進展算是相當順利。病例數只能看出篩檢出多少陽性，看不出病情的嚴重程度，而且並沒有出現超額死亡的跡象。相形之下，雖然英國逐漸回復正常，死亡率卻沒有跟著回到平常水準。該國的交通流量仍異常低迷，七月底比疫情大流行前還低了大約二十五%。政府和人民似乎都沒有信心能回到跟過去差不多的正常生活。[87] 九月疫情又再度升高，政府不得不實施新的社交集會限制措施。

美國則是另一種狀況。早在四月，美國就有愈來愈多選民迫不及待想要「馬上」恢復正常工作，其中又以共和黨人及四十五至六十三歲的人最多。川普總統本人也像前述提過的那樣，強烈希望能恢復正常（矛盾的是，反而是風險較小的年輕人更不情願回到過去常態）。[88]美國在二〇二〇年夏天的措施與歐洲不同，歐洲雖然重新開放，但要求繼續保持社交距離，並規定去某些場所一定得配戴口罩，反觀美國卻不顧一切地想回歸正常生活。六月中旬，美國大部分地區已經不再施行社交距離，交通流量也開始回升，因為愈來愈多美國人開車外出，尤以共和黨人最多。[89]美國讓各州依自己的狀況調整恢復正常生活的步調，由各州州長和市長來決定何時放寬限制。但是，在逐步放寬限制的同時，美國依然缺乏廣泛且快速的檢驗能量，[90]而且缺乏有效的接觸者追蹤系統（也許僅麻州除外）。[91]技術主管托馬仕・普埃約（Tomas Pueyo）提出了一套政府對抗 COVID-19 的合理策略，並下了一個漂亮的名字

① 作者注：該研究報告還列舉了多項「其他保持社交距離的措施」：「一、隔離特定族群：建議或強制隔離老人、抵抗力弱或近日從境外移入者等。二、如要離開家門，（人們）必須遵守社交距離標準：請與同住者以外的其他人保持至少一點五公尺的距離，乘坐大眾運輸工具應保持距離，要求企業限制每次進入店內的人數，以及限制與顧客近距離的互動，例如幫忙將物品裝袋或用現金付款。三、強制配戴口罩：要求人們在戶外戴上口罩。四、關閉公共設施：關閉圖書館、博物館、跳蚤市場、古蹟景點、紀念館和投票地點等。五、關閉戶外設施：關閉海灘、州立公園、一般公園、公共廁所、湖泊和露營區。六、限制特定機構的探訪人數：限制探訪監獄、長照護理中心、兒童護理機構和無家者收容所，暫緩非必要性醫療和獸醫服務，禁止短期租賃住宿。七、暫停非必要性的政府機關服務：關閉政府大樓，暫停公務人員面對面的會議，暫緩法院開庭，免除或延長許可證期限，並允許特定類型工作採遠距方式進行，包括一些平時必須親自到場的事務（例如公證、警察業務、發放許可證）。」其中一些限制措施其實並沒有必要，例如關閉海灘和公園，因為目前幾乎所有的病毒傳播都發生在室內。

② 編注：後續衍生的病毒株擁有更高的散布因數，但在此書原文版出版時尚未出現。

叫做「鐵鎚與舞蹈」(the Hammer and the Dance)③。[92]但美國並沒有採取鐵鎚與舞蹈，而是戴著眼罩打地鼠。只要稍微一想就知道，那些疫情趨緩的州有些一定會因為貿然開放而爆發第二波疫情，其他州則連第一波疫情都仍看不到盡頭。果不其然，這就是六月和七月的局勢發展，其中又以美國南部（特別是喬治亞州、佛羅里達州、德州）和西部（亞利桑那州）最為嚴重，因為許多人都在炎炎夏日的空調室內用餐、購物與社交。[93]經濟學家約翰・柯克蘭（John Cochrane）在開放之前就已經提醒這樣的重新開放相當「愚蠢」，之後果然不幸言中。[94]柯克蘭認為恐怕只有當確診數、住院數和死亡人數再度暴增，人們的行為才會跟著改變與調適。研究結果也證實他的遠見：影響美國疫情蔓延軌跡的關鍵，是靠人們自己改變行為，而非政府命令。[95]這也表示，即使新增的確診數和住院人數在八月初趨於平緩，然後再次下降，經濟卻愈來愈不大可能完全恢復常態。

經濟學家在二〇二〇年上半年常說，天然災害造成的經濟危機固然嚴重，但通常都很短暫。他們認為只要COVID-19一結束，各經濟體就會像那些在冬天暫時關閉，五月底又重新開張做生意的海邊小鎮一樣，快速出現V型回彈。[96]這或許只適用於那些在二〇二〇夏天一到，新病例數量就降到非常少的國家；但美國這類國家卻完全不然，後者的疫情繼續延燒，而愚蠢的解封也大半胎死腹中。國際貨幣基金組織、經濟合作暨發展組織（Organization for Economic Cooperation and Development）和世界銀行，都認為可能會爆發第二波疫情，而採取了更謹慎的態度。[97]某些學院派經濟學家甚至更為悲觀，認為不確定性會導致嚴重而長期的「科學怪人式衰退」(Frankenstein recession)：速度快如卡崔娜風災，規模堪比經濟大蕭條，勞動的重分配成本則像二次大戰那麼高。[98]我看著經濟學家不斷用愈來愈荒謬的說法，討論經濟到底會以V型、W型、K型、「耐吉勾勾」型，還是平方根倒過來放的形狀復甦，就決定乾脆在四月初的文章中半開玩笑地寫道：復甦的形狀會像一隻大烏龜，會從龜殼殼頂一路滑到脖子，然後重新爬到烏龜的頭部，比滑落之前的高度矮一些。聯準會再一次紓困了華爾街，但對小型企業卻無濟於事——在五月第二週時的產能已整整降低了四分之一至三分之一。就連薪資保護貸款計畫（Paycheck Protection Program，只要小型企業維持既有雇用規模就不用償還的貸款），受益最多的似乎仍是大公司。[99]

許多經濟學大咖都忍不住發表看法。自由派大老保羅・克魯曼（Paul Krugman）認為外出限制就像是「下藥讓病人昏迷」，之後可以用凱因斯式的政府借貸來提供必要的刺激，藉此緩解病情。他在四月一日寫道：「借貸可能會留下一點後遺症，但不會造成任何大問題。」[100]至於不相信凱因斯式財政政策的哈佛大學經濟學家肯尼斯・羅格夫（Kenneth Rogoff），則認為疫情的威脅有如「外星人入侵」，「所造成的傷害……將與過去一百五十年來的衰退相當，甚至更為嚴重」，而且傷害結束之後的長期影響甚至可能導致「全球大蕭條」。[101]勞倫斯・薩默斯則提了一個恐怖的比喻：「限制物理接觸就像是化療。治療的目標是減輕病情……，但化療的毒性會愈來愈強。」因此在疫苗普及之前，經濟就會像是「手風琴一樣上上下下」。[102]芝加哥學派的約翰・柯克蘭用詞最狠，他認為「經濟需求已發生巨變……，無憂無慮的

③譯注：在疫情高峰期，為了避免癱瘓醫療體系，必須先實施短期（通常只須幾週的時間）的強硬限制措施，即所謂「鐵鎚」期；等疫情緩和後，則依據經濟狀況微調防疫措施，相互取捨進退，即所謂「舞蹈」期。

日子已經結束，未來的人們將永遠彼此保持距離」，這將造成「負面且永久性的科技衝擊」。[103]

前述猜測都應該要去參考經濟史。疾病大流行跟颶風（或是會在冬天冰封的美國東岸鱈魚角〔Cape Cod〕）是不一樣的，疫情持續的時間遠比那些天災更難以掌握。如果人類明智地改變行為，COVID-19可能就會跟SARS和MERS一樣會漸漸消失。但如果人類無法據此改變行為，就可能變得跟愛滋病一樣長久存在於人世，繼續殺死更多的人。疫情對經濟的關鍵影響，是儘管供給面可以比較快復甦（中國就是很好的例子），但只要公衛風險始終存在，要讓消費者需求回溫就會更加困難。[104]疫情所造成的大量不確定性和不穩定性，嚴重打擊了「邊際消費傾向」（marginal propensity to consume）④，這也是凱因斯那本很多人引用卻沒那麼多人認真讀過的《就業、利息與貨幣的一般理論》書中的關鍵概念。一九五七至一九五八年，美國也出現了同樣危險的疫情大流行，但當時的人卻認為如果要維持經濟，超額死亡率是理所當然的。二〇二〇年的美國人卻已不再這樣認為。幾乎所有經濟學家都預測失業率將不亞於大蕭條時期，但從五月開始，失業率就已經逐漸回落到十三%，六月降至十一%，七月與八月又分別降至十%與八%。但由於人們無法外出消費，個人儲蓄率飆升，六月持續升高到十九%，是過去十九年平均的三倍，更超過一九五九年以來平均的兩倍。[105]許多人當然渴望能盡快在六月就回到正常生活，[106]但是美國南部和西南部的陽光帶（Sun Belt）各州卻接連爆發了第二波疫情，超過二十個州「重新關閉」或實行「暫停」措施，使得消費復甦就這樣胎死腹中。[107]如果從四月中旬至六月中旬Google交通流量的數據趨勢來推估，我們很容易就會在六月時認為零售業和休閒娛樂將在七月十日恢復到以往的水準。但到了七月底，美國的經濟依然無法回到過去榮光，而且始終停留在比過去低十%至二十%

左右的低谷。美國運輸安全管理局檢查站的旅客人數也卡在正常水準的四分之一。[108]華盛頓特區、邁阿密、西雅圖、洛杉磯、波士頓和舊金山街上的人潮，皆比平常少了二十五%至五十%。[109]舊金山就連車流量都少了十%到十六%。[110]小企業的收入在八月三日比一月份時還低了十七%，消費者支出也比一月份時低了六%，其中又以高收入家庭的縮減幅度最大。[111]即使是在短暫恢復正常的那段期間，用電量也比大流行之前低了四%。[112]

或許最令人感到奇怪的是，明明疫情沒有減緩，政府甚至採行了愚蠢的解封，何以股市卻以近代最難以理解的方式持續上漲，好像三月那段恐慌時期遭逢的所有損失都不存在一樣。這到底怎麼回事？最顯而易見的解釋是，政府快速對各行各業採取財政和貨幣紓困政策，投入數千萬美元援助美國

④譯注：每增加一單位的收入，會增加多少單位的消費。

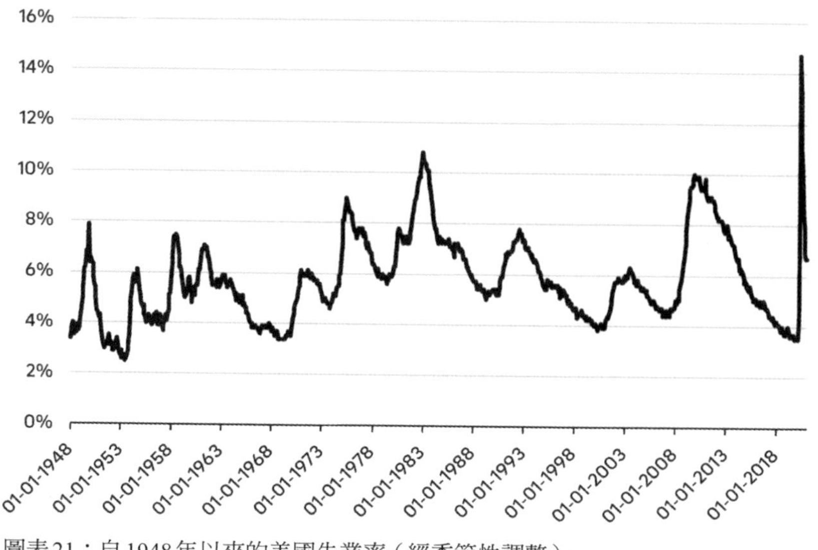

圖表21：自1948年以來的美國失業率（經季節性調整）。

公司和家庭，成功減輕了外出限制所造成的最嚴重經濟惡果。然而，由於局勢到了夏天仍未明朗，人們又開始變得不安。畢竟失業率有三分之一是小型企業因為疫情關閉而造成的，如果許多悶壞的美國人開始無視防疫，造成COVID-19疫情遲遲無法消退，政府的援助究竟能支撐多久？[113]如果要避免大規模裁員，許多州和市就需要財政紓困，但國會中的兩黨對立是否會讓紓困案無法順利通過？[114]財政部應該如何應對大幅增加的債務：是用短期借貸，還是像十九世紀那樣發行永久債券？[115]聯準會是不是已經失去了獨立決策的能力，變成像一九五一年以前只剩下還債功能？[116]我們最該擔心的，究竟是經濟持續停滯，還是經濟活動恢復正常之後又陷入通貨膨脹？[117]就短期來看，疫情確實造成了通貨緊縮的現象，[118]但其實貨幣總量正在爆炸性增長（例如美國貨幣總量M3在六月以前的一整年就已經增長了二十三％），這樣的速度一定會在未來產生影響。[119]國際貿易下降了十二％，外商直接投資甚至下降得更多。[120]如果共和黨執政當局毫無限制地使用各種貨幣和財政政策，那麼我們要如何防止美元像一九六〇年代末那樣陷入疲軟？[121]當時凱因斯主義政策正面臨兩種危機，一是美國在越戰兵敗如山倒，另一是「偉大社會」（Great Society）福利計畫⑤未能順利解決美國都市危機。另外，像波特諾伊（Dave Portnoy）這種如雨後春筍般冒出的炒股當沖客，是不是已經把股市搞成虛幻的泡沫⑥？[122]

偉大的救贖

美國兩黨大概除了對中國的政策以外，已經無法對任何事情達成共識，COVID-19也不例外。

民主黨支持者中，仍然有許多人會關注「自己所在地方爆發的COVID-19疫情」（根據民意調查公司Civiqs的資料，關注者比不關注者多了八十％）。但到了二〇二〇年八月，共和黨支持者對疫情的關注度已經大減（不關注者總計三十一％）。獨立選民則居中（關注者占二十五％）。[123]整體來說，除了共和黨的川普鐵粉之外，其他美國人到了七月時都已轉變想法，他們赫然發現原來川普並沒有像他們在四月時一度以為的那樣，能夠好好處理這場疫情大流行，反而還搞砸了這一切。民調和預測市場都明確指出，喬・拜登（Joe Biden）將在十一月三日的總統大選中勝出。[124]大流行和經濟衰退這兩大重創，使得川普似乎愈來愈難在密西根州、賓州和威斯康辛州取勝，這「三大州」正是二〇一六年讓川普入主白宮的關鍵。其他像是亞利桑那州、佛羅里達州、喬治亞州、愛荷華州、北卡羅來納州、俄亥俄州和德州等地的選情似乎也不樂觀。如果拜登順利入主白宮，民主黨很可能也會同時拿下參議院。鑑於民主黨未來相當可能大獲全勝，進步左派對該黨的影響力也日益增長，似乎也可以想見二〇二一年的企業稅率將會提高。此外，正如我們所看到的，COVID-19的危機導致共和黨在不知不覺間更常提出更激進的政策，例如全民基本收入和現代貨幣理論。而等到民主黨的「藍色浪潮」（blue wave）來臨，也意味著未來會有更多的財政刺激法案。

然而，二〇一六年帶給我們的重要教訓是，我們應當要以審慎的態度看待民調所預測的美國總統

⑤ 編注：美國在詹森總統任內實施的一系列國內政策，意欲消除美國都市中的貧困與種族不平等。

⑥ 作者注：波特諾伊有兩條炒股規則。規則一：「股票只漲不跌。」這一點他經常提醒推特上的一百五十萬名追蹤者。規則二：「當你不確定是要買還是賣的時候，請看規則一。」

大選結果。我們還不確定，川普的競選團隊究竟是否真的有為了破壞拜登的總統候選人公信力，而在社群媒體上耍陰招（這招自從一九九六年比爾．柯林頓擊敗鮑伯．杜爾贏得連任以來就很常用）。但可以確定的是，川普在臉書上砸的廣告經費遠遠超過了他的競爭對手。[125]還有重要的是，雖然推特創辦人傑克．杜錫（Jack Dorsey）願意干預政治廣告投放，但馬克．祖克柏（Mark Zuckerberg）卻始終不願意。不過臉書內部和外部都對此提出了強烈批評，包括拜登競選團隊也直接點名抨擊。[126]無論競選團隊再怎麼讓拜登保持低調，選民在二〇二〇年夏天依然擔憂他的年齡和精神狀況。[127]

阻擋川普通往連任之路的關鍵，很顯然就是這場疫情大流行，尤其在美國經濟活動停擺導致經濟衰退之下，許多民眾更是災情慘重。那些受到疫情影響的人之中，可能就有一些人永遠不會再投票給共和黨，而且二〇二〇年的經驗可能還會讓他們願意轉投民主黨。黑人選民可能最明顯，因為二〇一六和二〇一二年的最大差異之一，就是二〇一六年的黑人投票率較低。另一方面，那些一輩子都支持保守黨的人，有一部分在疫情和經濟衰退中受到最大的打擊，二〇二〇年的經驗可能使他們不想再投給共和黨，而且其中的年長者在選舉期間面臨新一波COVID-19疫情，又更難出門投票。

人們會在災難之中團結起來彼此互助，二〇二〇年也確實出現許多這類人性光輝。[128]但疫情的發生，卻也讓美國這個嚴重不平等的社會爆出了問題，不平等也像眾所皆知的那樣更加惡化。[129]危機爆發之初，似乎只有富人才有辦法接受COVID-19篩檢。有人要求川普對此發表看法，他雖然表示不認同，卻仍在最後補上一句「但現實可能就是這樣」。[130]另一方面，每個人在外出限制之下都變成了壓力鍋，雖然犯罪率下降、交通事故也減少，但家暴事件卻增加。[131]此外，除了許多人因為感染COVID-19

而死，糖尿病和心臟病的死亡率可能也因為人們不敢去醫院或無法動手術的關係而高於預期。[132]在這段期間，美國跟中國的心理健康和藥物濫用問題都日益嚴重。[133]三月份涉嫌濫用藥物的案件比同期增加了十八%，四月份增加了二十九%，五月份增加了四十二%。[134]至於美國不同地區的死亡率差異，也跟英國一樣差異甚大，布朗克斯（Bronx）這類貧窮地區的數字大約是曼哈頓這類富裕地區的兩倍。[135]美國在這段期間推出的經濟政策，最大的成效只是把金融資產價格推得更高——由於金融資產絕大部分都握在富人手裡，沒有存款的人幾乎沒有被幫助到。[136]美國黑人不僅染疫的風險遠高於白人，受到的經濟打擊也更大：此前黑人和白人的失業率好不容易愈差愈小，卻在疫情爆發之後又重新拉大。[137]其他族群之間也有類似問題，年輕人受到的經濟打擊也比老年人更大，[138]女性則比男性更容易失去工作。[139]

壓力終究得找出口釋放。五月二十五日星期一晚上八點，明尼蘇達州明尼亞波利斯一位名叫喬治．佛洛伊德（George Floyd）的黑人男子走進了便利商店「Cup Foods」。他拿來購買香菸所付的二十元，被一名店員認為是假鈔，於是店員報了警。前來辦理的是白人警察蕭文（Derek Chauvin），據稱曾和佛洛伊德在當地一家俱樂部一起當保全。蕭文在店外的一輛警車後面，用膝蓋壓住佛洛伊德的頸椎長達八分四十六秒，即便弗洛依德多次說自己無法呼吸，旁觀者也呼籲警察停止壓制，蕭文仍無動於衷。根據手機拍下的影片，在佛洛伊德停止掙扎後，蕭文仍繼續跪在他身上長達兩分五十三秒。當天晚上九點二十五分，佛洛伊德宣告不治。隔天，明尼亞波利斯的人們紛紛走上了街頭，示威遊行持續了四天，而且場面愈來愈混亂。[140]蕭文殺死佛洛伊德的事件，成了「黑人的命也是命」運動抗議的最佳鐵證，證實美國警察的確因系統性的種族歧視，對黑人不成比例地施加致命暴力。很快地，明尼蘇達州的運動開始蔓延到其他地區，從五月二十六日至六月二十八日，有一千五百萬到兩千六百萬人參與了「黑人的命也是命」的示威運動。六月六日，共有五十萬人在全國近五百五十個地點一起抗議，達到了示威活動的高峰。在全美國三百一十五個大城市之中，沒有爆發抗議的只有三十四個。至少五分之二的郡都發生某種形式的示威。雖然二〇二〇年的抗議活動在高峰期時的人數，比二〇一七年一月二十一日女性大遊行少了三百至五百萬人，但持續的時間卻長很多——很有可能是美國有史以來規模最大的公眾遊行。[141]不過與女性大遊行不同的是，這些抗議活動組織得很倉促，而且往往較不守秩序。據報導，舉行遊行的城市中，約有一半發生了暴力事件。[142]一項研究堅稱只有七%的抗議活動出現暴力，不過奧勒岡州（特別是波特蘭市）則是顯著的例外。在川普派了聯邦部隊進駐該州之後，暴力事件發生的比例就從十七%上升到四十二%。[143]

美國司法部長威廉．巴爾（William Barr）將大部分的問題歸咎於「無政府主義和……極左派的極端主義團體，使用類似反法西斯主義的戰術」。[144]有一些證據證實了這一點，但整體來說，這場抗議活動其實比較像前一年香港、貝魯特、聖地牙哥等世界各地發生的群眾運動一樣，沒有固定的領導者。布魯克林區區長暨前警察亞當斯（Eric Adams）就說：「如果你去問是誰在領導這些遊行，應該沒有人知道。」[145]這場運動還有一個有趣的現象，就是讓許多城市的權威徹底崩潰。五月二十八日晚上，明尼亞波利斯的第三警察分局很快地被人放火燒毀，市長佛雷（Jacob Frey）下令警員撤離該分局。五月二十九日，明尼蘇達州州長華茲（Tim Walz）為了避免被誤認「壓迫」人民，甚至出面解釋他並沒有動員國民兵。紐約市長白思豪（Bill de Blasio）呼籲警方用「拍肩勸離」（light touch）的方式阻止抗議者的暴力和破壞行為。[146]屋漏偏逢連夜雨，洛杉磯市長賈西迪（Eric Garcetti）等人竟然在此時承諾削減警方預算（對抗議者「砍警察經費」〔defund the police〕訴求的回應），對士氣低落的警察無疑又是一項打擊。[147]至於波特蘭，則有部分地區陷入無政府狀態。

許多原來立意良善的行為，都可能會意外帶來負面結果。有許多人擔心，在疫情大流行期間舉行大規模集會，可能會使病毒進一步擴散。但問題並不在此，因為大多數人在抗議集會期間都把自己關在室內，尤其是在據報發生暴力事件的地方，整體來說其實是提升了社交距離。[148]真正因遊行而蔓延的不是病毒，而是犯罪。在佛洛伊德死後的四個星期裡，明尼亞波利斯有一百一十一個人被槍殺。紐約市在六月的前三週出現一百二十五起槍擊事件，是二〇一九年同期的兩倍。在芝加哥，一個週末就有超過一百人被槍殺，是二〇一二年以來的最高紀錄。[149]有人認為這波抗議和犯罪浪潮很可能會對川普有利，畢竟一九六八年的暴力抗議就讓尼克森贏得了選戰。[150]更不用說在這些抗議爆發之後，全國關注的話題都從原本政府的防疫不力，變成了川普最愛講的「文化戰爭」。在六月二日至三日的民調中，雖然不贊成抗議活動的人只有三十八％，卻有高達四分之三的受訪者不贊成抗議活動破壞財物。[151]二〇二〇年的「黑人的命也是命」運動的確快速獲得大量支持，尤其是年輕人。[152]但我們也有理由懷疑這類民調，因為「取消文化」（cancel culture）已經從學術界蔓延到美國企業界，如果公開批評「黑人的命也是命」（這裡指的是組織，而非主張）就可能是在與自己的前途過不去。福斯新聞主播塔克·卡爾森曾在節目上出言批評「黑人的命也是命」運動，雖然他的收視率因此飆升，但一些公司為了抵制他，反而從他的節目撤下了廣告。[153]

二〇二〇年六月的抗議活動還出現了一些奇怪的場面，有點像是過去歐洲在鼠疫最猖獗的時候發生的宗教性贖罪行為。六月八日，北卡羅來納州卡瑞鎮（Cary）為了以「多種族、多族群、多文化的方式」對死去的佛洛伊德致意，發起了一場「團結之行」遊行。他們先是從市中心走回警察局，然後在警察局前面舉行一場儀式，由幾名白人警察為遺產中心教會（Legacy Center Church）的牧師費絲・沃科馬（Faith Wokoma）及其丈夫索博馬（Soboma）洗腳。[154]一位英語字正腔圓的年輕白人跪在地上，以擴音器朗聲唸出：「謹代表所有的白人……，我們所有的白人種族……，主啊，我們在這裡向祢懺悔！……主啊，我請求祢的寬恕，因為我們心中有仇恨，所以才會有了奴隸制，甚至直到今天，甚至在法律體系之中，還有如此多的不公義和偏見，主啊，我可以請求祢的寬恕嗎？」在馬里蘭州的貝塞斯達（Bethesda），抗議群眾高舉雙臂跪在人行道上，高呼自己要放棄白人特權和既得利益。[155]在另外一個地方，白人抗議者跪在黑人面前祈求寬恕（而且順利被接受了）。[156]還有一個場合的白人抗議者用鞭笞自己的方式表達懺悔（或至少在背上畫上被鞭打的痕跡），不過反倒遭來「黑人的命也是命」社運人士非議。[157]華盛頓特區還有一位年輕的白人女性抗議者，與一群白人和黑人警察發生爭執，過程非常超現實。她開始對這些警察解釋什麼叫做系統性種族歧視。其中一位黑人警察回應她：「整個美國有罪，整個世界都有罪，好嗎？耶穌說：『我就是道路、真理、生命；若不藉著我，沒有人能到父那裡去。』美國和整個世界都有罪，所以我們才會有種族主義、不公義、仇恨、憤怒和暴力。問題不是出在種族歧視。請去讀讀聖經，去讀聖經。請去讀聖經，那才是真的。」[158]這位偉大的覺醒青年這回還真是棋逢敵手。

除了這些宗教味很濃的抗議行動以外，還有一些人變成了偶像破壞者。後面這些抗議者宛如十六世紀的新教徒⑦、十九世紀的太平天國、二十世紀的布爾什維克和毛澤東主義者，四處搗毀雕像。遭到破壞的雕像大都是奴隸主和南方邦聯的將軍：例如肯塔基州路易斯維爾的卡斯爾曼（John Breckenridge Castleman）、阿拉巴馬州蒙哥馬利的李將軍（Robert E. Lee）、阿拉巴馬州莫比爾的拉斐爾・西蒙斯（Raphael Semmes），以及田納西州納許維爾的愛德華・卡馬克（Edward Carmack）。但抗議者的鎚子並未於此停止，之後就連哥倫布、新墨西哥州阿爾伯克基的歐納蒂（Juan de Oñate）和奧勒岡州波特蘭的喬治・華盛頓，也都未能倖免於難。第十八任總統格蘭特、位在紐約的老羅斯福與位在華盛頓林肯公園解放黑奴紀念碑的林肯也同樣慘遭毒手。[159]至於在英國那邊響應砸毀雕像潮的抗議者，則是讓人不禁想起他們十六世紀的激進祖先。[160]最後，這場運動就跟過去的革命一樣，讓許多孩子開始公開指責他們的父母。在過去的蘇聯時期，格拉西莫夫卡（Gerasimovka）一位名叫帕夫利克・莫羅佐夫（Pavlik Morozov）的少年曾向當局告發了自己的父親；在現在的美國，青少年則在社群媒體上指責自己的父母有種族歧視。[161]就連成年人也變得同樣幼稚，某位經濟學者就在推特上聲討另一位敢於質疑「黑人的命也是命」運動的經濟學者。[162]看來病毒的瘟疫跟政治的瘟疫，果然就像過

⑦ 譯注：指宗教改革時期的聖像破壞運動，另譯「搗毀聖像運動」。由信奉加爾文主義的新教徒發起，旨在破壞教堂與公共場所中的雕像或宗教畫，主要發生在今荷蘭、比利時、德國與瑞士境內。

去歷史所記載的那樣常常同時出現。正如本書先前所言，俄羅斯爆發內戰期間同時受到一九一八至一九一九年的西班牙流感襲擊（更不用說斑疹傷寒肆虐）。同樣地，病毒的瘟疫與政治的瘟疫也同時在二〇二〇年七月初襲擊了美國。

美國應該有很多平民百姓對這種行為極為反感。拉斯穆森（Rasmussen）的一項民調顯示，五十六%的選民認為政府應該對那些破壞或摧毀歷史遺跡的人提起刑事訴訟。七十三%的人同意這段從川普演講中摘出的話：「美國的故事是史上最偉大的故事之一，我們都在這故事中扮演一角……。在這偉大國家的史詩裡，人民願意為了自認正確的事情拋頭顱灑熱血。」[163]不過至少人們在某個領域中的行為，跟總統大選的重要民調結果截然不同：控制背景條件之後的統計數據顯示，二〇二〇年的槍枝消費大增。小型槍械分析與預測（Small Arms Analytics and Forecasting）這家顧問公司的研究顯示，二〇二〇年六月總共賣出二百四十萬支槍，其中大部分都是手槍，比二〇一九年六月多出了一四五%。[164]在二〇一六年，槍枝擁有率可以相當準確地預測總統大選的結果。[165]這回槍枝的增加，讓槍枝暴力和槍枝事故增加，當然也毫不意外。[166]

最後，在二〇二〇年八月初，許多人開始擔心三個月後的總統大選會像二〇〇〇年那樣，得票差距小到無法在選舉之夜確定勝負，而且問題會比二〇〇〇年更嚴重，因為有爭議的州會從一個變成很多個。另一些人則擔心這場選舉會像一八七六年那樣，參眾兩院無法對選舉結果達成共識（一八八七年為此訂立了《選舉人票統計法》（Electoral Count Act），但沒有完全解決這個問題）。[167]這時候共和黨人在川普總統的帶頭之下，開始誹謗通訊投票者；[168]民主黨則指控共和黨刻意壓低「紅州」的投票率，而一般大眾的意見這時候當然就跟著自己支持的黨派分裂成兩邊。即便最後沒有像某些人擔心的那樣爆發第二次美國內戰，這些條件似乎已經足以動搖大選結果的正當性。特別是若市區的政治失序持續下去，以及COVID-19可能會再爆發新一波疫情（甚至還有季節性流感），這一切都顯示美國的前景似乎並不樂觀。[169]

預測失準

美國在將流行病學模型納入決策考量之後，捨棄了川普總統原本的直覺，姍姍來遲地走上歐洲各國（瑞典除外）的COVID-19防疫之路：開始要求保持社交距離，並限制經濟活動。這些措施當然降低了感染比例，可能也防止了許多醫院像義大利北部倫巴底那樣被患者擠爆。然而，這些措施卻因為長期外出限制而造成了巨大的經濟衝擊。這時候比較合理的方法，可能是讓那些無法在家工作的人繼續正常上班，同時強制人們戴上口罩、要求保持社交距離、禁止接觸老年人和高風險族群。但美國沒有這麼做，反而是在沒有任何預防措施的情況下讓人們重新上班工作，並採用了完全無效的篩檢、接觸者追蹤和隔離方式，最後導致第一波疫情遲遲不退，第二波疫情也注定擋不下來。幸好第二波疫情似乎在八月就已經觸頂，超額死亡率在月底就幾乎歸零。如果秋天沒有爆發另一波疫情，如果至少有一種疫苗通過三期試驗，且如果經濟成長跟上了股市數值，川普大概就可以說自己成功地用可以忍受的代價避免了流行病學家擔心的災難發生。但即使他當時真能這麼說，人民也未必會買單，依然可能繼續指責他的決策讓經濟陷入困局，讓全國各地的抗議引發混亂。因為亨利．季辛吉很久以前就說過，人民通常都只會注意領導人建議的預防措施造成了多大的傷害，而不會去看那些預防措施是否避免了災難，所以即使政府防災成功，通常也還是只會被罵。到了九月和十月，美國爆發第三波 COVID-19 疫情，中西部地區特別嚴重，而所有疫苗都無法在總統大選前獲准上市。此外，雖然第三季經濟成長非常強勁，但股市還是一度下跌。於是選情在八月似乎還一片光明的川普，就這樣在十一月落敗了。即便環境已經改變，傳統的政治分析卻繼續拘泥於過時的研究方法，低估了來自國內外網絡假訊息的影響力。也許二〇二〇年總統選前民調就是因為犯了這樣的錯誤，預測出來的得票差距才會比實際開票結果高出許多。最後，許多美國人在川普的說服之下相信必須與中國繼續升級的冷戰，即使在大選結束之後依然不知道會如何發展。我們會在下一章和結語中，提到二〇二〇年有某些評論者就是基於這種超級大國之間的衝突，進而預測美金將不斷貶值。但他們都忘了，這種推論方式曾經讓凱因斯在外匯交易中付出多慘痛的代價。

凱因斯也許是二十世紀影響力最大的經濟學家，但他玩外匯的功力卻差強人意，不僅一九二〇年在外匯市場玩到差點破產，十二年後又犯了一個類似的錯。他在一九三二年十月至一九三三年二月之間做空美元，而幾乎沒賺到多少錢，於是在一九三三年三月二日，也就是美元暫停兌換黃金的八天前平倉。結果到了年底，美元對英鎊的匯率貶了五十％。對此凱因斯只能感嘆道：「如今匯率掌握在人們的猜測之中。」[170] 當然，未來的事情都是猜測，二〇二〇年第四季無論是疫情、經濟，還是政治，只要事情尚未發生，一切就都是猜測。

第十一章

Chapter 11

三體問題

要想……推論出宇宙社會學的基本圖景，
還有兩個重要概念：猜疑鏈和技術爆炸。

——中國科幻作家劉慈欣，《黑暗森林》

冷戰的山腳

在劉慈欣的科幻傑作《三體》裡，中國先是魯莽地製造了人類的存亡危機，又提出了絕妙的解決方案。在毛澤東時代一片混亂的文化大革命中，天文學家葉文潔發現只要將無線電波打向太陽，就能放大信號，向宇宙傳遞訊息。多年過後她發出的訊息得到回覆，這封訊息來自環境極不穩定又政治極權的三體星，內容是嚴厲警告她不要再發送更多訊息。但是，對人性失望透頂的葉文潔還是背叛了人類，將地球的位置洩漏給三體星人。這些外星人正積極尋找適合移民的新行星，因為他們的母星在三顆恆星的引力交互作用下，運行軌道完全無法預測（本系列的書名正是來自恆星的三體運動）。在極端的厭世之情下，葉文潔和一名美國的激進環保人士合作，成立了地球三體組織，充當外星人入侵的第五縱隊。但在最後，粗中有細的北京警察史強，還是與奈米科技教授汪淼一起摧毀了他們協助三體星人征服地球、消滅人類的陰謀。[1]

當然，人類二〇二〇年在現實中遇到的威脅，並不是外星人入侵。雖然這種冠狀病毒（SARS二型病毒）造成的衝擊，和意圖殖民地球的三體星人有些共通點，但這病毒並非來自外太空。第一個受到感染並罹患COVID-19的人是來自中國，就像三體星人收到的第一封訊息也是來自中國。和《三體》不同的地方是，中國正是當今這場災難的禍首——他們首先隱瞞SARS二型病毒的危險性，接著又拖拖拉拉不採取能夠阻止疫情擴散的措施。但接著，中國又像劉慈欣的小說一樣，急著開放將篩檢試劑、口罩和呼吸器出口到受災國度，還保證會出口任何研發成功的疫苗，在這場由他們引發的災難中沽取拯救世界的美名。不僅如此，中國外交部新聞司的副司長甚至還公開支持SARS二型病毒起源於美國的陰謀論（見第九章）。

打從二〇一九年初，美中新冷戰的格局就已經十分明顯。[2]一切的開端是在二〇一八年初，雙方因為美方貿易逆差和中國盜用智慧財產等問題相爭不下，開始在關稅上針鋒相對，大打貿易戰；到了年底，中國企業華為在5G網路電信領域的全球優勢，更讓貿易戰進一步演變為科技戰。中國共產黨對新疆地區維吾爾族和香港民主抗爭的作為，也引起了意識形態對峙。台灣和南中國海等老問題同樣跟著升級。二〇一九年一月，我也在北京的彭博創新經濟論壇（Bloomberg New Economy Forum）訪問過亨利・季辛吉。他就是自從一九七一年起主導中美「共同演進」的總工程師。他本人同樣承認了現實的新走向：「我們已經走到了冷戰的山腳下。」[3]

COVID-19的全球大流行，只不過是加劇了第二次冷戰，讓原本對此心生質疑者都不得不同意這場衝突已經展開。有些中國學者現在也公開討論起這件事，比如任職北京大學中國經濟研究中心，同時兼任國家發展研究院院長的姚洋教授。[4]一九七一年以來美中「交往」政策的支持者，如今紛紛為該政策寫好了訃告。用夏偉（Orville Schell）的話來說，這些人都難過地承認交往政策失敗了，「因為中共對於真正有意義的交往心懷猶疑，認為這會激起更多改革的聲音，最終導致共產黨滅亡。」[5]西方也有愈來愈多中國觀察家接受了澳洲記者高安西（John Garnaut）的主張，同意習近平其實是史達林和毛澤東這些教條馬列主義的後繼者。[6]反對者更迫不及待站上交往政策的墳頭開始跳起舞來，強烈要求對中華人民共和國實施經濟封鎖，強力壓制他們在國際供應鏈上的地位。借用美國企業研究院（American Enterprise Institute）丹尼爾・布魯門塔（Daniel Blumenthal）和尼克・埃伯施塔特（Nick Eberstadt）的話來說：「從文化大革命出發前往中國夢的這班磁浮列車，並未打算停靠洛克路口或是托克維爾鎮，更沒有在達沃斯星球設站。」[7]貿易戰於二〇二〇年春季開始轉向經濟封鎖。中國歐盟商會（European Union Chamber of Commerce in China）表示有超過一半的公司會員在考慮將供應鏈移出中國。日本專門提撥了兩千四百億日圓來協助製造商離開中國，時任首相安倍晉三還在四月表示：「人們對日本的供應鏈很擔心，我們應該試著讓高附加價值的產線重回日本。至於其他部分則會分散部署在東協（ASEAN）等地。」[8]密蘇里州共和黨參議員喬許・霍利（Josh Hawley）則說：「我們這三十年來所認識的國際秩序正在崩壞。中國走向了帝國主義，想方設法要按他們的形象改造世界，讓全球經濟屈服於他們的意志……。我們得承認，西方決策者在冷戰結束後所設計的經濟體制，已經無法契合新時代的需要。」[9]五月初，密蘇里州檢察長也向聯邦法院提出一份訴訟，要求追究北京引發冠狀病毒疫情的責任。[10]

不過反對第二次冷戰的聲音也不在少數。姚洋就力勸中國要對美國政府採取更和緩的態度，承認武漢在十二月到一月間確實出了差錯，並且收斂盲目愛國的「戰狼外交」。中國經濟學家余永定和美國經濟學家凱文・蓋勒（Kevin Gallagher）認為雙方應重修舊好，以免新興的挑戰者和現有的衛冕者陷入修昔底德陷阱，為了爭奪霸權引發戰爭。[11]交往政策的主要旗手，特別是美國前財政部長亨利・鮑爾森（Henry Paulson）和前貿易代表羅伯・佐立克（Robert Zoellick）更力主要重拾接觸和交往。[12]我和德國經濟學家莫里茨・舒萊里克（Moritz Schularick）曾在二〇〇七年提出「中美共同體」

（Chimerica）[13]來描述美中之間的金融共生關係。華爾街一如既往地著迷於這一關係，而北京也急切努力想吸引美國運通、萬事達、摩根大通、高盛和貝萊德等金融公司進入中國市場。[14]儘管如此，二○二○年年中的政治趨勢仍明顯朝著相反方向發展。二○一七年以來，美國大眾對中國的態度明顯變得更為鷹派，年長選民尤其顯著。[15]在二○二○年的美國，能讓兩大黨真正有所共識的議題並不多，中國議題大概是絕無僅有的一個。在二次冷戰前夕，就已經有五十一％的共和黨人和四十七％的民主黨人對中國不抱好感。到了二○二○年七月，兩者的比例分別上漲到八十三％和六十八％。[16]

所以不論是誰會在二○二一年一月宣誓就任美國總統，在他大部分的任期內，這場新冷戰顯然都是對世界秩序最大的挑戰。根據約翰・波頓（John Bolton）新出版的回憶錄所揭露，川普總統在檯面下對習近平的態度遠比檯面上要配合得多，這讓拜登陣營得以宣稱他們面對中國會比川普更加強硬。[17]直屬於北京的《環球時報》提到，川普被中國網友戲稱為「川建國」，背後的意思和美國人說的「滿洲候選人」（Manchurian Candidate）一樣，都是指被洗腦或被操縱的政治人物。[18]拜登政府某些內閣成員候選人卻正好相反，他們在二○二○年的言論強硬到幾乎與日趨好戰的國務卿彭佩奧（Mike Pompeo）沒什麼區別。前國防部官員米歇爾・弗洛諾伊（Michèle Flournoy）在《外交政策》（*Foreign Affairs*）上發表的一篇文章，用詞之兇猛更是彷彿出自已故參議員約翰・馬侃（John McCain）之口。[19]該文和曾任馬侃助理的克里斯欽・布羅斯（Christian Brose）在《擊殺鍊》（*The Kill Chain*）一書裡的主張也有所呼應。[20]

有不少論者都懷疑美國能否重新振作、再現雄風，無論是暗示或明言，他們都認為這次新冷戰或許會由共產黨獲勝。前新加坡外交官馬凱碩（Kishore Mahbubani）就在二〇二〇年四月告訴德國的《明鏡週刊》（*Der Spiegel*）：「超級強權都指望別的國家會追隨他們，美國向來就是這種心態。只要中國愈變愈強，也會產生這種期待。」[21]在接受《經濟學人》訪問時，他又進一步說：「歷史已經走到轉角了，由西方主導的時代已經要步入尾聲。」[22]這種看法在左派或是親華的西方知識分子裡頭一向不乏支持者，英國記者馬丁．賈克（Martin Jacques）[23]和社會學家丹尼爾．貝爾（Daniel Bell）[24]都是當中要角。COVID-19危機更讓這派觀點浮上主流。儘管他們同意致命的SARS二型病毒確實有可能源自武漢，但中國政府撐過初期一連串的災難後就飛快控制住國內疫情，由此可以看出「中國模式」的優點。[25]

反觀美國對全球疫情的反應就顯得手忙腳亂。「美國的死亡率是世界第一，感染率也是世界第

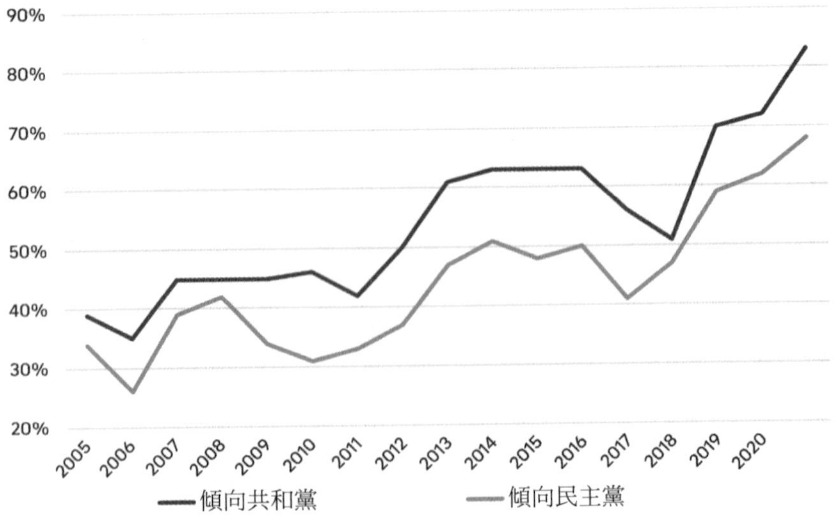

圖表22：回答對中國「不抱好感」的共和黨人與民主黨人之百分比，可見美國兩黨對此議題已有共識。最近一次調查於2020年6月16日至7月14日舉行。

一，簡直都可以代表全世界的無能了。」傑出外交家威廉．伯恩斯（William Burns）在二〇二〇年五月對《金融時報》如是說。「這對美國的影響力和威望，造成了難以彌補的傷害。」[26]《彭博新聞》主編約翰．密克斯威特（John Micklethwait）和亞德里安．伍德禮奇（Adrian Wooldridge）在四月合寫的文章也如出一轍。[27]「正如二十世紀是美國的世紀，二十一世紀將會是亞洲的世紀，」前財政部長勞倫斯．薩默斯（Lawrence Summers）在五月也這麼主張，「新冠疫情或許會成為歷史的轉捩點。」[28]歐盟高級代表（相當於歐盟外交部長）的顧問納塔莉．托奇（Nathalie Tocci）也把二〇二〇年的冠狀病毒危機，比作是一九五六年讓大英帝國威信盡失的蘇伊士運河危機。[29]美國記者兼歷史學家安妮．艾普邦姆（Anne Applebaum）哀嘆：「一個後美國、後疫情的新世界已然成形……，這個世界沒有美國的領導……，中國一馬當先上前填補美國留下的大片權力真空。」[30]普林斯頓歷史學者哈羅德．詹姆斯（Harold James）更拿川普治下的美國，與長日將盡的蘇聯互相對照。[31]加拿大人類學家韋德．戴維斯（Wade Davis）則撰文討論「由失能、無用的政府所統治的失敗國家」會如何「瓦解」。他的結論是：「歷史的樞紐即將轉向亞洲的世紀。」[32]反對此說者當然也有，最著名的就是記者吉迪恩．拉赫曼（Gideon Rachman）與國際關係學者約瑟夫．奈伊（Joseph Nye），但認為美國仍能維持其地位的這方實在勢單力薄。[33]即便美國對外關係委員會主席理察．哈斯（Richard Haass）堅持「疫情後的世界不大可能和過去有徹底差別」，他眼中看見的未來也是「美國逐漸喪失領導地位，全球合作艱難，強權相互扞格」。[34]至於相信歷史循環論的人，比如投資到變成金融史學家的瑞．達利歐，都說喪鐘已經為美金主導的世界經濟敲響。[35]真正的歷史學家彼得．圖爾欽也根據「結構性人口理論」提出類似的主張，並在二〇一二年預言二〇二〇年將是「美國下一次暴亂與不穩定的巔峰」。[36] 不過面對二〇二〇年這樣的光景，誰又能責怪劇作家大衛・馬梅為了烏鴉嘴裡的預言而憂心呢？[37] 只是這次，我們似乎又死定了。

就像季辛吉在四月一篇文章裡說的一樣，這場疫情大流行將「永遠改變世界秩序……，冠狀病毒肆虐過後，世界再也回不去從前的樣子了」。但國際體系到底會變成怎樣呢？有個可能是，COVID-19會讓很多國家回想起自立自強的好處。用季辛吉的話來說：

> 國家的凝聚和繁榮都是因為相信各自的體制可以預見災難，遏制其影響並恢復國內穩定。等到COVID-19的疫情結束，多數國家的體制都會被視為失敗。客觀與否並非此一判斷的重點。[38]

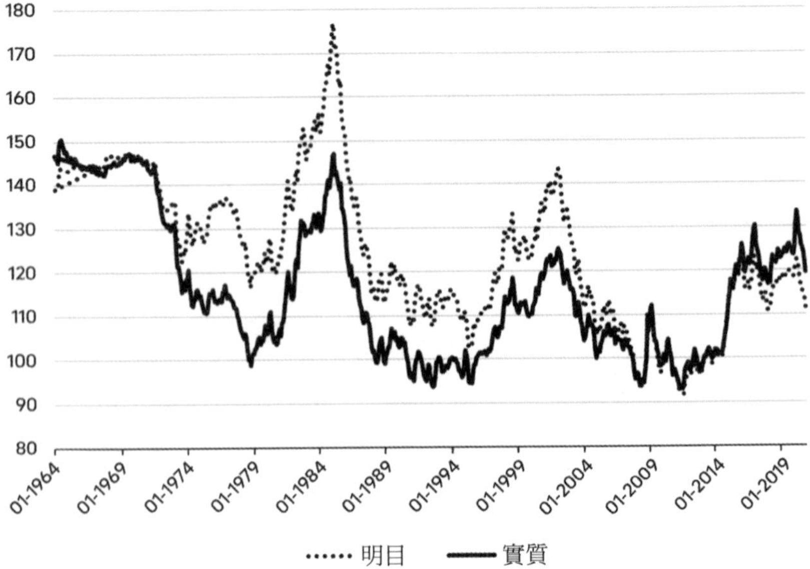

圖表23：1964年以來，美金的名目與實質貿易加權有效匯率。

不是每個人都像丹尼爾．貝爾那樣一心看好中國共產黨的能力。中共固然是真的有能力平息COVID-19引起的風暴，讓支持經濟的核心產業恢復運轉，不至於像一九八六年的蘇聯一樣捅出另一起車諾比事件。然而，習近平原本的盤算是二〇二〇年讓中國的GDP成長到十年前的兩倍。從二〇二〇年年中的景氣來看，實現這份野心所要達到的成長目標，已經因為全球疫情而無法實現了。習近平的政治地位並非不容質疑。只要再來一場大災難，比如三峽大壩被該年夏季史無前例的洪峰壓垮，就足以嚴重威脅到他，乃至於整個中共的地位（人們或許會覺得當朝天命已失）。因此我們不該過於天真的認為，這場疫情將使中國或成地緣政治的最大贏家。

但是，擺脫疫情過後，美國的全球霸權也不大可能毫髮無傷。雖然川普的危機處理實在很糟，但這不是唯一的原因。真正麻煩的是負責應對這種危機的聯邦政府機關也搞砸了，而且就如前文所說，原因既不是缺少法律授權，也不是對疫情大流行缺乏準備。應對失據的結果，就是美國重演了金融海嘯後的糟糕危機處理，再搭配上重蹈西班牙大流感時多頭馬車的覆轍：好幾個州都因為地方政府自行其是而災情慘重、死者枕藉。隨後又迎來了愚蠢的解封，經濟復甦之慢也就不出所料。在外出限制解除的那段時間，我時不時會感覺以前在《巨人》、《文明》和《西方文明的四個黑盒子》裡預見的美帝終結三部曲，怎麼突然在短時間內就全部上演了一遍。

浩劫接二連三

冷戰後的美國史可以說是一部災難史，而且不管哪一次災難，都是當時政府最缺乏準備，也最理所當然會遇到的災難。

一九九二年柯林頓能夠當選，正是因為美蘇之間長達四十年的競爭，終於在前一年落幕。他的前任總統老布希在二戰期間擔任過海軍飛行員，更曾經駕駛著復仇者轟炸機在硫磺島北方的父島被日軍擊墜，險些喪命。[39]但翹首盼望削減軍費會帶來「和平紅利」的大眾，再也不需要老布希在戰爭、外交和情報工作上的老練經驗了。柯林頓和老布希正好相反，不但在越戰時期千方百計逃脫徵兵，還曾在拿羅德獎學金（Rhodes Scholar）留學牛津時參加過反戰示威。回到美國後，他又因為不想被送去越南叢林打仗，先後申請加入國民兵和美國空軍未果，後來在阿肯色大學任教期間繼續報名後備軍官訓練團（Reserve Officers' Training Corps）。如果嬰兒潮世代想辦一場為期八年的狂歡派對，像柯林頓這樣一個熱愛辣味雞肉捲餅又精通薩克斯風的花花公子，應該是最理想的主持人選吧。結果歷史卻派他去處理南斯拉夫解體和盧安達大屠殺。

柯林頓政府拖了好幾年才出兵干預波士尼亞及赫塞哥維納的內戰，也沒有採取任何手段阻止盧安達發生種族屠殺。[40]一九九二年美國總統大選期間，柯林頓對波士尼亞議題的主張便是美軍不應「涉入一場內戰的泥淖」——換個說法就是「另一場越戰」。當他宣布美國不會插手阻止塞族共和國進攻戈拉日代（Goražde）①，國防部長威廉・科漢（William Cohen）也只能放任該城淪陷。[41]國安顧問東尼・

雷克（Tony Lake）和外交官李察・荷布魯克（Richard Holbrooke）費了九牛二虎之力，才在日趨危急的新聞浪潮中說服柯林頓相信，美國只須付出一點點代價就能結束戰爭。[42]但此時此刻已有將近十萬人遇害，兩百二十萬人流亡。[43]一九九四年發生盧安達大屠殺時，柯林頓政府又因為害怕美軍傷亡，再次擺出堅拒的態度。後來決定派出寥寥兩百名美軍前往盧安達首都的吉佳利機場，也只是根據「一名美軍的傷亡，價值八萬五千條盧安達的人命」這種令人作嘔的統計數字（出自一名美國軍官對聯合國維和任務負責人的報告）。[44]在一九九四年的四月到七月間，約有五十到一百萬名圖西族人死在胡圖族同胞的手中。

二〇〇〇年總統大選時，小布希的宣傳也是要減少美國對海外的承諾。結果在他以毫釐之差當選總統的第一年，就發生了理查・克拉克等人所預言的九一一事件。一九九二年，克拉克受老布希指派職掌國安會，主持反恐安全小組（Counterterrorism Security Group）。柯林頓也繼續重用克拉克，甚至讓他負責協調全國的安全、反恐和基礎建設防護工作。但不管再怎麼努力，克拉克都無法說服老布希國安團隊的高階成員，要把賓拉登和蓋達組織的威脅擺在第一位。二〇〇一年四月，克拉克在一場副部長會議上勸說：「蓋達組織計畫對美國發動大型恐怖行動。他們計畫推翻伊斯蘭世界的各國政府，建立激進的跨國哈里發政權。」卻被副國防部長保羅・伍佛維茲（Paul Wolfowitz）嗤之以

① 譯注：一九九二年波士尼亞及赫塞哥維納從南斯拉夫獨立，但占境內人口三分之一的塞爾維亞人反對獨立，於是成立塞族共和國，並與波赫聯邦展開為期三年半的內戰。北約直到一九九四年春季才開始對波士尼亞提供軍援。內戰最後於一九九五年十月的和平會談中結束，兩國至今維持高度分治，惟國防事務在二〇〇五年合併。

鼻。克拉克後來認為，伍佛維茲和國防部長唐納・倫斯斐（Donald Rumsfeld）早就決心要介入伊拉克局勢，九一一事件正好給了他們藉口。[45]紐約和華盛頓遭受攻擊後，小布希政府馬上展開了宏大的戰略，除了要懲戒庇護賓拉登的阿富汗政府（換成艾爾・高爾〔Al Gore〕當選大概也會這麼做），更要推翻伊拉克的獨裁者海珊，整肅「大中東地區」。二〇〇一年十一月，中情局長喬治・泰內特（George Tenet）、副總統迪克・錢尼（Dick Cheney）和國安顧問康朵莉莎・萊斯（Condoleezza Rice）說明蓋達組織有可能取得巴基斯坦核武技術的簡報，就是這種新思維的典型。錢尼觀察到美國必須面對一種「低機率、高衝擊」的新形態威脅，因此只要「巴基斯坦的科學家有一％的機率會協助蓋達組織製造或開發核武，我們就要用決絕的態度來回應。重點不在於分析……，而在於回應」。[46]除了這種「百分之一主義」，小布希政府的部分官員也有一種新殖民主義的傲慢心態。記者羅恩・蘇斯金（Ron Suskind）的報導就提到，有一位不願具名的小布希政府顧問告訴他：

> 「我們這些人都說自己講求現實」，他的意思是這些人「相信要審慎研究可見的現實，才會看到解決方法」。我點點頭，講了一些有關啟蒙精神和經驗主義的東西，卻被他給打斷：「世界已經不是這樣運作的了。」然後繼續說道：「我們已經是個帝國了，我們每次行動都是在創造屬於我們的現實。當你要謹慎研究現實的時候，我們又會再次行動，創造其他新現實，然後你又有東西可以研究，事情就是如此運作。我們是歷史的要角……，而你，還有你們所有人，都只能研究我們的所作所為。」[47]

絕大多數美國百姓都不這麼想，他們只想看到賓拉登的同黨被繩之以法。「我覺得我們太常想著要統治世界了，」一名堪薩斯農民在二〇〇三年告訴英國作家提摩西．賈頓艾許（Timothy Garton Ash），「就像以前的羅馬帝國。」[48]為了平息這種不安，小布希總統在二〇〇四年四月十三日公開表示：「我們不是帝國勢力……，我們是自由的尖兵。」[49]國防部長倫斯斐也附和了總統的說法，他告訴半島電視臺：「我們沒有拿著武器掠奪世界各地人民的土地、資源或石油。美國沒有要做這種事。我們從來不曾、以後也不會幹這種勾當，那不是民主國家該有的行為。」[50]不過一旦出了美國，這些話沒有多少人相信。

相較於冷戰時期的衝突，美國在「全球反恐戰爭」裡的損失其實很少。在二〇〇三至二〇一〇年間的「自由伊拉克行動」（Operation Iraqi Freedom）中，共有三千四百九十名官兵陣亡，三萬一千九百九十四人負傷。在隨後的「新曙光行動」（Operation New Dawn）和「堅定決心行動」（Operation Inherent Resolve）中，美軍在中東地區又有五十九人陣亡。至於在阿富汗，總共有一千八百四十七人在作戰中陣亡，兩萬零一百四十九人負傷。另外在原本的「持久自由行動」（Operation Enduring Freedom）結束，轉換為「自由哨兵行動」（Operation Freedom's Sentinel）時，又有六十六人陣亡，五百七十一人負傷。[51]至於韓戰和越戰，兩場戰爭加起來共有八萬一千一百一十人陣亡，二十四萬五千四百三十七人負傷。如今我們很難說如果這些干預成功會發生什麼事，甚至連不介入的後果都很難想像，更不要說是計算了。當然，如果說這些作戰的目的是把阿富汗和伊拉克改造成繁榮的民主國家，在外交上跟美國同氣連枝，那當然算不上成功。首先光是目標國家所損失的人命，就比原本預期的要多很多。根據「伊拉克死傷統計」（Iraq Body Count）網站的數據，美國入侵時期的伊拉克共有二十八萬八千人死亡，其中有十八萬五千到二十萬八千是平民。[52]阿富汗的死亡人數約有十五萬七千，其中四萬三千人是平民。[53]而美國為戰事所付出的財政支出，據估計約為六兆四千億美金左右。[54]顯然，「百分之一原則」只能用於外來威脅。二〇〇五年八月的卡崔娜颶風，還有早在二〇〇六年底就可以預期，卻因為二〇〇八年九月雷曼兄弟控股公司破產而爆發的金融海嘯，都讓小布希政府跌了兩次狗吃屎。也許戰略和財政風險管理是兩種完全不同的領域吧。[55]

二〇〇二年二月十二日的一場記者會上，有人向倫斯斐提出質疑，質疑起政府那項幾乎肯定有誤的核心主張：海珊與蓋達組織之間有所聯繫。這段對話透漏了一些內情：

記者：關於大規模毀滅武器和恐怖分子，有沒有任何證據顯示伊拉克曾經嘗試提供，或是打算提供這些武器給恐怖分子？不少報導指出，目前沒有證據顯示巴格達和特定恐怖組織之間有直接關聯。

倫斯斐：我一直很好奇這些報導怎麼專講些空穴來風，畢竟我們都知道有些事情是「已知的已知」，也就是我們都知道自己知道的事情；還有「已知的未知」，也就是說我們知道自己不知道的事情。但有一些東西叫做「未知的未知」，就是我們不知道自己不知道的事。如果仔細看看我們國家，還有其他自由國家的歷史，就會發現最後這類事情往往都是最難應付的。[56]

「未知的未知」這種概念，可以追溯到心理學家約瑟·拉夫特（Joseph Luft）和海靈頓·英格罕（Harrington Ingham）在一九五五年發表的一篇論文。[57]不過倫斯斐選擇把功勞算在太空總署署長威廉·葛拉漢（William Graham）頭上，兩人在一九九〇年代曾共事於國會成立的美國彈道飛彈威脅評估委員會（Commission to Assess the Ballistic Missile Threat to the United States）。[58]正如第八章的例子，太空總署的管理階層很有理由擔心未知的未知。但他們和倫斯斐或許都該多注意一下「未知的已知」——比如O形環失效，或是伊拉克在海珊失勢以後發生叛亂的風險。雖然明眼人都看得出這些問題，但決策者卻往往會無意識地忽略掉與自己定見相左的危險。一年過後，海珊被推翻，伊拉克陷入無政府狀態，而倫斯斐又再次碰到這名記者。他將巴格達的暴力事件解釋成是因為「壓抑的情緒」，很快就會平息。「自由本來就不會乾淨整潔，自由的人民有犯錯、犯罪和做出壞事的自由。」倫斯斐說，「該來的總是躲不掉。」[59]

二〇〇八年十月，小布希的支持率已經落到了二十五％，於是曾反對入侵伊拉克的新科參議員歐巴馬就輕鬆擊敗了以好鬥聞名的共和黨候選人馬侃（馬侃到新罕布夏一座小鎮的市政廳造勢時，還跟一個反戰人士說他「完全可以接受」美軍繼續在伊拉克待個「差不多一百年」，簡直是搬石頭砸自己腳）。[60]不過要讓美軍撤出中東，實在是講起來容易做起來難。二〇一一年八月，革命浪潮席捲了阿拉伯世界，歐巴馬也勸告敘利亞獨裁者阿薩德（Bashar al-Assad）「讓開」。不過歐巴馬卻拒絕為敘利亞自由軍提供武器，頂多只在二〇一二年允許中情局訓練一萬名反抗軍，而成果充其量也只能說是徒勞無功。二〇一二年七月至二〇一三年八月期間，白宮數度表示如果阿薩德使用化學武器，就是「跨過了紅線」。但當政府軍在八月三十一日真的施放了化學武器後，歐巴馬也僅僅諮詢了參謀長丹尼斯・麥唐諾（Denis McDonough）的意見，就決定取消預定的空襲，這讓國安團隊大為洩氣。然後他又接受俄國政府提出讓阿薩德交出（部分）化學武器的方案。二〇一三年九月十日，歐巴馬對全國發表演說，宣布美國不會繼續擔任「世界警察」。[61]結果才不到一年，恐怖組織伊斯蘭國就在歐巴馬撤軍後，從蓋達組織的死灰之中崛起。記者詹姆斯・佛利（James Foley）等西方人質慘遭斬首後，歐巴馬才終於批准與海灣國家對位於敘利亞的伊斯蘭國發動聯合空襲。二〇一五年九月，俄羅斯提議聯合行動遭到歐巴馬拒絕，普丁總統便派遣三十六架軍機與一千五百名士兵前往敘利亞最大的港口拉塔基亞，並派出軍艦進入裏海。

也差不多是在同一時間，白宮想出了「別幹蠢事」（Don't do stupid shit）這句粗糙的口號。根據歐巴馬政府負責戰略溝通的副國安顧問班・羅茲（Ben Rhodes）回憶，當初白宮討論的問題是：「哪些人會想幹蠢事（干預敘利亞）？到底誰這麼白癡？」他們這些人把放任普丁插手敘利亞衝突叫做「頑童湯姆的妙方②」，也就是「假如普丁想靠刷敘利亞的籬笆來擴張政權資源，美國就該放他們去幹」。[62]其結果就是敘利亞內戰不斷延續，總計死亡人數超過五十萬人，一半是平民，[63]另有一千三百四十萬人流離失所，六百六十萬人逃出敘利亞，[64]兩三百萬人的難民潮湧入歐洲，還有一些人摻雜其中趁亂逃出穆斯林世界。衝突升級也造成了嚴重的戰略後果，特別是讓一九七〇年代初就撤出敘利亞的俄羅斯再度躍升為當地的主要勢力。簡單來說，美國不介入敘利亞的後果，從許多方面來看都和干預伊拉克一樣糟糕，差別只是損失的美國人丁和金錢比較少。[65]

這實在諷刺。在二〇一二年總統大選的一次辯論中，歐巴馬曾嘲弄共和黨參議員米特・羅姆尼（Mitt Romney）：「現在打進來這位來自一九八〇年代，他要求重新採用他的外交政策，因為冷戰已經結束超過二十年了。」藉此暗諷羅姆尼曾說俄羅斯「是我們在地緣政治上的頭號敵人」。[66]二〇一四年一月，也就是第二次就職演說滿一年過後，歐巴馬還沾沾自喜地跟《紐約客》（*The New Yorker*）編輯提到冷戰時針對蘇聯擴張設計出「圍堵政策」的戰略家：「我現在連喬治・肯楠（George Kennan）也不需要了。」[67]不到一個月後，俄軍就占領了克里米亞半島，並在三月十八日將之併吞。俄羅斯支持的分離主義者也在烏克蘭東部的頓內次克（Donetsk）和盧甘斯克（Lugansk）兩州，控制了大量的烏克蘭領土，紛爭至今猶未止息。

但歐巴馬任內最大的災難並不在國外，而是在國內。儘管當選時被保守派認為是左傾的民主黨人，歐巴馬卻主導了一場影響深遠的社會經濟危機，而這場危機有部分是來自剛上任時的財政混亂，另一部分則是出於長期以來的趨勢。有些措施原本是意在促進經濟復甦，卻間接讓擁有金融資產的人受惠，其中最有名的當然就是聯準會的「量化寬鬆」計畫。美國最頂端一%的人所擁有的資本淨值，在二〇〇九年第一季時占全國財富的二十六%，到二〇一六年第四季時已經成長到三十二%。[68]同

② 譯注：頑童湯姆與籬笆，典出《湯姆歷險記》（*The Adventures of Tom Sawyer*）第二章。湯姆原本被處罰粉刷籬笆，但心生一計，讓其他孩子誤以為刷籬笆是件多麼了不起的事情而心生效仿。湯姆最終藉由讓其他孩子替他刷籬笆，交換到了自己想要的東西。

一時期，中低階層的美國白人除了經濟停滯，還碰到普林斯頓經濟學家安・凱思（Anne Case）和安格斯・迪頓（Angus Deaton）所謂的「絕望死」大流行，這種疫病最主要的症狀包括藥物濫用、酗酒和自殺，此外還有失能、痛苦與不安全感攀升。兩位學者指出，如果白人死亡率能「持續像一九七九至一九九八年間一樣每年下降一・八%，一九九九至二〇一三年就有四十八萬八千五百人可以免於一死」。[69]天然鴉片劑、海洛因以及吩坦尼（fentanyl）等合成鴉片劑的氾濫，在歐巴馬時期造成了一波死亡潮。二〇〇八年與鴉片類藥物有關的死亡率為十萬分之六點四，到了二〇一六年已經加倍為十萬分之十三點三。[70]在二〇〇九至二〇一六年間，共有三十六萬五千名美國人死於藥物過量，而且一年比一年還多。受影響最嚴重的年齡層在二十五至五十四歲之間，這些人在二〇一六年的藥物過量率約為十萬分之三十四點多。也就是說這幾年裡間美國損失的生命年數，已經追上了西班牙大流感時的程度。[71]但很少有人指出，吩坦尼與其他合成鴉片劑主要都是來自中國。[72]

雖然媒體幾乎不曾因為政府沒能解決鴉片氾濫而指責歐巴馬，但從這樣的社會現象，似乎就能解釋川普這種政治外行的民粹人物，為何能在二〇一六贏得共和黨提名，接著又擊敗希拉蕊拿下總統大位。他那套美國鄉下人慘遭「屠殺」的說法引起了許多選民的共鳴，密西根、威斯康辛等中西部搖擺州的關鍵選民更是特別有感。他的技巧是把以前左派民粹人物用來操弄大眾憎惡銀行家的句型，用來激起人們對中國（全球化受益者）、墨西哥（移民來源）和希拉蕊本人的怨恨，把後者塑造成富裕自由派菁英的化身，和「一般百姓」關心的事物徹底脫節，只會嘲笑川普的支持者有一半都是「一籃又一籃的可悲仔……，只要你想得出來的毛病，無論是種族歧視、性別歧視、恐同、仇外還是恐懼伊斯蘭，這些傢伙全部都有」。[73]最後川普當選了，許多崇拜歐巴馬的官僚界、企業界和學術圈菁英都被嚇得花容失色。最能看出菁英恐慌的，就是各種抗議場合——比如二〇一七年的女性大遊行（Women's March）。根據一份抽樣調查，那場行動中有超過一半的參加者擁有碩士和學士學位。[74]

歐巴馬指派的政務官也不斷巧妙地釋出反川普的訊息。由歐巴馬任命為能源部的風險評估官員的前投資銀行家約翰·麥威廉斯（John MacWilliams），就曾向《第五風暴》作者麥可·路易士（Michael Lewis）透漏要注意五種風險，前四種包括俗稱「斷箭」的核飛彈或炸彈遺失、北韓及伊朗發動核攻擊、電網遭受攻擊，而第五種風險則是「政府管理計畫的能力衰敗」。路易士解釋，第五種風險就是「當社會落入用短期方案來回應長期風險時所產生的風險……，人們從未想像過『管理計畫的能力』會構成存亡威脅……，但從未出現的發明，從未誕生的知識都屬於第五種風險，因為這代表我們沒有為這些東西打好基礎。而我們所不瞭解的東西，有可能會救我們一命」。[75]換句話說，第五種風險就是倫斯斐所講的「未知的未知」。但這是否能解釋二〇二〇年COVID-19來襲時所發生的問題呢？若真這樣想，就未免太小看政府的運作了。要問哪個政府最有可能準備好對付這場來自中國，又適合靠加強邊境控管來應付的威脅，那一定非反中又支持邊境管制的川普政府莫屬。「武漢肺炎」根本就是專為這位民粹總統打造的災難。

有些把人生想得太過簡單的評論人二話不說，就把二〇二〇年COVID-19肆虐下屍橫遍野的慘況怪罪到川普頭上。當然就像每個總統，川普一定脫不了責任。毫無疑問，他輕忽風險、宣傳偏方、用人失當、汙衊口罩、鬼話連篇，乃至於在競選時無情地漠視身旁眾人的健康，都讓問題變得更加嚴重。

這些作為與不作為的罪惡，遠非政府發起「曲速行動」（Operation Warp Speed）來研發疫苗等正確的計畫就能夠彌補。但是，如果說川普能夠**阻止**這場公衛災難，就像說柯林頓可以預防波士尼亞分裂或盧安達大屠殺，說小布希可以拯救紐澳良躲過卡崔娜颶風或避免二〇〇八年的金融海嘯，說歐巴馬有能力扭轉或提早終結敘利亞內戰，或是拯救數以萬計的美國人免於鴉片濫用一樣。這種話就是在換個方法重複托爾斯泰批評拿破崙的謬論，把美國總統想像成無所不能的行政首長，一掌打扁政治災難的複雜性。最終忽略了其實總統也是一個人，他站在官僚階級的頂端，這才發現這套體制處理災難的能力，這幾十年來正在江河日下。

不結盟運動復甦

說真的，在COVID-19疫情的大流行下，不只是美國，甚至包括中國與歐盟在內，世界舞臺上所有重要角色的弱點全都已經暴露無遺。[76]但這也不算令人驚奇，畢竟就跟前面章節所提過的一樣，瘟疫對於大帝國多半只有壞事，如果帝國的邊境弛怠就更是如此，奧里略和查士丁尼治下的羅馬帝國可為見證。城邦和小型民族國家就比較容易限制疾病擴散。因為當新的病原體四處流竄，帝國的規模會抵銷防疫的效益。不過像台灣、南韓、新加坡、紐西蘭和（一開始的）以色列這些能夠有效應付疫情的小國家，卻永遠只能算是現代的城邦，它們天生就缺乏成為強權的條件。所以問題依舊：碰到真正的危機時，哪一種大帝國才能得益於「小才是美」這項道理呢？在防堵瘟疫這一面向上，相較於美國效能漸減的民主制度，中國日益綿密的國家監控似乎真的比較優秀。但另一方面，只要看看香港的命運，就會明白跟中華人民監視帝國靠攏的後果，打消任何不切實際的遐想。此外，比起美國這種本就需要權力分散的聯邦體制，中國這種一黨專政國家在面對全球疫情所引起的離心力時，至少在理論上應該會遭受更深層的威脅。

就像季辛吉的觀察一樣：「沒有任何國家可以完全靠一己之力克服病毒……，這場疫情造成了一種時空錯置，在經濟繁榮仰賴全球貿易和人口移動的時代，城牆又重新蓋了起來。」畢竟無論台灣還是南韓，都不可能一邊隔絕世界一邊維持繁榮。「要解決當前的迫切需求，」季辛吉寫下，「終究必須靠全球性的合作眼光與計畫……，按照馬歇爾計畫和曼哈頓計畫的發展經驗，美國應當有更大的作為，才能維護自由世界秩序的原則。」[77]不過很多人都覺得這是在做夢，因為在多數國際關係學者眼中，川普政府的名譽早在COVID-19疫情之前就已經掉到谷底。這位總統像大鐵球一樣，一股腦地把維持全球局勢安定所需的每一寸體制，從廣為人知的世界貿易組織，到最近的世界衛生組織都給砸了一遍，《伊朗核問題協議》和《巴黎氣候協定》更是被轟個粉碎。儘管就川普政府進行與中國「戰略競爭」的核心戰略而言，這些機構和協定能有多大用處，也可以合理地打個問號。[78]如果先不管神話中的自由國際秩序跟總統發的推文能有什麼關係，而是單就戰略目標來評論川普政府的作為，那我們就會看到大不相同的局勢。[79]在與中國的戰略競爭上，川普政府已經（或有機會）在四個領域達成一定的成果。

第一個領域是金融。多年來，中國從未認真考慮開放人民幣自由兌換。由於中國有錢人對海外資產的需求備受壓抑，這件事本來就不大可能。最近，北京正大量放貸給開發中國家，試圖提升自己的金融影響力，其中有不少（但不是全部）都是藉由一帶一路倡議來進行。COVID-19疫情所引發的危機，讓美國有機會重申自己在全球金融上的領導地位。針對二〇二〇年三月的全球流動性大危機，聯準會和許多外國及跨國金融管理當局簽訂了貨幣互換協定（swap lines）和附買回協定（repo facility）③，提供他國央行取得美金的管道。美國原本就和歐盟、英國、加拿大、日本與瑞士簽有貨幣互換協定，此時又多納入了巴西、墨西哥、南韓等九個國家。在危機的高峰期間，未清償的交換額度曾高達四千四百九十億美金。[80]另外，新的附買回協定也讓一百七十間外國中央銀行能獲取短期的美金金流。在危機期間，國際貨幣基金組織（雖然同屬多邊機構，但川普政府顯然無意打壓）也要應付上百個國家的援助請求。他們取消了阿富汗、海地、盧安達、葉門等二十五個低收入國家的六個月償還期限，二十大工業國也同意凍結七十六個貧窮國家的雙邊債務。[81]隨著眾多國際債權人紛紛準備好面對來自阿根廷、厄瓜多、黎巴嫩、盧安達和尚比亞等國家的一連串債務違約、重組或重新安排，美國的地位也變得比中國更加鞏固。二〇一三年以來，中國金融機構宣布出借給各種一帶一路計畫的總金額共有四千六百一十億美金，這讓中國成為新興市場最大的單一債權人。[82]這些毫不透明、沒有公開合約條款的借貸也曾引起某些西方學者質疑，當中最活躍的就是目前世界銀行的首席經濟學家卡門・萊因哈特（Carmen Reinhart）。[83]

為美金在國際支付體系中的地位哭喪是一回事，想方設法宰了它又是另一回事了。[84]就像亨利・鮑爾森等人所指出的一樣，一九四〇年代的美金早已準備好取代英鎊成為國際準備貨幣，但二〇二〇年的人民幣連自由兌換都還嫌太早。[85]中國和歐盟的央行數位貨幣實驗，對美金霸權無法構成明顯的威脅。就像某位智者的觀察一樣，承載臉書鴻圖的數位貨幣天秤幣（Libra）「想取代美金，就跟世界語（Esperanto）要取代英語一樣難」。[86]二〇二〇年年中，我們頂多只能說美國採納這種金融新科技的腳步，還追不上亞洲、歐洲甚或拉丁美洲。但光從東京和首爾就有這麼多人深深懷疑北京的金融野心，就很難想像「東亞數位貨幣」這個計畫，可以得到人民幣、日圓、韓圜和港幣的支撐力量，成為美金以外的主要貨幣。[87]

第二個美國有望（雖然不大確定能否）重中霸權的領域，則是SARS二型病毒的疫苗開發競賽。[88]根據米爾肯研究所（Milken Institute）的調查，本書寫作當下就有超過兩百項疫苗研究計畫正在進行，其中五種疫苗已經進入第三期的人體實驗。包括牛津-阿斯利康（Oxford/Vaccitech，即AZ疫苗）和莫德納（Moderna, mRNA-1273）在內，共有八支研究案獲得了川普政府「曲速行動」所提供的資金。[89]雖然進入第三期的疫苗中有三種是中國疫苗，但這些都屬於不活化的全病毒疫苗，使用的醫學技術比莫德納要舊。[90]根據《自然》期刊在四月份發布的調查：「大部分確認進入研發的候選疫苗都位在北美，一共有三十六項（四十六％），相較之下中國與包含澳洲在內的亞洲其他地區，以及歐洲則是各有十四項（各占十八％）。」[91]中國競爭者當然有機會克服萬難做出疫苗。但別忘了，中華人民共和國的疫苗安全和管理常常出問題，其中最近一次就發生在二〇一九年一月的江蘇省，讓許多兒童

③ 譯注：貨幣互換協定（swap lines）和附買回協定（repo facility）都是一種借貸方式。當各國央行與聯準會簽訂貨幣互換協定時，即是以本國貨幣交換美金，並在協定期間互相支付利息，待協定到期時雙方再將貨幣交換回來。如果各國央行與聯準會簽訂的是附買回協定時，各國央行即是將資產體押給聯準會，並約定在一段時間後以較高的價格買回抵押資產。

接種到過期的小兒痲痺疫苗。[92]更前一次則是在二〇一八年七月，有二十五萬劑白喉、破傷風和百日咳疫苗被發現有瑕疵。[93]十四年前，中國國家藥品監督管理局的前局長鄭筱萸還因為收受八間國內製藥公司的賄賂被判處死刑。[94]目前看來，中國和俄國疫苗都是用一九五〇年代的方式在研發和測試，隨附的風險也如出一轍。

第三個領域是二〇二〇年開打的「科技戰」。川普政府要求盟國不得使用華為5G硬體的壓力，已經開始生效，讓美國得以在此追過中國。德國基督教民主聯盟（也就是梅克爾總理所屬的政黨）的諾伯特・洛特根（Norbert Röttgen）協助起草了一份法案，該法案將禁止任何「不可信賴」的公司參與「網際網絡的核心和周邊產業」。[95]英國首相強生對華為的看法，也在共同創辦中國研究小組（China Research Group）的保守黨議員尼爾・歐布萊恩（Neil O' Brien），以及另外三十八名倒戈的同黨後座議員努力之下變卦，搞得《中國日報》（*China Daily*）的編輯群暴跳如雷。[96]更重要的是美國商務部在五月十五日發布了一系列禁令，後來又在八月十七日改得更嚴格的規定，導致華為無法從任何地方取得內含美國技術或智慧財產權的先進半導體，其中也包括世界最先進的半導體製造商台積電所生產的晶片。對於華為所屬的海思半導體，這些新規定或許也是致命的打擊。[97]

最後，美國在人工智慧與量子計算領域的領導地位目前看來氣勢也不錯，但川普總統決定限制發放H-1B簽證給程式工程師及其他專業勞工，將會威脅乃至於損害這份地位。[98]有份二〇二〇年的研究顯示，雖然「中國是頂級人工智慧研究者的主要來源……，但這些研究者多數都會離開中國，到美國讀書、工作、生活」。[99]牛津大學一份有關科技戰的調查總結道：「二〇〇三年以來最常被引證的一百項專利中，沒有一項來自中國……，一個會審查網路又用社會信用制度鼓勵溫順從眾的監視國家，實在不容易培養創意。」[100]北京清華大學國際關係學院的院長閻學通認為，二次冷戰只會有科技競爭，而不會有一次冷戰那種危險又昂貴的邊緣政策和代理人戰爭。如果他所言不假，那美國一定勝券在握。[101]

川普政府實在很難稱得上是「自由世界秩序原則的守護者」，他們也從沒把這當成人生意義。不過平心而論，這個政府在完成他們設定的目標，也就是和中國的戰略競爭這方面，著實採取了一些很有效的步數。只是這套戰略也有一個潛在缺陷。美國在第一次冷戰時採取了那麼多圍堵策略，最大的成就其實是在限制和逆轉蘇聯擴張的同時，並沒有引發第三次世界大戰。在這方面，川普的戰略競爭是否沒那麼成功？有可能。首先，俄國政府已經磨亮了資訊和網絡戰爭的劍陣，如今中國也學會了這門足以撕裂美國政治和經濟體系的功夫。[102]接著，如果南中國海或台灣海峽發生傳統戰爭，美國可能會陷於劣勢，因為面對中國的各種新武器（比如世界上第一款可以投入實戰的反艦彈道飛彈，俗稱「航艦殺手」的東風二十一D型），美國搭載F－35戰鬥機的航艦戰鬥群就會非常脆弱。[103]美國遭遇海軍潰敗和外交屈辱，恐怕沒有那麼難以想像。[104]一旦這些災難發生，無論傷亡多寡其嚴重性都遠非COVID-19所能比擬。

川普的戰略競爭沒有那麼成功的第三個原因，就是美國的外交辭令缺乏具體有力的行動支持。二〇二〇年夏天，中國強行對香港實施了新版國家安全法，摧毀掉這片土地的自治權，更無疑違背了一九八四年《中英聯合聲明》裡，保障香港在二〇四七年以前享有「一國兩制」的條文。單單是把中國的各種機關單位列到美國商務部的貿易黑名單上，完全無法遏止北京此等倒施逆行。靠參議員義憤填膺地威脅要加大經濟制裁範圍也不夠。國務卿彭佩奧還在二〇二〇年豁出去對台灣展現友好，在一月公開向蔡英文總統道賀連任。就連理察・哈斯這種簡直可以幫東岸建制派戰略代言的老共和黨人，都主張要結束「戰略模糊」的態度，承諾保護台灣。他在二〇二〇年九月表示：「想釀成大災難的話，就等中國對台灣下手再來決定要不要介入吧。」[105]只是如果北京決定對台灣發動兩棲突擊作戰，美國的反擊又能有多強悍呢？中國社群媒體上的民族主義寫手就公開鼓吹武力犯台，來解決華為拿不到台積電晶片的問題。有一篇討論這個主題的長文就高喊：「兩岸統一，把台積電拿過來！」[106]

一統台灣始終是習近平的春秋大夢，也只有這樣他才能理所當然地萬世千秋。此時此刻他或許正在忖度，趁著美國剛從外出限制政策的衰退中復甦，以及國內衝突在大選造成的嚴重分歧下又不見和緩，二〇二〇年底或許就是最適合強行統一的時機？儘管五角大廈一直很懷疑中共有沒有本事順利入侵台灣，但人民解放軍的兩棲作戰能力正在快速增強。[107]哈佛大學的格雷厄姆・艾利森（Graham Allison）教授就提出了充分的理由，警告政府「扼殺華為」的企圖，可能導致和一九三九年對日制裁相似的後果。該次制裁在一九四一升級為石油禁運，[108]再加上其他的經濟壓力，終於導致日本帝國政府決定偷襲珍珠港放手一搏。[109]萬一是美國突然失去台積電的貨源，劇本就要反過來了。台積電在亞利桑那州的新基地需要好幾年才能完工，而且產量仍舊無法取代台灣的大型廠房。[110]

雖然我們都記得冷戰曾有過趨緩的低盪時期，但也不能忽視衝突加劇的可能。生活在一九五〇年代末至一九八〇年代初的人，總是擔心著邊緣政策會引發末日大戰（見第七章），在恐懼之中載浮載沉。就像波頓書中所透露的一樣，川普總統有時傾向於採用非常粗糙的緩和政策，且他的政府中也有一些要員認同這個方向。二〇一九年底，美中雙方簽訂了第一階段的貿易協定，時至二〇二〇年中仍不時會傳出一些相關喜訊。然而大量的證據指出，北京並未履行進口美國產品的承諾。[111]不過國務卿彭佩奧的發言倒是愈來愈兇狠。二〇二〇年六月十七日，他和中共外事委員會辦公室主任楊潔篪在夏威夷會面時，毫不妥協地嚴厲措詞確實引人注目（如中國官方公報所載）。[112]時隔不過兩天，他就前往哥本哈根的民主高峰會（Copenhagen Democracy Summit）發表演說，呼籲歐洲人關注中國威脅，所以這或許正是他想要的效果。[113]

北約有多大的機率會為了圍堵中國而醒過來呢？有的國家或許完全不會。二〇二〇年三月，義大利北部陷入了極其慘烈的COVID-19危機之中，許多政客迫不及待想吞下中國的援助和宣傳，義大利外交部長路易吉・迪馬尤（Luigi Di Maio）也是其中之一。他在受訪時說道：「當初嘲笑我們參與一帶一路的人，現在都必須承認這份投資帶來的友誼，拯救了許多義大利人的生命。」[114]匈牙利總理奧班・維克多（Orbán Viktor）也一樣積極。「現在西方幾乎什麼都缺，」他在接受中國國家電視臺的訪問時說，「東方是我們僅有的依靠。」[115]「中國是唯一能幫我們的朋友。」塞爾維亞總統亞歷山大・武契奇（Aleksandar Vučić）也抱著滔滔江水般的謝意，在接見北京派赴塞國首都貝爾格勒的醫療團時親吻了中國國旗。[116]不過歐洲的主流觀點，尤其是德法兩國的反應則與此完全不同。德國綠黨籍的歐洲議員包瑞翰（Reinhard Bütikofer）在四月受訪時說：「這幾個月下來，中國已經失去歐洲人的心了。」[117]中國歐盟商會主席約格・沃特克（Jörg Wuttke）則說：「如今只要談起中國，歐洲就滿腹怨氣。」四月十七日，德國最暢銷的小報《圖片報》（*Bild*）刊登了一封總編輯給習近平的公開信，標題是〈你在危害全世界〉。[118]在法國，「戰狼外交」的火也燒到了狼身上。夏末，中國外交部長王毅出訪歐洲各國首都，但整路的氣氛都是秋風秋雨。[119]十月初公布的一份民調資料顯示，不只是美國討厭中國，包括歐盟各大國在內的所有先進經濟體，在二〇二〇年都出現了強烈的反中情緒。[120]

中國無法繼續在歐洲增加影響力的原因之一，是因為在三月初首次實行外出限制且每個人只能自求多福後，歐盟終於起身面對COVID-19的威脅。[121]法國總統馬克宏在二〇二〇年四月十六日的一場公開演說中，宣告歐盟已經到了「關鍵時刻」，如今是時候決定除了單一經濟市場以外，歐盟還有什麼用處了。「如果有國家會被犧牲，就不會有所謂的單一市場，」他告訴《金融時報》，「如果不在籌措資金時發揮互助……，我們就不可能支應當前對抗Covid-19，以及將來復甦經濟所需的開銷……。我告訴各位，要是我們不現在就這麼做，民粹主義就會在今天、明天、後天拿下義大利，拿下西班牙，甚至拿下法蘭西還有其他地方。」[122]德國總理梅克爾也贊同他的話，重申歐洲是「命運共同體」。令許多質疑者驚訝的是，這些呼籲的成果和金融海嘯時德國儉吝的措施大不相同。歐洲委員會在五月二十七日提出了「新世代歐盟」（Next Generation EU）計畫，由歐盟發行債券籌措資金，提撥了七千五百億歐元的額外補助與貸款，分配給受疫情打擊最嚴重的地區。[123]更重要的或許是德國聯邦政府又追加了一筆一千五百六十億歐元（占其GDP四・九％）的預算，和第二份高達一千三百億歐元（占GDP三・八％）的財政刺激方案，並由上述新成立的經濟穩定基金提供大規模的擔保。用財政部長奧拉夫・蕭茲（Olaf Scholz）的話來說，這些措施都是希望能夠讓尚存一息的經濟再次「逆風高飛」

（ka-boom）。[124]有些人將這些財政措施，還有歐洲中央銀行（European Central Bank）的大規模資產購買計畫，比擬成美國首任財政部長漢彌爾頓（Alexander Hamilton）在一七九〇年為建立共同財政，將各州債券整合為聯邦債券的「漢彌爾頓時刻」（Hamilton moment），但兩者其實有不少差異。這筆歐洲復興基金（European Recovery Fund）幾乎沒有為義大利迅速擴大的債務危機提供任何解方。而且萬一該年秋天大學生返校帶起第二波疫情時，這招也不見得可以再用一次。不過歐洲復興基金確實鎮住了大部分歐盟成員國裡支持民粹領袖的聲音。

英國脫離歐盟後，呼籲歐洲團結就更容易成功了。不過這次成功倒是對美國政府有了出乎預料的影響。自從一九四五年以來，歐洲人對大西洋兩岸的關係，大概從來不曾像川普當選那時一樣失望。這點在年輕人，特別是德國人身上尤其明顯。在一份於二〇二〇年三月中所進行的跨歐洲民調裡，有五十三%的年輕受訪者說自己比起民主制度，更相信威權國家可以處理氣候危機。[125]德國科爾伯基金會（Körber Foundation）在五月公布的一份民調顯示，有七十三%的德國人認為COVID-19疫情讓他們對美國的觀感變得更差，幾乎比對中國有此感覺的受訪者多了一倍。相較於二〇一九年九月還有十九%的德國人認為美國是最緊密的外交夥伴，此時還這麼想的人只剩下十%。認為比起中國政府，應該更優先親近美國政府的德國人，比例也顯著下降：從二〇一九年九月的五十%，減少到如今的三十七%，和喜歡中國多過美國的三十六%差不多。[126]換句話說，高漲的反美情緒抵銷了高漲的反中情緒。

很多人不記得第一次冷戰期間曾有過一場「不結盟運動」（Non-Aligned Movement）。這場運動起源自一九五五年的萬隆會議（Bandung Conference），主持者是印尼總統蘇卡諾（Sukarno），出席者有印度總理尼赫魯（Jawaharlal Nehru）、埃及總統納瑟（Gamal Abdel Nasser）、南斯拉夫總統狄托（Josip Broz Tito），還有迦納總統恩克魯瑪（Kwame Nkrumah）、北越總統胡志明、中國總理周恩來，以及柬埔寨首相施亞努（Norodom Sihanouk）。不結盟運動由狄托、尼赫魯和納瑟於一九五六年提出，借用一個加入運動的阿拉伯世界領袖的話來說，這場運動的目標是讓剛獨立的第三世界國家能夠「捍衛自己的獨立，在規則由強權制定的世界上堅守自己的聲音」。[127]不過對大多數西歐和許多東亞及東南亞國家來說，不結盟其實沒有很吸引人。一部分是因為，除非紅軍的鋼鐵洪流湧入自家首都，不然要在華盛頓和莫斯科之間擇一根本不難。另外，不結盟運動雖然拒絕地緣政治結盟，對意識形態結盟卻毫不規範。一九七〇年代古巴獨裁者卡斯楚（Fidel Castro）上臺以後，這問題就變得更加明顯，最後整場運動在蘇聯入侵阿富汗時瀕臨崩潰。前面引用的那位阿拉伯世界領袖就是伊拉克總統海珊，他曾想在巴格達舉辦一九八一年的不結盟運動會議，但計畫最後因為和同屬不結盟國家的伊朗開戰而告吹。

相比之下，要在二〇二〇年的美國政府和中國政府之間選一個，在許多歐洲人看來就像是選擇要下油鍋還是上炭火；就算沒那麼嚴重，大概也是被丟進鍋子還是水壺裡煮的差別。前面的科爾伯民調也指出，「德國大眾傾向在華盛頓和北京之間保持平衡。」新加坡政府甚至把話說白：「我們企盼不會被迫在美中之間做出選擇。」新加坡總理李顯龍在《外交政策》撰文寫道：「在亞洲國家眼裡，美國只是在此地區有著重大利益的常駐勢力。另一方面，中國卻是擺在家門口的現實。我們不希望被迫在兩者之間做出選擇。不管是華盛頓試圖制止中國崛起，還是北京想在亞洲建立專屬的地盤，只要有一方想強迫亞洲國家二選一，雙方就會持續較勁數十年，危及備受期待的亞洲世紀……。這兩個超級強權之間的較量，很難像冷戰一樣，以其中一方的和平垮臺告終。」[128]

李顯龍最起碼說對了一件事：兩次大戰都以英國方擊敗德國方落幕，不代表二次冷戰也會像一次冷戰，以美國方的勝利為終點。冷戰常被人看作是兩極體系的對立，但實際上冷戰一直是兩個超級強權集團，以及中間的不結盟網絡所組成的三體問題。說實話，戰爭一般來說很少會如克勞塞維茲所說，只是場對立雙方要征服彼此的競爭，真正的戰爭通常都是三體問題：贏得第三方支持的重要性並不下於擊敗敵軍。[129]

現任和未來幾任美國總統要面對的最大問題，就是有很多過去的盟邦正認真思考還要不要在二次冷戰中選邊站。美國政府需要足夠的盟友，更不用說中立國的支持。如果沒有，屆時二次冷戰可能就是一場贏不了的戰爭。

黑暗森林

在我寫下本書的二〇二〇年八月這一刻，一切的癥結都在於這世界有多麼害怕中國——或是被說服相信要中國值得擔憂。只要歐洲人還相信二次冷戰是由川普發起，就很難擺平他們拒絕結盟的意志。但這種看法實在是過分強調二〇一六年以來美國在外交政策上的改變，輕忽了二〇一二年習近平當上中國共產黨總書記後，中國外交政策有多少變化。將來的歷史學家會明白，中美共同體的萎朽凋零，其實是從金融海嘯以後就開始了，因為當時新上臺的中國領導人認定，中國已經不再需要奉行鄧小平著名的韜光養晦路線。另外，美中交往和隨後引起的經濟全球化所帶來的好處並未均衡分配，這也是半個美國（與美國心臟地帶）在二〇一六年投給川普的部分原因。中美共同體的經濟利益不成比例地流向中國，而代價卻由美國的勞動階級承擔。這些美國百姓不但親眼看著無數製造業的工作機會外流，更目睹他們選出來的領導人在華盛頓忙著接生新一代的超級強權——這個新生的全球霸權挑戰者擁有比蘇聯更雄厚的經濟，所以也更為難纏。

我曾經主張這場新冷戰不僅勢在必行，也值得一戰。最重要的原因是美國的驕矜自滿能因此受到撼動，不得不拿出真功夫以免在人工智慧、量子計算和其他關鍵的戰略科技上被中國超越——我們應該停止恐懼並愛上二次冷戰。當然還是有人對此嗤之以鼻，特別是學術圈的人。今年七月在約翰霍普金斯大學的季辛吉全球事務中心（Kissinger Center for Global Affairs）有一場「疫情後的世界秩序」研討會，會上絕大多數的發言者都警告新冷戰的危險。前Google執行長艾瑞克・施密特（Eric Schmidt）就提議兩國的「競合」（coopetition）應該要像多年來的三星和蘋果一樣，保持同時有競爭也有合作的「競爭性夥伴關係」。格雷厄姆・艾利森也同意，並舉了十一世紀遼、宋兩國之間的「亦敵亦友」關係（frenmity）為例。他主張這場全球疫情大流行已經「清楚顯示，要完全把中國當成敵人或朋友都不可能。競爭性夥伴關係聽起來很複雜，但人生就是這麼複雜」。曾任國際貨幣基金第一副總裁的約翰・李普斯基（John Lipsky）則表示：「想要強化全球治理的機制，需要先建立起可預期而且有建設性的美中關係。」前副國務卿詹姆士・史坦柏格（James Steinberg）則說，上一次冷戰讓「全球浩劫的陰影遺留了數十年」。「如何創造出既能節制對立同時又保有合作空間的環境？」胡佛研究所的易明（Elizabeth Economy）的答案是，「美國可以和中國……攜手面對一項全球挑戰」，也就是氣候變遷。布魯金斯學會的湯姆．萊特（Tom Wright）也有類似想法：「美國如果把心思都放在大國競爭，而忽略了合作的需求，就難以長期維持對中國的戰略優勢。」[130]

說句不好聽的，這些有關「競合」的討論乍聽之下合理，卻都忘了一件事：中國共產黨不是三星，更不是大遼。但就和第一次冷戰的時候一樣，學者多半傾向鴿派而非鷹派（一九六八年以後更是嚴重），於是這些暢談「競爭性夥伴關係」的人都忽略了中國有可能根本沒興趣跟我們來「亦敵亦友」的那一套。他們很清楚冷戰已至，因為戰端就是他們挑起的。二〇一九年我開始在研討會上公開討論二次冷戰，令我驚訝的是中國的代表從未反駁我。那年九月，我問了一個大型國際機構的中國領導這是為什麼。他笑著回答我：「因為我同意你啊！」身為北京清華大學的客座教授，我曾經親眼見證習近平時期的意識形態大轉彎。研究文化大革命等禁忌題目的學者一個個面臨調查甚至更糟的境遇。想和北京復合的人常會低估王滬寧的影響，此人是習近平最看重的顧問，二〇一七年後更進入了中央政治局常務委員會，也就是中國的最高權力機關。一九八八年，王滬寧曾以訪問學者的身分在美國待了六個月，拜訪過超過三十座城市，以及將近二十所大學。他在一九九一年將這趟旅程總結為《美國對抗美國》一書，大力批評甚至抨擊美國的民主、文化與資本主義。比如該書第三章就以美國的種族分裂為主軸。

在知名矽谷電子報《技術戰略》（*Stratechery*）的作者班．湯普生（Ben Thompson）看來，二〇一九至二〇二〇年的一連串事件深具啟示性。他先前曾低估過中國的政治和意識形態意圖，不過又在二〇一九年表明自己已經成為了新冷戰的戰士。他認為中國對於科技的用途有著和西方完全不一樣的看法，而且一心想將那套反自由的願景輸出到全世界。[131]二〇二〇年八月，川普下令禁止中國的無腦影音軟體抖音（TikTok）時，湯普森都要拍手叫好了。一個月前他才在文章中寫道：「如果中國不只在他們國內戕害自由，還打算跑到我們國家裡來顛覆自由，那麼為了自由的存續，我們就得徹底剷除這些生根的毒草，因為這些程式設計得如此精妙，全是為了針對人類的喜好投放資訊。」[132]只要想想共產黨利用人工智慧所建立起的黨國監控體系，就連歐威爾筆下的老大哥都會相形失色，就知道如果讓大半美國青少年把個人資料提供給一個中國應用程式有多麼危險——不過習近平的監控其實更像是尤金．薩米爾欽（Yevgeny Zamyatin）在一九二〇年代所寫的《我們》（*We*）。借用記者羅斯．安德森（Ross Andersen）的話來說：「在不久的將來，任何人只要（在中國）踏入公共空間，就會馬上被辨識出來。人工智慧能找出他們所有的個人資料，包括文字通訊，還有每個人獨一無二的身體蛋白質組成藍圖。屆時，演算法就能夠把各種來源的數據點，舉凡旅遊紀錄、朋友、聯絡人、閱讀習慣、購買紀錄等資料全都連在一塊，在政治抗爭發生以前就預測出來。」[133]中國有很多人工智慧領域的新創公司，都是共產黨在這方面的「志願商業合作夥伴」，光是這樣就已經夠可怕了。但安德森還提醒，更大的問題在於這些科技全都是為了出口而研發。玻利維亞、厄瓜多、衣索匹亞、肯亞、馬來西亞、模里西斯、蒙古國、塞爾維亞、斯里蘭卡、烏干達、委內瑞拉、尚比亞和辛巴威都是這些科技的買家。

面對美國的抖音禁令，中國的反應也露出了馬腳。官方報紙《環球日報》的主編胡錫進在推特上將這一步斥為「公然搶劫」，指控川普「讓曾經偉大的美國淪為流氓國家」，還警告「這種事情每發生一次，美國就離衰落更近一步」。北京大學法學院教授強世功在二〇一九年四月發表了一篇發人深省的文章，詳細解釋美國衰落以後會發生什麼事：「人類歷史無疑是一部帝國爭霸史，是一部帝國之間不斷競爭，不斷推動帝國形態從區域性帝國逐漸轉向全球性帝國，然後再由全球帝國之間的爭霸進而推動建構『單一世界帝國』的歷史。」強世功認為，我們這個時代是『單一世界帝國』的第一版，即從大英帝國到美利堅帝國所塑造的世界帝國模式」。但英美帝國正從內部「瓦解」，因為這種模式有著「無法解決的三大困境：經濟自由化帶來的日益加深的不平等，政治自由化帶來的國家失敗、政治衰敗與治理失效，以及文化自由化帶來的墮落與虛無」。此外，「俄羅斯的抵抗和中國的競爭」也正襲擊西方帝國。這些襲擊不是為了建立新的歐亞帝國，而是一場「爭奪世界帝國首都中心的鬥爭」。[134]

如果你還懷疑中國沒有要吞下「第一版帝國」，並以他們不自由的文明將之改造為「第二版帝國」，顯然是沒仔細注意他們實施這些戰略的方式。中國已經取代西方，成為了世界工廠。如今的中國就像是一戰前的德意志帝國，正戮力模仿約翰．霍布森（J. A. Hobson）在一九〇二年所描述的歐洲帝國主義，藉著「一帶一路」為名四處大興土木，實行侵略性的「世界政策」（*weltpolitik*）。[135]中國也以進入市場的權利要脅，逼迫美國公司聽從北京的指示。中國的「影響力作戰」密密麻麻布滿整個西方，就連美國也不例外。[136]

美國在第一次冷戰中想過很多招數來對付蘇聯，其中一招就是發動「文化冷戰」。[137]具體而言包括在蘇聯擅長的遊戲中擊敗他們——諸如一九七二年費舍爾挑戰西洋棋冠軍斯帕斯基（Fischer vs.

Spassky），一九六一年招降芭蕾舞大師魯道夫·紐瑞耶夫（Rudolf Nureyev），還有在一九八〇年冬季奧運的曲棍球賽中，派出大學生球員擊敗蘇聯國手的「冰上奇蹟」（Miracle on Ice）。這些戰績都是為了讓蘇聯人民拜倒在美國大眾文化的石榴裙下。一九八六年，法國左派哲學家暨切格瓦拉的革命同志雷吉斯·德布雷（Régis Debray）曾經感慨：「搖滾樂、藍色牛仔褲、速食、新聞網和衛星電視的氣魄，比整支紅軍都還懾人。」[138]法國左派雖然嘲笑美國在搞「可樂殖民」（Coca-Colonization），但巴黎人也超愛可樂。如今局勢卻整個顛倒過來。二〇一八年，我曾在史丹佛主持一場辯論，與會的科技業億萬富翁彼得·提爾（Peter Thiel）講了一句警世金言：「共產黨搞人工智慧，自由人民搞密碼學。」[139]抖音就是這句話的明證。在一九六〇年末的文化大革命期間，許多中國的孩子都曾舉報自己的父母是右派毒瘤。[140]到了二〇二〇年，美國的青少年則是在抖音上發表影片，指責父母有種族歧視。

強世功等人的研究清楚揭露，當今的中國非常清楚冷戰已經開打，而且這次和上一次冷戰一樣，都是兩種帝國之間的鬥爭。不過最深刻洞悉中國對美國乃至當今世界作何看法的著作，並不是哪個政治文本，而是劉慈欣在二〇〇八年出版的科幻小說《三體》與續集《黑暗森林》。要說劉慈欣對當代中國的影響舉足輕重一點也不誇張：許多深圳和杭州的科技公司都將他奉為上賓，王滬寧更正式封他為二十一世紀中國人的創意代表。[141]《黑暗森林》的故事發生在《三體》的結局之後，此時冷酷的三體星人已挾著先進科技入侵地球，而本作也提出了劉氏「宇宙社會學」的三道基本公理：一、「生存是文明的第一需要」。二、「文明不斷增長和擴張，都需要資源，但宇宙中的資源總量保持不變」。三、「猜疑鍊」和另一個文明進入「技術爆炸」的風險，意味著宇宙中必然只能遵循叢林法則。本書的主角「面壁者」羅輯這麼說：

宇宙就是一座黑暗森林，每個文明都是帶槍的獵人，像幽靈般潛行於林間……，竭力不讓腳步發出一點兒聲音，他必須小心，因為林中到處都有與他一樣潛行的獵人。如果他發現了別的生命，不管是不是獵人，不管是天使還是魔鬼，不管是嬌嫩的嬰兒還是步履蹣跚的老人，也不管是天仙般的少女還是天神般的男神，能做的只有一件事：開槍消滅之。在這片森林中，他人就是地獄……，任何暴露自己存在的生命都將很快被消滅。[142]

雖然我自己並不這樣覺得，但常有人認為亨利．季辛吉最能夠代表美國的現實主義政治。然而，我們面對的現況卻比現實主義還要殘酷，我們面對的是星際之間的物競天擇。如果中國已經對我們發動冷戰，那麼要不要和中國打這場戰，顯然就由不得我們選擇。我們不僅是走到了新冷戰的山腳邊，周圍密布著陰鬱的森林，中國的陰謀令此地處處險惡。我們能否在漫漫黑暗中維持冷戰的格局，還是會一不小心墜入熱戰的陷阱，永遠都是未知之數。我們只能處處留心，因為那樣的戰爭一旦爆發，就會是真正的災難，即便COVID-19上演最糟的劇本，也難以及其萬一。

結語
Conclusion

下一場災難

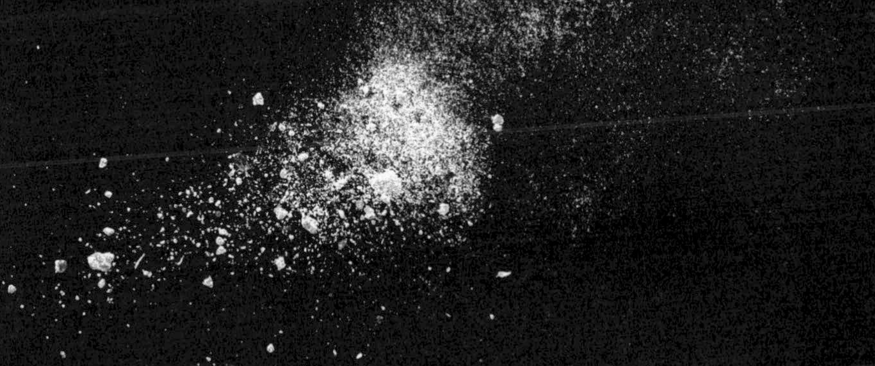

「這麼說來，」穆斯塔法·蒙德說，「你是在要求不快樂的權利。」
「哦是嗎?」野蠻人挑釁地回嘴，「那我就要不快樂的權利。」

——阿道斯·赫胥黎(Aldous Huxley)，
《美麗新世界》(*Brave New World*)

那些殺不死我的

「這是真的嗎？……一場又一場自然的失序，就這麼毀掉了一個又一個國家，消滅一支又一支民族。美國的大城市、印度斯坦的肥沃平原、中國人口擁擠的村莊，都即將徹底覆滅。這些地方不久之前還有許多人前來追逐歡愉或是利益，如今只能聽見哀苦的呼號。劇毒充盈大氣，就連青春洋溢、風華正盛的人們，也一口又一口將死亡吸入身體。瘟疫已然戴上女王的冠冕君臨世界。」

瑪莉．雪萊（*Mary Shelley*）在一八二六年完成了末世文學《最後一人》（*The Last Man*），描述在二十一世紀末，伊斯坦堡爆發了一場新的黑死病，接著極端氣候事件、內亂、宗教法西斯浪潮接踵而來，消滅了所有人類。結局只剩主角一人從這場滅世瘟疫中倖存下來，孤零零地站在海邊。從這本反烏托邦的先聲之作，到瑪格麗特．愛特伍的《末世三部曲》，近兩百年來的作家都曾幻想人類落入類似的結局。從前我們都把這些作品當成是幻想而非預言，但當世界陷入真正的大瘟疫，這些科幻小說就和同類電影一樣，紛紛露出猙獰的面目。像我以前就從沒注意過，原來艾蜜莉．孟德爾（Emily Mandel）的《如果我們的世界消失了》（*Station Eleven*）在瘟疫文學中意義非凡，不過我大概也不是唯一拖到二〇二〇年才買下這本書的讀者。一定也有人和我一樣，在逃離城市去鄉下避難的路上，想起過愛倫坡的短篇小說《紅死病的面具》（*Masque of the Red Death*）。

結果，COVID-19不是紅死病，不是黑死病，也不是西班牙流感。至少在二〇二〇年八月看來還沒有這種跡象。它比較像是一九五七至一九五八年曾造成全球公衛大危機的亞洲流感，只不過五十多年後已經沒有多少人記得這段歷史。只要有大規模篩檢、接觸者追蹤、維持社交距離和針對性隔離，就可以制止SARS二型病毒的擴散，因為這種病毒非常仰賴超級傳播者，而且絕大多數的患者與死者都已過了退休年齡。等到本書出版時疫苗很有可能已經普遍施打，甚至早在出版之前便已開始。不像第一次世界大戰，這場大流行甚至有可能在聖誕節或是明年復活節之前結束。而且等到疫情明顯趨緩，世界經濟也大有機會復甦。當然如果運氣不好，或是疫苗效果不佳，無法誘發持久的免疫力，那麼未來幾年我們就得跟不斷演化、變成區域性傳染病的SARS二型病毒玩起打地鼠了。按照過往的大流行來看，這場疫情也許還在初期階段，或許連四分之一都還沒過完。要是過往歷史有參考價值，我們就不能排除未來還會爆發幾波疫情。[1]而且就算是年輕力壯的COVID-19患者，痊癒過後也可能留下我們還沒發現的長期傷害。在二〇二〇年八月的第一個星期，已經有六十四個國家淪為COVID-19的疫區。不過目前看來，這場疫情還是很難進入瘟疫資優班——目前只有大約二十場瘟疫，曾殺死超過全世界〇．〇五%的人口。[2]對某些國家來說，COVID-19甚至談不上「災難」，這些國家只有一小部分的死亡率比平常高出二十五%，而且頂多只維持了幾週。在打過二戰的國家裡，只有少數國家每天死於COVID-19的人數比當年每天死於和軸心國作戰的人還多，而美國就是其中之一。[3]這就佐證了本書的核心論點：就算是新型病原體造成的災難，在某種程度上都可以算是人禍。為何德國在二戰中犧牲的人數會是美國的二十五倍？而美國今天死於COVID-19的人數卻是德國的十八倍？這些都可以從政治來解釋。

這場瘟疫原本應該是許多人預料之中的灰犀牛，但當這頭犀牛來襲之時，卻化為完全無人預料到的黑天鵝。但這頭鵝會飛升成龍王嗎？就我們所知，只有當一場災難的經濟、社會和政治影響力都遠勝於其造成的超額死亡時，才會真正變成扭轉時局的龍王。那麼這場不大不小的災難，是否會永遠且徹底改變我們的生活呢？且讓我分享三個猜測。

首先是COVID-19對社交生活的影響，大概就跟愛滋病對性生活的影響差不多：我們的行為會改變，但還是免不了有很多人會急著送死。我自己是很樂見未來的大家都保持社交距離，反正我生來孤僻，對於擁擠的人群、擁抱和握手的禮儀，都不會有太多留戀。不過大部分的人可能都耐不住寂寞，一旦解除外出限制就非群聚不可。就像三十年來已經有三百萬人死於愛滋，卻還是有「不安全性行為」一樣，到時候仍會有所謂的「不安全社交」。

再來我想，多數的大城市也都不會「消失」。各位想想，我們從萬惡紐約或倫敦大熔爐逃往鄉村以後，難道有安分地待在田園裡躬耕自足嗎？大半的人（超過往常三倍）會願意像大流行期間一樣繼續在家工作嗎？[4]大概不會。想消滅一座城市需要很多條件。雖然從托馬斯曼完成《威尼斯之死》（*Death in Venice*）的一九一二年算起，一百多年後的威尼斯的確已經不再有如此生氣。但殺死威尼斯的並不是霍亂，而是國際貿易模式的變動。同樣地，COVID-19也殺不死倫敦或是紐約，只會讓這些城市更貧困、更骯髒也更年輕。或許有的億萬富翁永遠不會回來，某些企業和無數家庭會遷往郊區或更遙遠的鄉下，城市的稅收會下跌，犯罪率會躍升。正如福特總統拒絕紐約市在一九七五年要求的聯邦紓困時，媒體替此事所下的標語一樣，屆時的總統可能也會叫紐約「閉嘴」，人才則會從舊金山湧向德州的奧斯汀。但是，習慣的力量很可怕。現在的美國人比過去更少搬家，真正能在家完成的工作也只有三分之一。其他人要上班，就還是得進辦公室、商店和工廠，頂多只是工作場所和現在的矽谷企業一樣，變得更寬敞也更像校園，通勤的時候不再需要在地鐵裡面擠沙丁魚，[5]或是忍受電梯裡討人厭的親密接觸。多數人都會帶上口罩，不會再有人對伊斯蘭婦女的頭巾和面紗大驚小怪，舉止也不得不謙和端莊起來。

在二〇二〇年以前，許多社會的世代落差都失衡到令人難以忍受。COVID-19會對這點帶來什麼影響？這場疫情是不是青春女神弗蕾雅的禮物，好讓千禧世代和網路世代的人可以解脫，不必再負擔老一輩沉重的人口壓力？「專殺老人的病毒」聽起來很神奇，以前從來沒有一場瘟疫這麼歧視老年人、偏袒年輕人。但說真的，COVID-19多殺的那幾個人，大概不夠平衡世代之間的爛帳，這是我的第三項猜測。短期來看，大多數老人家還是會繼續享受退休生活，只有少數會提早過世，也無法撼動全世界平均年齡最老的國家日本。與此同時，年輕人卻很難找到工作機會（除非靠亞馬遜），要享受娛樂也很不容易。沒有人群匯聚的經濟與其說是「新常態」，毋寧說是新的「失範」（anomie），也就是涂爾幹（Émile Durkheim）說的那種現代生活裡的斷裂感。對於多數年輕人來說，「娛樂」和「群聚」幾乎可以劃上等號。一個要保持社交距離的時代，無論對心理健康還是經濟繁榮都是沉重的打擊。這對Z世代或網路世代會造成面積更大的心理陰影，因為念大學至少有一半的意義是為了享受社交生活，這下卻全都毀了。於是他們會花更多時間在電子產品上，大約每天比疫情之前多花一個小時。但這無法讓人快樂起來。

就像前面所說，我們無法確定疫情會如何影響政治風氣和地緣政治。如果國界的重要性變得毋庸置疑，會讓民粹右派得以茁壯嗎？或者即便美國和英國大而無當的政府慘遭滑鐵盧，左派還是有理由繼續擴張政府？在這場「大休止」（the great pause）過後，我們是否該像葡萄牙政治學家布魯諾·瑪薩艾斯（Bruno Maçães）說的一樣，把經濟想成是一座需要精心設計的電腦，而不是自然運作的有機體？[6] 我們會重溫「咆哮的二〇年代」① 嗎？還是我們已經注定要像一九七〇年代一樣，被現代貨幣理論的許諾帶往一場令人失望的停滯性小通膨？[7] 屆時人們會改用哪一種貨幣？是歐元、黃金還是比特幣？明尼亞波利斯的佛洛伊德之死引發了示威抗議和鞭笞罪己的浪潮，又會帶來什麼後果？美國警察執法的品質會改善還是惡化？中美之間的第二次冷戰會升溫嗎？冷戰會為了台灣演變成熱鬥嗎？COVID-19爆發後，俄羅斯和土耳其各自在利比亞劃出勢力範圍，中國和印度的軍人在邊境展開肉搏，黎巴嫩政局也像貝魯特港一樣炸個粉碎。短期內還有和平可言嗎？也許沒有。難不成黑死病有結束百年戰爭？還是西班牙流感有阻止俄羅斯內戰？

一如世界大戰和全球金融危機，大瘟疫也是歷史的斷崖。無論被當成天災還是人禍，無論是早已有人洩露天機還是平地傳來一聲雷，它們都昭示著啟示降臨。災劫將我們分成三個種類，有人短命早死，有人僥倖存活，還有人遍體鱗傷、永難痊癒。災劫也會揀選出脆弱的、堅強的，還有反脆弱的。有些城市、公司、國家和帝國會在衝擊之下崩垮，有些雖然倖存，卻會衰微。但還有一種就像尼采那句名言所說：「那些殺不死我的，必使我強大。」納西姆·塔雷伯發明的「反脆弱」一詞，說的正是這種愈挫愈勇的素質。我猜想，不論表面上看起來如何，美國應該都屬於堅強的類型，脆弱不到哪去；而中華人民共和國也許遲早會失去堅強的偽裝，暴露脆弱的內在，至於反脆弱就不用期待。倒是中華民國台灣，就頗有反脆弱的韻味——前提是沒有被北京給併吞。

只要社會持續進步，就不會被瘟疫所阻礙。一六六五年，倫敦遭逢了史上最近一次的腺鼠疫大爆發，隔年又發生了倫敦大火；但同時這座城市也正準備羽化，成為一個空前商業帝國的中央樞紐，生養無數的科學與金融發明，承載世界的重量將近兩百年，任何病菌都無法阻擋它的步伐。而最有可能被眼前這場瘟疫重挫的，大概都是那些早已失去活力、陷入停滯的地方。首先被擊潰的是官僚體系：包括英國和美國在內，不少國家的公務機關都把危機處理得亂七八糟。再來就是大學：如今這些學府都熱衷傳揚「覺醒意識」，荒廢了教授科學和人類歷史中有用的智慧。此外，我也希望資訊疫病（對眼前疫情的謊言與胡扯）的後果最終能挑戰當前美國與世界各地在公領域所面臨的壟斷與失序。那些網絡巨擘就像東印度公司一樣，掠奪了無數資料，一次又一次像蝗災般糟蹋真相、像疫癘般毒害人心。最後，全球大流行多半也會改變媒體組織。有太多媒體硬是幼稚地唬弄閱聽眾，把疫情說得好像全是幾個惡毒的總統和首相所為。如果這場災難能夠動搖僵化的體制，那些在二〇二〇年以前墮落得最嚴重的地方，就有機會重新開始進步。或許我們能在COVID-19的試煉中，斬除失能的社會制度，最後變得更為強大。

① 編注：指歐美在一次大戰結束後，於一九二〇年代出現的經濟、藝術與文化繁榮期。

俄羅斯輪盤

下一次，我們又會遇到什麼試煉？當然不會是另一場大流行，這太理所當然了。雖然豬流感隨時可能會出現新品系，[8]亞洲也可能爆發新的呼吸道疾病。[9]像是金黃色葡萄球菌等細菌，也早就有了能抵擋抗生素的菌株，[10]人們現在最怕的就是連鼠疫也出現抗藥性。[11]但如果這些都沒有發生，而COVID-19某天也成了普通的外感溫熱，還有哪些全球浩劫可能會出現呢？老實說可能性還真不少。[12]現在的災難常常一環扣著一環，比如非洲和南亞部分地區在COVID-19與蝗災肆虐下，隨時都可能發生糧食危機。世界糧食計畫署（The World Food Programme）就警告，受嚴重飢餓所苦的人將會從二〇一九年的一億三千五百萬，倍增為兩億六千五百萬。[13]貧困中斷原本的疫苗接種，並讓一切變得更糟。巴基斯坦、孟加拉和尼泊爾正在流行白喉，南蘇丹、喀麥隆、莫三比克、葉門和孟加拉都在發生霍亂疫情，而剛果民主共和國則有痲疹肆虐。小兒痲痺甚至在巴基斯坦和阿富汗捲土重來。此外，愛滋病、結核病、瘧疾的防治，也都受到COVID-19的妨礙。[14]

再來，包括氣候專家詹姆士・漢森（James Hansen）在內，許多人都曾警告過，全球氣溫持續升高很可能讓氣候發生災難性的變化。[15]政府間氣候變遷專門委員會（IPCC）在二〇一三及二〇一四年的《第五次評估報告》（AR5）中，以「代表濃度途徑」（representative concentration pathways, RCP）假設了四種氣候變遷的情境。其中最嚴重的一種，也就是每平方公尺的輻射效應會在二一〇〇年增加八點五瓦（RCP8.5）的可能性，從報告發表以來便只增不減。這表示在未來一個世紀裡，溫室氣體排放、氣溫、降水與海平面都會上升得愈來愈快。[16]有人認為這個問題的進展沒那麼急，應該用代價較為低廉的方式應對，要是採用了千禧世代所提倡的猛烈療法，反而很可能弊大於利。[17]不過，考慮到全球氣候屬於複雜系統，未來充滿了不確定性，我們最不該做的就是像現在這樣拖拖拉拉、忙著道德表演。二〇二〇年夏末，加州有大片土地被熊熊烈火吞噬，原因是多年來的森林管理失當，加上異常炎熱的氣溫。[18]在同個夏天，中國下了整整一季的暴雨，嚴重威脅三峽大壩的完整性。[19]只要再來一個小地震，就可能成為壓垮駱駝的最後一根稻草。話說回來，如果加州和奧勒岡發生超級地震，森林大火就會得無足輕重，而且二氧化碳的排放對此毫無影響。在離我坐的地方不到一百英里處，就是黃石火山的火山口。[20]如果這座火山爆發，我們現在吵的人為氣候變遷，就只是大滅絕之前一段無關痛癢的插曲。

真正的超級大獎還在後頭。雖然說星際之間的距離實在太遠，所以陰謀論者和科幻作家最愛的外星人入侵真的不大可能發生。[21]不過太陽或恆星的活動還是有可能導致其他外太空威脅，比如日冕物質拋射，或是來自超新星和極超新星的伽瑪射線暴（gamma ray burst）。[22]大型隕石撞擊的機率也不小，而且同樣會改變氣候。[23]小型黑洞也有可能吞噬地球。還有一種由亞原子粒子「夸克」（quark）所形成的假想物質，叫做「奇異夸克團」（strangelet）；一旦碰上攜帶負電的穩定奇異夸克團，地球上所有的普通物質都會轉變成「奇異物質」。而要是真空以某種方式相轉變，也可能會形成一個微小的氣泡，以光速膨脹摧毀一切。[24]

除了這些來自外太空的威脅，許多人類發明（或是還在發明）的科技，也有可能毀掉我們自己。世界本來就很脆弱，又被人類的雙手加工得更脆。[25]自從核武器在一九五〇年代末普及，人類就獲得了自我消滅的能力——就算表現不佳也可以弄個半毀。假使兩個強權之間發生核戰，或是恐怖分子發動大型核攻擊，幾個小時以內的死亡人數就會超過這八個月來COVID-19所害死的人，而且還不分男女老幼。核戰過後的核冬天更會讓世界上許多地方都變得不宜居住。[26]過去蘇聯曾研究的那些生物武器如果意外或是被人刻意外洩，同樣會造成災難性的後果。[27]此外還有基因工程這個新領域，跟核能一樣既能為善也能用來作惡。用細菌的Cas9蛋白，以及DNA的「常間回文重複序列叢集」（CRISPR）就可以「編輯」基因，實在是革命性的大發現。[28]而基因編輯最大的問題就是價格低廉，不像核分裂一樣昂貴。在二〇二〇年，只要花一千八百四十五塊美金，就可以買到「家用基因工程實驗組」。[29]這件事的危險不在於有人會改造出優等人種，而是一不小心就可能有人會修改出某種可自行複製的有害產物。[30]

而在電腦科技領域，也有新的危險正在崛起——說不定已經出現了。一旦網絡戰全面開打，現在的「物聯網」就會變成密密麻麻的可乘之隙，因為國家最重要的能源、指揮和通訊基礎建設，都有可能被部分甚至完全癱瘓。[31]現在的人工智慧靠著自己學習，就能知道怎麼在西洋棋和圍棋等遊戲中擊敗人類冠軍。不過真正萬用的人工智慧，也就是智慧相當於人類的電腦，大概還要半個世紀才會出現。第一章提到的人工智慧學者尤考斯基也是柏克萊機器智慧研究所（Machine Intelligence Research Institute）的所長，他認為人類可能會不小心創造出一個不友善或是毫無道德感的人工智慧，最後害死我們自己。舉例來說，如果我們要人工智慧阻止氣候變遷，它的最終結論可能會是消滅所有智人。尤考斯基以摩爾定律為本提出警告：每十八個月，毀滅世界的智商門檻就會下降一分。[32]最後一種災難則是來自奈米科技，分子製造（molecular manufacturing）可能會永無止境地自我延續，用某種黏糊糊的物質淹沒世界。[33]在未來一百年內，因為某種大膽無畏的嘗試導致「人類滅絕或文明一去不復返」的機率，大約是六分之一。[34]這樣聽起來，生命就像是賭俄羅斯輪盤，只不過有許多不同的手指在隨機扣下扳機。

不少論者都曾提出做法，希望能保護人類免於毀滅或是自毀。不過他們也承認按照目前的局勢，沒幾個國家的政府會打算採取有意義的措施，去預防機率和時間點都不確定的危機。[35]其中有個建議是在政府、國際組織、大學和企業內部安排負責烏鴉嘴的職務，並設立「國家警戒局」來找出最壞的發展、評估風險與規劃避險、預防及減災策略。[36]還有一個建議是「放慢會增加風險的科技研究腳步，讓保護性的科技先行」，以確保參與新科技開發的人，對於科技的善用與誤用能有所共識，並「發展可靠性高的國內治理能力，預防任何個人或小型團體……做出嚴重失當的行為」。[37]

不過仔細想想，這些措施若實際運用起來，本身就是個要命的威脅：「由全面監控實現的預防性執法……，加上有效的全球治理，以及某些監控和執行機制，就可以預先阻止破壞行動」，一旦具備這些條件，就形成了一座「高科技環形監獄」。[38]在這個時代，已經有政府利用科技監控著全世界，再繼續往這個方向前進，只會通往極權主義。經濟學家布萊恩・卡普蘭（Bryan Caplan）說過：「最恐怖的未來發展之一，就是對末日的過度恐慌變成了建立世界政府的理由，而最後降臨的末日，卻是從未有人料想到的極權時代。呼籲世界各國團結起來面對威脅的人，也該想想團結本身或許就是更大的威脅。」[39]以色列歷史學家哈拉瑞則說：「當我們開始仰賴人工智慧決定要研讀什麼、去哪工作、和誰約會甚至結婚，人生就不再是一齣抉擇的戲碼了……，我們現在正在把人類馴化成大量製造資料與多功能的高效能晶片，裝進一台生產資料的大機器裡。」他認為隨著人工智慧的進步，自由民主和自由市場經濟將會「過時」，新的極權主義將成為人類的末日。就像乳牛一樣，我們很快也會變成「資料人」。[40]說不定，這種荒涼的預言都還太過樂觀。在極權主義的歷史上，奴工與其說是擠奶用的乳牛，不如說是榨油用的草芥。

反烏托邦的世界

面對這些潛在的災難，我們除了隨便猜個機率，似乎什麼都沒辦法做。那我們要怎麼避免災難呢？最好的答案大概就是努力想像。從瑪莉・雪萊開始，這就是科幻作家的角色。致命瘟疫也只是他們設想過的其中一種人類末日。

我知道這聽起來很矛盾，但反烏托邦文學就像是未來的歷史。無論作者想要諷刺、呼籲，或是警告些什麼，或者只是想提供娛樂，反烏托邦其實都反映著當代的恐懼，或者準確來說，是反映了文學界菁英的焦慮。因此，研究科幻小說可以理解人們過往的擔憂，而有些擔憂確實也在歷史上扮演了重要的角色。《華氏四五一度》的作者雷・布萊伯利曾說：「我想要保護未來，而不是預言未來。」[41]但反烏托邦文學可曾影響過多少政策抉擇？在它們成功影響的決策裡，又有多少真正明智呢？舉例來說，二戰前期的綏靖政策有部分就是因為英國人太相信納粹空軍可以像H・G・威爾斯（Herbert George

Wells）筆下的火星人一樣摧毀倫敦。這些悲慘的默示通常無法說服決策者超前部署。即便如此，科幻小說始終都是靈感的泉源。當年矽谷的先鋒在思考網際網絡有哪些用途時，也常常向威廉・吉布森（William Gibson）和尼爾・史蒂文森（Neal Stephenson）等科幻作家尋求靈感。如今任何有關人工智慧的討論，若沒有談到《二〇〇一太空漫遊》（*2001: A Space Odyssey*）或《魔鬼終結者》（*Terminator movies*），都只能算是半成品，就像只要是討論機器人，就不得不談到菲利普・狄克（Philip K. Dick）的《銀翼殺手》（*Do Androids Dream of Electric Sheep?*），或是由雷利・史考特（Ridley Scott）執導的同名電影（*Blade Runner*）。

既然人們擔心許久的全球瘟疫，已經和海平面上升、虛擬實境、實驗飛天車，還有連歐威爾做夢也想不到的高度國家監控一起成真，那我們不妨翻開經典科幻小說，看看究竟是誰精準預言了未來。因為至少從某些方面來說，反烏托邦已經不是遙遠的未來，而是現在進行式。我們應該關心歷史上的人如何想像未來，因為這或許有助於我們更嚴密思考接下來要發生的事。歷史資料仍然是所有預言的基礎。基於理論建立的模型就算有用，也還是得帶入過去的統計數據才行。但要從過去來推斷未來的科技會如何變化並不容易。科幻小說裡有各式各樣想像中的驟變，如果我們只看歷史，或許就想不到這些。

瑪莉・雪萊的《科學怪人》（*Frankenstein*）完成於一八一八年，書中的科學家法蘭肯斯坦製造出一個人造人，也製造出文學史上第一個失控的科學實驗災難。法蘭肯斯坦想模仿普羅米修斯盜取科技之火，最後也同樣被自己的傲慢所害。接著雪萊又寫了前面提到的《最後一人》，描寫全人類都被瘟疫消滅，只有一個人倖存下來。書中描繪了大規模滅絕的景象和世界人口大幅減少，可說是反烏托邦小說真正的開山之作。這部作品當時賣得不大好。不過到了一八九〇年代，這一文類已經在威爾斯手中變得大受歡迎。在一八九五年的《時間機器》（*The Time Machine*）裡，威爾斯筆下的未來猶如惡夢——主角穿梭到遙遠的西元八十萬兩千七百零一年，看見地球上只剩下不思進取的草食人種哀若伊人，被地底下的魔洛克人當成食物捕獵。換句話說，人類演化成兩個墮落的物種：愚蠢的牲畜和貪婪的穴居類人猿。再繼續往未來前進，晦暗的地球上終於只剩下一點點苟延殘喘的生命。威爾斯在一八九八年的《世界大戰》（*The War of the Worlds*）則不禁令人聯想到，地球人即將在兩次世界大戰中自相殘殺，而不是和小說中的倫敦人一樣差點被火星人的武器消滅，最後又因為外星人對病原體缺乏免疫力而僥倖存活。

我們這個時代對人為氣候變遷的焦慮，則讓環境災難成為反烏托邦的一大主題。瑪格麗特・愛特伍的《末世男女》（*Oryx and Crake*, 2003），是雪萊《最後一人》的再現之作，只是在舊世界被全球暖化、輕率的基因工程，以及釀成全球瘟疫的人口削減計畫摧殘殆盡後，還有少數倖存者和愚笨的主角「雪人」一起活了下來。在戈馬克・麥卡錫（Cormac McCarthy）的《長路》（*The Road*, 2006）裡，荒野中到處都有食人族徘徊。保羅・巴奇加盧比（Paolo Bacigalupi）則是在《曼谷的發條女孩》（*The Windup Girl*, 2009）中，別出心裁地結合了海平面上升，還有基因工程失控引發的瘟疫肆虐。當然，這些作品也都有其先驅之作。在冷戰時期，氣候災變後的光景一直是反核和環保運動的關鍵動力。在內維爾・舒特的《世界就是這樣結束的》裡頭，平凡人面對核戰後緩慢飄散的輻射塵，就只能無助等待。而在英國小說家J．G．巴拉德（J. G. Ballard）寫於一九六二年的《淹沒的世界》（*The Drowned World*）裡，氣溫升高也讓多數城市被海水淹沒，只不過原因是太陽活動，而非環境汙染。

最後一種反烏托邦著作則是受到大規模移民的啟發。比方說米榭．韋勒貝克（Michel Houellebecq）就在二〇一五年的小說《屈服》（*Submission*）中描寫到，法國左派選擇和伊斯蘭基本教義派政黨站在一起，而沒有協助右翼的民族陣線（Front National）取得政權。新政府清掃了國家機關和學術單位中的非穆斯林，將一夫多妻合法化，為男性分配漂亮的妻子。而主角最後也在小說結局裡屈服於新的秩序。雖然在出版當時，韋勒貝克受許多人指控為敵視穆斯林，但本書實際上旨在諷刺法國脆弱的體制，以及無力守護法國的都市知識分子。

《屈服》的例子告訴我們，科幻小說對政治災難的注目，並不亞於自然或科技災難。自從一九三〇年代起，「法西斯主義下的美國」就一直是常見的反烏托邦題材。這份恐懼從辛克萊．路易斯（Sinclair Lewis）的《不可能在這裡發生》（*It Can't Happen Here*, 1935）開始，由史蒂芬金的《奔逃者》（*The Running Man*, 1982）、愛特伍的《使女的故事》（*The Handmaid's Tale*, 1985）、菲利浦．羅斯（Philip Roth）的《反美陰謀》（*The Plot Against America*, 2004）、蘇珊．柯林斯（Suzanne Collins）的《飢餓遊戲》（*The Hunger Games*、, 2008）等作品一脈相承。而另一種政治夢魘則是史達林式的極權主義。在艾茵．蘭德（Ayn Rand）的《一個人的頌歌》（*Anthem*, 1937）裡，主角「平等7-2521」選擇反抗平等主義的暴政，拒斥成為道路清潔工的命運，起身追求自由。伊夫林．沃在一九五三年的《餘燼中的愛情》（*Love Among the Ruins*）中，描寫了一個荒謬的英國，靠著大規模監禁和國營的安樂死中心維持。布萊伯利的《華氏四五一度》出版於一九五三年，描述一九九九年的美國在反自由政府統治下禁絕了所有書籍，負責焚燒禁書的人被稱為「消防員」（firemen）。雖然這本小說有時被人解釋成對麥卡錫主義的批評，但布萊伯利真正要傳達的訊息，其實是一般人對電視這種空洞娛樂的偏愛，加上少數宗教分子什麼都想審查的心態，兩者相加就會逐漸威脅到書籍這種嚴肅內容的載體。不過在所有極權主義反烏托邦的景象裡，讀者最眾、影響最深的，莫過於喬治．歐威爾在一九四九年出版的《一九八四》。

歐威爾讀伊頓公學時的法文老師赫胥黎，曾在一九四九年十月寫了一封著名的提醒信給歐威爾，信中認為歐威爾與其說是在描寫可能的未來，更像是在描寫當前的現實：「在《一九八四》裡，寡頭統治階級的哲學是一種超越和否定性慾到極致以後，所展現出的施虐慾。不過在現實中，這種『把靴子踩在人臉上』②的政策到底能否持續，肯定值得商榷。我個人認為，政治寡頭會尋找不那麼費勁，也不那麼浪費的手段來統治和滿足權力慾，好比說我在《美麗新世界》裡描寫的那些手段。」[42]在一九三二年出版的《美麗新世界》中，西元二五四〇年的人類生活在一個與《一九八四》大異其趣的反烏托邦，新世界的基礎不是史達林主義，而是優生學加上消費至上的福特主義（Fordism）。人民已經習慣滿足於膚淺的肉體慾望，屈從於結構嚴格的不平等種姓制度。靠著服用迷幻藥「蘇麻」來治療情緒、享受「五感電影」娛樂至死，規律的假期和無處不在的性愛，讓人人都順從於這套體制。雖然社會中也存在思想審查和政治宣傳，但很少有像《一九八四》裡那樣張狂的脅迫。在當今的西方社會，由企業生產的消遣遠多過由國家製造的暴行，因此相比歐威爾，赫胥黎的預言似乎更符合實情。

但如果要討論現代的反烏托邦，還有比赫胥黎或歐威爾更適合的人選：中國在習近平的統治下，正愈來愈像是尤金・薩米爾欽的《我們》。這本傑作完稿於一九二一年，但一直被布爾什維克政權禁止發表。《我們》的故事發生在未來由「無所不能者」領導的「聯眾國」，這個國家的監控力道遠比歐威爾筆下的「大洋國」更教人不寒而慄。事實上，《一九八四》和《一個人的頌歌》都有部分是受到本作啟發。在聯眾國裡，每個「號碼」都只有編號，沒有名字，穿著一模一樣的制服，受到全天候的監視，而且每一棟公寓皆由透明玻璃打造，只有在進行國家許可的性行為時才可以拉上布廉。後來聯眾國發生了叛亂，掌握一切權力的無所不能者下令對所有號碼施行額葉切除術，因為只有消滅想像力，才能繼續讓全體幸福。「從襁褓開始，人們所祈求、夢想、爭取的是什麼呢？」無所不能者問，「他們要的只是有人可以告訴他們，終極的幸福到底是什麼，然後用鐵鍊把他們銬在這份幸福上。」[43]

不過再仔細一想，這些作者都沒有真正預見到世界網絡化以後的特異之處：在消費資訊科技不斷加速和普及的同時，其他領域的進步卻奇異地放慢下來——比如核能，還有國家治理的嚴重退化。這樣看來，真正的先知都是些沒那麼有名的作者，比如約翰・布魯納（John Brunner），他在一九六八年寫了《站在桑吉巴島》（*Stand on Zanzibar*, 1968）。故事設定於人口壓力讓社會分歧和極端政治不斷惡化的二〇一〇年。儘管面臨恐怖主義威脅，書中的通用科技等美國企業靠著名為「撒縵以色」的超級電腦，仍舊繼續蓬勃發展。中國成為美國的新對手，歐洲也已合眾為一。布魯納還預見了平權運動、基因工程、威而剛、底特律破產、衛星電視、機上娛樂、同性婚姻、雷射印刷、電動車、大麻除罪化，

② 譯註：出自《一九八四》，內黨官員歐布朗審問主角溫斯頓時的對話：「想知道未來如何，就想像一下皮靴踩踏在一個人臉上的滋味吧。」

以及菸草衰退。他甚至還預言了一位叫做「歐巴米」的進步派當選總統——雖然他統治的是虛構非洲國家貝南尼亞。

威廉．吉布森在一九八四年寫的《神經喚術士》（*Neuromancer*）也不遑多讓，預言了網際網絡和人工智慧的普及。這部小說在日本千葉市的反烏托邦江湖上揭開序幕，主角包括嗑藥成廢人的駭客、貓娘街頭武士，還有身心飽受摧殘的特戰軍官。不過吉布森真正的突破，其實是創造了名為「母體」的全球電腦網絡，以及「冬寂」和「神經喚術士」這對推動一切情節的人工智慧雙胞胎。另外在臉書剛創立的時候，尼爾．史蒂文生寫於一九九二年的《潰雪》（*Snow Crash*）在臉書員工之間也很受歡迎。這本書預言了虛擬實境，還有一個幾乎失去秩序，只剩企業各自劃地為王的美國。書中的加州政府消亡，一切都成了私有物產，就連高速公路也不例外，聯邦政府更只剩殘餘。多數人的大半時光都投入了虛擬實境，因為靠著遊戲化身可以體驗的樂趣，比在現實世界還要多。同時還有難民和移民乘著小艇穿越太平洋來到美國。比起路易斯、愛特伍或羅斯筆下的威權反烏托邦，這些電馭叛客作品的預言更接近二〇二〇年的美國。

如果說比起《使女的故事》裡的基列，美國更像是《神經喚術士》中的千葉，那現代的中國是不是實現了《我們》裡的聯眾國呢？在香港作家陳冠中創作於二〇〇九年，後來在中國大陸被禁的小說《盛世》裡，中國的自來水摻有讓人民溫順的藥物，但這種溫順也有代價。書中描繪二〇一一年的整個二月不知為何從官方紀錄中消失，也不見於大眾的記憶。原來背後的原因，是當時為了穩定經濟，還有鞏固中國在東亞的主導地位，政府實施了一連串激烈的緊急措施。近年來有不少中國作家都以中國崛起和美國殞落為創作主題，陳冠中也是其中之一。《盛世》的背景設在虛構的二〇一三年，彼時西方因為第二次金融危機，將世界第一大經濟體的地位拱手讓給中國。小說家韓松在二〇〇〇年出版的《火星照耀美國》，則描寫了恐怖分子摧毀世界貿易中心，還有曼哈頓被海嘯吞沒。前一章提到的劉慈欣，也在二〇〇六年的《三體》中安排讓中國的奈米科技專家和北京警察擔任主角，領導全世界對抗外星人入侵，甚至連這場災難本身也出自憤世嫉俗的中國物理學家之手。整個系列裡出現的美國人若不是心懷惡意，就是軟弱無能。

不過就連中國作家都有意識到中華人民共和國嚴重的反自由本質，以及動盪反覆的中國政治史。《三體》中有一款虛擬實境遊戲，背景設定在一個遙遠的奇異世界，那裡的太陽不止一顆，而是三顆。在三顆太陽的引力交互作用之下，玩家所在的行星軌道完全無法預測，也沒有規律的晝夜和季節變化。當行星進入「恆紀元」，文明便能穩定發展；而「亂紀元」的到來則會讓行星陷入不宜居住的高溫或嚴寒，事先完全沒有任何徵兆。這也是小說最核心的比喻：就像三體世界一樣，中國的歷史往往也是一段承平過後接著一段動亂。

敏銳的讀者或許早已發現，小說中一心協助三體人征服地球的激進厭世組織「地球三體運動」，是否就在影射毛澤東主義？該組織的成員「對人類文明徹底絕望，憎恨和背叛自己的物種，甚至將消滅包括自己和子孫在內的人類奉為最高理想」。他們高喊著：「全球起義！三體精神萬歲！我們是頑強的種子，野火也燒不盡！……消滅人類暴政！」但這些「人奸」幾乎都不知道，三體人的社會比人類社會還要可怕。其中一個三體人就說，由於他們的世界非常不穩定，「一切都是為了文明的生存。

為了整個文明的生存，對個體的尊重幾乎不存在，個人不能工作就得死；三體社會處於極端的專制之中」，個人的生活裡只有「單調和枯竭」。聽起來簡直就是毛澤東時代的中國。

雖然故事的主角是用詞粗魯、菸不離手的北京警察史強。但中國讀者看到他演講的那一幕，無疑會先想到一位美國將軍在夸夸而談要如何拯救世界。所以這本書的真心話，其實是用三體世界來諷喻中國，彼此競奪的三個星體其實是統治者、士大夫和群眾。而且就像每個成功的極權體制一樣，三體人也是無所不知的。他們靠著隱形的「智子」來監視人類的一舉一動，有效預防了地球的科學繼續進步。但這些無情的侵略者其實也有弱點，那就是毫無隱私的文化。系列第二集《黑暗森林》揭露了三體人是直接以未經琢磨的思緒溝通，彼此之間不存在隱瞞與謊言，也無法「採取複雜的謀略」。距離他們降臨還有四百多年，人類還來得及好好利用這個優勢，準備抵禦手段。

把《三體》當成是在隱喻中國的世界地位變化，甚至是隱喻美中新冷戰，會不會是種過度詮釋？如果不會，這故事的比喻著實令人難安，因為它預示著未來將有一場地緣政治災難。

「我命猶存」

如果真像保羅・薩繆爾森在第三章所開的玩笑一樣，美國股市的下跌「在過去的五次經濟衰退中，已經成功預測了九次」，那科幻小說也已成功預測過五次科技突破之中的九次。飛天車還在原型階段，時間機器還不見眉目，外星人也還沒從黑暗森林中現身。當然，雖然世界一次都還沒毀滅，但科幻小說的預言也不止九次。儘管如此，科幻小說還是有助於我們思考可能的未來。

將來發生的事情，仍會遵循人類歷史上運作多年的古老規則。崛起的強權會讓現有的強權倍感威脅。下一個煽動家會因憲法的束縛氣急敗壞。權力導致腐敗，絕對的權力導致絕對的腐敗。這些都是我們能從歷史和文學鉅著中學到的。但另一方面，由於科學、醫療、科技的變化，未來也不會盡如過往，史學家沒有能力預見這種驟變，只能記錄它的發生。以撒・艾西莫夫（Isaac Asimov）在一九五一年的《基地》（*Foundation*）中提出了「心理史學」的概念，這種虛構的學科結合了史學、社會學、數學和統計學，用以預測未來的大方向。雖然已逝的以色列總統希蒙・佩雷斯（Shimon Peres）曾向我保證，以色列學者已經成功打造出艾西莫夫筆下的超級計算機「元光體」，不過我還是懷疑這樣一門學科有沒有辦法成真。如果歷史動力學最終的貢獻又是某種循環史觀，那可就違背它原本的承諾了。

歷史告訴我們，最好是把災難當成某種毫無規律的驟然停頓。征服、戰爭、饑荒和騎著灰馬的死亡——《若望默示錄》裡的四騎士從來不按規則降臨，彷彿提醒著我們任何科技發明都無法讓人類刀槍不入。老實說，有些發明還成了四騎士的順風車——二〇二〇年一月，許多感染者搭著噴射客機從武漢前往世界各地就是一例。而且他們的降臨永遠都是突襲。有那麼一瞬間，我們幾乎都要相信滅絕就將來臨。我們居家避難，打開《全境擴散》或是翻閱愛特伍的作品，想著黑天鵝會搖身一變化作龍王，傾覆地上所有生命。但故事絕少這麼發展。通常多數人都很幸運，災難過後日子還會繼續。改變雖有，但整體來說一切一成不變——有些不可思議，有些令人寬慰，甚至有些乏味。轉眼之間，我們就會忘記曾與死神擦身而過。我們渾渾噩噩地繼續過活，忘卻不那麼幸運的他人，無視下一場災難已在眼前等待。如果你對此懷疑，且看這首丹尼爾・笛福寫在《大疫年紀事》結尾的打油詩：

一六六五春
倫敦發災瘟
屍埋千百墩
幸我命猶存！[44]

謝辭

寫書是作者一個人的任務，但能夠完成一本書，其實有無數的人需要感謝。我首先要感謝古樂朋（Nicholas Christakis）和約翰・柯克蘭（John Cochrane）兩位朋友耐心替我看完校樣，並指出許多應該修正和改進之處。當然，如果還有疏漏的話，依然是我的責任。Sarah Wallington和Kyle Kinnie兩位助理也總能快速、詳盡地支援我。

我也要感謝柯克蘭、漢森（Victor Davis Hanson）、麥馬斯特（H. R. McMaster）、萊斯（Condoleezza Rice）、克魯茲（Manny Rincon-Cruz）和泰勒（John Taylor）等胡佛研究所的同事給我許多靈感和啟發。

我的公司Greenmantle受到這麼多優秀心靈的信賴，實在令我倍感榮幸。整個二〇二〇年下來，我們每兩週都會開一場時事會議，以下各位對於本書的完成都有許多貢獻：Pierpaolo Barbieri、Alice Han、Nicholas Kumleben、Phumlani Majozi、Jay Mens、Chris Miller、Stephanie Petrella、Emile Simpson、John Sununu、Dimitris Valatsas，以及Joseph de Weck。另外，Justin Stebbing幫忙解釋了許

多醫學資訊、Gil Highet在第七章提供了大量協助，以及Daniel Lansberg-Rodríguez和Eyck Freymann在結語裡的諸多貢獻，也都值得我特別感謝。我還要感謝替我讀草稿的各位，除了Pierpaolo、Alice、Jay、Chris、Dimitris、Emile和Eyck以外，也感謝Joe Lonsdale、Norman Naimark、Dan Seligson及Tim Simms的熱心相助。感謝Piotr Brzezinski、Sahil Mahtani、Glen O'Hara、Ryan Orley、Jason Rockett與Sean Xu等人提出的見解。還有，雖然和上述諸位相比年紀甚小，但湯瑪斯・弗格森在第八章幫了我不少忙。Jim Dickson的校對功力跟老鷹的眼睛沒有兩樣。

我曾和史丹佛、哈佛等大學的應用史學界裡許多人都討論過本書的各個段落，每個人的看法都很有幫助，尤其格雷厄姆・艾利森（Graham Allison）、Hal Brands、Francis Gavin、Charles Maier和Calder Walton的意見更是惠我良多。也感謝阿馬蒂亞・沈恩（Amartya Sen）親切地讀完第六章。

我也要向Scott Moyers和Simon Winder，以及我的經紀人Andrew Wylie致上深深的謝意。

當然還有我的親友。感謝Jones家的Collin、Kelsey、Kyle三位，和Nazha Schultz一起發揮創意和熱情，幫我適應新的山居生活。最後我也要全心全意地感謝我妻子阿亞安，還有菲利克斯、芙蕾雅、拉克倫、湯瑪斯與坎伯這幾個孩子。感謝他們願意忍受我把心都放在寫書上，還想出各式各樣的方法來鼓勵我，我對他們的謝意絕不亞於其他人。這本書獻給他們，還有我那疫情期間幾乎都一個人待在牛津郡的母親茱莉。

(n.d.), https://inis.iaea.org/collection/NCLCollectionStore/_Public/31/056/31056824.pdf.

17 Passenger flows from Wuhan before the January 23 lockdown of the city. From *The New York Times*. © 2020 The New York Times Company. All rights reserved. Used under license.

18 Observed and expected weekly excess mortality in the United States (all causes), 2017–20: Centers for Disease Control and Prevention.

19 COVID-19 in comparative perspective: Eskild Petersen et al., "Comparing SARS-CoV-2 with SARS-CoV and Influenza Pandemics," *Lancet Infectious Diseases* 20, no. 9 (September 2020), pp. E238–E244, https://doi.org/10.1016/S1473-3099(20)30484-9.

20 Patient 31 was a South Korean superspreader who passed COVID-19 to more than a thousand other people: Marco Hernandez, Simon Scarr, and Manas Sharma, "The Korean Clusters: How Coronavirus Cases Exploded in South Korean Churches and Hospitals," Reuters, March 20, 2020, https://graphics.reuters.com/CHINA-HEALTH-SOUTHKOREA-CLUSTERS/0100B5G33SB/index.html.

21 The U.S. unemployment rate since 1948: Federal Reserve Bank of St. Louis.

22 The one bipartisan issue. Percentages of Republicans and Democrats who say they have an "unfavorable" opinion of China: Pew Research Center, July 30, 2020.

23 U.S. dollar, nominal and real trade-weighted effective exchange rate since 1964: Bank for International Settlements.

圖表目錄

注釋

本書寫於大疫情年間，作者寓居於蒙大拿州之時。全書一千四百餘條注釋之中，近千條皆以夾帶超連結網址的形式撰寫。考慮到紙本書的形式，為了便於檢索與連結，注釋全文將以電子檔形式收錄。歡迎讀者朋友前往以下網址，或是掃描所附之QR Code，下載注釋全文電子檔：

網址：

https://reurl.cc/VEVvDn

或請上臉書Facebook搜尋「廣場出版」粉絲專頁。

THE WAR

大戰略

03

末日

致命瘟疫、核災、戰爭與經濟崩盤，災難對人類社會的啟示

Doom: The Politics of Catastrophe

作者　尼爾・弗格森（Niall Ferguson）
譯者　盧靜、廖珮杏、劉維人
執行長　陳蕙慧
總編輯　張惠菁
責任編輯　洪仕翰
內文校對　李鳳珠
行銷總監　陳雅雯
行銷企劃　尹子麟、余一霞
封面設計　許晉維
內文排版　宸遠彩藝

社長　郭重興
發行人兼出版總監　曾大福
出版　廣場出版 / 遠足文化事業股份有限公司
發行　遠足文化事業股份有限公司
地址　231 新北市新店區民權路 108-2 號 9 樓
電話　02-22181417
傳真　02-22180727
客服專線　0800-221029
法律顧問　華洋法律事務所　蘇文生律師
印刷　呈靖彩藝有限公司
一版一刷　2021 年 9 月
定價　580 元

ISBN　9789869864589（紙本）
9789869864596（PDF）
9789860693607（EPUB）

國家圖書館出版品預行編目(CIP)資料

末日：致命瘟疫、核災、戰爭與經濟崩盤，災難對人類社會的啟示/尼爾.弗格森(Niall Ferguson)著；盧靜，廖珮杏，劉維人譯. -- 初版. -- 新北市：遠足文化事業股份有限公司廣場出版：遠足文化事業股份有限公司發行, 2021.09
面；　公分
譯自：Doom : the politics of catastrophe
ISBN 978-986-98645-8-9（平裝）

1. 世界史　2. 災難　3. 傳染性疾病

711　110012062

AGORA
廣場出版